The Damascus Events

The 1860 Massacre and the Making of the Modern Middle East

聖城
大馬士革的
滅絕與重生

1860年敘利亞大屠殺
與現代中東的建立

尤金・羅根
Eugene Rogan
廖德明 譯

好評推薦

十九世紀的鄂圖曼帝國，內外正發生著諸多的變化與動盪，像是與西方帝國之間對抗、不得不做的變革，間接導致不同教派信徒之間的關係惡化。多方問題最終集中在大馬士革，爆發了一八六〇年穆斯林與基督徒的衝突。本書作者尤金．羅根在提供讀者宏觀的歷史背景之外，也藉由他所發現的新文獻以微觀的角度呈現這齣悲劇的來龍去脈。這事件開啟了法國、黎巴嫩、敘利亞之間的複雜關係，成為二十世紀中東成形的重要起源之一。請趕緊拿起本書，讓羅根帶我們一探究竟！

——陳立樵／輔仁大學歷史系副教授

《聖城大馬士革的滅絕與重生》是牛津大學歷史學家尤金．羅根探究中東轉折時刻的重要著作，透過美國副領事米沙卡的一手報告與豐富的跨國史料，重構一八六〇年大馬士革的宗派屠殺事件，揭示帝國改革、宗派政治與國際干預交織下的社會裂解與重組的歷程。本書不僅提供歷史深度，更對當代中東政治與記憶敘事的形成具高度啟發性，是理解現代中東起源不可或缺之作。

——包修平／暨南國際大學歷史系助理教授

隨著敘利亞在二〇二四年底短短一週內政權變天，阿薩德倒台迎來內戰後的重建，這本書來得很巧，作者利用當時重要人物——一名從事外交工作的醫生——撰寫的手稿，帶讀者重新回到一八六〇年代的大馬士革，是如何爆發一場巨大的宗教社群衝突，以及當時鄂圖曼政府透過一系列的改革收拾善後，並讓這座城市在一戰前享受發展與繁榮，當時的事件與變動實際上對今天的敘利亞與黎巴嫩影響巨大。而閱讀本書不僅是場歷史冒險，更能深入當時人們生活的細節，以及感受十九中期國際與地方政治的錯綜複雜。

——張育軒，說說伊朗創辦人

引人入勝且具有權威性，敘述有力，充滿了新的啟示，本書對一八六〇年大馬士革大屠殺提供了精彩的描述。此事件如今雖然被忽視，但對於現代中東的創建至關重要。

——西蒙．蒙提費歐里，《耶路撒冷三千年》作者

在傑出的歷史學家和故事大師尤金．羅根的筆下，一八六〇年在大馬士革發生的社群暴力事件，立即讓人想起鄂圖曼帝國已經消失的世界，也預示著撕裂今日中東的社群暴力的不祥預兆。

——瑪格蕾特．麥克米倫，《戰爭：暴力、衝突與動盪如何形塑人類與社會》作者

對鄂圖曼帝國和大馬士革在危機時期令人驚嘆的描繪。絕對引人入勝。

——彼得・梵科潘，《絲綢之路》作者

這本書因其無可挑剔的學術研究、扣人心弦的敘述，以及引人入勝的寫作脫穎而出。這裡有大量新材料，不僅使事件變得生動，而且還導致對現代阿拉伯歷史上最重大事件之一的新評估。羅根採用了法語、鄂圖曼時期的突厥語和阿拉伯語的原始資料，凸顯了本書出色的效果。這是一位傑出歷史學家所寫的非凡之作。

——阿維・施萊姆

導讀

敘利亞百年回顧：殖民、獨裁、革命到暴政的垮臺

張景安／國立政治大學阿拉伯語文學系副教授

敘利亞乘阿拉伯之春的浪潮，於二〇一一年開始革命，而後衍生為十多年內戰，形成近千萬難民和境內流離失所人口，被視為是人類自二戰以來最嚴重的人道危機，受到許多研究或媒體所關注。然因內戰的延續未解，於後期逐漸被世人所淡忘；但在二〇二四年底反抗軍十多天的進軍下，執政長達五十四年的阿薩德獨裁政府突然被推翻，又再度備受世人眼光所矚目。即便敘利亞在世界上的兩項第一皆為令人唏噓之事，像是戒嚴紀錄長達四十八年為全世界最久、難民人口近七百萬為世界最多，但敘利亞一直以來都是一個重要且值得關注的國家。該國雖不如今日海灣國家坐擁豐沛的戰略天然資源，但因其所處地理中心位置，使其自古以來便是東西方往來必經要道，也成為了區域外強權競逐時所不可不觸及之地。例如英法於一九一六年的賽克斯－皮科協定的簽定、冷戰期間美蘇於中東之競

爭，敘利亞皆是強權所欲拉攏、劃分之地。

敘利亞坐落於地中海東部，北鄰土耳其、東接伊拉克，南方則是和黎巴嫩、約旦及以色列接壤。早於絲路時期，今天的敘利亞首都大馬士革及其第二大城阿勒坡，便已扮演了東西方商賈熱絡交易、轉運及休憩之地，更被視為是兩個世界上最古老且持續有人居住的城市。一九五〇年代正值中東區域阿拉伯民族主義高漲，阿拉伯民族主義的代表人物埃及總統納瑟，更以「阿拉伯民族主義的跳動心臟」來形容敘利亞於阿拉伯民族主義中所扮演的不可或缺角色。而美國前國務卿季辛吉更以「中東若沒有敘利亞，就無法達成和平」來形容敘利亞於該區域的政治重要性。但就因為敘利亞的政治和地理位置的至關重要，使得該區域人民早在一九四六年取得獨立前的二十六年期間，便已獲法國殖民者的「青睞」而進行占據。

在法國殖民期間，因為殖民政府欲減少殖民母國派遣人力至殖民地內，便於敘利亞境內以成立當代軍事部隊的名義，號召當地人民參與由法國殖民者所建立之當代軍事學校。可以想見在此背景下，會自願加入法國殖民者所成立的軍事學校的當地人，大多不會是敘利亞內社經地位良好的遜尼派多數民眾，而會是那些區域內的少數且社經地位較弱勢的阿拉維派*人士。這也變相形成了敘國日後幾十載的少數阿拉維派能夠統治多數遜尼派的條件之一。

獨立後敘國歷經短暫幾年的議會民主政治，其後因十多次的軍事政變，使得國內政局動盪不穩定。一九七〇年時任國防部長哈菲茲．阿薩德的政變，成功地將整個國家掌控於其家族的統治之下。不同於以往的政變領導人多未能長期執政，哈菲茲深知其來自敘國內的少數派系，若要能夠有效且長期執政，除了其已掌控的軍事權力外，還須獲得多數遜尼派的支持，方得以長治久安或至少需有少數的多數派重要菁英人士支持。故其甫上任不久，便積極拉攏大馬士革中的遜尼派商業和宗教領袖，並透過與他們的政治酬庸和聯盟，穩固了社會中的反對聲浪。更有甚者，阿拉維派在八〇年代前於伊斯蘭社群中被視為異端或非穆斯林，但為了能夠拉近其與多數民眾在宗教上的連結，哈菲茲透過了其政治盟友伊朗的協助，而獲什葉派宗教領袖的支持，將阿拉維派歸入為什葉派的一支。

在長期的威權高壓統治下，百姓雖被迫遠離自身與政治間的距離，然亦曾嘗試以微薄力量挑戰當權者之獨裁。較著名的例子像是一九七〇年代末期到一九八〇年代初期敘利亞穆斯林兄弟會和阿薩德政權的對抗，以及二〇〇四年在敘利亞東北部卡米夕立（Qamishli）的庫德族反政府運動。但兩個反對政府的結果，皆是面臨政府無情的軍事回應，於一九八二年政府以坦克砲轟、輾壓哈馬（Hama）城以鎮壓支持穆斯林兄弟會人士，造成數萬人喪生；又於二〇〇四年逮捕、刑求數十位庫德族抗議人

＊阿拉維派占敘利亞國內的人口約百分之十，阿薩德家族屬於該教派。該教派一直以來是敘利亞地區的少數族群，很大一部分來自敘利亞的西北部沿海山區。

士，以壓抑不同少數民族的聲音。在政府強大的情報體系監視下，人民多被抑制成為沒有政治聲音的無聲之眾，在面對不平對待也多只能逆來順受。

然這樣的情況在二〇一〇年底突尼西亞吹響阿拉伯之春號角後有所改變，受阿薩德政權壓抑數十年的百姓彷彿看到了改變的契機，期待敘利亞人民也能像突尼西亞、埃及、葉門及利比亞般，透過群眾運動的力量推倒那數十年的獨裁政權而煥然一新。故於二〇一一年初，敘利亞人民也開始走上街頭，希望透過和平示威的方式，尋求政府在政治上做出改革。然而，他們未曾換得政府的政治開放，反倒面臨政府一系列對和平示威者的監禁、虐待、刑求、掃射或殺害。也因為政府試圖繼續以其長期的暴力方式壓抑群眾的自由之聲，於幾個月後，敘利亞軍隊中發生了數件叛變案例。在幾位叛變軍官的帶領下，第一個正式的武裝反阿薩德政府組織出現，以敘利亞自由軍（Free Syria Army）之名成為革命群眾的領導，並於該年七月成立。然不幸的是，這樣的衝突在區域和國際不同勢力的介入下變得混雜，進而使得原本單純的敘利亞百姓尋求政治改革和政權更換的意志，變為他者於當地的代理和操縱，也開啟了敘利亞十多年的內戰和衰弱。

敘利亞國內為數千萬將近一半的平民百姓，因為無情的戰火成為了被迫移民，四處奔走逃亡至鄰近國家或歐洲大陸。他們不僅得承受家人四散、離鄉背井，還得不時面對著收容國內無所不在的歧視或是法規排擠。而那些留在敘利亞戰火和更加高壓政治監管下生活的百姓，生活上也是充斥著不穩定及不安，以及那高不可攀三百多倍的貨幣貶值。敘利亞人這段期間生活之苦痛，是無法以言語甚或字句表達。

令人振奮的是於二〇二四年底，敘利亞反抗軍中的沙姆解放組織（HTS）突然成功地攻克阿薩德統治的敘利亞，並終結該家族五十四年的統治。在當地媒體和百姓的訊息顯示，處處可見當地人是多麼欣喜雀躍阿薩德的被取代，然反觀同時期西方媒體所傳達的卻是一個對新政權的不信任、不看好的評論與撻伐，甚至出現所謂的多數遜尼派將會形成對少數阿拉維派的清算等從教派主義出發的論述。這樣的說詞也在之前內戰中的敘利亞被提及，更被有心人士以保護少數的名義，漠視多數遜尼派百姓遭受少數阿拉維派執政者迫害的不人道情境。

這類的從教派分歧觀點出發作為分析中東事務的途徑，雖然時常過於簡化其中背後的社會、經濟利益的分配和歷史問題，但不幸的是，又很常被許多分析人員在去脈絡化下的情境，去對中東事務作出討論。尤金教授的這本《聖城大馬士革的滅絕與重生》和敘利亞的教派議題有著緊密關係。若詳細閱讀此書，讀者便可發現，教派間和平共存的時間是遠多於衝突的時間，而教派間的衝突也不單純是因為宗教上的理解不同，更多的是因為利益或權力的分配不均，或是外部勢力的有心挑撥，而使得原本處於平靜的不同背景民眾，變得以各自教派來他者化不同人士，進而合理化不同程度的攻訐甚或暴力衝突。尤金教授另外兩本大作（《鄂圖曼帝國的殞落》、《阿拉伯人五〇〇年史》）對在華人世界對於中東有興趣的讀者來說應不陌生。不同於作者前兩本中東區域性歷史的撰述，本書則是以罕見的歷史資料，對一八六〇年敘利亞地區的單一事件做出了深入的探討，讀者彷彿親歷當年的歷史情境，得一窺這重要但卻較少被深入提及的歷史事件之中。

謹以此書獻給奈麗・伍茲（Ngaire Tui Woods）

聖城大馬士革的滅絕與重生

目次

關於時間、距離、日期、匯率的說明

有人說，過往是一片陌生的異域。十九世紀的大馬士革的確是一片非常陌生的異域。現代的歷史學家不斷地遇到他們的那個時代與我們的這個時代的不同標誌。

他們的時間是根據日出計算，而不是二十四小時制。黎明是一天的開始。在一八六〇年的大馬士革，早晨一點指的是日出後一小時。為了將文獻中所記載的時間，轉換成現代讀者更容易識別的時間，我查閱了線上的萬年曆，以了解大馬士革一年中某一天日出的時間。因此當米沙卡醫生的報告稱，暴亂在大馬士革爆發是在一八六〇年七月九日早晨八點，大馬士革七月的日出大約是早上五點三十分，我算了算日出後八小時，也就是大約下午一點三十分。更多關於晚期鄂圖曼帝國計時的方式，請參閱：阿夫納・維什尼澤，《閱讀時鐘，土耳其風格：晚期鄂圖曼帝國的時間與社會》（芝加哥：芝加哥大學出版，二〇一五）。

十九世紀的敘利亞，距離是用時間來衡量。鄂圖曼地圖的比例尺標定是以小時為單位，而不是以公里或英里。鄂圖曼製圖師的標準設定是旅行者可以在一小時內行走五到五・五公里。更多關於鄂圖曼地圖製作的內容，請參閱：尤瓦爾・班－薩特與約西・班－日阿茲，〈帝國的阿拉伯省分之鄂圖曼地圖，從一八五〇年至第一次世界大戰〉，《意象世界》雜誌第七〇卷，第二期（二〇一八年）：一九九頁至二一一頁。

一八六〇年代有兩種曆法占主導地位。鄂圖曼帝國的臣民和官員採用希吉曆（陰曆），而歐洲和西半球則採用格里曆（陽曆）。鄂圖曼的馬里會計年度，雖然從一七八〇年代以來就存在，但在一八六〇和一八七〇年代並未廣泛使用在鄂圖曼的文件上。為了在希吉曆與格里曆之間轉換，我靠的是這個網站：hijri.habibur.com。

鄂圖曼帝國的標準貨幣是皮亞斯特（Pt.）。土耳其里拉或鎊（£T）約值一百一十五到一百三十皮亞斯特（Pt.），而一個「頗斯」（阿拉伯語和突厥語稱「其斯」）是五百個皮亞斯特（Pt.）。然而，不同城市的官員有權改變匯率以維持收支平衡。大馬士革政府讓當地貨幣貶值，因此貝魯特的皮亞斯特比大馬士革的皮亞斯特，價值高出約百分之十。這也影響了外匯匯率。本書中所涵蓋的大部分時間裡，英鎊的匯率是介於一百一十至一百三十皮亞斯特（Pt.），美元的匯率約是二十二至二十六皮亞斯特（Pt.），而法郎則是五至六皮亞斯特（Pt.）。請參閱：查爾斯・伊薩維主編，《中東經濟史，一八〇〇年－一九一四年》（芝加哥：芝加哥大學出版社，一九六六年），五二〇頁至五二二頁。

在十九世紀，突厥人（土耳其人）*和外國人都傾向用拜占庭的名稱「君士坦丁堡」來稱呼鄂圖曼帝國的首都伊斯坦堡，但這座城市還有其他幾個名字。許多十九世紀的阿拉伯文獻將鄂圖曼帝國首都稱為「伊斯坦納」。米沙卡在他的領事通訊中稱首都為「伊斯蘭堡」，這是另一個不同的名稱。在本書中我將使用現代土耳其的地名——伊斯坦堡而不是君士坦丁堡，伊茲密爾而不是士麥那——但保留了歷史文獻中出現的用法。我對文中提到的主要阿拉伯城市則使用標準英語的拼寫，例如：貝魯特而不是拜魯特，大馬士革而不是沙姆，阿勒坡而不是哈拉布。更多資訊，請參閱：柏納德・路易斯，《伊斯坦堡與鄂圖曼帝國的文明》（諾曼：奧克拉荷馬大學出版社，一九六三年）。

*編按：土耳其，是歐洲拉丁化之後的音譯，本書採用突厥指涉說突厥語的突厥族群。

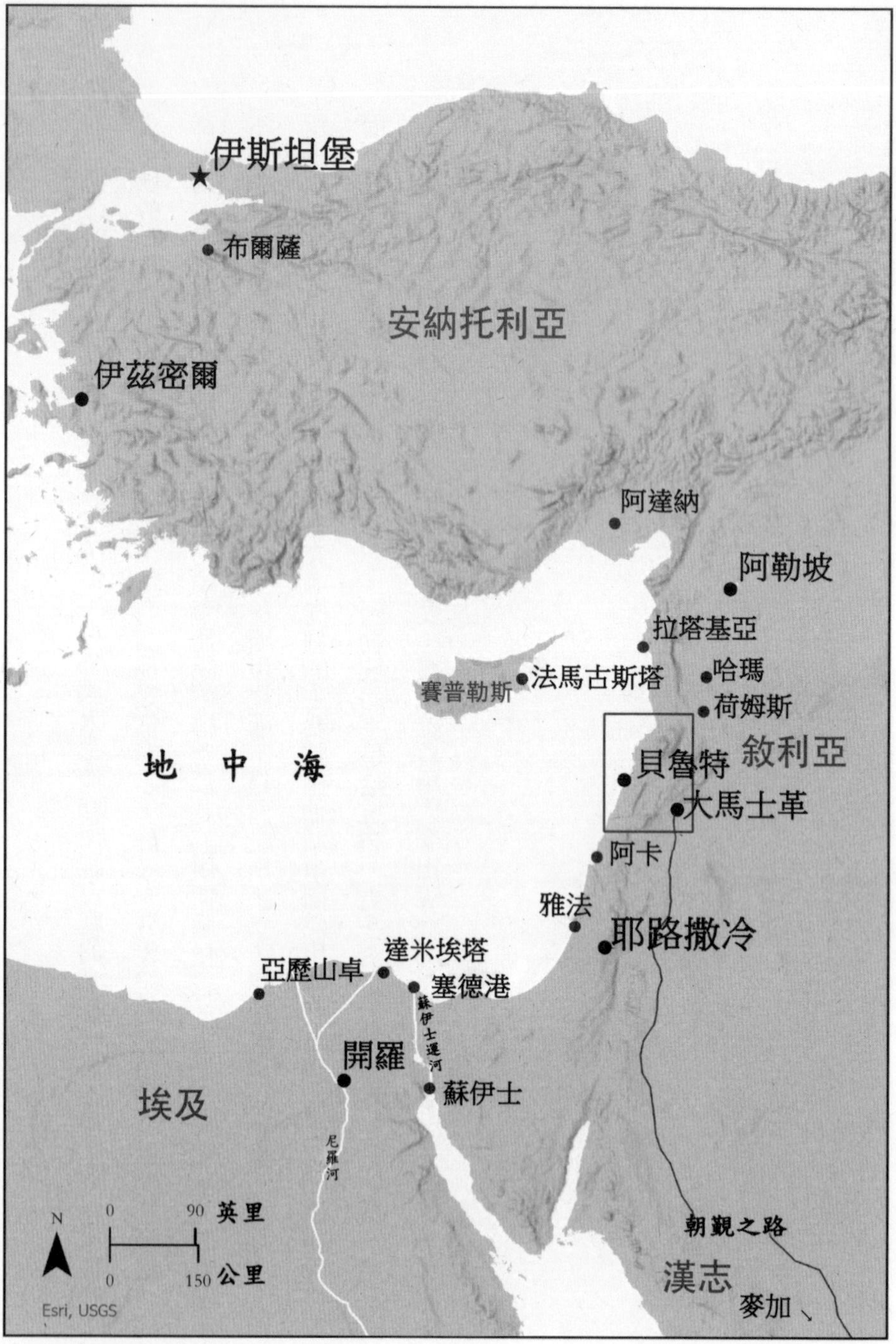

鄂圖曼的地中海區域 *Credit: Martin Davis*

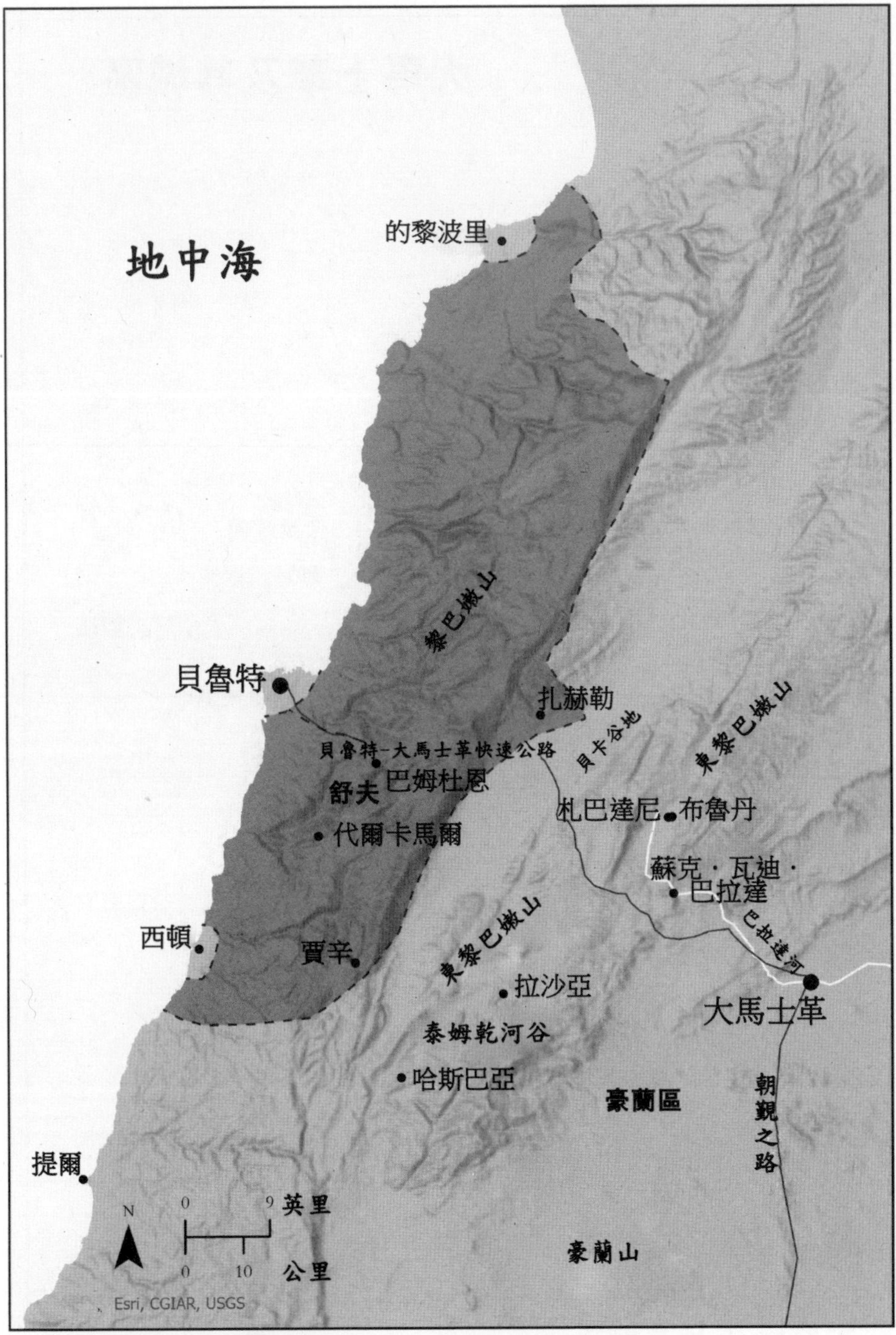

敘利亞及黎巴嫩山 *Credit: Martin Davis*

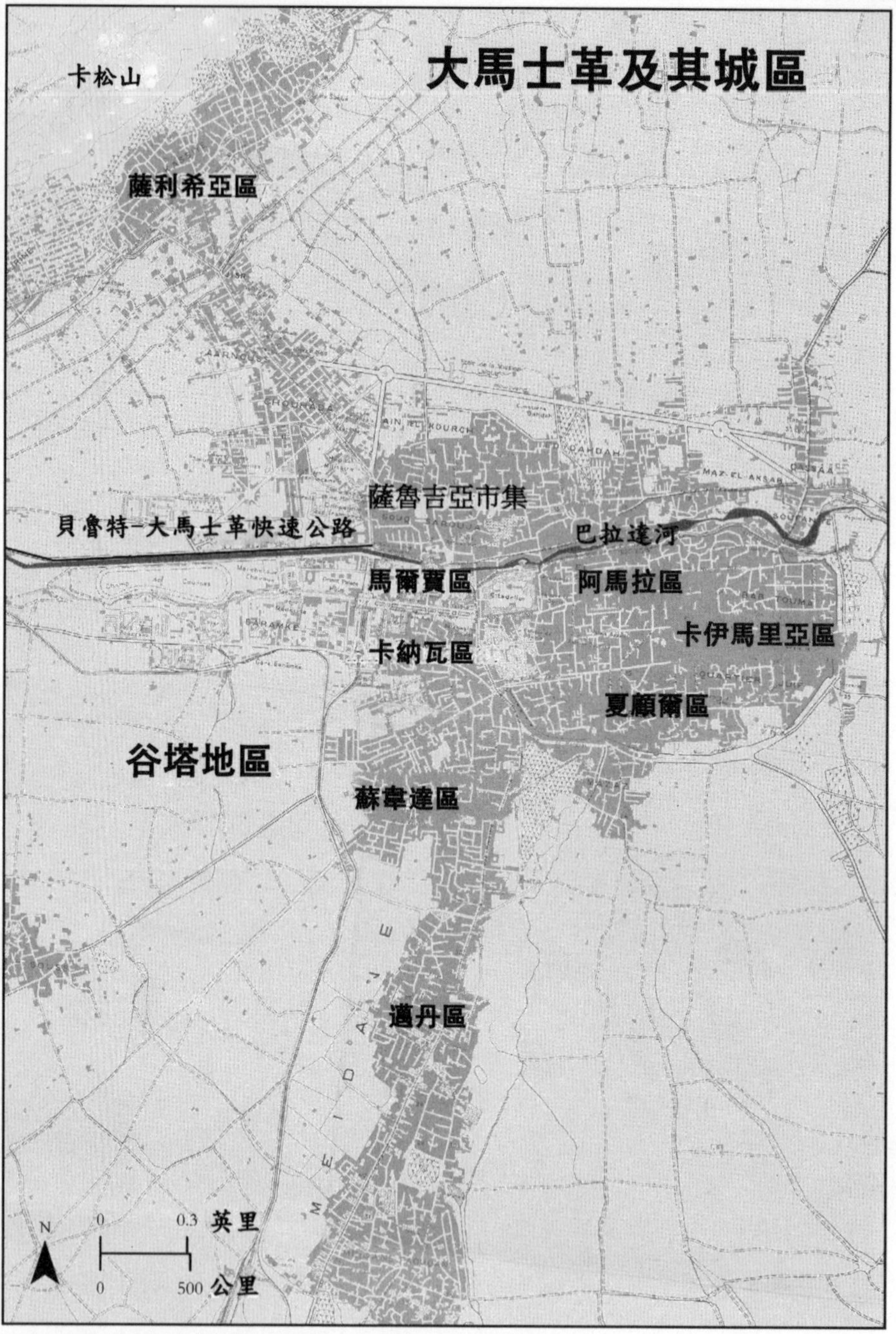

大馬士革及其城區 *Credit: Martin Davis*

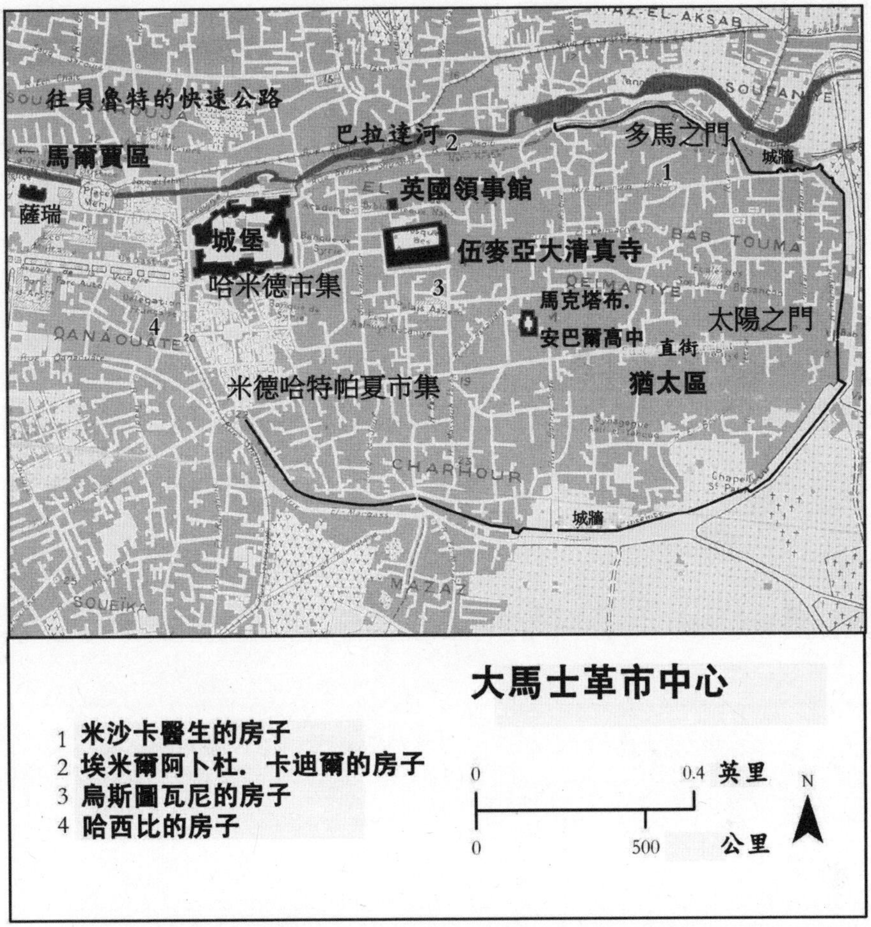

大馬士革市中心 *Credit: Martin Davis*

序言　大馬士革的殉教者與暴君

每年的七月十日，大馬士革舊城的基督徒城區，都會有個小型隊伍遊行穿過狹窄的小巷。他們舉著旗幟遊行，悼念一八六〇年基督徒大屠殺中遇難的八名方濟會修士和三名馬龍派兄弟。一個多世紀以來，這十一個人一直被世人稱為「大馬士革的殉教者」。

對聖地修道院的襲擊發生在大馬士革事件的第一個晚上，也就是一八六〇年七月九日至十日。方濟會的修士們關上門戶，以應付在多馬之門城區肆意胡為、殺人、搶劫、放火的暴力群眾。他們誤以為群眾會尊重外國使節團，即使法國領事派遣阿爾及利亞的衛兵前來救援，他們也拒絕被護送到安全的避難處。他們躲在堅固的大門後面，等待風暴減弱。但他們確實為三位與方濟會關係密切的馬薩布基兄弟提供了致命的庇護。

夜幕降臨時，燃燒中的基督徒城區在暴力事件中投下了地獄般的亮光，為暴徒照亮了道路。七月十日清晨，大量人群聚集在修道院外，渴望搶奪豐厚的財物。隨著大門上受到的壓力愈來愈大，修士意識到他們活不過今晚。他們下到禮拜堂領聖餐，這既是最後的儀式，也是為了保護聖體聖事，天主教徒相信聖餐是將麵包轉化成基督的身體，以免被嗜血的暴徒褻瀆。

當人群最終衝破修道院大門時，他們在教堂裡發現了這十一個人。根據當時的基督教文獻記載，暴徒開始一邊屠殺，一邊敲響教堂的鐘聲以取樂。其中一位神父，也就是修道院的院長，被砍倒在祭壇上。另一人試圖逃跑，但被追捕並在街頭遭到殺害。這場大屠殺中只有一人倖存，是位名叫米特里・卡拉的基督教平信徒，他提供了聖地修道院襲擊事件唯一的目擊者敘述。

暴徒們向馬龍派三兄弟之一的法蘭西斯・馬薩布基提出條件，只要改信伊斯蘭教就可以保全性命。但他拒絕了，並說：「我是個基督徒，不會背棄我的宗教，但我願意為彌賽亞而死。」法蘭西斯和他的兩個兄弟，與八名方濟會修士一起被殺害。修道院隨後遭到洗劫並被縱火焚燒，而暴徒繼續瘋狂地尋找新的受害者。[1]

暴力事件又持續了七天，奪走了數千名基督徒的生命。但在方濟會修道院被殺害的這十一名男子卻觸動了大馬士革的基督徒，將他們視為信仰的殉教者。當秩序恢復，而基督徒可以返回原來的社區時，倖存者找到了這十一人的骨骸，並將其埋葬在一個共同的墳墓中。一八六六年，方濟會重建了他們的教堂，並建造了一座禮拜堂以紀念這些在大馬士革事件中犧牲的修士。方濟會和馬龍派教會在一八七八年向梵蒂岡提請這十一人的殉教事件，而教宗庇護十一世於一九二六年為這些大馬士革殉教者舉行宣福封聖。每年七月十日，大馬士革都會舉行小型遊行，重現他們殉難的場景，以悼念他們的犧牲。

一年一度的遊行隊伍會經過大馬士革的馬龍派教堂，馬薩布基三兄弟——法蘭西斯、阿卜杜．穆提和魯法伊爾．馬薩布基——他們的遺體被安放在一座專門的禮拜堂裡。長兄法蘭西斯去世時已七十歲。他是一位絲綢商人和八個孩子的父親，他是大馬士革基督徒社群裡受人尊敬的成員。阿卜杜．穆提是位成功的商人，他是五個孩子的父親，在方濟會修士學校教授阿拉伯語。魯法伊爾是個常去教堂的單身漢，過著清苦修行的生活。

小型遊行的終點是方濟會修道院，修道院內有一座紀念遇害修士的禮拜堂。這八名男子在集體肖像中，頭部頂著光環，以崇拜十字架的姿態排列，被鑲嵌在一塊精緻的白色大理石祭壇畫上。在祭壇的下方，從亂葬坑中找到的殉教者骨骸，被陳列在一個巨大的玻璃棺材裡。

除了其中一名方濟會修士之外，其餘都是西班牙人。其中兩位牧師在敘利亞和聖地有多年的工作經驗。曼紐爾．魯伊茲．羅培茲（一八〇四年生於布爾戈斯）是位阿拉伯學家，曾在黎凡特地區生活和工作了近二十年。他擔任該修道院的監護人，也就是院長。卡梅洛．博爾塔．巴努爾斯（一八〇三年生於瓦倫西亞），在敘利亞和巴勒斯坦度過了三十年，擔任大馬士革的教區牧師和阿拉伯語教師。恩格爾伯特．科蘭德（一八二七年生於薩爾茲堡）是奧地利人，他在一八六〇年事件之前已經在耶路撒冷和大馬士革累積了五年的經驗。

其他三位神父都是剛剛來到大馬士革，在一八五九年二月才加入這個團體。尼卡諾爾．阿斯卡尼奧．索里亞（一八一四年生於馬德里）在西班牙擔任牧職二十年後才來到大馬士革。尼古拉斯．瑪麗亞．阿爾貝卡．托雷斯（一八三〇生於科爾多瓦），於一八五八年被授予聖職。佩德羅．諾拉斯科．索勒．門德茲（一八二七年生於穆爾西亞）於一八五七年被授予聖職。他們兩人都到大馬士革學習阿拉伯語。另外兩人是未接受聖職的平信徒：弗朗西斯科．皮納佐．佩尼亞爾韋爾（一八〇二年生於瓦倫西亞）是修道院的司事，胡安．雅各布．費爾南德茲（一八〇八年生於奧倫塞）則是修道院的廚師。[2]

大馬士革殉教者自一九二六年封聖近一個世紀以來，他們在國內受到緬懷，但在國外卻被忽視，因為大馬士革及其基督徒社群已逐漸淡出國際的關注。二〇一一年的「阿拉伯之春」，人民起義反對敘利亞總統巴夏爾．阿薩德及其復興社會黨的國家暴力與獨裁統治，由此引發了多年的內戰，這使得到了二〇二四年，敘利亞在區域和全球事務中的地位一落千丈。數百萬敘利亞人逃離祖國，到國外尋找安全的避難所。基督徒尤其需要尋求庇護以逃離其失敗的國家。那些留下來的人支持現有的政權，因為他們擔心任何一個薩拉菲伊斯蘭教派的反對派民兵如果成功推翻阿薩德政權，接下來的情況可能會更糟。

方濟會的高層與馬龍派的主教會議在敘利亞內戰的背景下，聯合起來向教宗方濟各請願，要求在二〇二二年將大馬士革殉教者提升為聖人。方濟會將這次請願與二〇二六年慶祝其修會成立八百週年結合。自從大馬士革殉教者被封聖以來，已過了將近一個世紀。請願書中聲稱，自那時起，殉教者「聖潔的聲譽日益增長，他們代禱所創造的奇蹟也愈來愈多」，作為支持升為聖人的理由。曾於內戰期間在大馬士革服務六年的教區牧師巴赫賈特．卡拉卡奇神父提供了這樣的說法：「我認為他們（即殉教者）在我身上創造了一個奇蹟：當一枚迫擊砲落在我們的教堂時，我就在他們的墳墓附近，我確信是他們保護了我。」[3]

梵蒂岡在二〇二四年五月宣布決定將大馬士革殉教者封為聖人。對於大馬士革的馬龍派教徒和羅馬天主教徒而言，二〇二四年七月十日的遊行從紀念變成了慶祝。「今年的慶祝活動會有非常特別的氣氛」，多馬之門城區的方濟會修道院監護人弗拉．菲拉斯．盧特菲興奮地說。「大馬士革殉教者被封為聖人，將為基督徒社群的生活注入新動力，我們對這個消息充滿期待。」[4]

二〇二四年十月二十日，教宗方濟各在梵蒂岡聖彼得大教堂舉行莊嚴的儀式，將「大馬士革殉教者」封為聖人。對敘利亞的基督徒來說，封聖是一個歷史性的轉捩點。弗拉．盧特菲對媒體表示：「這個消息傳出之際，正值整個中東地區，包括敘利亞在內，正經歷著戲劇性與衝突的時刻。儘管人類能夠寫下罪惡的恐怖，但歷史是由上帝和祂的聖徒書寫的，上帝是歷史的主宰。」[5]聖地監護團的方濟會神父路克．格雷戈里表示，此次封聖「帶來了希望的跡象，因為流血事件之後迎來了新的春天」。他相信殉教者的代禱將結束中東地區的衝突，並「開闢不同宗教團體之間的溝通管道，有助於實現和平」。[6]事實證明，他的話有先見之明。

對於那些相信神蹟和聖人代禱的人來說，敘利亞隨後發生的事件只是驗證了他們的信仰。在梵蒂岡舉行儀式的七週後，反對派勢力推翻了巴夏爾．阿薩德的暴政政府，結束了敘利亞血腥的內戰。

十一月二十七日，反對派民兵聯盟從他們在敘利亞西北部的伊德利卜飛地中突圍，圍攻敘利亞第二大城阿勒坡。政府軍無力擊退叛亂分子。經過十三年多的內戰，敘利亞軍隊士氣低落，潰不成軍。十一月三十日，僅經過三天戰鬥，阿勒坡就被攻陷。在接下來的八天裡，反對派向南推進，占領了敘利亞的主要城鎮。哈瑪於十二月五日淪陷，荷姆斯於十二月七日淪陷，大馬士革於十二月八日淪陷。當反抗軍進入首都時，巴夏爾．阿薩德及其家人已逃往莫斯科，結束了他的家族長達半個世紀的獨裁統治。

當世界各地的敘利亞人慶祝阿薩德王朝的垮臺時，基督徒社群卻心存疑慮。在內戰期間，許多基督徒一直支持政府，因為他們擔心反對派可能會讓薩拉菲伊斯蘭運動*掌權，從而威脅非穆斯林的宗教自由。事實上，領導反對派的民兵組織就是這樣的一個組織：沙姆解放組織（簡稱ＨＴＳ），由於其早期起源於「蓋達」組織和「伊斯蘭國」運動，因此被歐洲和美國定義為恐怖組織。國際社會與敘利亞的少數民族都忐忑不安地關注著，敘利亞的新主人將會如何對待該國的基督徒，以及該國的許多少數民族和宗教少數群體，如什葉派、德魯茲派、庫德人，以及關鍵的阿拉維派，也就是阿薩德家族的信仰團體。

在阿薩德政權倒臺後的幾週內，敘利亞的新統治者試圖向其同胞和國際社會展現他們的善意。HTS領導人阿布・穆罕默德・賈瓦尼脫下軍裝換上了西裝，用他的平民名字艾邁德・沙迦與其敘利亞同胞及國際社會接觸。新政權的首要目標就是阿薩德臭名昭彰的監獄，民兵們打開了監獄，解救了舊政權的受害者。他們承諾會制定一部新憲法，以維護所有敘利亞人的權利，並保護國家的多元族群。

大家感到擔憂是有理由的。在敘利亞中部以基督徒為主的村莊蘇蓋拉比亞，基督徒抗議一棵聖誕樹被燒毀。他們反對更改國立學校的課程，有些人擔心此舉會以宣揚伊斯蘭的價值觀，來犧牲敘利亞的多元認同。但艾邁德・沙迦不遺餘力地安撫不同信仰的社群，與敘利亞基督教會的負責人以及德魯茲社群的領導人舉行會議。

*編按：薩拉菲是遜尼派穆斯林中的一種以薩拉菲主義學說為基礎的極端保守正統運動。該學說效法先知穆罕默德和他早期的追隨者「虔誠的祖先」，拒絕宗教上的創新或「異端」，支持實施「伊斯蘭教法」。該運動通常分為三類：最大的群體是純粹主義（或靜修主義），不接觸政治；第二大群體是活躍分子，參與政治；最小的群體是聖戰者。

二〇二五年一月，艾邁德・沙迦在與教宗方濟各的特使、聖地監護團的保管人於大馬士革舉行的會晤中，他試圖安撫國內外的基督徒：「我不認為敘利亞基督徒是少數群體，而是敘利亞歷史民族不可分割的一部分。」他也對方濟會修士在敘利亞的工作以及對教宗表示欽佩。如果不出意外，沙迦的言論證實了他的認知，全世界的眼睛都在盯著敘利亞的新領導人，並將根據他們今後保護少數民族權利的方式來評判他們。[7]

有些人在回顧二〇二四年的事件時，很可能會將終結敘利亞可怕內戰歸功於大馬士革殉教者冥冥中求情的終極奇蹟。但如果敘利亞的新領導人成功建立一個尊重所有社群、不分種族或宗派的政府，他們將繼承鄂圖曼帝國所留下的傳統，一個沒有宗派分歧的多元大馬士革。這種秩序可以追溯到一八六〇年大屠殺之後困難重重的重建計畫，即使在法國的帝國主義以及復興黨的阿拉伯民族主義的雙重阻礙下仍能起死回生。

從殉教者的晉升到阿薩德王朝的垮臺，大馬士革事件仍持續形塑著今日的敘利亞。

導言　檔案中的發現

當我踏上寬大的石灰岩臺階，走進位於華盛頓特區的國家檔案館時，我有種不期而遇的感覺。參訪這座古典建築會讓參觀者留下深刻的印象：它是一個偉大國家的記憶寶庫。在寬闊的圓頂大廳裡，陳列櫃裡擺放著《獨立宣言》、《憲法》和《權利法案》的副本，以及其他精選的收藏，向遊客展示著美利堅合眾國建立過程中的基礎和里程碑。

一九八九年一月的那個上午，我並沒有停下來欣賞展覽，而是穿過層層警衛進到閱覽室。我是來為博士論文尋找文獻資料，論文的主題是有關十九世紀下半葉鄂圖曼帝國在外約旦的統治。外約旦在當時是鄂圖曼帝國敘利亞省的邊境地區，首府是大馬士革。美國在一八五九年在大馬士革首度設立外交使節，而我想看看在美國的領事檔案中有沒有與我的研究興趣相關的資料。

我對美國的首任副領事也很感興趣，他叫米哈伊爾．米沙卡（米哈伊爾是阿拉伯語的麥可）。一八五九年的美國還是一個小國，在海外維持著規模不大的外交使節團。在許多司法管轄區，外交部門僱用當地人才來代表美國的利益，以節省駐外外交官的人數。但他們為大馬士革所選擇的人卻是當時著名的知識分子之一。

米哈伊爾・米沙卡（一八〇〇至一八八八）是位真正的文藝復興人士。他曾在黎巴嫩山王公們的宮廷中任職，並接受過醫學培訓。他出版過許多關於神學、哲學甚至阿拉伯音樂理論的書籍和小手冊。然而，他最為人知的是一部敘利亞和黎巴嫩在十八世紀和十九世紀的歷史著作。在親朋好友的建議下，米沙卡在生命的最後階段完成了這本書，他們敦促他記錄下父親告訴他的故事以及他自己親眼目睹的歷史事件，米沙卡把書命名為《對摯愛親友建議的回應》（書名用阿拉伯語會更好，因為押韻）。

在我拜訪國家檔案館的幾個月前，米沙卡的書出版了，由哈佛大學的學者惠勒・塔克斯頓精采地翻譯成英文，用了個更聳人聽聞的書名：《謀殺、暴亂、掠奪和搶劫》。該書一問世，我就從頭到尾讀了一遍，當我在檔案館閱覽室的座位安頓好後，特別好奇想要閱讀米沙卡的領事通訊。前兩卷來自大馬士革的通訊，時間上涵蓋了一八五九年到一八七〇年，正好與米沙卡的任期相吻合。我申請了大馬士革檔案的前面數卷，滿懷期待地等待著它們從檔案庫中被調出來。[1]

當我到檔案館流通櫃臺領取資料時，很失望地發現大馬士革最早的幾份檔案卷宗不見了。檔案管理員確認沒有其他人正在閱讀這些檔案，並向我保證一定是哪裡出了錯。我重新申請了米沙卡的檔案，並將後續的通訊檔案帶回我的座位，以便在此期間閱讀。然而，第二次申請也沒有比第一次更有收穫。檔案管理員解釋說，大馬士革的檔案並不常被查閱，也許是早期的卷宗被放錯了地方。她建議我預約檔案管理員陪同，進到檔案庫親自去查找。

我申請進入檔案庫的請求獲得了批准，那週稍晚在外交檔案專家的陪同下，我進到了國家檔案館的內部聖殿。那裡給人的印象絲毫不亞於這座建築的新古典主義外觀。綿延數英里的書架上，擺滿了美國政府制式的皮革裝訂卷宗，脊背上刻有使節團所在的城市和國家，以及卷宗所涵蓋的期間，為這些檔案架賦予了秩序與權威的光環。

我們直接來到存放大馬士革卷宗的檔案架前，就我當時所見，它們井然有序。卷宗按數字順序排列，而且卷號也依涵蓋的時間排序。有幾冊卷宗不在架上，那些是我本週稍早成功調出來的，它們為我在閱覽室的座位上增添了光彩。但讓我很失望的是，最早的那幾卷，也就是米沙卡卷宗在檔案架上卻不見蹤影。

為了不想浪費檔案管理員的時間，我正準備放棄而空手返回閱覽室時，在某個檔案架的末尾我注意到有三本小筆記本。這三本筆記本所占的空間還不如一本制式的國務院登記冊。我好奇地從檔案架上取下第一本共有七十八頁的細長筆記本，發現皮革封面上貼著一張紙標籤。標籤上用阿拉伯語寫著：駐大馬士革領事館自西元一八五九年七月起之派遣登記冊。第二本筆記本只有五十六頁，從第一本結束的一八六六年開始。第三本篇幅更短，時間從一八七〇年到一八七三年，當時米沙卡的兒子納西夫接替他擔任美國駐大馬士革的副領事。這三本筆記本幾乎都是阿拉伯文，沒有任何英文訊息可以提供地點或日期的資訊，以便協助檔案管理員將這些珍貴的大馬士革首批領事通訊上架。找到失蹤的登記冊，檔案管理員和我一樣高興，因為在此之前它們都藏身在檔案庫裡。

我手上拿著三本細長的筆記本回到閱覽室。當我翻閱第一本時，我激動得渾身發抖，因為從這批文件存放到國家檔案館以來，我是首位投射目光在它們身上的當代研究者。就我所知，米沙卡本人可能是最後一位讀到這些文件的人。能夠看到親筆簽名的原始文獻總是令人興奮，因為知道它們的作者也曾經翻閱過相同的頁面。這種感覺就像是跨越時代的虛擬握手。我先前從未體驗過發現新的親筆簽名文獻時那種獨特的腎上腺素飆升的感覺，這些文獻在此之前早已被學術界所遺忘了。

我知道該從哪裡開始翻閱，我翻到米沙卡一八六〇年七月的報告。在那個月，大馬士革被一場恐怖的大屠殺橫掃，米沙卡僥倖生還。他在事件發生十三年後所寫的書中，我們看到了他的描述。但是在事發當時，米沙卡寫了些什麼？我在第三十五頁上發現了他在暴力事件爆發後，寫給他的上司、駐貝魯特領事奧古斯塔斯·強森首份戲劇性的報告：

> 閣下無疑應該聽說了上週一早上，這座城市裡基督徒居民所遭受的災難。縱火、搶劫和殺戮從日出後八小時就開始，至今還在持續。我們區的米塔維拉（敘利亞什葉派社區）襲擊了我們的房子，他們發現什麼就搶走什麼，能夠摧毀的都被他們摧毀。他們沒有放火燒房子，以免給他們自己帶來災難。他們開槍但沒有擊中我們任何人，不過我的頭被斧頭砍中，眼睛也被棍棒打碎。我的穆斯林朋友哈吉·穆罕默德·薩瓦塔里帶著一群北非士兵來到這裡，把我從暴民手中帶到他家，當時的我被剝光了衣服，光著腳、光著頭，就像上帝創造我時那樣，我在他家與家人團聚。在上帝的憐憫下，我目前住在他家，只能躺在床上，我的眼睛腫得睜不開，無法判斷傷勢的嚴重程度。我的一隻手臂受了傷。[2]

幾乎可以肯定，這是關於為期八天的基督徒大屠殺的最早的阿拉伯文記載，這起事件至今仍被不祥地稱為「大馬士革事件」。

大馬士革事件在一八六〇年夏天爆發，範圍擴及敘利亞和黎巴嫩，帶來了毀滅性的打擊。鄂圖曼帝國自建國以來的五個多世紀中，發生過不少大屠殺。十六世紀鄂圖曼帝國對波斯薩法維帝國，以及阿拉伯領土上的馬木路克帝國所發動的戰役，基本上都是透過屠殺進行帝國擴張。然而，到了十六世紀中葉，隨著征服的步伐放緩，鄂圖曼帝國開始以法治而非用針對臣民的國家暴力著稱。蘇丹蘇萊曼一世（一五二〇年至一五六六年），被西方世界稱為大帝，而在突厥和阿拉伯世界則稱其為「卡魯尼」，也就是「制法者」。蘇萊曼死後的二百五十年裡，鄂圖曼穆斯林在基督徒和猶太教少數族群中占據主導地位，非穆斯林受到保護但仍是二等公民，而屠殺事件則幾乎聞所未聞。3

直到十九世紀初，隨著分離主義、民族主義運動的興起，鄂圖曼帝國的法治才崩潰成為穆斯林與基督徒之間的暴力相向。在那個階段，恐怖暴力僅限於巴爾幹半島，從一八二一年的希臘開始，基督教分離主義者與他們的穆斯林鄰居展開相互的屠殺。希臘起義（一八二一年至一八二九年）的影響，整個鄂圖曼帝國都感受得到。為了報復，鄂圖曼政府以叛國罪在伊斯坦堡絞死了希臘東正教的主教和希臘社區的許多領導人，暴民席捲了南部港口城市伊茲密爾的希臘人聚集區，屠殺和掠奪無辜的平民。鄂圖曼軍隊在針對希臘在克里特島和伯羅奔尼撒半島南部的抵抗時，採取了焦土策略試圖平息起義。當鄂圖曼基督徒試圖顛覆蘇丹的統治時，他們被視為存在的威脅。滅絕就成了合理的解決方案。

歐仁．德拉克羅瓦的畫作，以及拜倫勳爵的詩歌，其中所描繪的鄂圖曼人對希臘平民施暴的畫面，點燃了歐洲輿論的怒火，引發了進行軍事干預來支持希臘起義軍的呼聲。在外國援助下，希臘起義軍獲得了勝利，並在一八二九年從鄂圖曼帝國中脫離，成為獨立的希臘王國。希臘基督徒的成功，鼓舞了其他巴爾幹半島的基督徒社群，民族主義運動在塞爾維亞、波士尼亞、保加利亞和阿爾巴尼亞興起，挑戰鄂圖曼帝國的統治。在每個案例中，民族主義者的反叛都引發了穆斯林與基督徒雙方平民的大屠殺。[4]

儘管基督徒民族主義運動以及大屠殺僅限於巴爾幹半島各省，但是阿拉伯土地上的社群關係在十九世紀上半葉也出現了緊張。一系列的衝擊加劇了阿拉伯各省中穆斯林多數群體與不同的少數社群之間的緊張關係。一八三一年，埃及總督穆罕默德．阿里帕夏*的軍隊占領了整個敘利亞、黎巴嫩、巴勒斯坦和約旦，擾亂了鄂圖曼以及當地政府的統治近十年。歐洲列強協助鄂圖曼將埃及人從敘利亞趕回尼羅河流域，開啟了歐洲對鄂圖曼事務的干預不斷升級的時期，這在外交史上被稱為「東方問題」。鄂圖曼政府試圖透過一項雄心勃勃的改革計畫來遏止歐洲的干預，這項計畫被稱為「坦志麥特」（重組），在幾乎沒有任何徵兆，也未徵得多數穆斯林同意的情況下，對鄂圖曼社會施加了劇烈的變革。隨著歐洲貿易在東地中海的迅速擴張，鄂圖曼經濟也面臨新的挑戰——或者說機會。基督徒似乎是機會的主要受益者，而鄂圖曼穆斯林則必須應對挑戰。這使得當地的基督徒愈來愈富有，也愈發自信，從而激起了占多數的穆斯林日益增長的敵意。意識到巴爾幹半島基督徒分離主義在歐洲干預的協助下，導致鄂圖曼統治的四分五裂，許多阿拉伯穆斯林社區開始將基督徒鄰居視為對他們生活方

*編按：帕夏（Pasha）：阿拉伯文作「basha」，突厥頭銜，通常用來稱總督、統治者。地位在首相（vezir）之下，貝伊之上。

式的生存威脅。到了一八六〇年，這種看法引發了種族滅絕，而滅絕敘利亞基督徒似乎是個合理的解決方案。

第一個警訊出現在敘利亞北部城市阿勒坡，穆斯林暴動者於一八五〇年十月襲擊了那裡的基督徒居住區，造成數十人死亡（確實數據無法得知，但估計死亡人數在二十到七十人之間）。鄂圖曼政府有能力恢復阿勒坡的秩序，但無法消除敘利亞其他地方暴力升級發生的風險。整個一八五〇年代，大敘利亞地區的社群緊張局勢持續加劇，到一八六〇年夏天爆發了前所未有的暴力事件，導致黎巴嫩山一萬多名基督徒和大馬士革五千名基督徒喪生——此即一八六〇年事件。[5]

對敘利亞和黎巴嫩這兩個現代中東的重要國家來說，一八六〇年事件是個決定性時刻：與鄂圖曼的舊秩序徹底決裂，以暴力方式進入現代社會。在一八六〇年之前，鄂圖曼人讓敘利亞和黎巴嫩各自為政，當地的機構和派系會與鄂圖曼總督爭奪控制權。一八六〇年之後，大馬士革和黎巴嫩山則都處於更加集權的政府之下，透過選出的官員所組成的官僚體制進行統治，這預示著二十世紀的治國之道。敘利亞人和黎巴嫩人將一八六〇年事件視為他們與二十世紀帝國強權法國之命運關係的源頭。此外，黎巴嫩人更將其複雜的宗派政府形式的起源與一八六〇年事件聯繫起來，並將隨後的每一場內戰都追溯到一八六〇年的「原罪」。這既適用於一九五八年短暫的黎巴嫩內戰，也適用於一九七五年到一九九〇年長達十五年的衝突。從許多方面來說，敘利亞和黎巴嫩的現代史始於一八六〇年。

一八六〇年事件無疑引起了現代中東一些最偉大的歷史學家的學術關注。敘利亞和黎巴嫩是阿拉伯歷史的中心，這些事件對這兩個地區的改變至今仍能感受得到。一八六〇年的暴力事件也預示了一八九〇年代和一九〇九年的亞美尼亞大屠殺，以及第一次世界大戰時對亞美尼亞人和亞述人的種族滅絕。近年來，世人對這個主題的興趣與日俱增，對一八六〇年事件的重大新研究涵蓋了法語、英語、阿拉伯語和日語的著作。一八六〇年事件仍然是學者和政策制定者長期關注的主題。因此，一九八九年一月，當我首度發現米哈伊爾・米沙卡的領事報告時，我感到非常興奮。我意識到自己發現了阿拉伯現代史上最重大事件之一的最重要新資料。[6]

米沙卡報告是獨一無二的文件，尤其是因為它們的寫作者很知名。米沙卡醫生是位有據可考的人物，大部分他的大馬士革同胞都默默無聞，而米沙卡醫生則是個浮出檯面的立體人物。我們讀得到他的著作，也找得到他的個人經歷，還有與他同時代的敘利亞人所寫的傳記文章，以及新教傳教士對他的報導。我們甚至還有這個人的照片，在那個時代可能只有不到萬分之一的敘利亞人的照片會被拍下來。除此之外，米沙卡也是歷史學家最重視的那種人。他親眼目睹了自己人生中的重大歷史事件。他的人脈非常廣。作為訓練有素的醫生，他享有接觸到鄂圖曼帝國的統治菁英、大馬士革的穆斯林名流，以及當地的基督徒與猶太教人士的機會。他認識所有人，所有人也都認識他。[7]

米沙卡醫生被任命為美國駐大馬士革副領事的時機也很巧。他在一八五九年九月上任。這意味著他的報告可以追溯到暴力屠殺發生之前九個月，了解敘利亞社會秩序崩解的情況。也許更有價值的是，米沙卡醫生在事件發生後的整整十年，持續從大馬士革提交報告，對於困阻當地重建以及讓流離失所的基督徒倖存者重新融入社會的處境，提供了社會分歧及緊張關係的細節和內容。

儘管事件的許多倖存者都寫了回憶錄，但他們往往是在事件發生後五到十年才寫，充分享受到事後諸葛的好處。米沙卡在事件發生十三年後寫的書也是如此。米沙卡的報告之所以如此特別，是因為它們反映了作者當下的所見所聞，而對未來一無所知。因此，它們即時捕捉了大馬士革場景的恐懼和希望，對這座城市從種族滅絕邊緣，到多數穆斯林與少數基督徒之間恢復社會平衡的曲折道路，提供了一些最詳細的紀錄。

儘管它們對我的博士研究沒有什麼價值，但我認為米沙卡報告是歷史學家的金礦。我花了一天時間影印所有三本筆記本，決定要寫一本關於大馬士革事件的書。

★ ★ ★

自從我首次發現米沙卡的報告以來，三十多年過去了。我的影印本已經積滿灰塵，但它們從未被遺忘。我首先必須完成博士學位，並修改論文以便於一九九九年發表。然後做完第一個研究計畫，我終於可以抽身開始研究大馬士革了。

二〇〇一年我獲得了一筆研究經費，前往大馬士革查閱檔案，以幫助我了解米沙卡報告的來龍去脈。自從一九七〇年代我在貝魯特度過童年以來，我一直是敘利亞首都的常客，但作為本書準備工作的一部分，熟悉一八六〇年事件發生時的城市面貌非常重要。我走訪了多馬之門與太陽之門的基督徒城區，那裡曾是暴徒騷亂的爆發點。我把時間如此分配：在檔案館的開放時間進行研究，檔案館關閉時就到舊城區走訪，下班後的研究就到擁有豐富館藏的大馬士革法國研究所，我在那裡有一間專為訪問學者保留的研究小間。

九月十一日，一群劫機者劫持了噴射客機衝入紐約的世貿大樓、五角大廈和賓州的一塊空地，我在大馬士革的研究也因此中斷。在美國本土遭受如此空前的攻擊後，我預感會有危機，於是收拾行李直奔機場。大馬士革機場在九一一事件時顯得有些不真實。航站裡沒有人群，實際上停機坪上沒有國際航機。出境告示板上顯示，歐洲航空公司飛往敘利亞首都的所有航班都已取消。我設法拿到了當晚飛往突尼斯的航班座位，帶著滿滿一箱從大馬士革的圖書館及檔案館複印的文獻，踏上回牛津的路。

隔年二〇〇二年我繼續我的研究，並參訪了位於伊斯坦堡的鄂圖曼檔案館。在一位研究助理的幫助下，我在最近編目的資料中為我的研究計畫複印了數百頁鄂圖曼的文獻。接著我去了貝魯特，在貝魯特美國大學的賈菲特圖書館查閱了有關一八六〇年事件的手稿資料。二〇〇二年秋天，我更回到美國國家檔案館搬到馬里蘭州學院市的新分館，查閱貝魯特和大馬士革的領事通訊。那時我開始收集關鍵的大量資料，以便將米沙卡的報告放進適當的脈絡裡，並探討一八六〇年大馬士革事件的複雜歷史。

除了來自米沙卡的資料之外，我還收集了幾位經歷過這些事件及其後續發展的鄂圖曼與大馬士革人士的敘述。為了平衡來自基督徒倖存者的敘述，我們也有重要的穆斯林描述。年輕的知名人士穆罕默德·阿布·薩烏德·哈西比，他是先知穆罕默德的後裔，在事件發生後被監禁了一年，他在一本詳細的回憶錄中記錄了自己的遭遇。另一位穆斯林的名人穆罕默德·賽義德·烏斯圖瓦尼謝赫*，他是當地古老的伍麥亞大清真寺的傳教士。他的回憶錄於一九九〇年代在大馬士革出版，生動地描述了這些事件及其後續。埃米爾†阿卜杜·卡迪爾，他被法國人從家鄉阿爾及利亞流放到鄂圖曼帝國的領土，他是大馬士革事件中最有影響力的人物之一。他留下了大量的信件和訪談，為一八六〇年及之後的大馬士革提供了新的視角。鄂圖曼檔案館存有大馬士革總督艾邁德帕夏‡和外交部長福艾德帕夏等重要官員的大量報告，這些官員在這些事件發生後被蘇丹派往大馬士革及黎巴嫩山恢復鄂圖曼的掌控。這些見證者在本書敘述的過程中將成為熟悉的人物，他們留下如此詳細的描述，讓大馬士革浮現出真正的樣貌，一個以歷史和文化為特徵的大都會，也是一個標誌著偏差和犯罪的城市。

★ ★ ★

九月十一日的襲擊讓我的大馬士革計畫繼續蒙上陰影。事後來看，我開始將九一一視為美國版的「事件」。紐約和華盛頓的城市肌理遭受到前所未有的破壞，死傷慘重（九一一事件中有二千九百九十六人喪生，另有數千人受傷），這種震撼給美國人造成的集體創傷需要數年時間才能癒合。那些年的生活讓我對大馬士革居民的經歷有了更深的了解，他們遭受了更大的傷亡和物質損害，需要許多年才能重建。

儘管我很想研究十九世紀的大馬士革，但我相信更重要的是為普通讀者撰寫一部阿拉伯世界的歷史，以挑戰九一一後由美國所領導的反恐戰爭的背後假設。我放下了大馬士革計畫，寫了《阿拉伯人五百年史》，於二〇〇九年出版。另一本關於中東在第一次世界大戰的書，恰逢戰爭百週年紀念，又再次拖延了我的大馬士革研究。

直到三十多年後的現在，我才又重新回到那些在一九八九年非常興奮找到的文獻，回到如何去理解大屠殺以及大馬士革事件之後的與重建與和解過程的挑戰。當我向他人介紹這本書時，他們首先問

---

* 編按：謝赫是阿拉伯文中表示尊敬的稱謂，通常是指部族的酋長或宗教領袖。

† 編按：埃米爾指將領或軍事領袖，有時則指統治者家族成員。

‡ 編按：帕夏是種突厥頭銜，通常用來稱總督、統治者。地位在首相之下，貝伊之上。

我的問題是：大馬士革的穆斯林為什麼要屠殺當地的基督徒？這是個明確的問題，卻很難回答。這本書的前四章，追述從一八三〇年代到一八五〇年代大馬士革發生的轉變，這些導致了當地穆斯林和基督徒之間的凶殘緊張關係。第五章逐日提供了大馬士革事件的始末，從一八六〇年七月九日暴力開始，到七月十七日大屠殺結束。最後四章敘述鄂圖曼帝國為恢復法治採取的措施，將大屠殺的有責者繩之以法，滿足一無所有的基督徒倖存者的要求，資助基督徒財產的重建，以及讓基督徒重新融入大馬士革的社會結構。因此，這本書既是探討一座城市如何淪落到種族滅絕的邊緣，也探討鄂圖曼當局如何將這座城市從邊緣拉回來所走過的路。

形塑此刻寫作的背景，與其說來自美國九一一事件的創傷，不如說來自敘利亞政府與自身人民之間全面戰爭的悲劇。隨著二〇一一年阿拉伯之春和平抗議運動之後，敘利亞陷入了暴力內戰，奪走了數十萬條人命，夷平了整個城區，數百萬人離鄉背井。處在總統巴夏爾．阿薩德的復興社會黨政府，以及渴望建立伊斯蘭國家的遜尼派穆斯林民兵的殘暴夾縫中，敘利亞的少數社群從一八六〇年以來首次遭遇到宗派暴力。自二〇一一年至二〇二四年之間，敘利亞各地發生的恐怖和破壞，其規模與一八六〇年的事件相比，完全不可同日而語。根據當時的數據，一八六〇年暴亂者摧毀了大馬士革基督徒城區大約一千五百棟房屋。而根據敘利亞人權觀察組織的估計，二〇一一年至二〇一八年間將近三百萬棟房屋被部分或完全摧毀。二〇二四年十二月阿薩德政權的倒臺，為敘利亞悲劇性的內戰劃下終點。大馬士革事件和十九世紀當地重建的歷史，對當代敘利亞人來說具有重要意義，因為歷經十三年毀滅性的內戰之後，他們要面對重建破碎的國家以及恢復分裂的社會的巨大挑戰。正如敘利亞歷史學家薩米·穆巴耶德所說，我們研究這段歷史是「為了從中吸取教訓，希望永遠不再重蹈覆轍」。歷史並沒有提供解決當代問題的路線圖，但它確實展示了什麼是可能的。[8]

第一章 米沙卡醫生打開大馬士革美國副領事之門

美國駐貝魯特總領事耶利米·奧古斯塔斯·強森氣憤難消。他長期以來一直在為美國貿易公司尋求進入大馬士革市場的機會。然而，由於在大馬士革沒有自己的外交使節，美國人持續輸給了在敘利亞首都設有領事、占有地利之便的歐洲競爭對手。強森把美國在大馬士革的利益委託給英國駐大馬士革的領事詹姆斯·布蘭特，但他在為美國貿易商開啟大馬士革市場方面卻毫無建樹。當一家美國公司終於在一八五九年於大馬士革簽訂了第一份合約時，奸詐的布蘭特卻從中作梗，讓鄂圖曼當局阻撓這筆交易。強森有了結論，現在該是美國在大馬士革設立自己使節團的時候了。

十九世紀中葉，美國在鄂圖曼帝國還只是個次要角色。儘管美國擁有三十三個州，以及從大西洋到太平洋橫跨北美大陸的十個領地，但在鄂圖曼當局眼中，美國並不具有任何政治或經濟上的重要性——當然也無法與英國和法國等歐洲帝國列強相提並論。首位派往鄂圖曼帝國的美國特使在一八三一年向蘇丹政府遞交了國書。而鄂圖曼人在等了三十六年之後，才於一八六七年在華盛頓設立公使作為回報。這意味著美國外交官從鄂圖曼當局得到的關切遠不如他們的歐洲同行。這種歧視激怒了駐外的美國外交官。

強森領事與貝魯特當地一家名為「塔貝特兄弟」的貿易公司合作，設法為波士頓紡織品製造商「達布綶與康寧漢」取得了一批大馬士革羊毛的貨源。塔貝特兄弟公司享有美國的領事保護，並且期待英國領事布蘭特會維護他們的利益，因為他的角色是美國駐大馬士革的代表。不過相反的是，布蘭特把英國的利益放在首位。愈來愈多的輪船載著英國製造的商品運往貝魯特，銷售到敘利亞市場，英國領事協助這些船長尋找原物料，以便填補空艙使返航時有利可圖。布蘭特無意去鼓勵美國人爭奪敘利亞市場上有限的羊毛庫存，所以他要求在大馬士革的鄂圖曼總督扣押美國人的貨物。鄂圖曼總督非常樂意配合，並且把塔貝特兄弟的羊毛扣押在海關倉庫。強森在與美國駐伊斯坦堡大使詹姆斯．威廉斯的通訊中毫不掩飾他的憤怒。要想在如此狡詐的環境下保有貿易機會，美國需要在大馬士革有自己的人。強森領事向威廉斯大使提議的人選是米哈伊爾．米沙卡醫生。[1]

在鄂圖曼帝國內，當地人被任命從事美國領事事務並不罕見。由於在東地中海的經濟利益有限，美國人在鄂圖曼領土上保持著適度的外交關係。除了駐君士坦丁堡（現今的伊斯坦堡）的公使或大使外，在主要港口城市像是士麥那（現今的伊茲密爾）、貝魯特和亞歷山卓港，美國外交部會派駐一名官員為領事。這些領事負責監督在二級港口與內陸城市副領事組成的網絡。出於經濟考量（僱用當地人比把美國人派到當地的成本低），也為了利用在地的知識，美國領事傾向於任命當地基督徒來擔任其管轄範圍內較小城市的副領事。在一八五〇年代，像是拉塔基亞、的黎波里、西頓、海法等較小轉口港的本地敘利亞副領事，要對駐貝魯特的美國領事報告。他們大多數用阿拉伯語提交報告，並交由貝魯特領事的翻譯局專家翻譯，再呈交給美國總領事。

米哈伊爾・米沙卡被公認為是大馬士革受過最好教育的人。[2]他在一八〇〇年出生於黎巴嫩一個名叫里什馬亞的普通村莊，家中信奉希臘天主教，他曾經遊歷過埃及和敘利亞的許多地方，在黎巴嫩山的王公貴族宮廷中任職，並且經營許多貿易。米沙卡是黎巴嫩山當地人，一八三四年在大馬士革定居，在接下來的二十五年間，他成了大馬士革著名的基督教領袖。然而，米沙卡最讓美國領事部門稱許的是，他在一八四八年離開了自己的在地教會，擁抱了新教信仰。美國傳教士幾乎不敢相信他們的好運氣。他們在當地傳教多年，信奉者寥寥無幾，如今卻贏得了一位在該地區被他們稱為「最聰明、最有見識的阿拉伯人」，這讓他們欣喜若狂。要推薦給強森領事，這些傳教士沒有比米沙卡醫生更適合的人選了。

米沙卡是十九世紀上半葉震撼敘利亞和黎巴嫩的許多歷史事件的目擊者。因此，他的生平故事反映了日益緊繃的局勢，在他被任命為美國駐大馬士革副領事時，這些緊繃情勢即將爆發為前所未有的社群暴力。事實上，他晉升為西方國家的領事代表，並享有這一職位的所有影響力和經濟特權，預示了基督教菁英地位的變化，而這種轉變當時在穆斯林社群引發了危險的不滿。沒有人比大馬士革的鄂圖曼總督艾邁德帕夏更能體現這些怨恨情緒，他在一八五九年千方百計地阻撓米沙卡醫生擔任這個職務，就在此之前的幾個月，這類廣泛存在的怨恨情緒逐漸升級為社群間的暴力衝突，被稱為「大馬士革事件」。

★　★　★

米哈伊爾．米沙卡是位傑出的博學人士。五十九歲被任命為副領事時，他已經掌握了四種專業。他的職業生涯是從商業學徒開始。米沙卡年僅十七歲就前往埃及港口達米埃塔跟舅舅學習商業原理。他和哥哥一起在舅舅的商行裡做店員，賺取了豐厚的薪水並開始有了積蓄。在達米埃塔待了三年後，米沙卡回到黎巴嫩山的家中，運用他的商業技能投入到絲綢貿易。絲綢是黎巴嫩山最賺錢的產業之一，一八二〇年代，米沙卡靠著向大馬士革出口絲綢過上了不錯的生活。

米沙卡的第二個職業是從政，他透過黎巴嫩山王公們的宮廷踏入政界。謝哈布家族從一六九七年以來統治著黎巴嫩山。他們統治著一個被嚴格劃分階級的複雜社會。王公家族處於權力的頂峰，其中以謝哈布家族最為顯赫，享有「埃米爾」或「親王」的頭銜。在他們之下是「謝赫」也就是部落酋長，其次是占人口絕大多數的平民（農民、工匠和商人）。這些社會分級對黎巴嫩社會的影響，遠大於幾個世紀以來在黎巴嫩山避難的許多宗教團體之間的差異：馬龍派基督徒，一個服從教宗權威的東方教會；德魯茲教徒，從伊斯蘭教什葉派中分裂出來，經過幾個世紀的發展成為一個獨特的宗教團體；遜尼派和什葉派穆斯林；猶太人；希臘東正教和許多其他基督教派（包括米沙卡的希臘天主教社群，從東正教分裂出來，與馬龍派一樣都服從教宗的權威）。黎巴嫩山是鄂圖曼帝國裡在神學方面最多元的地區之一。

統治的謝哈布家族不同分支之間的關係不時破裂。一八二〇年代，黎巴嫩山主政的埃米爾巴希爾二世（一七八九年至一八四〇年在位），召請年輕的米哈伊爾・米沙卡與持不同意見的堂兄弟進行斡旋，因為這位堂兄弟與德魯茲派的對手巴希爾・瓊布拉特謝赫結盟。在王公家族兄弟間進行了徒勞的穿梭外交後，米沙卡向埃米爾巴希爾承認自己無能為力。米沙卡解釋說：「您的僕人擅長推算數字與數量的未知數，但我的頭腦無法為推算這樁政治事件的未知數找到方法。」

埃米爾巴希爾笑著回答說：「你解決不了這個問題的原因是你缺乏從政經驗，我會教你如何找出這個未知數。」[3]

十九世紀初黎巴嫩山的政治並不複雜也沒有意識形態——一切都是政治現實。當面對上級時，像是擁有更大軍隊的鄂圖曼總督，王公就會屈服。然而，面臨同級或下級的威脅，王公會毫不留情出手。一八二五年，埃米爾巴希爾二世痛擊他的德魯茲派對手巴希爾．瓊布拉特謝赫，並在激戰中擊敗了對方。德魯茲首領被俘虜，並送往鄂圖曼當局處決。那些與巴希爾．瓊布拉特謝赫勾結，持不同意見的同家族王公也受到同樣嚴厲的對待。幸運的人就只是被處死，其他人則被割掉舌頭，弄瞎眼睛，用騾子馱回家，以此警告其他挑戰巴希爾統治的人。埃米爾巴希爾二世用這種方式，在半個多世紀的時間裡，維持了他對黎巴嫩山的統治，並被稱為「巴希爾大王」。

米哈伊爾．米沙卡並沒有因為暴力而放棄從政。一八二五年的事件之後，他被帶到山區小鎮哈斯巴亞的謝哈布家族王公家中，擔任埃米爾薩德丁的私人祕書，埃米爾薩德丁是埃米爾巴希爾二世的忠實支持者。這位哈斯巴亞的統治者把加利利北部地區（今天的以色列北部）廣大的農莊賜予米沙卡，作為他的收入來源，並把從名譽掃地的德魯茲首領那裡沒收的一座豪宅送給他。至此，米沙卡收起了絲綢生意，投入到他的第三個職業——農業。當時他才二十五歲。

米沙卡投入新職業五年後，野心勃勃的埃及總督穆罕默德．阿里帕夏反抗其主人鄂圖曼蘇丹並入侵敘利亞，這讓米沙卡的生活再次被區域政治打亂。在位二十五年後，穆罕默德．阿里憑藉著自己的實力成了半個皇帝。他完全控制了埃及農業和貿易的收入，這給了他前所未有的財富。他組建了一支強大的軍隊，征服了蘇丹和阿拉伯的漢志省，那裡是伊斯蘭教最神聖的城市麥加和麥地那的所在地。

一八二四年，鄂圖曼蘇丹命令穆罕默德．阿里派遣他的陸軍和海軍前往希臘，協助鎮壓大規模的民族主義叛亂，當時叛亂已進入第三年。在英國、法國和俄羅斯介入支持希臘獨立之前，埃及軍隊就侵入了克里特島和希臘南半部。在一八二七年的納瓦里諾戰役中，歐洲戰艦摧毀了埃及艦隊並將滯留的埃及軍隊送回家。穆罕默德．阿里帕夏對希臘的征服落空，轉而在鄂圖曼帝國其他領土尋求補償。一八三一年十一月，他的兒子、大元帥伊卜拉欣帕夏，率領軍隊進入巴勒斯坦征服敘利亞地區。

埃及的入侵使得黎巴嫩山的政治變得更加複雜。為了保住自己的權力地位，埃米爾巴希爾二世應該繼續效忠敘利亞的鄂圖曼總督，還是站在入侵的埃及人這邊？現實政治的原則告訴他，應該服從於更強大的力量。埃米爾巴希爾二世派遣米哈伊爾．米沙卡前往沿海城鎮阿卡，觀察伊卜拉欣帕夏軍隊的行動，當時埃及軍隊正在圍攻鄂圖曼總督，他躲藏在堅不可摧的十字軍時代的城堡中。

米沙卡在一八三一年十一月下旬到達阿卡時，埃及的圍攻已經全面展開。他看到二十二艘戰艦「不斷地猛攻阿卡，而在炮火煙霧籠罩下幾乎看不清的阿卡也在反擊」。[4]他在埃及軍隊中待了二十天，評估他們的武力和戰術。守軍作戰英勇。但是埃及軍隊的人數占優勢，正為最終的勝利而奮戰。米沙卡返回埃米爾巴希爾二世的首都（位於黎巴嫩的城鎮代爾卡馬爾），向謝哈布的王公們通報情況，勸說他們保持中立直到阿卡被圍困的結果出爐。埃及軍隊花了六個月，終於在一八三二年五月底突破阿卡的防禦，征服了這座戰略要塞。埃及將軍伊卜拉欣帕夏，班師從阿卡前往大馬士革時，他的新盟友黎巴嫩山埃米爾巴希爾二世，率隨從陪同。

埃及軍隊在短暫的小規模衝突後擊潰了大馬士革的鄂圖曼守軍，並在一八三二年六月初占領了這座城市。米沙卡陪同他的金主埃米爾薩德丁，一起前往大馬士革參與了埃及的戰事。伊卜拉欣帕夏沒有在大馬士革多做停留，而是乘勝追擊鄂圖曼的守軍。七月，在敘利亞中部的集市城鎮荷姆斯附近，謝哈布的王公們及其家臣與埃及軍隊並肩作戰擊敗了鄂圖曼軍隊。而米沙卡在荷姆斯待了一個半月，從事他的第四項職業——醫學。

米沙卡首度習醫是在一八二八年，當時他因為感染了三日瘧（瘧疾的一種樣態）而被隔離在家五個月。他拿到了一些阿拉伯語的醫學文獻，並且「能夠理解其中的要旨」，但是「卻被來自法語或希臘語等外語的專業術語給難住了」。他求教於埃米爾巴希爾二世的醫生，一位名叫卡利尼的義大利醫生，並「開始免費行醫」，他的用意是「獲得一些實際經驗」。[5]這是個小小的起步，但是在一八二〇年代，鄂圖曼醫學還是剛剛起步的科學。一八三二年夏天的荷姆斯戰場上，即使是像米沙卡這樣經驗有限的醫生，也總比沒有醫生好。

埃及人征服敘利亞後，米沙卡在大馬士革定居，在那裡置產並在三十四歲時結婚。他的妻子伊麗莎白是大馬士革希臘天主教徒米哈伊爾．法里斯的女兒，結婚時她只有十一歲。後來某位美國傳教士問米沙卡為什麼要娶這麼年輕的女孩時，據說他聲稱：「在他那個時代，年輕女孩在家裡沒有受過任何訓練，而年輕男子希望擁有訓練有素的妻子，就必須在她們年輕時迎娶，以便教育她們來搭配自己！」伊麗莎白在一八三八年生下他們的第一個孩子，當時她才十五歲。日後的歲月裡，米沙卡談到妻子時都稱她為「卡努姆」，也就是「夫人」。[6]

為了養家活口，米沙卡投身於醫療行業。當埃及政府派出他們的醫療服務負責人——著名的法國醫生克洛特貝伊前往大馬士革治療日益增多的傷病軍人時，米沙卡抓住機會加強他的醫術。安托萬·巴泰勒米·克洛特醫生是馬賽人，一八二五年進入埃及醫務部門，並被授予「貝伊」的尊稱*。他最關注的是埃及軍隊的醫療需求，埃及軍隊因疾病造成的損失比因戰鬥受傷造成的損失更大。克洛特貝伊說服穆罕默德·阿里帕夏在開羅建立醫學院，他認為保護埃及軍隊免受疾病蹂躪的最佳辦法「是培訓當地醫生，而不是尋求歐洲醫生的服務」。[7]這位法國醫生因此對米沙卡頗有好感，因為米沙卡比進入埃及醫學院的一般學生擁有更多的知識和經驗。正如米沙卡後來回憶說：「克洛特貝伊喜歡我，經常要我去協助他動手術。他不僅給我所有翻譯成阿拉伯語並在埃及印刷的醫學書籍，還給了我手術

---

*編按：貝伊（bey）：原為中亞部落首領的稱謂，之後歷經各時代，成為鄂圖曼帝國屬地的一種頭銜，有「總督」、「老爺」等意思。其意涵多為軍政首長或貴族，在鄂圖曼帝國時期，次於汗或帕夏。十九世紀之後，鄂圖曼帝國的「貝伊」相當於軍職中的上校。近代的貝伊通常是一種尊稱，有先生的意思。

用具。」到了適當的時候，米沙卡被任命為大馬士革的首席醫師，儘管他自己也承認「沒有能力擔任這樣的職位」。8

從農業、政治到醫學的職業轉變，事實證明是明智的，因為在埃及占領敘利亞和黎巴嫩山的日子裡，米沙卡被逼到了破產邊緣。他失去了在哈斯巴亞的謝哈布王公的工作，再加上埃及軍人的掠奪和當地反抗占領的暴亂，以及埃及統治的過度徵稅，使得他的莊園沒有任何收入。儘管米沙卡過去曾經免費行醫，然而到了一八三〇年代末期，他不得不開始收費。後來在一八四七年訪問埃及期間，米沙卡在克洛特貝伊的指導下，在開羅的艾尼宮殿醫學院完成了培訓，醫學院的老師對他進行了考評，授予他具有醫師頭銜的醫學文憑。從此，米沙卡被稱為米沙卡醫師。

埃及的占領破壞了敘利亞和鄂圖曼帝國作為一個整體的穩定狀況。一八四〇年歐洲列強集結武力與鄂圖曼政府聯手，要把埃及人趕出敘利亞。一八四〇年十二月底，伊卜拉欣帕夏從大馬士革撤退，長途跋涉返回埃及。隨著鄂圖曼恢復對敘利亞和黎巴嫩山的掌控，也迎來了向統治黎巴嫩山的謝哈布王公們的清算。埃米爾巴希爾二世在一八四〇年被廢黜並放逐到馬爾他。繼任者是他的遠房堂兄弟巴希爾三世，此人的統治時間短暫且平庸（一八四〇年至一八四二年在位），標誌著謝哈布家族在黎巴嫩山統治的尾聲。由於在黎巴嫩山已無所掛念，米沙卡選擇永久留在大馬士革。

在科學探究的過程中，米沙卡醫師對自己的希臘天主教信仰愈發懷疑。他曾在十八歲時經歷過首次「宗教危機」，以他的話來說：「有些教條我認為我必須相信，但是任何健全的頭腦都無法接受它們。」多年來，閱讀歐洲啟蒙哲學家著作的阿拉伯語譯本，讓米沙卡更加困惑。憑藉著純粹的理性，伏爾泰和盧梭拒絕一切宗教，而艾薩克．牛頓則「以其博學和高超的智識……，強悍地堅持宗教並激烈反對那些拒絕宗教的人」。米沙卡不是無神論者。他仍然相信上帝，害怕永恆的詛咒。米沙卡尋求的是一種合乎理智的宗教，能夠調和信仰與理性。而他在美國傳教士於黎巴嫩出版的新教小手冊的阿拉伯語譯本中找到了出路。正如他後來的反思：「我的教會領袖所教導的以及他們所講述的寓言，在基督教中毫無根據；這些都是神父們的發明，不僅沒有聖經的支持，而且大部分都與聖經完全相悖。這只是為了增強教會的權力，聚斂人民的財富並奴役他們。」[9]一八四四年，米沙卡與美國傳教士聯繫，並參與他們的神學討論。

米沙卡從埃及返回後，或許是因為拿到醫學文憑的鼓舞，他做了一個重要的決定：一八四八年他離開希臘天主教會，轉而擁抱新教。他的改宗在希臘天主教高層引發了全面的警覺，甚至驚動了馬克西莫斯．馬茲盧姆主教。這位主教找上了米沙卡，試圖讓他知道自己的錯誤。在勸說無效之下，馬茲盧姆動用了教會權力全面反擊，對米沙卡發出詛咒，並在講道和著作中譴責這個叛教者。然而，主教遇上了對手。正如美國傳教士們的報告：「我們的朋友米沙卡先生……可能是這個國家最聰明的本土平信徒，至於這位主教則是最有學問的神職人員。」他們的論辯是場巨頭之戰，吸引了「各方關注……對他們之間發生的事情非常感興趣」。[10]在一八五二年到一八六〇年間，米沙卡寫了八本書，闡述他與馬克西莫斯．馬茲盧姆之間的論辯，並粉碎了希臘天主教會的教義，所有這些都是由美國傳教士以阿拉伯語出版，目的是傳播有利於新教的論點。

切斷了與先祖之宗教團體的聯繫，米沙卡醫師無疑要為此付出代價，但作為新教徒也為他打開了一扇新的門。儘管他仍然透過行醫養活自身和家人，但他也愈來愈涉入外交領域。長期任職英國駐大馬士革的領事理查．伍德爵士，對米沙卡讚譽有加，一八四〇年他聘請米沙卡擔任英國駐大馬士革領事館的通譯。[11]這項聘任的諷刺之處在於，儘管米沙卡博學多才，但他從未學過任何外語。美國傳教士伊萊．史密斯在一八四四年曾撰文讚嘆說：「以一個只懂阿拉伯語的人而言，他確實見聞廣博。」[12]伍德（他本人阿拉伯語流利，無需翻譯）聘任米沙卡擔任通譯，更有可能是要擴大英國領事對這位才華洋溢的醫生的保護。雖然米沙卡在信奉新教之前就已被聘任為通譯，但米沙卡的改宗強化了他成為受英國保護者的地位，英國要擴展對鄂圖曼領土上仍屬小眾的新教教會的保護，就像法國作為天主教徒的保護者，和俄羅斯作為東正教的保護者一樣。

英國和法國的使節團透過了十七世紀與「高門」＊（鄂圖曼帝國政府）的商業協定，首度獲得指定他們的當地通譯成為受保護者的權利。作為外國的受保護者，通譯們從鄂圖曼政府獲得「貝拉特（berat）」，也就是特許，免除了對所有基督徒及猶太人的人頭稅，也免除了政府在財政困難之際不時徵收的各種非正規稅收。令人垂涎的「貝拉特」還賦予受保護者與歐洲商人享有相同的關稅優惠，使他們比所有其他鄂圖曼商人更具競爭優勢（儘管法律禁止「貝拉特」持有者從事貿易，但很少有人受到這項禁令的限制）。「貝拉特」持有者與他們的歐洲雇主享有相同的治外法權的法律地位，這意味著通譯們將受其保護國而非鄂圖曼的法律管轄。這項制度最初是鄂圖曼為鼓勵外貿使節團而做出的讓步，但演變到十八世紀卻成了被廣泛濫用的系統，鄂圖曼的基督徒商行利用他們與法國和英國的關係，確保能夠透過「貝拉特」的管道獲得優惠的貿易地位。到了十九世紀初，「那些受到保護的鄂圖曼臣民，實際上很少有人為外國領事提供任何翻譯服務」。[13]因此，在一八四〇年，伍德領事聘任像米哈伊爾·米沙卡這樣不會說英語的人擔任翻譯並不罕見。但這些濫用行徑激起了許多鄂圖曼官員的不滿，他們不樂見宗教少數群體的成員得以免稅，並反對給予超越了穆斯林多數群體的優惠待遇。大馬士革的穆斯林顯貴則更加憤恨，他們看到當地基督徒透過與歐洲外交使節的關係，獲得了法律及經濟上的優勢，而穆斯林卻無法觸及這層關係。人脈良好的基督徒愈來愈富有和強大，代價卻是犧牲了城市裡的統治菁英。這是對自然秩序的顛覆。

＊編按：高門（Sublime Porte）是首相與內閣閣員辦公的圍牆複合建築，也用來代指鄂圖曼政府，如同以「白廳」指英國政府，「白宮」指美國政府，「克里姆林宮」指俄羅斯政府。

★ ★ ★

一八五九年為了要在大馬士革設立美國使節，美國駐貝魯特領事強森正在物色最佳人選，米沙卡醫師以其無與倫比的人脈和經驗成為候選人。米沙卡得到美國新教傳教士團體的大力支持，也得到令人頭疼的英國駐大馬士革領事的背書，該領事對美國人進入敘利亞首都的商業管道設下重重障礙。在與美國駐伊斯坦堡大使多次信件往返後，強森對米沙卡的任命獲得了批准。到了九月一日，強森寫信給英國駐大馬士革領事布蘭特，通知他米沙卡的任命。強森以充滿諷刺的口吻總結道：「您對美國事務的慷慨關注增加了您的公務負擔，很高興能夠從此不再給您添麻煩了。」[14]

米哈伊爾·米沙卡於一八五九年九月五日就任美國駐大馬士革副領事。他對順利交接所抱持的希望很快就破滅了。米沙卡需要從英國領事那裡取得美國的文件檔案。儘管美國與布蘭特領事的關係因為羊毛扣押而變得緊張，但從一八四〇年被任命為英國通譯和受保護者以來，米沙卡本人與英國保持了近二十年的友好關係。上任的第一天，米沙卡的第一封信就是寫給布蘭特，感謝他對其獲得副領事職位的協助，並將全力配合維護英國在大馬士革的利益。這位英國領事的回覆表達了祝福，但他的職員卻聲稱找不到與美國利益相關的文件檔案，也找不到用於證明文件的印章。米沙卡不得不在沒有任何文件檔案的情況下開張他的副領事館，並且必須另行採用自己的職章來處理信件。

米沙卡醫師在獲得鄂圖曼當局認可的進展，成果也不比他向英國領事取得在大馬士革的美國文件檔案來得多。美國駐伊斯坦堡大使已經遞出「高門」的敕令，也就是「法曼（firman）」，任命米哈伊爾·米沙卡為美國駐大馬士革副領事。米沙卡向大馬士革總督艾邁德帕夏的公署遞交「法曼」，請求任命以確認他的資格。艾邁德帕夏對米沙卡醫師這種鄂圖曼基督徒臣民沒有什麼好感，因為他們透過外國勢力的保護來逃避鄂圖曼的法律與稅收。米沙卡的任命請求遭到回絕。總督公署聲稱還需要伊斯坦堡提供更多文件，並特別要求米沙卡提供在總督同意承認其為候任美國副領事之前提交他的「貝拉特」。事實上，據米沙卡的消息來源指稱，總督懷疑他是否曾獲得成為英國臣民的鄂圖曼官方認證。作為一個普通的鄂圖曼公民，米沙卡沒有資格擔任外國勢力的領事代表。艾邁德帕夏不會接受米沙卡，除非得到「高門」正式確認米沙卡的合法地位。[15]在得到當地總督的承認之前，米沙卡的任命會被凍結，他代表美國利益的行事能力也會嚴重受限。

除了面對英國領事以及當地總督的阻撓，米沙卡醫師也承受來自美國駐貝魯特領事愈來愈大的壓力，要求他在牽涉美國人利益的未決案件中取得進展。除了塔貝特的羊毛扣押案之外，美國領事還要求為一位名叫威廉·本頓的美國傳教士伸張正義，該年早些時候此人在黎巴嫩的山區小鎮扎赫勒遭到襲擊，而攻擊者已躲到大馬士革省。強森領事催促米沙卡針對塔貝特的羊毛扣押案以及「本頓暴行」案迅速採取行動，以維護美國在敘利亞的地位。

「本頓暴行」是個敏感案件。威廉．本頓和妻子洛安扎為了宣揚新教，在黎巴嫩生活了十二年。一八五九年五月，他們搬離位於巴姆杜恩山村的家，將工作拓展到扎赫勒，這裡是黎巴嫩山東坡的基督教大城鎮，俯瞰著貝卡谷地。他們在城鎮中心租了間房子，提供醫療和宗教教導，受到當地人熱烈歡迎。本頓聲稱：「我們從未見過如此對宗教教導的渴望。」然而，扎赫勒的希臘天主教主教卻不那麼歡迎這些把信眾拉走的外國人，他煽動社群採取行動來反對美國傳教士。在扎赫勒僅僅待了兩天，本頓夫婦就聽到一群人聚集在房子外面，高喊著要他們離開。暴徒們丟石頭、砸窗戶，還衝進他們家，抓走本頓夫婦和孩子，強行把他們趕出扎赫勒，帶到鄰村。就在隔天，本頓騎馬來到貝魯特向美國領事強森提出正式控訴，強森帶著他去見貝魯特的鄂圖曼總督討個公道。兩名男子被指認是襲擊本頓在扎赫勒住家的元凶，但兩人已經逃離黎巴嫩山跑到鄰近的大馬士革省避難，不在貝魯特總督的管轄範圍內。強森催促米沙卡去會見大馬士革總督，以確保會逮捕這兩人，並將其引渡到貝魯特接受法律制裁。但是總督並不會接見米沙卡，因為他的文件還不齊全。[16]

與本頓事件相比，米沙卡醫師在塔貝特的羊毛案件上也沒有更多進展。強森撰寫了一封信，讓米沙卡交給大馬士革總督艾邁德帕夏。強森在信中要求艾邁德帕夏，放行塔貝特兄弟公司為美國公司購買的羊毛。強森指出，艾邁德帕夏是應英國領事的要求扣押這批羊毛，但是英國沒有干涉美國商業活動的合法權利。強森最後警告說，如果總督不解除扣押，他會要求艾邁德帕夏本人為羊毛被扣押所造成的任何損失負責。然而，米沙卡無法為強森的訴求親自追問，因為總督拒絕接見他。米沙卡反倒派了個僕人把強森的信送到總督公署。艾邁德帕夏的總督公署回覆說，這件事與他無關，而是英國人和美國人之間的事。他拒絕放行羊毛，除非英國領事要求這麼做，這進一步激怒了美國駐貝魯特領事。[17]

到了十月中旬，強森領事毫不掩飾自己對於米沙卡辦事不力的不耐煩。強森指責說：「直到上一封信，你還是沒有給我任何消息。」他指的是「本頓暴行」案。他說：「這個案子如此重要，掉以輕心或者忽視都是不對的。」一週後強森又寫信提及羊毛扣押事件：「這件事太重要了，在正義得到伸張之前不能放棄。本領事館隨時準備回答英國領事館就其行為所提出的任何問題。」[18]每次貝魯特發出催促信後，米沙卡都會再接再厲，但只要艾邁德帕夏總督拒絕承認他的美國副領事任命，所有的官方大門都會讓他吃上閉門羹。米沙卡似乎還沒來得及上任，就注定要在新職位上挫敗。

米沙卡多次寫信到貝魯特，說明他在未經大馬士革當地政府認可的情況下，代表美國行事所面臨的問題。強森領事寫信給美國駐伊斯坦堡大使，請他協助打破僵局。詹姆斯·威廉斯（一七九六年至一八六九年）是位政治任命的官員，他首次擔任外交職務。精力充沛的威廉斯在田納西州出生長大，曾經在田納西河上經營過汽船公司，在諾克斯維爾創辦過報紙，在查塔努加協助成立首家銀行，隨後引起田納西州州長安德魯·詹森的注意（詹森後來成為亞伯拉罕·林肯的副總統，又在林肯遇刺後成為美國第十七任總統）。正是強森將威廉斯引薦給總統詹姆斯・布坎南及國務卿路易斯・卡斯，讓他擔任外交使節。威廉斯被任命為駐伊斯坦堡大使，在一八五八年五月二十七日向蘇丹政府遞交了國書。

威廉斯大使身材魁梧、體格健壯，有著灰色後退的髮際線，留著棕色的鬍鬚，長鬍鬚直達胸口，外表令人印象深刻。威廉斯家族與歐洲貴族相處融洽，英裔愛爾蘭貴族杜弗林勳爵（後來於一八六〇年被任命為敘利亞問題國際委員會的英國代表），以及保守黨議員兼殖民地國務祕書布爾沃勳爵，都曾與他們一起周遊黎凡特。他們的一個女兒嫁給了一位奧地利男爵，最小的女兒嫁給了一位義大利王子。威廉斯和妻子露西・葛拉罕在鄂圖曼首都受到熱情款待，他們的大使館因「南方的熱情好客」而聞名。從各個方面來看，威廉斯大使都非常適合在鄂圖曼宮廷的外交文化中工作。19

在強森領事提醒了大馬士革官方的阻撓後，大使館敦促「高門」確認米沙卡醫師享有受英國保護者的身分，而非鄂圖曼的正規臣民。一旦「高門」能夠確認，米沙卡醫師作為英國臣民就有資格獲得領事任命，大使館就可以指示大馬士革總督艾邁德帕夏承認米沙卡為美國副領事。然而，「高門」僅確認收到了美國大使館的請求，並沒有說明此事何時可以解決。這是拖延和不作為的訊號。

為了因應這個情況，威廉斯大使採取了立即且非比尋常的行動。在沒有事先知會貝魯特下屬的情況下，威廉斯和全家——妻子、三個孩子，還有他的弟弟威廉・威廉斯——登上了最近一班開往敘利亞海岸的輪船。他們在十一月十日抵達貝魯特。強森領事派專人送信到大馬士革向米沙卡醫師示意，大使即將抵達並要求會見艾邁德帕夏總督。這次總督很快就做出回應，要求米沙卡在大使造訪的前兩天通知他。米沙卡自己原本就不得而知大使的行程，所以不斷請求強森提供更明確的細節。米沙卡還請求大使能蒞臨他家，這樣他會很有顏面。接待這樣地位顯赫的貴賓，可以提升米沙卡在大馬士革當地政府及上層菁英眼中的地位。

威廉斯大使和家人還有強森領事，一起騎馬從貝魯特出發前往大馬士革。米沙卡向大馬士革當地政府及領事團發出訊息，通知他們美國大使將於十一月十六日抵達敘利亞首府。米沙卡全家人把威廉斯一家迎回家中，他們在那裡待到十一月二十三日。米沙卡對於這次到訪的敘述就在此結束。因為強森領事陪同威廉斯大使來到大馬士革，米沙卡沒有必要再向上級報告大使介入後的結果。我們所知道的是，就在大使造訪之後，所有對米沙卡職位和工作的官方障礙都迅速得到解決。威廉斯還說服了布蘭特領事取消對羊毛的扣押。正如米沙卡在後來的報告中所指出的，英國對塔貝特羊毛的扣押「如果不是拜大使造訪大馬士革的尊榮之賜，可能永遠不會有結果」。[20] 傳教士威廉．本頓在十二月五日的信中指出，威廉斯的到訪使得因他被趕出扎赫勒「所造成的困難，獲得了愉快的解決」，並補充說，「事實上，在雅法、大馬士革和扎赫勒的每個案件，所有的糾葛似乎都因他的出現而消失了，他的訪問給人的印象是所到之處都是和平」。[21]

威廉斯在他的停留期間，很顯然同樣說服了大馬士革總督艾邁德帕夏，以美國駐大馬士革副領事的身分接待米沙卡醫師。威廉斯一家選擇下榻於米沙卡家，事實上就是在提高米沙卡的外交地位。就在大使造訪結束後，米沙卡立即給大馬士革領事團這個小圈子的其他成員寫信，並翻譯成英語、法語和阿拉伯語（外文信件由他的兒子納西夫翻譯），通知他們任命的消息：「我很榮幸通知您，我已接受美利堅合眾國駐大馬士革副領事的任命，並且依據蘇丹的『法曼』（飭令），地方當局已認可我的身分。」[22]

儘管威廉斯大使的到訪確保了米沙卡的認可，並解決了美國在敘利亞懸而未決的案件，但對解決大馬士革新任外交官與當地政府之間潛在的緊張關係卻沒有多少成效。威廉斯離開後，大馬士革總督繼續試圖阻撓米沙卡的任命。在威廉斯到訪的一個月後，艾邁德帕夏於元月六日致函「高門」，對於米沙卡擔任外國外交官的合法地位與資格提出了諸多質疑。即使「高門」以詔書回覆給艾邁德帕夏，確認米沙卡的任命之後，這位總督仍然繼續阻撓美國副領事的工作。[23]

在一八六〇年二月九日的信中，米沙卡向美國駐貝魯特領事抱怨說：「當地政府仍然沒有給予我們應有的尊重。」根據當地的禮儀，領事團的新成員應該拜會總督、財務大臣還有首席法官，而這些官員也會出於禮貌回訪外交官的領事館。米沙卡指出，他不折不扣遵守了這些規矩，但是好幾週過去了，沒有任何政府官員回訪。「毫無疑問，這是總督禁止其他人這麼做」，「因為法官曾經允諾會來拜訪我」，而法官不遵守諾言並不符合他的性格。米沙卡多年來在大馬士革擔任首席醫師，也是當地最著名的基督徒名人之一，這些人畢竟都和他有過私交。米沙卡堅信，這不是針對他個人的鄙視。他擔心的是總督和他的官員公然表達他們對美國的不尊重，這勢必會在未來損害美國的利益。米沙卡已經在一些領事問題上遭遇到官方的阻撓，這說明了總督的惡意。[24]

米沙卡斷言，這種禮儀上的缺失其實就是明目張膽的故意，因為政府官員最近才與比利時副領事、希臘領事代表、俄羅斯副領事互訪過。這其中明顯的差別就是，除了米沙卡醫師之外，大馬士革領事團的所有外交官幾乎都是外國人：俄羅斯的馬基夫、英國領事布蘭特、法國人奧特雷、奧地利的帕法欣格副領事，還有希臘的斯巴達利。在敘利亞的其他城鎮，擁有受外國保護者身分的當地基督徒擔任領事職務可能是標準做法，但大馬士革在這方面顯然就更加保守，因為當地堅持在穆斯林多數群體和少數群體之間要有更嚴格的分隔。結果就是艾邁德帕夏對米沙卡的任命懷有敵意，這是任何大使級的造訪都無法解決的問題。

威廉斯大使再也沒有回到敘利亞。到了一八六〇年，美國在奴隸制度和各州權利的議題上分歧愈來愈大。詹姆斯．威廉斯和妻子與當時田納西州的政治立場一致，是奴隸制度的堅定支持者，而且他直言不諱地批評廢奴主義。這些議題隨著總統選舉年而凸顯出來，威廉斯利用工作之餘撰寫了支持奴隸制度的文章。美國內戰爆發後，威廉斯於一八六一年五月辭去了在聯邦的大使職務，轉而支持美國南方聯盟。內戰結束後，在安德魯．詹森總統特赦他被指控的叛國罪之後，威廉斯曾經短暫訪問美國，除此之外他的餘生都在歐洲度過，他在美國的財產被剝奪，他也不認同沒有奴隸制度的南方。他似乎從未回顧過敘利亞或鄂圖曼帝國的那段日子，卻持續為美國內部激烈的分裂而傷神。25

米沙卡醫師外交生涯的開場並不順利。即使在非比尋常的大使級拜訪之後，大馬士革總督依然對這位新任的美國副領事懷有敵意。根據大馬士革社會地位的老規矩，非穆斯林少數民族雖受到保護，但仍是二等公民，而米沙卡醫師作為一個敘利亞的基督徒，則已經超越了自己的身分，獲得與英國、法國和俄羅斯等外交官同樣的地位。總督就是拒絕以那種專為列強的外交人員所設計的官方拜會來彰顯當地的基督徒。米沙卡醫師所遭遇來自總督的敵意並非孤立事件，隨著這座城市進入對未來有著重大影響的一八六〇年，更反映出大馬士革的穆斯林轉向敵視基督徒的危險緊張局勢。

第二章　世紀中葉「芬芳」的大馬士革

當米哈伊爾．米沙卡被任命為駐大馬士革美國副領事時，他已經在當地住了四分之一個世紀。他在一八三四年買下自己的房子，當時整個敘利亞和黎巴嫩山都被埃及人占領。一八四〇年，在埃及人從敘利亞撤走後的清算中，鄂圖曼人與其歐洲支持者為黎巴嫩山設計了一套全新的政府體系，取代了米沙卡曾經忠心耿耿為之效力的謝哈布公國。米沙卡在黎巴嫩山已無可留戀，他選擇來到大馬士革這座令人驚奇的城市，過著行醫的基督徒名流生活。這是個很自然的選擇。大馬士革是座大城市，是個富裕的國際大都會權力中心，也是鄂圖曼帝國最重要的省會之一。

大馬士革人認為，他們的城市之所以優於其他城市，乃是由於其美麗、文化、歷史及其在伊斯蘭文明中的中心地位。這座城市被稱為「芬芳的大馬士革」，是敘利亞沙漠邊緣的綠洲。在鄂圖曼的時代，這裡的主要水源來自巴拉達河，這條河源自東黎巴嫩山脈，灌溉著這座城市近郊的園林區（被稱為「谷塔」區）的農場和果園。這條河沿著舊城的北面城牆流過，為那個年代創造了開闊的公共空間，市民聚集在那裡漫步兜風，或者在盛開著果樹和茉莉花叢的河邊咖啡館裡閒坐。除了巴拉達河，大馬士革還運用古老的運河網絡和水渠，將各式泉水直接導入城市的每個角落。美國作家塞謬爾．克萊門斯（筆名馬克．吐溫較為人知）讚嘆道：「每家每戶、每座庭園都各自擁有閃閃發光的噴泉和潺潺流水。」這座位於沙漠邊緣的城市，無處不在的流水以及鬱鬱蔥蔥的庭園，顯得更加令人驚嘆。即使是像克萊門斯這樣因遊歷眾多而厭倦的旅行者，也被綠洲和乾旱環境之間的強烈反差所吸引：「就在沙漠的中央，鋪開著一片廣闊的綠葉；巨大的白色城市就坐落在葉心，就像一座珍珠與蛋白石組成的島嶼，從翠綠色的海洋中閃耀浮現。」[1]

自豪的大馬士革人有憑有據地宣稱，他們的城市是世界上最古老且持續有人居住的城市之一。希伯來聖經中從《創世紀》到《先知書》，充滿了有關大馬士革的記載。距離現在將近兩千年前，當「羅馬的掃羅」（使徒保羅）在前往大馬士革的路上被光弄瞎了眼並改信基督教時，這裡已經是座古老的城市。公元第七世紀，先知穆罕默德據稱拒絕進入有著青翠水漾庭園的大馬士革，原因是一個人只能進入天堂一次。這位先知去世二十九年後，大馬士革於西元六六一年成為第一個伊斯蘭帝國「伍麥亞哈里發王朝」的首都。過往的文明在這座現代城市留下了印記，羅馬、拜占庭和早期伊斯蘭建築的殘跡融入後來的建築之中，成為跨越千年的連續城市紋理的一部分。[2]

在城牆環繞的大馬士革，米沙卡醫師住在其東北角一棟宏偉的老房子裡。那是個華美舒適的家，部分建築的歷史可以追溯到十七世紀，它們圍繞著數個內庭而建，裡頭種有果樹和噴泉。如同在敘利亞城市裡常見的那樣，從房子樸素的外觀看不出內部的華麗。房間採用大馬士革風格裝飾得富麗堂皇，有著彩繪的木質天花板，還有精緻幾何圖案的鑲嵌石雕。詹姆斯．威廉斯和其家人在一八五九年十一月造訪大馬士革時，這裡是個適合接待美國大使的宅第。

這些古老的庭園宅第被認為是這座城市最美麗的特色之一。長期住在大馬士革的愛爾蘭傳教士喬希亞斯．萊斯里．波特在一八五五年寫道：「大馬士革的輝煌主要呈現在它的私人宅第，反差最大的莫過於房子外觀與內部裝潢。泥砌的外牆，看起來不甚結實的房間，讓人看不到內部的輝煌。」確實如此，大馬士革人的住家有著偽裝的簡陋外觀，內部卻保留了所有的奢華，分為接待客人的區域，還有為婦女和家庭成員所保留更私密的居家空間。現存的鄂圖曼時代的房子讓我們了解到這些庭園宅第的華麗：彩色貼畫所組成的幾何圖案，手繪的瓷磚，鑲嵌著珍珠母和精美的馬賽克，還有彩繪的壁畫和天花板。中央庭園的流水聲及波光粼粼的噴泉造就了神奇的效果。[3]

在跨越時空的美麗表象背後，古老的大馬士革在十九世紀中葉進入了一個加速改變的時代。幾個世紀以來，所有的創新不是源自當地就是鄂圖曼，但到了十九世紀，歐洲的影響力開始降臨到這座城市。西方的外交官和傳教士定居於此，將他們的價值觀和體制強加給穆斯林顯貴，但這些人既不想要，也不同意這種改變。歐洲製造商在其外交官的幫助下，向大馬士革輸送了愈來愈多的紡織品，超出當地需求的廉價布料輸入，迫使當地的織工必須適應。汽輪航運的進展加速了歐洲在黎凡特的商業活動，原先大馬士革所依賴的陸路商隊貿易受到了挑戰。縱然這些發展促進了大馬士革的貿易和繁榮，但是變化卻較有利於敘利亞的基督徒菁英（像是米沙卡醫師這些人）而不是當地的穆斯林名流，因為歐洲人更喜歡關係良好的基督徒作為他們的代理人和貿易夥伴。透過這種方式，基督徒名流變得富有起來，卻犧牲了在大馬士革具主導地位之穆斯林家族的利益。沒有一座城市能在停滯中繁榮發展，但變化也可能是危險的，特別是當它威脅到富人和權貴的利益時。

★ ★ ★

大馬士革是阿拉伯世界中最大的城市之一，有著眾多族群，包括：阿拉伯人、突厥人、庫德人和波斯穆斯林；超過九個不同教派的基督徒；還有一個相當大的猶太人社群。大馬士革的人口在十九世紀中葉還沒有精確的數字。鄂圖曼的人口普查主要是為了評估稅收，官員只統計那些從事經濟活動的人。這導致在人口估計上的漏報和巨大落差。阿拉伯和西方資料來源所提供的最佳估計數字顯示，十九世紀中葉大馬士革的總人口約為十五萬人，其中穆斯林占多數，約為百分之八十五，其次較大的基督徒社群占百分之十至十二，較小的猶太人社群則低於百分之五。4

西方的城市通常劃分為各個城區，大馬士革則不然，其中心由「八區」（阿拉伯語稱為 *thumn*）組成，每區又劃分為若干小區，每區從各自的城門出入，日落時城門會關閉。八區中的三區位於城牆內，屬於該城最古老的城區。米沙卡一家人住的東北區叫「卡伊馬里亞」，是個穆斯林和基督徒混居的城區。卡伊馬里亞中有兩個以基督徒為主的鄰區：「多馬之門」以及「太陽之門」，這座城市的十座教堂和九座修道院，大部分都位於這兩區。米沙卡的住家位於多馬之門附近幾條大道的交接處，大馬士革的所有居民都很容易到達，這對他行醫很有幫助。[5]

猶太人的居住區（哈拉特．亞胡德），位於南邊的夏顧爾區，周圍是穆斯林和基督徒住宅區。這個猶太人小社群隨著時間的推移不斷增長，到了一八六〇年，居民總數估計達到五千至兩萬人之間。這個本土的猶太人社群，在十六世紀加入了塞法迪猶太人移民（他們其中有些人還保留了拉迪諾語為日常用語），後來又有「弗蘭克」也就是歐洲猶太人，隨著貿易機會的增加而在敘利亞首都定居。

一八四〇年，猶太人社群在大馬士革社會的地位受到了嚴重威脅，當時一名卡普欽修會的牧師修士在猶太區被殺，引發了反猶太的「血腥誹謗」，當時統治該地的埃及當局對猶太社群進行了前所未有的迫害。十多名猶太社群的主要成員被埃及當局逮捕並遭到酷刑逼供。四人死於可怕的暴力之下。此案受到西方媒體廣泛報導，並在歐洲引發了由慈善家摩西．蒙蒂菲奧里爵士和法國政治家阿多爾夫．克雷米厄所領銜的人道主義回應，他們要確保還拘留在埃及監獄的猶太人獲得釋放。米沙卡醫師以法醫專家的身分參與了此案，鑑定據信是遇害修士及其助手的遺骸。一八四〇年底，隨著鄂圖曼恢復了在當地的統治，猶太社群的安全也得到恢復。然而，埃及當局所犯下的恐怖暴行，加上穆斯林和基督徒鄰居的沉默，無疑削弱了猶太社群對於大馬士革政府和社會的信任。6

阿馬拉區是這座古城的神經中樞，涵括了城堡、主要市場和商業大道，以及伍麥亞大清真寺（這是穆斯林世界中最古老、最受崇敬的禮拜場所之一）。大馬士革穆斯林主要的名門望族都集中在阿馬拉區，該區擁有整個大馬士革最豪華的宅第。

城堡是座古老而雄偉的建築，占地面積約相當於六個足球場大小，以前是加尼沙里軍團（禁衛軍）的駐地。埃及於一八三二年占領後，在城牆西側建造了新的軍營，以容納駐紮在大馬士革的數萬名士兵。這座古老的堡壘到了世紀中仍保留了令人印象深刻的城牆，但其內部已是一片廢墟，原因是一八四二年堡壘的火藥庫發生大火，火勢燒了整整一天一夜才獲得控制。正如一位外國觀察家所指出，這座城堡到了一八五〇年代「只剩下一個空殼」。7

位於這座城市中央的市場使得大馬士革成為鄂圖曼阿拉伯土地上最重要的商業中心之一。大馬士革是個內陸城市，它是個沙漠中的樞紐，長途的商隊貿易匯集於此。駱駝商隊「沙漠之舟」不時通過專供牲畜而非輪式車輛的狹窄道路，進入這座圍繞著城牆的古老城市。法國著名詩人阿方斯·德·拉馬丁於一八三三年造訪大馬士革時，親眼目睹了三千多頭駱駝一路從巴格達進入大馬士革的壯觀場面。商隊到來後，他也加入蜂擁的人潮，購買了印度披肩和摩卡咖啡。主要的商業動脈向東北延伸，連接巴格達、波斯，並遠到印度；向北則將大馬士革與阿勒坡、土耳其聯繫起來；向西南與巴勒斯坦和埃及貿易；向南可以到麥加和麥地那。地中海的世界在世紀中之前很少進入大馬士革。在此之前，大馬士革的貿易主要集中在穆斯林世界。[8]

大馬士革的市場反映了為這座城市商家供貨商隊貿易的特色。駱駝商隊的貨物傾向高單價的商品。用駱駝來長途運輸穀物等大宗食品，或是棉花等原物料根本就不划算，因為依重量計價幾乎無法攤平運輸成本。來自波斯、土耳其或埃及的商人則取而代之，以托運的方式載送按重量計價的高單價貨物——咖啡和香料，絲綢和刺繡品，珍貴的地毯和金屬製品，寶石和珠寶。結合大馬士革優質的手工藝品，像是鑲嵌木作、精美金屬工藝品，以及羊毛、絲綢、亞麻和混棉的豐富織品，這些市場就像富麗堂皇的商場，令遊客目不暇給，也為這座城市增添了奢華的氣息。伊莎貝爾·伯頓是英國領事理查·伯頓的夫人，曾在大馬士革生活過兩年，她被這座城市裡市場的多樣性所吸引：

> 市集（Suks）依不同的行業和商品各自分開。鞍具商的市集，擺滿了出色的皮套、韁繩、馬鞍布，還有各種顏色金光耀眼的服飾；鞋匠的市集陳列著出色的亮麗尖頭鞋、檸檬色的拖鞋；還有種子市集、裁縫市集、菸草市集，以及絲綢和絲線市集。金銀匠市集是世界上最奇

特的地方，更像是一座有屋頂的廢墟……鑲嵌細工的市集非常漂亮，那裡可以買到木鞋或套鞋，桌子和櫃子，所有這些都鑲嵌著珍珠母……還有圖書市集，希臘市集，裡面擺滿了沙發床和刺繡夾克；甜點市集……布商市集，香料市集，盒子或箱子市集……9

市場也是這座城市最乾淨的地方。有鋪面的道路每天都會清掃，市場的主要幹道都有遮蔽，以保護購物者免受冬天的雨水和夏天的陽光。這些有遮蔽的幹道也是通往這座城市最珍貴、最重要的古蹟：伍麥亞大清真寺的主要通道。

伍麥亞大清真寺是鄂圖曼時代大馬士革的精神、文化和政治中心。伍麥亞大清真寺建於西元七〇六年至七一五年間，原址曾有座供奉朱比特的羅馬神殿，還有拜占庭時代的施洗約翰大教堂，它是穆斯林世界最大也最受崇敬的禮拜場所之一。伍麥亞王朝的哈里發（統治者）韋立德一世（七〇五年至七一五年在位），不惜重金找到最精美的材料和最優秀的工匠來妝點這座聖殿，以彰顯大馬士革作為當時伊斯蘭首都的地位。雖然伍麥亞王朝在西元七五〇年被推翻，繼任者阿拔斯王朝的哈里發改在巴格達建都，但是伍麥亞大清真寺仍然保有其作為伊斯蘭教遜尼派四大清真寺的特殊地位，僅次於麥加、麥地那以及在耶路撒冷的阿克薩清真寺。幾個世紀以來，伍麥亞大清真寺經歷了多次火災和多次修復，但其精美的石雕和馬賽克即使到今日仍然獨一無二、無與倫比。

伍麥亞大清真寺是所有大馬士革人的驕傲，無論是穆斯林或者非穆斯林都一樣。基督教編年史家努曼・卡薩特利極度誇耀這座大馬士革最著名的聖殿，說它是「所有穆斯林清真寺中最巨大、最古老、最著名和最美麗的清真寺」。他描述了清真寺的日常節奏和川流的人潮，就好像他自己是常客一樣：「每天都有為數眾多的『烏拉瑪』*、教師、『伊瑪目』†、學生和演講者在清真寺聚會。七十五名宣禮員用他們最美妙的聲音，從三座宣禮塔召喚眾人祈禱。每天晚上，清真寺都會點亮數千盞蠟燭，將夜晚變成白天。」10

伍麥亞大清真寺所提供的大型公共空間，首要也最重要的是作為週五祈禱的場所。數千名大馬士革的工匠和商人，鄂圖曼總督及其官員都一起聚集在這裡，還有該城的穆斯林知名人士：伊斯蘭學術機構的成員，也就是「烏拉瑪（*ùlama*）」；該城武裝派別的首領，也就是「阿迦瓦特（*aghawat*）」；以及那些自稱是先知穆罕默德家族後裔的人，被稱為「謝里夫（*ashraf*）」。所有人每週五正午都聚在一起祈禱，並聆聽伍麥亞大清真寺每週一次的布道，由傳道師也就是「卡提卜

＊編按：伊斯蘭宗教學者。
†編按：在遜尼派中伊瑪目指週五清真寺禮拜的帶領者（imam）。對什葉派而言，就是神選中來帶領他們的先知後裔（Imam）。

（*khatib*）」擔綱——這是該城最有聲望的職位之一。每週五的布道都是以執政蘇丹的名義宣讀。如果不這樣做，就會被視為是反叛行為，就像數個世紀以來偶爾會發生大馬士革人與鄂圖曼人不和的情況一樣。正是因為這樣，週五祈禱的作用是使蘇丹政府合法化，也展現了大馬士革人服從其統治。

伍麥亞大清真寺也用於某些特殊場合，例如遭遇乾旱期間的祈雨儀式。一八四五年就曾經舉行過一次祈雨儀式，聚集了大馬士革的總督及其官員、城鎮議會（Majlis）的成員，以及眾多名人和鄉親，把伍麥亞大清真寺擠得水洩不通。虔誠信徒們的聲音「震天動地」，他們懇求造物主降雨眷顧他們城市的農田。[11]

最後，這座清真寺是重要的伊斯蘭學習中心。研究古蘭經、聖訓（詮釋先知穆罕默德言行的神學）以及不同流派伊斯蘭教法的最著名學者，都在伍麥亞大清真寺教導年輕人，為他們在宗教機構的職業生涯做好準備。從各方面來說，伍麥亞大清真寺是大馬士革穆斯林的精神、社會、教育和政治生活的中心。

幾個世紀以來，大馬士革的擴張遠遠超出了城牆的範圍。一五一六年鄂圖曼征服大馬士革後，沿著主要貿易要道在該城的北部、西部和南部建立了新的城區。

鄂圖曼在大馬士革的政府所在地座落於馬爾賈區，該區位於城堡以西的卡納瓦區，是個新興城區。「瓦利（*wali*）」也就是總督，其辦公與居住的公署（稱為「薩瑞（*saray*）」）就座落在靠近巴拉達河河岸的地方。「薩瑞」兩側是官府建築，還有武裝部隊指揮官（穆希爾）的辦公室和當地駐軍的軍營。法院和監獄都位於馬爾賈區。與大馬士革市中心狹窄、供行人和牲畜通行的巷道不同，馬爾賈區的街道寬闊，可以容納馬匹拉動的車輛和士兵的操演。

一八六〇年，大馬士革的總督是艾邁德帕夏，他也兼任該省武裝部隊的指揮官，也就是「穆希爾（*Mushir*）」。省政府的其他成員還包括財政首長（muhasibji）和首席法官（qadi）。他們都由伊斯坦堡的中央政府任命，通常都是鄂圖曼突厥人。為了彌合鄂圖曼突厥人和大馬士革的阿拉伯居民之間在語言和文化上的鴻溝，總督需要仰賴該市的知名人士，如伊斯蘭教學者（烏拉瑪）和先知穆罕默德家族的後裔（謝里夫）、地主菁英，還有準軍事指揮官（阿迦瓦特），他們扮演了眾多城市及農村工人與鄂圖曼政府之間的橋梁。這些知名人士任職於一個有實權的十二人顧問委員會，稱為「議會」。「議會」每週召開兩、三次會議，擁有廣泛的權力，涵蓋省級行政、財政和司法。大馬士革的政治大致上是由兩方相互形塑，一方是從伊斯坦堡派遣、由鄂圖曼任命的突厥人，他們管理該省及其城市，另一方則是組成「議會」的當地領袖。雖然基督徒和猶太人的領袖在理論上也有資格成為「議會」成員，但實際上這個機構是由該城的穆斯林名流以及鄂圖曼的行政菁英所主導。[12]

大馬士革另外有兩個城區在鄂圖曼帝國晚期經歷了特殊的發展。北邊郊區的薩利希亞區，成為新社群在大馬士革定居的落腳處。薩利希亞區建在卡松山的斜坡上，這座山遮蔽了大馬士革，是一個大型庫德族社群的家園，還有很多新近的移民像是切爾克斯人，他們因為俄羅斯帝國的擴張而來到鄂圖曼的領土上避難。從這區到大馬士革的中心騎馬只要十五分鐘，以大馬士革的標準來看，這裡的環境十分惡劣。城裡的人們常常拿它的名字「薩利希亞」（意指「有德之人」）開玩笑，並聲稱將這個區重新命名為「塔里希亞」（邪惡之人）會更為誠實。[13]

南邊是邁丹區，這是個商業和工業的區域，連接著大馬士革的農業糧倉「豪蘭」區，以及敘利亞沙漠中貝都因人居住的地區。大馬士革內部分工明確，邁丹會接收和加工來自鄉村的原物料如羊毛、皮革和農產品，然後將它們轉運到市中心的作坊，工匠們在那裡製作出大馬士革聞名的精美皮革和織物。邁丹也是通往南方的門戶，每年前往麥加朝聖的商隊都會經過這裡，這是這座城市生活中最重要的儀式之一。

每年都有成千上萬的朝聖者從穆斯林世界各地來到大馬士革，履行一生至少一次的朝觀義務，也就是前往伊斯蘭教的發源地麥加朝聖。鄂圖曼的蘇丹將自己的合法性寄託在每年朝聖之旅的安全通行上，他把組織朝聖車隊的重任交付給兩個偉大的阿拉伯首都城市：開羅負責接待來自非洲的朝聖者；大馬士革為來自亞洲的朝聖者提供服務。鄂圖曼政府非常重視敘利亞的朝聖之旅，自一七〇八年起，大馬士革總督被委以親自帶領朝聖車隊的重任，並免除其從當地駐軍中抽調兵力參加蘇丹的戰爭，以便集中武力保護朝聖者的安全，抵禦貝都因人的襲擊。[14]

一年一度的朝聖之旅是大馬士革市場的重要收入來源，也是一項享譽盛名的宗教儀式，它鞏固了大馬士革位列穆斯林世界中重要中心之一的地位。朝聖車隊從大馬士革出發前的一個月，朝聖者陸續從鄂圖曼和亞洲各地抵達這座城市。從「齋戒月」（希吉拉曆或說伊斯蘭曆中禁食的神聖月份）中旬，到「閃瓦魯月」*中旬朝聖車隊要離開時，大馬士革的市場極其熱鬧，擠滿了來自穆斯林世界各地的商人，他們努力賺取旅費，可能的話還能賺點利潤。波斯的朝聖者攜帶「華麗的地毯、精緻的刺繡、豐美的披肩、鑲嵌的匣子以及珍貴的寶石，以換取大馬士革的絲綢和棉織物」——這些品項他們可以帶回家鄉賣個好價錢。[15]從其他地方來的旅客也會帶來同樣珍貴的貨物來交易。虔誠的朝聖者也會購買這趟艱鉅旅程中的糧草和必需品，這條朝覲之路要穿越外約旦和漢志的數個沙漠，往返行程平均長達三到四個月。更多交易在麥加進行，朝聖者帶著大量的指甲花、咖啡、用於頭巾的印度布料、珠寶、鴕鳥羽毛、香水和薰香回到大馬士革，這些貨品又為大馬士革的市場注入新的活力。[16]

朝聖車隊的出發是一場盛大的儀式。每年成千上萬的朝覲者（這就是朝覲名稱的由來）聚集在大馬士革。歷任總督和該城的宗教高層都會盛裝集會，在為期三天的公眾儀式中為朝聖者祈福。第一天，工匠們手捧巨大的蠟燭和裝滿最純淨橄欖油的容器，在軍樂隊的伴奏下列隊遊行，這些蠟燭和橄

＊譯注：伊斯蘭曆的尾月，本月一日是開齋節。

欖油將被送往照亮麥加和麥地那的清真寺。第二天，儀仗隊將抬著裝在鍍金盒子裡的歐瑪爾哈里發的聖旗，穿過城市的街道，為第三天朝聖車隊的正式出發做準備。

朝聖車隊出發的最後儀式，聚集了大馬士革所有穆斯林前來參加這場盛會。軍樂隊演奏著激昂的樂曲，身穿制服列隊的士兵在貝都因部落族人的陪同下，護衛著載運珍貴貢品前往聖城麥加和麥地那的駱駝轎子隊伍。朝聖之旅指揮官的轎子裝飾華麗，並且配有許多鏡子可以監看前後所發生的一切。宗教機構的主要成員穿著他們最好的長袍和繽紛多彩的頭巾上路，誦讀祈禱文祈求車隊一路平安。隊伍沿著邁丹區一路前行，街道上擠滿了當地的男男女女。街頭小販扯開嗓門叫賣商品給這些過客，為此增添了喧鬧和色彩。到了邁丹區的最南端，矗立著「真主之門」，標誌著通往麥加朝觀之路的起點。在這裡，朝聖車隊帶著烏拉瑪的祝福上路，踏上前往伊斯蘭最神聖城市的道路，大約一千五百公里之外的地方。[17]

一年一度的朝覲儀式強化了伊斯蘭教在大馬士革文化的中心地位。大馬士革在歷史上曾是伊斯蘭哈里發王朝的第一個首都，伍麥亞大清真寺以及散布在這座城市各處歷史悠久的清真寺的榮耀，加上大馬士革伊斯蘭學者的聲望，還有朝聖的盛況與興高采烈，這些結合在一起，使得該城的穆斯林社群對其伊斯蘭文化傳統感到非常自豪，同時也高度保守。

用「保守」來形容大馬士革的穆斯林多數社群，並不是說所有大馬士革人都是虔誠的穆斯林。與所有大城市一樣，大馬士革也充滿了社會問題和偏差。十九世紀中葉大馬士革人留下的日記，記錄了謀殺和貪汙的案例。一八四九年總督召集了一個委員會來檢查伍麥亞大清真寺的財務紀錄，結果發現理事們透過賄賂和貪汙從清真寺的捐贈中挪用了數千皮亞斯特。一八五四年，省政府因另一起貪汙醜聞而陷入困境，匿名的檢舉人在全城張貼告示指控總督阿里夫帕夏收賄。這些指控最終導致總督被解職。他的繼任者沙里帕夏「軟弱無能」。在沙里帕夏的統治下，城鎮秩序混亂，叛亂分子封鎖道路，謀殺者逍遙法外。一八五八年，邁丹區的敵對幫派爆發街頭暴力事件。雙方交火導致多人死傷，迫使軍隊介入才恢復秩序。耽擱米沙卡醫師任命的總督艾邁德帕夏，在一八五九年開徵酒稅，儘管伊斯蘭律法禁酒，但顯然當時酒類在大馬士革被廣泛銷售及消費。大馬士革很明顯地是個真正的城市，結合了不同的人群，有罪人也有聖人。[18]

與嚴格遵守伊斯蘭律法及習俗相比，大馬士革社會的保守主義在穆斯林多數社群與非穆斯林社群之間的關係上表現得更為明顯。大馬士革的穆斯林充分尊重該城基督徒和猶太居民的個人和財產，這符合伊斯蘭教的戒律。穆斯林、基督徒和猶太人住在同個社區，他們的商店在市場裡混雜在一起，不同宗教團體的成員在各自的行業中一起工作。然而，穆斯林多數社群要求其他少數社群遵守行為和服裝的嚴格規範，以確認基督徒和猶太人是受保護的二等臣民。從一八三〇年代開始，當敘利亞被埃及占領時，大馬士革經歷了重大的政治與經濟變革，改變了舊有的社會秩序，引發了敘利亞各地穆斯林和少數社群之間新的緊張關係。[19]

第一個變化是歐洲在大馬士革設立外交使節。所有西方列強都在穆罕默德・阿里統治下的埃及設有領事。如今敘利亞在他的控制之下，許多人也想在大馬士革尋找新機會，但在此之前，大馬士革封住了來自歐洲的影響。剛開始他們發現，大馬士革菁英的頑固反對擋住了他們的路。拉馬丁在一八三三年三月造訪大馬士革時，對於當地人針對英國想在他們的城市設立領事的敵意有所了解：「在東方人中，只有大馬士革人對於歐洲人的名字和服裝，滋生出愈來愈多的宗教仇恨和恐懼。只有他們拒絕接納基督教勢力的領事，或甚至是領事代理人。大馬士革是個神聖、狂熱和自由的城市——任何事物都不能汙染它。」

英國政府事實上早在一八三〇年就已經提名了一位領事要在大馬士革開設辦事處，但是正如拉馬丁在其造訪時所指出的那樣：「大馬士革人頑固地拒絕英國駐敘利亞總領事進入城牆內。僅僅因為領事即將到來的傳言，城裡就發生了兩起可怕的騷亂。如果他不肯回頭，很可能就會被撕成碎片。」[20] 直到一八三四年元月，領事威廉・法倫才敢在埃及的保護下冒險進入大馬士革就任。倫敦《泰晤士報》的報導稱英國領事的到任是一場勝利：

他們經過的所有街道都排滿了觀眾，房子的窗戶和屋頂都擠爆了，商家的窗臺甚至站著兩三層的人；事實上，他們說先前從未在大馬士革見過如此的場景，直到法倫先生進入，這裡一直保持著神聖，沒有歐洲人的穿著與習性，而且作為一座聖城，在此之前任何人都不允許騎馬進入。[21]

一個非穆斯林騎馬進入大馬士革的議題尤其敏感。在強加給非穆斯林的社會習俗中，有一條規矩是基督徒和猶太人在城裡只能騎驢等較矮的坐騎，這樣他們就永遠不會以俯視的角度看向騎馬的穆斯林。歐洲人從不放過挑戰此類限制的機會，他們認為這是對他們個人和國家榮譽的侮辱。新領事團對當地社會習俗的蔑視，無法獲得大馬士革穆斯林的好感。波特牧師在其對一八三四年法倫領事進入大馬士革的冷靜評價中指出：「極端的民眾也只私下發洩，低聲咒罵，沒有公開表達他們的仇恨。」[22]

一八三四年，當地的敵對反應似乎讓其他歐洲國家暫緩設立他們的領事館。法國等到一八三九年才派遣尤利西·德·拉提－曼通伯爵在大馬士革開設其領事館，到一八四〇年奧地利也跟進仿效。一八四〇年十二月，埃及撤軍後的幾年裡，其他歐洲列強也開設了領事機構。俄羅斯政府在一八四六年設立新的大馬士革副領事，普魯士則選在一八四九年四月。[23]在一八五九年米哈伊爾·米沙卡被認可為美國副領事之前，只有希臘、荷蘭以及波斯在大馬士革開設領事機構。

第二個變化是大馬士革的商業。歐洲勢力尋求進入大馬士革是出於商業利益而非單純的外交考量。他們將埃及的占領視為一個機會，可以繞過鄂圖曼對其進入東阿拉伯半島利潤豐厚市場的限制，而大馬士革在當時仍是對西方商品封閉的最大市場。《泰晤士報》在其關於一八三四年法倫領事進入大馬士革的文章中，明確地將他的任命與進入大馬士革市場的目標聯繫起來：

因此，現在可以將兩國的商業關係（英國與敘利亞）視為建立在堅實的基礎上，這個財富和企業的礦藏是由敘利亞在東方事務和商業上的重要位置所開闢。我們的商人太敏銳了，不能不利用這種情況，儘管據說他們可能會遇到一些嚴重的反對，那些都是源於迄今享有鄂圖曼貿易壟斷者的嫉妒。24

首批歐洲領事進入該城後沒多久，就為歐洲製商品打開進入當地市場的路徑。一八三八年，英國與鄂圖曼帝國締結了一項貿易協定，給予英國商人進出口的優惠關稅，消除了長期以來對某些農產品買賣的壟斷，並免除了鄂圖曼各省之間貨物流通的內部關稅，這些關稅曾是真正的貿易壁壘。法國和俄羅斯很快就要求相同的貿易條件，其他歐洲小國也跟進。25

由於這些發展，英國對敘利亞的貿易經歷了重大擴張。儘管貿易額逐年有增有減，但整體趨勢在一八三〇年代和一八四〇年代都是上升的。在一八三六年至一八三九年間，英國的貿易額每年約為十二萬英鎊（以二〇二三年的幣值計算約為一千六百萬英鎊）。[26] 一八四〇年到一八四四年間，貿易額躍升到每年超過四十四萬英鎊。[27] 到了一八五〇年代，法國與奧地利已成為敘利亞的主要貿易夥伴，在一八五三年至一八五七年間，透過貝魯特港口從歐洲進口的總額幾乎翻倍，從七十二萬三千英鎊成長到一百三十萬英鎊。一八五七年，廉價的工業棉布料占此貿易總額的最大宗（五十七萬八千英鎊），其次是羊毛布料（十五萬英鎊）和絲綢（六萬英鎊）。在一八五〇年代湧入大馬士革的歐洲商品，有超過六成是與當地紡織業直接競爭的布料。波特的文章在描述一八五〇年代初大馬士革的市場時指出：「寬敞的**商隊客店**堆滿了大量的西歐布料。」[28] 對這座城市的工業和商業生活來說，這都是個重大變化，來自歐洲的地中海貿易壓倒了穆斯林世界的陸路貿易。

突然湧入大馬士革市場的廉價棉、毛布料，對於當地紡織業產生了立竿見影的影響。僅僅在一八四二年，就有超過七千七百萬碼的英國布料傾銷到敘利亞市場，突然之間的供過於求，意味著當地市場要賣給敘利亞的每個男人、女人、小孩各四碼的布料：「面對廉價歐洲布料雪崩似湧入，僅用最低的關稅來保護，許多中東的紡紗工、織布工和染色工被迫失業也就不足為奇了。」[29]

當地織布工人還面對著第二種壓力，也就是歐洲商人積極購買棉花、羊毛和絲綢等原物料來填充他們的船艙，避免空船從貝魯特返航。就是因為這樣，英國才迫切地要確保從貝魯特回國的自家商船能夠有寶貴的原物料，導致布蘭特領事要阻撓美國於一八五九年在大馬士革的首份羊毛合約，並且也可以解釋總督配合實施的扣押行動。畢竟，外國對於當地纖維的競爭，最終推高了大馬士革紡紗工、染色工和織布工所依賴的原物料價格。一八五九年的一份法國報告估計，當地紡織業的原物料價格上漲了百分之五十。鄂圖曼總督並不樂見像是美國這樣新的外國競爭對手進入大馬士革的羊毛市場。除此之外，當地生產者還要面對所有內部關稅，而英國和其他歐洲強國現在卻可以免除。舉例來說，生絲要被大馬士革海關徵收百分之十二的稅。這份報告總結說：「在這些情況下，很容易理解為什麼許多織布機被廢棄。這種狀況每天都在發生。」[30]

一八三〇年代的第三個重大變化是交通運輸。英國人於一八三五年建立了首條通往東地中海的蒸汽輪船航線，接著法國在一八三七年，奧地利在一八三九年也隨後開設了航線。到了一八四一年，有超過七十五艘懸掛不同歐洲國旗的輪船在東地中海水域航行。這些首批明輪船*的貨艙比同時代的帆船來得小，運費也較高。但它們消除了海上航行的不確定性，也大大縮短了航行時間。在一八四〇年代和一八五〇年代，輪船變得更大、更快、更有力，降低了貨運和客運的成本。[31]

一八四〇年代和一八五〇年代的這些發展，讓每年前往麥加朝聖的穆斯林愈發考慮採用輪船運輸。十九世紀初，為了一年一度的朝覲，每年有多達一萬五千至兩萬名朝聖者聚集在大馬士革——如此大量的人群也代表著商機。到了一八四〇年代，隨著前往地中海東部的輪船船運擴張，這個數字開始急劇下降。一八四五年只有六千名朝聖者參加大馬士革的朝覲車隊。愈來愈多的突厥朝覲者選擇搭輪船前往漢志，在亞歷山大港下船後，改換鐵路前往蘇伊士，然後搭乘輪船完成從蘇伊士到吉達的旅程，完全繞過了陸路。有些人則選擇走陸路前往麥加，然後搭乘輪船回家。法國領事亨利．蓋伊斯的報告指出，到了一八五〇年代，從大馬士革前往麥加的去程車隊只有兩千三百名朝聖者，回程的朝觀者則減少到一千五百人，其餘八百人經海路由埃及或波斯灣返家。[32]鑑於朝覲車隊在大馬士革文化和經濟中的重要地位，這些發展確實顯示事態嚴重。

從一八三〇年代開始，當地少數社群不斷增強的力量，代表大馬士革社會和經濟面臨另一場重大變革。一八三二年，埃及占領敘利亞時，引入了穆斯林和非穆斯林之間法律平等的概念，這些概念已在埃及實施，但對大馬士革來說卻是陌生的。穆罕默德．阿里帕夏在埃及推行這些變革，更多是為了將標準的財政和軍事義務一致強加給少數社群和穆斯林，而非基於一種人權姿態。同樣的措施引入到大馬士革時，引發了穆斯林多數社群的抵制。如同拉馬丁在一八三三年所觀察到的，大馬士革的穆斯林對「伊卜拉欣帕夏在他們與基督徒之間所建立的平等感到憤怒。某些基督徒濫用他們享有的寬容，並透過公開違反慣例來侮辱他們的敵人，這使（穆斯林的）憤怒情緒更加激動」。[33]

＊編按：指以蒸汽機或內燃機推動外部明輪輪槳前進的動力船。早期輪船多採用此一方式，現代輪船則用渦輪發動機推動船隻前進。

敘利亞基督徒和猶太人法律權利的擴大，伴隨著這些少數族群與歐洲商人的關係所享有愈來愈多的經濟機會而得到增強。雖然歐洲商人現在可以進入大馬士革，但很少有人（如果有的話）會在該城開設辦事處。一八四二年，五家英國商行在大馬士革設立辦事處，到了一八四九年全部都關門了。曾任法國駐貝魯特領事的蓋伊斯指出，法國在大馬士革設立領事二十年後，仍然沒有任何一家法國商行在該城設立辦事處。[34]多數商行傾向在貝魯特維持辦事處，而在大馬士革則依賴當地代理商來促進他們的商業利益。當地的基督徒，其次是當地的猶太人，作為歐洲貿易擴展到大馬士革的中間人，因此成為主要的受益者。除了獲得歐洲商品大量湧入大馬士革市場的佣金外，許多為歐洲商行工作的人同樣也獲得歐洲的法律保護。

延續十六世紀強大的鄂圖曼蘇丹首次賦予歐洲列強的古老特權，外國外交官和商人在鄂圖曼帝國境內享有條約所規定的治外法權。這些條約被稱為「優惠條款」，保護外國國民免受當地司法管轄。如果英國人或俄羅斯人觸犯了法律，他們將由本國的領事依據本國的法律審判，而不是由鄂圖曼的法院來審判。此外，外國勢力也受益於優惠的貿易和稅收條件，這些條件最初是在近代早期為了鼓勵較弱的歐洲國家在鄂圖曼領土上進行貿易所設計。到了十九世紀，歐洲國家不再是弱勢的一方，而他們維護這些古老既定的特權，以確保在鄂圖曼貿易中獲得不公平的優勢。

此外，「優惠條款」允許外國勢力將這些優惠條件，擴大到為歐洲領事或商行服務的當地基督徒或猶太人。因此，在出任美國領事職務之前，米沙卡醫師在一八四〇年接受理查．伍德爵士指派為通譯之時，他就已經是一位受英國保護者了。他的情況並不罕見：在日益腐敗的制度下，西方領事們僱用了愈來愈多的當地人員。一位當時的歐洲觀察家寫道：「相對於協議和優惠條款，一名領事代理人會有多達四名通譯，四或五名護衛（cavasses）」，還有其他員工，「他們每個人都是以高價購買特權來規避『高門』的直接統治」。一旦他們拿到「特許」（一份確認外國臣民身分的法律文件），當地的基督徒就可以將治外法權擴展給他們自己的人脈：「這些領事的員工反過來都將他們的保護權出租給同事、兄弟或朋友，以抵銷他們為謀得授予保護的職位所付出的代價……在敘利亞無論你在哪裡，凡有領事、領事代理人或這些代理人的代理人的地方，這些受保護者的數量都是無限的。」外國商人也可以為其當地代理人提供特權。每個歐洲商人都享有不成文的權利，可以僱用最多五十名員工，而每名員工都享有領事保護。[35]

大馬士革的穆斯林被那些特權激怒了，而且某些基督徒和猶太人還濫用特權。正如某位大馬士革穆斯林名人在日記中寫道：

> 基督教派的每個成員都有某個受到外國勢力保護的親戚，其中大多數受到法國保護。任何（基督徒）向穆斯林索賠的，都會把案件轉移給某個外國臣民。如果基督徒和任何級別的穆

斯林之間發生爭吵，（基督徒）都會說「我是某某國家的臣民」，即使事實並非如此，而他的某位親戚或者摯友才是受保護者。

基督徒接著會利用朋友或親戚的影響力讓穆斯林被逮捕，並在「他們的」領事法庭受審，法官的判決總是有利於基督徒，「穆斯林被判處的刑期比他被定罪的罪刑還長。如果法律規定判處十天監禁，他會因缺乏相互的支持而被判處二十天監禁。」[36]

外國保護制度形成了一個不斷擴大的網絡，並且遭到廣泛濫用，使得少數族群的成員得以藉由歐洲在敘利亞不斷增長的外交和商業力量，不公平地獲得有利可圖的特權。

埃及占領敘利亞的時期（一八三一年至一八四〇年）引進了一系列變革，這些變革在埃及撤出二十年後仍然繼續改變著大馬士革。歐洲領事的引入、大馬士革市場對地中海貿易的開放、輪船航運的出現，以及穆斯林和少數族群間不斷變化的社會關係，讓大馬士革社會承受著巨大的壓力。十九世紀的所有挑戰似乎愈來愈多來自大馬士革之外，並讓這座城市的傳統菁英處於不利的劣勢。

在大馬士革的政治、經濟和社會發生轉變的背景下，我們可以開始理解對於米沙卡醫師被任命為美國副領事的抵制。身為敘利亞的基督徒，他的任命反映出當地基督徒透過與外國勢力的聯繫而享有愈來愈大的權力。他享有鄂圖曼法律的豁免權，規避了鄂圖曼公民必須繳的稅。他是於一八四〇年代和一八五〇年代的轉變中少數獲益的人，當時大馬士革有許許多多人看著他們的社會與經濟地位受到損害。米沙卡向美國駐貝魯特領事強森提交的報告裡，他經常提到鄂圖曼官員對他的敵意與日俱增。所有的證據都表明，他不是憑空亂想。

作為鄂圖曼帝國重要的省會，大馬士革可以向蘇丹及其政府尋求解決之道。但在鄂圖曼改革的年代，大馬士革四面楚歌、陷入困境的顯貴們發現，中央政府只會讓事情變得更糟。他們非但沒能扭轉埃及人所引入的有害措施，伊斯坦堡的政府還將穆斯林與非穆斯林之間的法律平等寫入法典，並低頭承認歐洲人擴大進入敘利亞市場的要求。對政府法令施加的改變，以及似乎成為主要受益者的少數族群，大馬士革的穆斯林名人們對兩者的敵意都愈來愈大。

第三章　鄂圖曼改革的阻力

大馬士革的穆斯林顯貴，目睹了十九世紀中葉幾十年來快速改變的腳步，他們的反對其實很容易理解。他們認為一八三〇年代之後日益增長的歐洲影響，是對他們城市的伊斯蘭文化和傳統的侮辱。他們長期控制的陸路貿易路線，受到輪船航運的積極擴張而節節敗退。到了一八五〇年代，就連備受重視的麥加朝聖車隊也開始屈服於蒸氣輪船的力量。這些改變的受益者是少數族群，是受歐洲列強保護的人，他們獲得了財富和社會權力，代價卻是犧牲了穆斯林菁英。穆斯林顯貴期待蘇丹及其政府站出來捍衛他們的權利和利益。蘇丹在大馬士革的代表就是總督艾邁德帕夏。從當時的記載來看，大馬士革的市民沒有人確定總督對於他們的訴求，或者對中央政府所施加的改革的意向。

艾邁德帕夏是個難以捉摸的人物。在大馬士革的《名人錄》中，他的傳記長達十頁，這是由穆斯林宗教學者阿卜杜·里扎克·比塔爾（一八三七年至一九一七年）所編撰的傳記辭典。比塔爾與總督是同個時代的人，當艾邁德帕夏被任命時，他應該才二十幾歲。比塔爾在他的傳記文章中，用押韻的阿拉伯文體稱頌總督的美德：「這位偉大的大臣、總督和軍隊統帥，他出色的管理與關懷讓人目眩神迷，他在人民中的形象就像夜間的滿月，他追求最高的虔誠和崇拜，在他的一生中，他的修養、純潔的信仰和崇高的思想都是無與倫比的。」很顯然，比塔爾給了艾邁德帕夏最高的評價，但是要在這篇文章的其餘部分找到基本的傳記資訊，諸如總督的出生地或生日，或是在大馬士革就職前的職業記錄，恐怕是徒勞無功。我們知道他於一八五八年首次來到大馬士革擔任「穆希爾」，也就是阿拉伯斯坦（鄂圖曼對敘利亞省的稱呼）的軍團指揮官，並於次年晉升為「瓦利」，也就是總督。比塔爾唯一透露的個人訊息就是艾邁德帕夏信奉伊斯蘭神祕主義，並且是卡爾瓦提蘇菲教派的成員。[1]

大馬士革的穆斯林名人對於艾邁德帕夏的治理，並不都像比塔爾一樣給予高度評價。伍麥亞大清真寺的傑出傳教士穆罕默德．賽義德．烏斯圖瓦尼謝赫，就對總督的政績提出了批評。艾邁德帕夏在擔任「穆希爾」時，就已經讓大馬士革一些重要人物產生反感。一八五八年，當敵對幫派在南方城郊的邁丹區街頭爆發武裝衝突時，艾邁德帕夏以鐵腕壓制。烏斯圖瓦尼謝赫就在日記中寫道：「他們隨意逮捕男人，直到監獄都爆滿了」，其中包括一些大馬士革傳統民兵的首領「阿迦瓦特」。一百多名被拘留者幾乎沒有經過任何正當程序就被流放，有些人被流放到阿卡要塞，其他被流放到賽普勒斯島。烏斯圖瓦尼對艾邁德帕夏擔任「穆希爾」的作為總結道：「他想要掃除這座城市（的罪行），卻是用毫無限制的嚴酷手段。」

一八五九年艾邁德帕夏升任總督時，烏斯圖瓦尼也不相信艾邁德帕夏的做法：「他想讓人民的生活更加有序。然而，他無法做到這一點。他強制推行新政，他將為此承擔責任，直到審判日。」這些「新政」包括一系列徵稅措施，以填補省政府枯竭的財庫。他實施土地登記，將收成的什一稅提高四分之一至百分之十二．五，並對牲畜按頭計稅。艾邁德帕夏也開始對酒徵稅，「因為飲酒很普遍」，儘管飲酒是被禁止的。更重要的是，艾邁德帕夏正在增稅，這是所有保守派都反對的事情，因此才會提到審判日的不祥之兆。[2]

駐大馬士革領事團的成員對總督的看法有所分歧。米沙卡醫師在回憶錄中對艾邁德帕夏給予了初步的稱讚，聲稱剛上任時「他與每個人都相處得很好」。英國領事詹姆斯．布蘭特與總督關係融洽，對艾邁德帕夏的精力和能力表示讚賞。布蘭特對總督有相當程度地了解，知道一些他的家庭狀況，並指出艾邁德帕夏是位鰥夫，與母親和兩個兒子住在大馬士革。法國領事米歇爾．拉努斯從大馬士革的代理人那裡獲得的情報，對這位總督極不信任。領事團的其他成員對這位新總督的看法，從沒有意見到懷有敵意的都有。[3]但在執行領事職務的過程中，米沙卡似乎比所有其他西方駐大馬士革的外交官都更惹總督的反感。

被任命為美國副領事後，米沙卡醫師就開始利用他的新外交身分。副領事一職沒有薪水，但可以免稅並外加其他的福利，這個就足以讓足智多謀、很有辦法的人發跡。米沙卡擴大了他的金融和商業交易，並將領事保護的範圍擴展到為美國和他個人的利益服務。正是這些做法激起了大馬士革總督和穆斯林菁英的憤慨，認為這是濫用領事特權——比起真正的外國外交官，像是布蘭特或拉努斯，像米沙卡這樣的敘利亞基督徒運用特權，就顯得更加令人難以接受。

舉例來說，米沙卡醫師貸款給位於大馬士革西北方的東黎巴嫩山，名叫蘇克．瓦迪．巴拉達村莊的三十五位農民，金額是四萬七千皮亞斯特（約合四百二十五英鎊或是二千一百美元，這在當時是筆巨款）。這些村民請求這筆巨額貸款，以便能夠清償先前向大馬士革的猶太權貴雅庫布．伊斯蘭布利欠下的債務，據推測這筆債務是在敲詐勒索的條件下欠下的。根據當時的大馬士革資料顯示，雅庫布．伊斯蘭布利是「大馬士革的猶太社群中最富有的人」，他利用這種給農民的貸款賺了很多錢。

許多商人放貸給當地農民，作為一種債務束縛的形式，貸款是用借款人未來收成的一部分以折扣計價作為擔保。只要保證能有穩定供應的廉價穀物，放款人根本沒興趣看到這類貸款在實際上獲得清償。另外，放款人還透過收取百分之三十六至百分之五十的年利率來獲取利潤。從貸款的額度來看四萬七千皮亞斯特來看，伊斯蘭布利肯定拿到了村莊中農業產量的大部分，不然就是獲取了大量利息。藉由買斷這些農民的債務，米沙卡醫師有效地切斷了伊斯蘭布利從這個繁榮村莊獲得的收入——但也毫無疑問，他用對村民更有利的條件獲得了蘇克．瓦迪．巴拉達收成的大餅。這是個大膽的舉動，因為米沙卡要對付的是一個非常強勢且人脈廣大的對手。[4]

跟米沙卡醫師一樣，伊斯蘭布利也具有受英國保護者的身分，享有強國保護所賦予的所有法律和稅收優惠。但是伊斯蘭布利與大馬士革統治菁英的關係遠比美國副領事好得多。為了確保他的高收益放貸，伊斯蘭布利致贈了豐厚的禮物給有權有勢的人士，像是總督以及執政的議會裡的知名人物。他與艾邁德帕夏關係特別密切。值得注意的是，這位拒絕禮貌性回訪米沙卡的總督，卻接受了伊斯蘭布利的邀請，前往豪華宅邸共進午餐。某位大馬士革的編年史家寫道：「大馬士革的總督先前從來未曾受邀到非穆斯林家裡用餐。」[5]

米沙卡醫師剛剛完成對蘇克・瓦迪・巴拉達村民的放貸，伊斯蘭布利就展開攻勢來保護自己的地位。伊斯蘭布利找來了穆斯塔法貝伊・哈瓦斯利幫忙，這個人是庫德族的「阿迦瓦特」之一，透過其不容置疑的暴力威脅來保護他的利益。大馬士革的許多穆斯林知名人士把庫德族的「阿迦」視為惡棍，其中有人甚至這麼形容穆斯塔法貝伊，「對大馬士革的人民來說，非常愚蠢而可恨」。一個可恨的惡棍正是盯住米沙卡在蘇克・瓦迪・巴拉達行動的人選。[6]

鑑於美國副領事享有治外法權，哈瓦斯利把矛頭轉向蘇克・瓦迪・巴拉達的村民。他將此案提交給「議會」，聲稱村民簽訂的債務合約違反了法律，因為對方是「外國人」米沙卡醫師。基於他的金主雅庫布・伊斯蘭布利對「議會」成員的慷慨大方，以及他與艾邁德帕夏的關係，哈瓦斯利毫無疑問期待「議會」會做出有利的回應。「議會」裡具有影響力的顯貴並沒有讓他失望。

「議會」傳喚這些村民到大馬士革來答覆指控。這三十五名男子因與外國人簽訂貸款合約而受到接連謾罵。當這些村民試圖為自己出言辯護，庭訊過程就轉變成暴力，有目擊者證實，大馬士革的便衣軍人毆打了村民，政治專員「用雙腿」踢了他們，然後將所有三十五名男子關進債務人監獄十二天。在他們被關押期間，哈瓦斯利以鐵鍊綁住這些村民，強迫他們清掃大馬士革的街道，來進一步羞辱他們。在給總督的投訴中，米沙卡醫師強調了正直農民的憤怒，他們被迫「像一般犯人一樣」掃街。總督始終沒有回覆，但是他的政治專員警告米沙卡，不要干涉政府與其臣民之間的事務。米沙卡最終被迫取消了對蘇克·瓦迪·巴拉達村民的貸款，如此這些不幸的農民才能夠擺脫苦難，再次向伊斯蘭布利借貸。米沙卡顯然懷疑總督艾邁德帕夏和議會中的顯貴拉攏勾結，以阻止他從領事特權中獲利。後續的挫折更加強化了他的這個想法。[7]

與大馬士革其他富有的菁英一樣，米沙卡醫師在敘利亞農村也擁有農業資產。他在大馬士革西北方、東黎巴嫩山的布魯丹村莊擁有一處住宅和幾間房產。可能是為了阻止米沙卡利用外交豁免權謀取私利，議會開始威脅他在布魯丹的利益。議會把米沙卡在布魯丹的總管傳喚到大馬士革，並用被米沙卡視為編造的指控關押了他。米沙卡派他的兒子納西夫到布魯丹調查，而村莊的執法官（kethuda）攻擊他，將他摔倒在地。米沙卡再度寫信給總督艾邁德帕夏，這次是抗議對他自己兒子的攻擊。總督召集了議會開會來審議此事。米沙卡從布魯丹帶來了證人，但在米沙卡的證人出庭作證之前，議會就駁回了此案。此外，議會還損害了米沙卡在布魯丹獲得的收入，強迫他村裡的一位農民改向穆斯林放款人借貸。這像是對米沙卡在蘇克．瓦迪．巴拉達放貸的報復。這完全是針對個人了。8

一八六〇年五月，米沙卡醫師家裡來了位不速之客：前警察隊長蘇魯爾阿迦，他曾是「阿迦瓦特」也就是民兵首領的重要成員，他們是大馬士革菁英階層不可或缺的一部分。伍麥亞大清真寺的傳教士烏斯圖瓦尼謝赫在他的日記中將蘇魯爾阿迦形容為「夏顧爾的驕傲」，夏顧爾是大馬士革城牆內的古老城區。一八五八年，在邁丹區爆發敵對幫派槍戰後，蘇魯爾阿迦與其他數十名顯貴，遭到時任軍事指揮官的艾邁德帕夏逮捕和流放，當時幾乎沒有經過任何正當程序。蘇魯爾阿迦先是被送往阿卡要塞，關押了一年之後，又被判處無限期流放賽普勒斯島。政府賣掉了他的資產，並把他的妻子和小孩送到賽普勒斯跟他在一起。對這樣一位自豪的大馬士革名人來說，終生流亡是種難以忍受的懲罰。六個月後，蘇魯爾阿迦逃離該島到了黎巴嫩山，一路前往大馬士革，他希望洗清自己的罪名並獲准返鄉。9

奇怪的是，蘇魯爾阿迦竟然會選擇米沙卡醫師的領事館尋求庇護。或許他在米沙卡還是執業醫師時就彼此認識；或許他對於操阿拉伯語，且擁有外交豁免權的人更有信心。不管是哪個原因，他都想要米沙卡的保護。蘇魯爾阿迦聲稱，他在未經過適當的法律聽證或正當程序下被錯誤判刑。他向美國副領事尋求庇護，並請求米沙卡為其向總督交涉。一位傑出的穆斯林名人請求他的保護，米沙卡毫無疑問地感到受寵若驚，他接受了蘇魯爾阿迦的請求，也因此受到嚴格社會常規所約束，要確保在他的屋簷下尋求保護之陌生人的安全。

這是米沙卡醫師的不幸，他的首位尋求庇護者竟然是總督本人所逮捕並流放的人。米沙卡和艾邁德帕夏之間的關係本來就已經很緊張，他擔心總督得知蘇魯爾阿迦在他的領事館避難時會做何反應。他選擇透過某位政府職員私下通知艾邁德帕夏：「這樣，如果閣下對這個不幸的人感到同情，並且會慈悲對待他，我就會把蘇魯爾阿迦送去見他，但如果情況不可能，他應該通知我，這樣我就可以平靜地把蘇魯爾送走，就像他當初怎麼進了我家一樣。」這位總督沒打算慈悲以對。他派了一名副官帶著正式的抗議信，要求米沙卡立即交出蘇魯爾阿迦。為了以防萬一，總督在米沙卡住家周圍部署了警察，以防止逃犯脫逃。米沙卡把副官請回總督處，轉達他需要聽從上級美國駐貝魯特領事的指示。警察仍然堅守崗位，戒護著米沙卡住家的每扇門窗。[10]

僵局持續了三天，米沙卡醫師一直等著貝魯特的回覆。與此同時，他起草了一封給艾邁德帕夏的暫時性回覆，聲稱他的所知並不足以評斷蘇魯爾阿迦的案件，並向總督保證，他絕未參與蘇魯爾阿迦逃離賽普勒斯或尋求美國副領事庇護的決定。對於警察不分日夜包圍他的住家，他也表達了關切。被激怒的總督不加答覆就退回米沙卡的信，並指示他的信差告知這位副領事，他認為用書面回覆「來拖延這種做作的通訊毫無必要」。米沙卡憤怒地回應，批評艾邁德帕夏「用如此挑剔的方式退回一封公函」，而且反過來他堅持不會接受艾邁德帕夏的正式投訴，除非他得到貝魯特上級的指示。這兩個人的關係已經到了破裂邊緣。

被圍困三天後，米沙卡收到了貝魯特的回覆。總領事對此表示同情，但是他建議米沙卡，依循美國與「高門」（鄂圖曼政府）雙方建立外交關係的條約第五條，他無權干涉該國政府與其臣民的爭端。「我從沒想過我們有權向鄂圖曼的臣民提供保護，以迴避其統治者的主權，」米沙卡回應說，「但我也從沒想過，我們必須將一名在此領事館尋求庇護的人，在他被剝奪了公平的法律聽證之後，交到他的壓迫者手上。」然而，米沙卡認知到他無法為蘇魯爾阿迦提供進一步的庇護，也如此告訴了他的客人。在夜色掩護下，蘇魯爾阿迦設法逃離了米沙卡的住家而未被發現。第二天早上，米沙卡帶著苦笑寫信給總督，證實「蘇魯爾阿迦依其自由意願離開了領事館，就像他先前進到這裡那般」。他履行了社會常規的責任，保護來他家避難的人，但也付出了高昂代價。米沙卡在蘇魯爾阿迦事件所扮演的角色，只會加深總督對美國副領事的反感。

米沙卡醫師反思自己與大馬士革總督及市議會顯貴的衝突，他寫信告訴在貝魯特的上級：「我深信這些問題未能得到解決，並非總督（艾邁德帕夏）他個人要找碴，而是反映了議會對外國人事務的對立。我毫不懷疑他們的對立源於議會那些人的偏見，以及他們對整體基督徒還有特別是外國人的憎恨。」[11]相較來說，這種憎恨是一種新樣態，是因過去二十年隨著歐洲外交勢力，以及受他們保護的基督徒之權利不斷增長所發展起來的不滿。因為，如果大馬士革的穆斯林菁英指望鄂圖曼政府來維護他們的地位和繁榮，那麼他們會發現，蘇丹的政府只是進一步增強了基督徒和猶太少數族群的權利，其方式就是透過鄂圖曼帝國稱為「坦志麥特」新的時代改革。

★ ★ ★

在十九世紀的歷程中，鄂圖曼政治家們面對了新的挑戰，而其政府與經濟機構被證明不足以應對。稅收下降導致國庫枯竭，財力不足的鄂圖曼軍隊在戰事中都吃了敗仗，不論是對抗堅定自信的歐洲鄰國或者國內的叛亂，像是希臘獨立戰爭（一八二一年至一八二九年）與埃及入侵敘利亞（一八三一年至一八四〇年）。鄂圖曼的政治家們愈來愈認識到，如果不進行徹頭徹尾的重組（突厥語為「坦志麥特」），他們的帝國就無法長久存在。[12]

鄂圖曼的第一次改革實驗可以追溯到十八世紀的最後二十五年，重點在軍隊的現代化。鄂圖曼人很快就發現，如果沒有大量的新資金，他們無力負擔軍隊的升級。然而，為了增加稅收，需要新的土地登記系統和詳細的人口普查紀錄。如果政府想要招募能夠讓這個帝國與威脅它的國家並駕齊驅的公務員，那麼教育體系就必須不能只有識字，另外還要涵蓋數學、科學和外語。簡而言之，鄂圖曼的改革者認識到，他們必須在許多方面進行變革，而不僅僅是在軍隊中。這就是「坦志麥特」與先前的改革嘗試的不同之處。

一八三九年，「居爾哈內改革詔書」頒布，啟動了「坦志麥特」。對鄂圖曼帝國來說，這是個特別脆弱的時刻。叛亂的埃及總督穆罕默德．阿里的部隊剛在敘利亞北部擊敗了鄂圖曼軍隊俘虜了首相。就在其軍隊戰敗的消息傳到帝國首都伊斯坦堡之前，經驗豐富的蘇丹馬哈茂德二世（一八〇八年至一八三九年在位）突然死於肺結核。他的兒子、繼任者阿卜杜勒邁吉德一世當時年僅十六歲。鄂圖曼的海軍審時度勢——穆罕默德．阿里的軍隊再度深入鄂圖曼領土，而年幼的蘇丹繼位——於是發動叛變，宣誓效忠埃及總督。英國、法國和俄羅斯都在想方設法防止其對手利用鄂圖曼帝國在此極度虛弱的時機占便宜。

鄂圖曼政府從未像一八三九年那樣依賴歐洲的善意。為了確保其領土和主權不受埃及的威脅，鄂圖曼政府認為它需要向歐洲列強展現自己能夠遵守歐洲的治國準則。更重要的是，曾經為馬哈茂德二世效力的改革者，決心鞏固已故蘇丹統治時期已經進行的變革，並讓他年幼的繼任者致力於他所啟動的改革。這些改革的設計者是鄂圖曼的外交大臣穆斯塔法．雷希德帕夏，他領銜起草了改革詔書。一八三九年十一月三日，這位外交大臣代表蘇丹阿卜杜勒邁吉德宣讀詔書，列席的聽眾包括外國的外交官以及鄂圖曼的政治人物。這是個新的改革時代的開始，在短短三十七年的時間裡，鄂圖曼帝國將從專制君主制轉變為君主立憲制。

一八三九年的改革詔書制定了一套溫和的三點改革事項：確保所有鄂圖曼臣民「生命、榮譽和繁榮的完美保障」；建立「常規的稅收制度」；透過常規徵兵及固定役期來改革兵役制度。[13]然而，在接下來的幾年裡，實現這些目標的進展甚微，到了一八五六年，鄂圖曼政府加倍努力，提出了更詳細、更雄心勃勃的計畫。

一八五六年的法令重申了一八三九年制定的改革措施，並且擴展到法院和刑罰懲教系統的改革進程。體罰將受到限制，酷刑將被廢除。該法令試圖透過接受公眾監督的年度預算來規範帝國的財政。該法令還要求實現帝國財政的現代化，以及建立現代銀行體系，透過像是道路和運河等公共工程「創造資金，用於增強帝國的財富來源」。該法令總結道：「為了實現這些目標，必須設法得益於歐洲的科學、藝術和資金，從而逐步達到這些目標。」[14]

改革若只是適用於政府高層，鄂圖曼帝國的臣民就對「坦志麥特」不甚在意。然而，在一八五〇年代和一八六〇年代，改革開始觸及個人的生活。鄂圖曼的臣民由於害怕徵稅和徵兵，他們抵制所有將其名字登錄在政府名冊上的國家措施。城鎮居民迴避人口普查官員，農民則盡可能迴避土地登記。艾邁德帕夏試圖在大馬士革增稅，就引起穆斯林知名人士的反對，說明了這種普遍存在的阻力。[15]

任何重大改革計畫都存在著隨之而來的風險，特別是在涉及外國思想的時候。保守的鄂圖曼穆斯林譴責「坦志麥特」將非伊斯蘭的新理念引入國家和社會中。事實證明，最具爆炸性的議題是一八五六年的法令改變了基督徒和猶太人的法律地位。

在整個十九世紀，歐洲列強愈來愈常利用少數族群的權利作為藉口來干預鄂圖曼事務。俄羅斯將保護範圍擴大到希臘東正教教會，這是鄂圖曼最大的基督教社群。法國長期以來與黎巴嫩山的馬龍派教會保持著特殊關係，並在十九世紀將正式的資助擴展到所有鄂圖曼天主教社群。英國在該地區與任何教會都沒有歷史的連結。儘管如此，英國還是代表了猶太人、德魯茲教徒和聚集在阿拉伯世界新教傳教士周圍的少數皈依者群體的利益。只要鄂圖曼帝國橫跨具有戰略意義的地區，歐洲列強就會不擇手段來干涉鄂圖曼事務。少數群體的權利問題為列強提供了充分機會，將其意志強加給鄂圖曼人，這有時候會帶來災難性的後果，不管是歐洲人或鄂圖曼人都一樣。[16]

一八五一年至一八五二年的「聖地之爭」，體現了強權保護鄂圖曼基督徒所帶來的危險。對於在耶路撒冷、拿撒勒和伯利恆的特定基督教聖地，天主教和希臘東正教的修士之間對於有關其各別的禮拜權和監護權產生了歧異。法國和俄羅斯都向伊斯坦堡施壓，要求要為其各自保護的群體給予特權。鄂圖曼人先是屈服於法國的壓力，把在伯利恆的聖誕教堂的鑰匙交給了天主教徒。俄羅斯人決心為希臘東正教教會爭取更大的獎盃，以免在法國人面前丟臉。但在鄂圖曼人對俄羅斯人做出類似讓步後，法國皇帝拿破崙三世威脅說，如果鄂圖曼政府不撤銷對俄羅斯的東正教客人的讓步，他們將轟炸鄂圖曼在北非的陣地。當鄂圖曼人屈服於法國的要求時，俄羅斯人宣戰，並擊沉了鄂圖曼黑海艦隊的多艘船艦。西歐列強動員起來對抗俄羅斯，以防沙皇帝國利用鄂圖曼的弱點，將其影響力擴展到地中海。始於一八五三年秋天的鄂圖曼－俄羅斯戰爭，演變成一八五四年至一八五五年的克里米亞戰爭，讓英國和法國陷入與沙皇俄羅斯的對抗，這場衝突奪走了超過三十萬條人命。歐洲代表少數社群干涉鄂圖曼的後果過於嚴重，鄂圖曼政府不允許這種做法繼續下去。[17]

一八三九年的改革詔書中，鄂圖曼人曾三心二意地試圖收回對於非穆斯林少數社群的主導權。「我們崇高蘇丹國的穆斯林和非穆斯林臣民，無一例外都應該享有我們帝國的特殊權利」，蘇丹在他的「法曼」或說詔書中如是宣稱。如果蘇丹和其官員要說服歐洲列強不再需要透過干預來確保鄂圖曼帝國中基督徒和猶太人的福利，顯然他們就需要對於穆斯林和非穆斯林之間的平等作出更強而有力的聲明。鄂圖曼政府所面臨的挑戰，是獲得占多數的穆斯林同意，以實施不同信仰間享有平等的政策。《古蘭經》明確區別了穆斯林和其他兩種一神教的信仰，這些區別也已載入伊斯蘭律法。在許多信徒看來，鄂圖曼政府無視這些區別，這就是違反真主的書和真主的律法。

克里米亞戰爭結束後，鄂圖曼政府甘冒引起國內公憤的風險，也要阻止歐洲進一步干預帝國內的非穆斯林少數社群。一八五六年改革法令的頒布時間，恰逢《巴黎和約》簽訂，宣告克里米亞戰爭結束。一八五六年改革法令的大部分條款，都涉及鄂圖曼基督徒和猶太人的權利和責任。該法令首度確立所有鄂圖曼臣民完全平等，不論其宗教信仰為何：「凡是使我帝國任何階級的臣民因其宗教、語言或種族而低於另一階級的任何區別或稱謂，均應從行政規範中永遠消失。」該法令還承諾所有鄂圖曼臣民都能進入學校和政府工作，也同樣都有服兵役的義務，不因宗教或民族而有區別。

改革進程已經因為其傾向歐洲而備受爭議。但在一八五六年的法令之前，改革並未直接違反《古蘭經》，而《古蘭經》被穆斯林尊為真主永恆的聖言。違背《古蘭經》就是違背真主，因此當該法令在帝國各城市宣讀時——從帝國首都伊斯坦堡開始，嚴重引起了虔誠穆斯林的驚惶，這也就毫不奇怪了。

一八五六年二月十八日，這項新的改革法令在鄂圖曼的大臣、穆斯林顯貴、希臘人和亞美尼亞人的牧首以及猶太人的大拉比面前宣讀，他們都聚集在伊斯坦堡的「高門」。當宣讀一系列新的改革方案，賦予穆斯林與非穆斯林完全的法律平等，全場目瞪口呆、一片靜默。「法令宣讀結束後，按照慣例由伊斯坦堡清真寺的一位著名傳教士帶領，祈求真主保佑，」一位研究「坦志麥特」的現代歷史學家提到說，「（他的）祝禱詞完全沒有提到改革、非穆斯林或平等。『真主啊，』他懇求道，『請憐憫穆罕默德的子民。真主啊，請保護穆罕默德的子民。』為這場集會帶來一陣寒意。」[18]

在「高門」集會的一個月後，這項新的改革法令在大馬士革公開宣讀。伍麥亞大清真寺的傳教士，穆罕默德·賽義德·烏斯圖瓦尼謝赫也在場。他在日記中記錄了自己的感想，為整體大馬士革的穆斯林顯貴發聲，表達其對政府改革的幻滅，以及對於「穆罕默德的子民」造成的不良後果。

穆罕默德．賽義德．烏斯圖瓦尼（一八二二年至一八八八年）是大馬士革最主要的宗教學者之一，也是一個古老家族的後裔，該家族在大馬士革的起源可以追溯到十字軍東征時期。一一六七年，他的祖先為了躲避基督教十字軍的統治，逃離位於巴勒斯坦納布盧斯附近的村莊，定居在大馬士革北部的薩利希亞區。一五一六年鄂圖曼征服敘利亞後，烏斯圖瓦尼一家人搬進城牆內伍麥亞大清真寺附近的一棟房子，家庭成員開始從事教士職業——烏拉瑪。三個世紀後，穆罕默德．賽義德延續了家族的傳統，接受了伊斯蘭的神學教育。他師從當時一些最傑出的宗教學者，學習《古蘭經》注釋（太弗西爾），包括對先知穆罕默德言行（聖訓）的分析，以及伊斯蘭教法學和伊斯蘭法學原理的基礎。他在神學方面的才華很早就獲得認可，年僅十八歲就被任命為伍麥亞大清真寺的傳教士（卡提卜）——這是該城最重要的宗教職位之一——此時是一八四〇年，也就是埃及占領的最後一年。[19]

烏斯圖瓦尼就任傳教士時，他做了一件對那個時代的大馬士革人來說非同尋常的事：他開始寫日記，記錄重要的個人和公眾事件。由於當時的識字率很低，而且鄂圖曼社會也沒有真正的撰寫日記傳統，所以這樣的文書非常罕見。這個日記的內容很獨特，但卻讓人對他有了一些了解。他對自己的工作，以及這份工作賦予他的榮譽感到自豪。例如，他記錄了有哪些新任命的鄂圖曼官員在何時以帝國的斗篷為禮來推崇他：一八四四年一位新任的首席法官，一八四六年一位省級財務長為他穿上一件開心果色的長袍，一八四八年一位新任總督為他披上深灰色的斗篷。因烏斯圖瓦尼執掌了在伊斯蘭世界最受尊崇的清真寺之一，而這些禮物是權貴們展現對他的尊敬。

身為大馬士革的顯要人物，烏斯圖瓦尼非常重視對權威的尊重。如前所述，在一八四五年經歷過一段乾旱期後，他參與了在伍麥亞大清真寺舉行的特別祈雨儀式。這場儀式聚集了總督及其官員，還有大馬士革的名流、商人、工匠——總共有數千名朝拜者。儀式結束後，一群年輕人來到某位名流的家中參加通宵社交活動，期間他們試圖比拚看誰更會嘲弄大馬士革的官員。他們抓住總督長長、擺動的下巴，把它比喻成櫛瓜；他們取笑穆夫提*的口吃；他們將某位著名宗教學者的笑聲比喻為驢子的叫聲；他們還刁難某個跛腳的人。這是一群享有特權之年輕人的典型校園霸凌行為，如果他們能有所斟酌，事情就不會進一步擴大。但是這群機智搞笑的年輕人卻與所有想聽的人分享了他們最刺激的尖銳批評，很快地，那個晚上過激行為的概述，不僅傳到烏斯圖瓦尼那裡，也傳到總督公署的辦公室裡。有著櫛瓜造型下巴的總督並不覺得好笑，他下令逮捕所有參與的人。直到議會的某位成員——跛腳謝赫——出面介入，這群年輕人才在被警告後釋放。烏斯圖瓦尼用輕描淡寫的文筆講述了這些事件——他本人顯然並不是被嘲笑的對象，他還津津有味地用阿拉伯語口語重現了那些粗魯的綽號。但他

*編按：伊斯蘭法大法官，有資格提供教令（fatwa）的穆斯林學者。

明顯將這些內容作為警世故事，講述尊重權威的重要性。[20]

從烏斯圖瓦尼的日記中可以看出，他遊歷廣泛，擁有多種想法和經驗。一八四六年至一八五〇年間，他兩次前往耶路撒冷朝聖，一次是與其他神學家同行，另一次是與他的母親和兄弟。他在旅程中造訪了黎巴嫩的沿海城鎮像是貝魯特、提爾、的黎波里等，還有巴勒斯坦的雅法、希伯崙和耶路撒冷。他哀悼家人和師長的過世，其中許多人因為一八四八年可怕的霍亂爆發而喪生。他對天然災害的受難者表示同情，像是大火燒毀了整個城市街區，或是強烈的雨雪導致房屋倒塌。他熱愛自己的工作，全心投入伍麥亞大清真寺，是個徹頭徹尾的大馬士革人。

有鑑於他的職業，烏斯圖瓦尼首先將大馬士革視為穆斯林的城市，絲毫不足為奇。基督徒和猶太人在烏斯圖瓦尼的城市中處於邊緣地位，很少出現在他日記中所記載的軼事和事件裡。他確實談到一些內容，捕捉到了領事保護下少數社群權力的變化，並透露了他對鄂圖曼改革時代所發生之變化的不滿。

一八五二年，大馬士革的總督是位名叫薩依德帕夏的人。那年，一位猶太地主被伊斯蘭教法法庭的法警毆打致死。這名地主與其土地上耕作的一位穆斯林佃農爆發了激烈爭執。猶太地主指控佃農搶劫未遂，並用棍子毆打了這名穆斯林，導致他受傷。這名穆斯林佃農否認搶劫，並聲稱地主試圖殺死他。法官站在穆斯林那邊，命令法警用棍子毆打猶太地主。在「坦志麥特」之前的時代，非穆斯林被明確禁止對穆斯林動手，而法官無疑地被這位猶太地主的假定給冒犯了。但在執行法庭命令時，法警明顯過度使用武力，並殺死了這位猶太地主，而他是受普魯士國家保護的對象。普魯士駐大馬士革領事很快就提出抗議，他認為普魯士臣民遭到非法殺害。

這些事件發生在一年一度的朝聖季期間，總督正準備要率領大馬士革的朝覲車隊前往麥加，薩依德帕夏並沒有停下來回應領事的抱怨。「由於他的宗教價值觀，」烏斯圖瓦尼讚許地指出，「薩依德帕夏不是會屈服於領事或牧首壓力的人，他繼續朝聖之旅，把普魯士領事交給高門處理。」烏斯圖瓦尼讚揚了總督對朝聖車隊的領導：「他提供食物給窮人，支持弱者，對車隊中的大馬士革人慷慨解囊。」據報導，「出於對真主和先知的愛」，總督自掏腰包花費了數千皮亞斯特協助支付一些較貧窮的朝聖者的費用。由於他無法控制的原因，一八五二年的朝聖之旅傷亡慘重，暴雨、寒冷的天氣以及霍亂的爆發奪走了許多朝聖者的生命。一路上安葬了那麼多朝聖者，總督帶著沉重的心情踏上歸程。

當總督不在時，普魯士領事透過「高門」要為猶太地主伸張正義。在伊斯坦堡的政府召集了特別法庭來審理此案。法庭多次開庭收集證據，最終做出裁決。他們認定法官和法警都犯下了錯誤殺害猶太地主的罪名。法官被解職，並送往敘利亞一座城堡拘押，法警則被送往伊斯坦堡的監獄。在朝聖歸來八天後，薩依德帕夏因未能解決此案而被解除職務，並流放到位於安納托利亞的城市科尼亞。[21]烏斯圖瓦尼提到了這些判決，但沒有留下任何他自己明確的評斷。然而，相對於被毆打致死的猶太地主，他的語句表明了他更同情薩依德帕夏，因為其堅持自己的「宗教價值觀」高於「來自領事或牧首的壓力」。

這則軼事顯示了烏斯圖瓦尼所堅持的嚴格社會秩序，這種秩序盛行於伊斯蘭世紀，其中穆斯林處於階層制度的頂端，而非穆斯林少數社群則處於次要地位：受到保護，但仍是二等臣民。這是一種透過宗教信仰來強化的社會結構，同時加上傳統和習俗。自從受到埃及占領以及隨後而來的社會和經濟的轉變，這種秩序就受到了衝擊，提昇了基督徒和猶太人的位階，破壞了傳統以穆斯林主導的社會秩序。如果穆斯林顯貴指望蘇丹和「高門」來撥亂反正，將大失所望。如果要說「坦志麥特」有什麼作用，那就是以犧牲穆斯林為代價，確認和提昇了猶太人和基督徒的利益。他們相信，這是對自然秩序的顛覆。正如在伊斯坦堡宣讀一八五六年改革法令後傳教士所吟誦的那樣：「真主啊，請保護穆罕默德的子民！」

烏斯圖瓦尼記錄了一八五六年改革法令在大馬士革頒布當天自己的反應：

週二早上，伊斯蘭曆一二七二年拉賈卜月的第五日（一八五六年三月十二日），有關基督徒的廣泛指令的「法曼」在大馬士革的議會宣讀，馬哈穆德帕夏（總督）在場還有……其他議會的成員，賦予平等和自由以及其他與純粹的伊斯蘭教法相衝突的（法條）。「法曼」代表了蘇丹的御旨。它是落在所有穆斯林身上的灰燼。我們請求祂（真主）榮耀這個宗教並為穆斯林帶來勝利。所有的權柄和力量都歸於全能的真主。[22]

蘇丹怎麼能將他的御旨強加於一項「與純粹的伊斯蘭教法相衝突」的措施，讓基督徒享有超過了穆斯林的特殊待遇呢？作為伍麥亞大清真寺的傳教士，他的君主竟敢違背真主的聖書和真主的律法，這簡直是不可思議的事。正是這種對自然秩序的顛倒，導致了哀悼和恥辱，或者說「落在所有穆斯林身上的灰燼」。

要接受一八五六年改革法令的條款，以及鄂圖曼政府賦予非穆斯林的新權利和特權，對穆斯林當權者來說已經夠困難了。讓事態更加惡化的是非穆斯林社群對於「坦志麥特」立法的反應——特別是大馬士革的基督徒。隨著歐洲與這座城市不斷擴大的貿易，基督教名流透過關係獲得新財富而崛起，再加上很多主要的基督徒享有受外國勢力保護的身分，這其中出現了一種新的自信。[23]

大馬士革的另一位穆斯林名人在其著作中，捕捉到了這種對於「坦志麥特」時代中，大馬士革自信的基督徒的不滿。穆罕默德．阿布．薩烏德．哈西比聲稱自己擁有「謝里夫」（sharif，複數ashraf）的高貴身分，也就是先知穆罕默德的後裔。他的家庭出身卑微，於十七世紀從首都與荷姆斯之間的某個山區村莊搬到了大馬士革。直到十八世紀，他們才被承認是先知家族的後裔，進入「謝里夫」的階層，從而成為大馬士革穆斯林菁英的成員。正是他的父親艾邁德阿凡提．哈西比（一七九二年至一八七六年），將家族地位提升，躋身到大馬士革的主要家族之列。隨著財富增加及在大馬士革社會地位的提高，艾邁德阿凡提搬到靠大馬士革城牆西邊的卡納瓦區的顯赫房子，他的兒子穆罕默德就在那裡長大。

一如烏斯圖瓦尼，哈西比也留有一本筆記本，記錄了自己的感想、時事和流行諺語。我們並不確定他的年齡，但他在一八六〇年已經成年，鑑於他在一九一四年去世，當一八五六年改革法令首次宣讀時，他可能只有二十多歲。他想必認識烏斯圖瓦尼，並在提到伍麥亞大清真寺的傳教士時表現出畢恭畢敬的態度。但從哈西比糟糕的拼寫和嚴重口語化的阿拉伯語來看，他缺乏傳教士那樣的學術修養。正如一個世紀後他筆記的編輯所描述的那樣，這本筆記本「揭示了一位年輕人悠閒的習慣，他喜歡在城裡閒逛，或坐在卡納瓦區東邊盡頭的貝利克咖啡館，與鄰近的男人們談論政治」。[24]

咖啡館裡穆斯林反覆談論的話題之一，顯然就是「坦志麥特」改革及其對基督徒的影響，在外國領事的慫恿下，基督徒正在越過體統的界線：

歐洲人進到敘利亞的土地，給基督徒留下這樣的印象，「坦志麥特」讓穆斯林和基督徒一樣，都是真主創造的。所以為什麼基督徒不應該和穆斯林穿一樣的服裝，諸如此類。如果基督徒與穆斯林爭吵，無論穆斯林對他說什麼，基督徒也會說同樣的話，甚至更多。如果他們向政府投訴，政府也會站在基督徒那邊。[25]

不僅僅只有大馬士革的穆斯林注意到了這個變化。米沙卡醫師在回憶錄中回顧了一八五六年後的歲月，他作為一位著名的基督徒也有類似的反思：

當帝國開始施行改革，不論其臣民隸屬哪個宗教都一律平等，那些無知的基督徒對於平等的詮釋超過太多，他們認為弱小的不必服從強大的，低下的不必尊重高貴的。他們確實認為卑微的基督徒可以和高尚的穆斯林平起平坐。他們不願意去理解，正如平等是建立在規則和法律權利的基礎上，有身分地位的人在任何群體面前都必須維持其應有的尊嚴，特別是當其牽涉到基督徒與穆斯林時。[26]

撇開所有與總督艾邁德帕夏以及議會成員所發生的衝突，米沙卡醫師依然尊重這個社會階層。從某種意義上來說，與下層的基督徒相比，他覺得自己與這座城市的穆斯林顯貴的關係更為密切，在他看來，穆斯林顯貴不論在財富、教育和社會地位上才是他的同儕。大馬士革的一般基督徒採用新平等行動的速度，卻沒有讓該城的穆斯林有足夠的時間來適應如此重大的變化。正如米沙卡在一八六〇年初的報告所言，這種情況反而挑起了危險的反應，來自「議會成員的偏見，以及他們對於一般基督徒的仇恨」。

★ ★ ★

自一八三二年埃及占領敘利亞以來，大馬士革發生了前所未有的變化。經由歐洲領事和外國商人的種種活動，這座城市與地中海世界建立起聯繫。輪船運來了歐洲的紡織產品，又將敘利亞的紡織原物料帶回家，使當地工匠面臨雙重壓力，既要與更便宜的歐洲商品在當地市場上競爭，又要面對由於歐洲的競爭而上漲的羊毛、棉花和絲綢價格。陸路貿易遭受損害，朝聖車隊明顯萎縮。這些來自國外的轉變又因國內的改革而加劇，這些改革提升少數群體的權利，超越了維護該市穆斯林社群由來已久的優勢傳統。這些改革是由蘇丹政府所發起，它本該是帝國伊斯蘭價值觀的捍衛者，而這個事實讓大馬士革的穆斯林顯貴對改革更加難以容忍。

在敘利亞社會，這些轉變的主要受益者是少數社群，他們因作為外國領事的受保護者或歐洲商人的代理人而獲益。大馬士革的猶太社群或許還在為一八四〇年的血腥誹謗暴行療傷止痛，對於最近獲得的自由，他們似乎並沒有要挑戰既有框架的意圖。但從各方面來看，基督徒卻這麼做了。當他們變得更加富有，並利用歐洲受保護者的身分獲取法律和商業利益，大馬士革的基督徒變得愈發有自信。他們崛起的代價卻是犧牲了穆斯林菁英，穆斯林菁英發現，同樣的措施讓自己得要勒緊腰帶，但卻為基督徒帶來了新的繁榮。基督徒將取代穆斯林顯貴成為敘利亞統治菁英的「大換血」傳言甚囂塵上。這種看法演變成一種生存威脅，引發了一八五六年法令頒布後逐年增長的敵對。到了一八六〇年，只需要一點火花，就可以點燃那份敵意，使之轉為暴力。而一八六〇年夏天在黎巴嫩山爆發的社群暴力就是這樣的火花。

第四章　黎巴嫩山血流成河

一八五五年十一月下旬，法國護衛艦塔霍號駛入貝魯特港熟悉的水域，艦上載著的是世界最知名的阿拉伯人，他將要被放逐海外。阿卜杜．卡迪爾王公，十五年來始終堅持以游擊戰來對抗法國對於其祖國阿爾及利亞的占領。國際媒體密切關注著他的事蹟，看見一位民族領袖團結其人民擊退帝國侵略者。《紐約時報》將阿卜杜．卡迪爾比作公元前一〇五年被羅馬人擊敗的北非國王朱古達，或者海地革命的杜桑．盧維杜爾（一七四三年至一八〇三年），「為了家鄉海地的獨立，他挺身而出」反抗拿破崙的法國。一八四七年他向法國投降時，阿卜杜．卡迪爾已在全球享有盛譽。

阿卜杜．卡迪爾．伊本．穆希伊．阿爾丁．賈扎伊里（一八〇八年至一八八三年），在阿爾及利亞西部的馬斯卡拉鎮附近出生長大。阿卜杜．卡迪爾是宗教學者的兒子，也是先知穆罕默德的後裔，他在伊斯蘭神祕主義的卡迪里耶蘇菲教派長大。他十四歲時就可以記住《古蘭經》全文，十七歲時就陪同父親前往麥加朝聖。這對父子藉著長途陸路旅程前往阿拉伯的機會，參訪了主要的伊斯蘭學習中心，途經突尼斯到開羅，再前往麥加，並在完成朝聖後參訪了大馬士革和巴格達。他們在每座城市都會見了當時的頂尖學者，加深了阿卜杜·卡迪爾的宗教訓練。一八二八年他隨父親回國，為伊斯蘭神學和神祕主義的職涯做好了充分準備。[2]

沒有人能夠預見事件的轉折，竟會將阿卜杜·卡迪爾從默默無聞的小鎮民變成全球的知名人物。一八三〇年七月，一支法國作戰部隊入侵首府阿爾及爾，這標誌著長達一百三十二年占領的開始。對阿爾及利亞人和法國人自己來說，入侵的理由都同樣模糊難懂：從十九世紀初以來，運往法國的穀物都未支付款項，阿爾及爾的統治者與法國領事為此起了爭執。法國領事聲稱阿爾及爾的統治者用拂塵打了他，他要求自己的政府透過展示武力來挽回國家榮譽。當時的波旁王朝查理十世的政府不得人心，希望透過對外征戰來拉攏國內民心，逮住「拂塵事件」為全面入侵辯護。[3]

法國人幾乎從占領之初就遭遇普遍的抵抗。當法國人將征服範圍從阿爾及爾延伸至西部城市奧蘭，各部落的首領就在阿爾及利亞各地動員。奧蘭於一八三〇年十二月投降，這使得法國的占領就在阿卜杜·卡迪爾的家門口。一八三二年十一月，部落族人懇求阿卜杜·卡迪爾的父親穆希伊·阿爾丁領導他們抵抗法國人。但他謝絕了，並將這項職責交給他二十四歲的兒子。部落族人很快就向阿卜杜·卡迪爾宣誓效忠，並稱他是「虔誠信眾的指揮官」——阿拉伯語就是「Amir al-Mu'minin（穆民的領袖）」——（阿卜杜·卡迪爾的頭銜「埃米爾（Amir）」，意思是王公或是指揮官）。在接下來的十五年裡，他將阿爾及利亞各地的部落族人團結起來，對法國的占領發動了堅韌不懈的戰爭。然而，到了一八四七年十二月，優勢的法國兵力和資源最終占了上風，迫使阿卜杜·卡迪爾投降。

在戰敗中，這位阿爾及利亞領袖的地位卻只見增長。法國政府推崇阿卜杜·卡迪爾像是薩拉丁*一樣的人物，一位才華洋溢、文質彬彬的高貴對手，藉以誇大戰勝他的意義。英國人難以掩飾他們對這位阿拉伯起義者的讚賞，他讓法國軍隊和國庫磨耗了十五年。美國人把阿卜杜·卡迪爾視為是對抗整體帝國主義的禍害。而在阿拉伯世界，這位「埃米爾」受到讚譽，因其在戰場上屢戰屢勝，挽回了穆斯林在對抗基督教歐洲的榮譽。

埃米爾阿卜杜·卡迪爾投降後，在好幾個法國監獄中被關押了五年。一八五二年十月，路易·拿破崙（一八四八年當選總統，隨後加冕為拿破崙三世皇帝，一八五二年至一八七〇年在位）恢復了這位「埃米爾」的自由，條件是他宣誓不再返回祖國阿爾及利亞，或是再與法蘭西帝國對抗。阿卜杜·卡迪爾向法國及路易·拿破崙宣誓堅定的友誼，並要求流放到鄂圖曼帝國。在法國慷慨撫恤金的支持下，他先是搬到了伊斯坦堡附近的突厥城市布爾薩，與家人和一大群僕人在那裡生活了兩年。

這些阿爾及利亞人不會說突厥語，他們在布爾薩感到孤立無援。一八五四年，一場毀滅性的地震

---

*編按：薩拉丁（Saladin），埃及歷史中的英雄人物，在十二世紀領導阿拉伯人對抗十字軍的戰役中表現傑出。

將整個城市夷為平地，阿卜杜．卡迪爾向法國政府請求，允許他搬到大馬士革，在那裡他可以講母語阿拉伯語。拿破崙三世提供給他一艘三桅帆船，載著這位埃米爾和他的一百一十位隨從，從伊斯坦堡前往貝魯特，並在一八五五年十一月二十四日靠岸。

在黎巴嫩山短暫停留時，他受到英國軍官兼領事官員查爾斯．亨利．邱吉爾上校的款待，然後這位「埃米爾」和他的隨從啟程前往大馬士革。他們發現自己的去路被一群德魯茲派山區居民擋住了，那是「一支小型而衣著華麗的遊行隊伍」，這群人向他們鳴槍致敬。當他們走近時，德魯茲教徒下馬表示敬意，並邀請阿卜杜．卡迪爾與他們共度良宵。他欣然接受，而且很高興「再次來到阿拉伯人中間」。[4]

毫無疑問，這些德魯茲教徒向「埃米爾」詢問有關他對抗法國的戰爭，他們多年來一直關注這些戰役，並且對於他多次打敗強大的歐洲帝國武力而著迷。而阿卜杜．卡迪爾無疑也藉此機會向這些東道主詢問敘利亞和黎巴嫩的情況。德魯茲的「謝赫」們只能報告說，在過去的二十五年裡，埃及人、歐洲列強，還有他們的馬龍派基督徒鄰居，密謀剝奪德魯茲教徒在他們自己家鄉的一切社會地位和政治權力。他們已被逼到牆角。

德魯茲教徒在十一世紀的埃及成為一個獨特的宗教群體。不到幾年，這個新教派就被執政的法提瑪王朝取締，其受迫害的成員逃離埃及，前往黎巴嫩南部和巴勒斯坦北部的山區高地避難。他們在這裡享有實踐信仰和塑造自己政治秩序的自由。當鄂圖曼帝國於一五一六年征服敘利亞和黎巴嫩時，德魯茲教徒在黎巴嫩山的自治權獲得承認——這些高地控制著沿海的城市，從南部的西頓和提爾，到北部的貝魯特和的黎波里——條件是每年向蘇丹進貢。

德魯茲教徒在黎巴嫩山打造了獨特的社會和政治制度，他們稱之為「公國」（阿拉伯語是 *Imara*）。在森嚴的階層制度中，最上層是三個王公家族，其男性成員擁有「埃米爾」的頭銜。直到十七世紀末，德魯茲的曼恩家族統治著黎巴嫩山。當最後一位曼恩王公去世時沒有子嗣，領導權傳給了屬於遜尼派穆斯林的謝哈布王公家族堂兄弟，他們統治黎巴嫩山直到一八四〇年代。[5]

這個階層制度的下一層是「大謝赫」，他們效忠在位的「埃米爾」，並像中世紀歐洲的封建男爵一樣統治著世襲的莊園。每個名門望族（埃米爾與大謝赫都一樣）都被授予黎巴嫩山的一區，作為他們的家族領地，其中包括數十個村莊及其農地。在他們各自的轄區內，統治的「謝赫」擁有廣泛的權力。他們徵收所有的稅款，將一部分上繳給執政的「埃米爾」，其餘的歸他們所有。他們裁決所有的糾紛，有權逮捕、審判、懲罰該區的人民，但不包括死刑，死刑仍是執政「埃米爾」獨有的權力。這些「謝赫」們對轄區村莊裡的農民和工人施加了沉重的壓力，要求在特殊場合提供禮物，並在需要時提供免費勞力。在戰爭時期，「謝赫」們可以召集村民拿起武器，為執政的「埃米爾」而戰。在任何時候，平民都應該服從「謝赫」，親吻他們的戒指，按照他們的指示去做。到了十八世紀共有八個

「謝赫」家族。其中一些莊園領主已經壯大到足以與王公家族相抗衡，例如瓊布拉特家族，其後裔至今仍在黎巴嫩德魯茲派社群掌控領導權。「大謝赫」偶爾可能會挑戰在位王公的權威，但總的來說所有人都接受統治「埃米爾」的絕對權力。

「埃米爾」與「大謝赫」們只是黎巴嫩山總人口的一小部分。絕大多數人都是平民，他們耕種土地，飼養牲畜和養蠶繅絲，這些都是黎巴嫩山的財富來源。這個體制極為嚴格。在極少數情況下，執政的王公可能會因傑出的表現而提拔某個家族。例如，一七一一年，德魯茲的阿布・拉瑪家族被擢升為王公階層，以獎勵其在戰鬥中的英勇，但這樣的晉升用一隻手的手指頭就數得過來。各階層之間也不會因通婚而帶來社會流動。然而，這個體制對不同宗教團體沒有歧視。馬龍派基督教家族可以在平等的基礎上，受到由德魯茲人所領導的各個階層的接納。[6]

在拜占庭時期，馬龍派基督徒與東正教教會因為教義分歧而決裂。在十世紀和十一世紀，馬龍派因身為分離主義分子而受到迫害，為了安全逃離拜占庭，移往黎巴嫩山北部的高地，幾乎同時，而且原因也大致相同，德魯茲人也移居到黎巴嫩山南部。十字軍東征時期，馬龍派教會承認梵蒂岡的權威，成為「聯合」天主教的一個教會，同時保留了自己獨特的儀式。到了十七世紀，馬龍派作為東方天主教團體獲得了法國的保護，加強了他們在鄂圖曼領土和黎巴嫩山等地的地位。十九世紀，隨著法國貿易和帝國利益在地中海東部的發展，法國與馬龍派的關係變得更加堅固。

（上）奇妙而古老的大馬士革，照片中央是伍麥亞大清真寺。

（下）大馬士革的房舍，有著簡陋的外觀，但有些房子藏有令人驚嘆的奢華內部裝潢。

（上）伊斯蘭布利宅邸是大馬士革猶太區最豪華的房子之一。雅庫布·伊斯蘭布利非常富有，並且與該市的統治菁英關係密切——正如米沙卡醫師在試圖破壞伊斯蘭布利在蘇克·瓦迪·巴拉達村的地位時所瞭解到的。

（下）大馬士革精美宅邸的典型庭園，種滿了果樹和鮮花，並有流水和噴泉。牆壁裝飾有精美的石雕、彩色和雕刻的石膏。

（上）巴拉達河流入大馬士革，十六世紀的提基亞·蘇萊曼尼亞清真寺建築群位於遠方河岸。從貝魯特出發的道路沿著這段河經過。

（下）咖啡館位於巴拉達河兩岸，大馬士革的男男女女可以在那裡度過閒暇時光。

（上）建於八世紀的伍麥亞大清真寺，大馬士革市最重要的紀念碑。

（下）在伍麥亞清真寺的柱廊內，學者們教授課程，禮拜者祈禱，大馬士革的人在此可以休息和冥想。週五的祈禱會吸引了社會各個階層的大馬士革人，從統治者到工匠都有。晚上，清真寺被油燈照亮。

（上）一年一度的朝覲大篷車從大馬士革出發前往麥加。鄂圖曼帝國的官員、大馬士革宗教學者和各階層的市民齊聚一堂，為朝聖者送行。朝聖對於大馬士革的貿易也很重要。然而，到十九世紀中葉，隨著愈來愈多的朝聖者選擇乘坐輪船旅行而不是面對危險的陸路旅行，人數開始下降。

（下）米哈伊爾·米沙卡醫師。

（上）埃米爾阿卜杜·卡迪爾·賈扎伊里。

（下）身穿制服的福艾德帕夏，一八六〇年七月他進入大馬士革時，拒絕穿上這身制服。

（上）來自黎巴嫩山全副武裝的德魯茲派農民。

（下）被稱為巴什．巴祖克的非正規軍。艾邁德帕夏招募了數十名臭名昭著的無紀律非正規軍，在事件前夕保護了大馬士革。這群人陪同威爾斯親王於一八六二年遊歷黎凡特，遠至納布盧斯，親王在日記中寫道，最後他們在該地被解散。

（上）領事保鑣，攜帶劍和權杖作為其職務的象徵。米沙卡醫師的保鑣被迫在活動期間使用兩者來保護美國副領事免受暴徒的侵害。

（下）一位通譯穿著以其華麗著稱的制服，帶著一套武器，表明他既是通譯也是保鑣。他正在邦菲爾斯的攝影棚中享受著他的長桿水煙。

幾個世紀以來，愈來愈多的馬龍派基督教家族向南遷徙到德魯茲派的地區。因此催生了在德魯茲派心臟地帶的混合城鎮，像是代爾卡馬爾。黎巴嫩山北部由馬龍派控制的領域與德魯茲公國結盟，其執政的「謝赫」在德魯茲派的體制內獲得承認。到了十八世紀，馬龍派教徒的人數超過了德魯茲派，不僅在他們自己的北部地區，在南部德魯茲派的心臟地帶也是如此。體認到馬龍派在人口和政治的影響力日益增長，再加上他們與法國的特殊關係，執政的謝哈布家族埃米爾巴希爾二世（一七八九年至一八四〇年在位）與幾個家族成員做了不可思議的舉動，他們從遜尼派穆斯林信仰改宗皈依了馬龍派基督教。在鄂圖曼帝國的任何一處，這種行為都會被視為離經叛道而受到譴責，叛教者會被迅速處死。在黎巴嫩山則不然。只要各方堅守德魯茲公國制定的社會和政治慣例，個人選擇哪種宗教都沒多大關係。

埃及人在一八三〇年代占領了敘利亞和黎巴嫩，對於這個公國的社會和政治秩序造成了致命打擊。埃及人擁有鄂圖曼帝國中最強大的軍隊。蘇丹自己的部隊也無法遏制他們。面對如此強大的入侵者，執政的埃米爾巴希爾二世別無選擇，只能屈從於埃及人，並全力支持他們的指揮官伊卜拉欣帕夏。巴希爾二世這麼做其實別有用心，他要利用埃及的占領來削弱德魯茲派的名望，以提升他個人以及他所支持的馬龍派社群的勢力。因此，當埃及人要求黎巴嫩人徵兵入伍時，巴希爾二世為基督徒爭取到了豁免權，並要求德魯茲派教徒完成配額。當埃及人要求全面解除武裝時，巴希爾二世敦促他的臣民遵守。對德魯茲派教徒來說，解除武裝的想法完全不可想像。他們生活在一片危險的土地上，槍枝是他們唯一的自衛手段。遵守規定將使他們的生命和自由帶來致命的危險。

許多德魯茲派教徒沒有交出武器，而是放棄他們在黎巴嫩山的土地和財產，前往大馬士革東南部的豪蘭山高地避難。一八三八年，當埃及致力於重新徵兵並解除德魯茲派的武裝，德魯茲教派起來反抗。由於埃及指揮官伊卜拉欣帕夏要求黎巴嫩山增援以平息暴亂，這場叛亂在馬龍派和德魯茲派之間造成了裂痕。埃米爾巴希爾派出自己兒子率領一支由四千名基督徒組成的軍隊，協助埃及人對抗德魯茲派教徒。這是馬龍派教徒首次直接與其德魯茲派鄰居交戰。當德魯茲派被迫投降時，他們對復仇的渴望確保了這不會是兩個社群間的最後一次衝突。

德魯茲派在等待時機。一八四〇年夏天，他們甚至與馬龍派結盟，起兵反抗伊卜拉欣帕夏及其盟友巴希爾二世，因他們試圖徵召更多黎巴嫩人加入埃及軍隊。歐洲列強慫恿這場騷亂，並且介入將埃及軍隊趕出敘利亞。一八四〇年年底，英國人將埃米爾巴希爾二世流放到馬爾他，埃及人全面撤出。當德魯茲派顯貴回到黎巴嫩山，要求返還他們放棄的財產和先前的特權時，執政的新埃米爾巴希爾三世拒絕了所有的請求。他反以擾亂安寧為由，將幾名德魯茲派「謝赫」關進監獄。德魯茲派對馬龍派的不滿不斷增加，而這起最近的不公事件又新添了一筆。

在埃及從敘利亞和黎巴嫩撤軍後的混亂時期，馬龍派與德魯茲派對黎巴嫩山所追求的目標互不相容。德魯茲派希望恢復成由德魯茲派主導的公國，類似埃及占領前存在的那個公國。馬龍派在其族長和神職人員的領導下，試圖在馬龍派王公的領導下建立一個由基督徒主導的新體制，並將德魯茲派完全趕出黎巴嫩山。衝突不可避免地走向暴力。一八四一年十月及十一月，在混居的城鎮代爾卡馬爾，超過二百五十名馬龍派與德魯茲派教徒在宗派衝突中喪生。動亂也再次導致鄂圖曼與歐洲的介入。「高門」於一八四二年一月廢黜了巴希爾三世，謝哈布家族的統治與黎巴嫩山的古老公國也隨之垮臺。7

一八四三年元旦，由鄂圖曼帝國和歐洲列強所打造的新政治體制在黎巴嫩山設立。這些列強非但沒有尋求解決德魯茲派與馬龍派之間的分歧，而是以他們的分歧為前提來分而治之。黎巴嫩山被分為兩個行政單位，沿著貝魯特－大馬士革公路，從西向東劃穿黎巴嫩山，北部是馬龍派統治的地區，南部則是德魯茲派統治的地區。這個分治計畫不切實際，因為幾個世紀以來這兩個社群已經混居在一起。黎巴嫩山北部有許多德魯茲派村莊，在南部地區馬龍派教徒的人數也顯著超過德魯茲派。

到了一八四五年，這些安排導致德魯茲派與馬龍派之間再次發生衝突。歐洲列強和鄂圖曼政府再次介入，調整在黎巴嫩山失能的新行政體制。為了代表北部和南部地區的不同社群，鄂圖曼政府在各地區組成十二人的委員會向首長提供建議，成員包括來自遜尼派和什葉派穆斯林社群的代表，馬龍派、希臘東正教和希臘天主教等教會代表，以及德魯茲派代表。不論是德魯茲派或者馬龍派，對那些老牌的名門望族來說，這種新的宗派代表制度似乎就是在剝奪他們的傳統權力。這些委員會負責收稅和執行司法，剝奪了那些「謝赫」們的收入以及對於平民的權力。

「謝赫」家族們竭盡全力地破壞政府的新體制。在北部的凱斯萊旺地區，馬龍派的卡欽家族「謝赫」們拒絕選舉委員會代表，並無視新體制維持其家族的統治。在南方，德魯茲派領主統治著以基督徒為多數的人口，「謝赫」們的家族維持其所在地區領主的地位，但允許每個地區選出兩名代表，馬龍派和德魯茲派各一名，為委員會提供建議。老牌的菁英們在快速轉變的時代面臨新的挑戰。黎巴嫩社會的平民——占絕大多數的民眾，幾個世紀以來一直忍受著黎巴嫩山領主們的暴行和榨取——他們看到了拿掉「埃米爾」和「謝赫」們特權並且自行管理政府的機會。這是一帖社會革命，或者是內戰的處方。

★ ★ ★

阿爾及利亞的「埃米爾」阿卜杜．卡迪爾，對這些情況早已有所掌握。英國的代理人邱吉爾上校在黎巴嫩山胡瓦拉的村莊家中接待這位「埃米爾」時，毫無疑問已經跟他簡報過當地的政治情勢。但是阿卜杜．卡迪爾聽取了德魯茲派的說法，以了解他們對於黎巴嫩山醞釀中危機的看法。在難以扭轉的反對情勢下，德魯茲派要恢復其在公國時期享有的特權的希望破滅了。馬龍派的人口數量不斷增長，在整個黎巴嫩山的人口中占了主導地位。一八五一年稅務登記冊中的數據（只登記應稅男性），大致可以說明人口的規模，其中處於工作年齡的男子有八萬零三百五十三名是基督徒，一萬七千四百五十七名是德魯茲派或穆斯林。[8]即使考慮到少報或者為了避稅而動手腳的情況，德魯茲派在自己的家園也已縮減為小型的少數族群。

此外，德魯茲派並沒有像法國對馬龍派這等支持程度的靠山。鄂圖曼人和英國人經常站在德魯茲派這邊，但他們並不是可靠的盟友。鄂圖曼人很樂意利用德魯茲派來擴大他們在自治的黎巴嫩山的影響力，但卻從未尊重過其信仰，因為他們將其視為異端。對英國來說，德魯茲派有助於對抗法國的影響，但是當更高的利益占上風時，英國總是會讓德魯茲派失望。德魯茲派的人口居於劣勢且缺乏盟友，毫無疑問地與阿卜杜・卡迪爾在阿爾及利亞的經驗類似，因而他們要藉此機會向這位傑出的訪客學習如何以寡敵眾並取得勝利。

當阿卜杜・卡迪爾告辭要前往旅程終點大馬士革時，德魯茲派的東道主們陪同這些阿爾及利亞人直到他們領地的邊界。根據邱吉爾的說法：「阿卜杜・卡迪爾辭謝了東道主的款待與關心後，告別時說道『願真主保佑我們永遠合一！』德魯茲派則回答說『真主保佑！願我們早日重逢』。」[9]

當阿卜杜・卡迪爾來到大馬士革時，他受到了英雄般的歡迎。民眾在城門外排起了一公里多的隊伍歡迎他進城。邱吉爾記錄道：「在一列突厥部隊和軍樂隊的引導下，阿卜杜・卡迪爾幾乎像個征服者一樣穿過人群。從薩拉丁的時代以來，還沒有哪個阿拉伯人這樣進入過大馬士革。」[10]

在大馬士革定居後，阿卜杜・卡迪爾過著多重身分的生活。他擠身大馬士革的穆斯林名流，並獲得了主政議會的席位。同時間他還抓住機會，實踐長期以來因為法國占領阿爾及利亞而無法從事的神學志業。他寫了幾本書，並在伍麥亞大清真寺講授《古蘭經》和《聖訓》，遇到了這所清真寺的傳教士穆罕默德・賽義德・烏斯圖瓦尼。最後，阿卜杜・卡迪爾擔任了法國人在大馬士革的代理人。他似乎是真誠感謝拿破崙三世恢復了他的自由，並依賴法國的財政支持來資助他及其在該城的大批阿爾及利亞退伍軍人。除了陪同這位埃米爾從布爾薩前往大馬士革的一百八十人之外，他還發現由其先前的某位指揮官所率領的另一批五百名阿爾及利亞人已經在此定居，和他一樣都是法國占領其祖國下的流亡者。他們來到大馬士革，吸引了更多來自阿爾及利亞的退伍軍人。到了一八六〇年，據信阿卜杜・卡迪爾在大馬士革的發薪名單有多達一千兩百名的武裝阿爾及利亞人。[11]這些傭兵是阿卜杜・卡迪爾的忠誠民兵隊伍，也是龐大的情報收集網絡，當敘利亞和黎巴嫩的政治陷入危機時，對法國外交官來說，這個網絡所提供的價值無可衡量。

★　★　★

一八五〇年代後期，黎巴嫩的平民似乎在自問一個簡單的問題：如果在黎巴嫩山公國崩潰後，曾經統治他們領地的「大謝赫」不再擁有任何正式的權力，那麼普通百姓為什麼還要繼續臣服於他們的權威呢？在政府的新體制下，先前對「謝赫」與平民的區別不再適用。而且，鄂圖曼蘇丹在一八五六年透過「坦志麥特」改革，頒布了公民平等的新時代。在黎巴嫩山出生成長的米哈伊爾・米沙卡，觀察到一八四三年之後新政治秩序所帶來的變化：「（貴族）以前在自己的地區享有自主權，但他們先前的產業開始逐漸減少，直到他們落入平民的階層。埃米爾、謝赫和行會成員的情況都相似。無論黎巴嫩的貴族曾有什麼特權，都已經被抹去了。」[12]然而，這些貴族家族仍然強迫農民繳納大部分的稅，而且維持向農民索取免費勞力及「禮物」的權利，使得大多數農民都生活在貧窮邊緣。這些封建的貴族已經墮落為強盜貴族，而平民百姓已經受夠了。

扎赫勒鎮的希臘天主教徒率先發難。這個極度自主的社群宣布自管轄黎巴嫩山的政府獨立出來。鎮民們選出了自己的領袖，並給了他一個矛盾的頭銜「謝赫・沙巴布」也就是「年輕人中的長者」（「謝赫」一詞既有「長者」也有「領袖」的意思），由他領導一個由八人組成的鎮議會。黎巴嫩山的全體基督徒屏息以待，想看看扎赫勒民眾的放肆妄為將會承受什麼後果——在隨後的徹底沉默之後，其他地方很快也紛紛群起效尤。由馬龍派的卡欽家族謝赫所統治的凱斯萊旺地區，平民開始聚會並談論他們的不滿。村民們選出了一位「謝赫・沙巴布」還有議會來代表他們，同時向卡欽家族的謝赫們建議，在鄂圖曼改革的新時代他們將不再依照老規矩過生活。13

從各方面來看，卡欽家族都是絕對的暴君。甚至連長期站在馬龍派這邊的法國駐貝魯特領事，也把卡欽家族的統治描述為「暴政」。14卡欽家族拒絕接受由鄂圖曼所任命的黎巴嫩山北部基督徒地區的總督，他們渴望由自己拿下這個頭銜，並且拒絕將凱斯萊旺地區的控制權移交給北部地區的總督，以維持他們對凱斯萊旺地區及其人民的箝制。一八五八年十二月，一群村民向他們的謝赫送交了一份要求清單，其中充分體現了卡欽家族統治的壓迫。平民要求稅收改革，「這樣即使是謝赫也有義務繳納分配給他們的稅額」；禁止謝赫們強加給村民「一切非正規的徵稅」、強迫勞動及要求「禮物和婚姻稅」；廢止親吻謝赫的手這種侮辱性的做法；並堅持坦志麥特「普遍平等和完全自由」的理念。15

卡欽家族的第一個反應，不是解決受壓迫平民的合法要求，而是對外要求其他馬龍派和德魯茲派的謝赫們聯手來對付農民。但他們的訴求被置若罔聞。其他基督徒謝赫們試圖與卡欽家族劃清界線；他們也面臨來自自己地區平民的挑戰。經歷了二十年的敵對，以及要求從黎巴嫩山趕走德魯茲派以建立基督徒公國後，德魯茲派的謝赫們已經完全失去對馬龍派的信任。卡欽家族只能獨自面對凱斯萊旺的農民日益增長的堅定要求。

一八五八年底，凱斯萊旺的村民選出了整個地區的領導人。他是一個體格健壯的四十三歲鐵匠，名叫譚尤斯·沙欣（一八一五年至一八九五年）。用一位當代編年史家的話來說，基督徒平民把譚尤斯視為「救贖者，帶來了他們所需要的一切」。他們恭敬地稱他為譚尤斯貝伊（一種鄂圖曼的尊稱），並在他造訪村莊時給予充分的禮遇，「就像統治者對其臣民的巡視一樣」。歐洲外交官對他的觀感就不那麼好了。英國特使杜弗林勳爵形容他是「性格最卑鄙的流氓……，是近來騷亂的主要推動者之一」。[16]

一八五九年一月，譚尤斯．沙欣帶領基督徒平民發動民眾起義，將卡欽家族趕出他們的村莊。對於這些「從出生起就在他們面前顫抖」的平民，他們的反抗讓謝赫感到震驚不已。起義的平民闖入卡欽家族的豪宅，粗暴地對待那些謝赫及其家人，迫使他們踏上前往貝魯特避難的道路。卡欽家族的莊園隨後遭到劫掠，他們的財產被分給村民，作為對謝赫不義奪取的財產的補償。平民再次等待，觀望當局是否會介入，而當局沒有介入之後，起義就此蔓延到整個凱斯萊旺。到了一八五九年夏天，武裝農民已將大約五百名卡欽家族的成員趕出了他們曾經統治過的家園和土地。卡欽家族向政府投訴，「聲稱凱斯萊旺的人民不正當地竊取了他們的金錢和財產」。然而，鄂圖曼政府選擇不干預，因為反對馬龍派謝赫們的起義「符合政府的傾向」。鄂圖曼希望利用黎巴嫩山的騷亂，推進他們將自治區納入伊斯坦堡直接管轄的主張。[17]

凱斯萊旺的起義無異於一場社會革命。譚尤斯．沙欣領導了一個由百名成員組成的民選議會，其中超過一半是小地主或是沒有土地的農人。他們組成了一支千人的民兵隊。他們透過當時資料所稱的

「共和政府」——凱斯萊旺人民共和國，來徵稅、提供服務和執行法律。然而，暴亂的那幾個月對所有人來說也是一段艱難的時期。如同當時的某位基督教編年史家所留下的記載，「貧窮成為普遍的現象，不論是謝赫或者是老百姓，謝赫們是由於他們的財產被沒收……，而老百姓，則由於他們缺乏養活自己的工作，再加上他們訴諸邪惡的行徑。極度的匱乏普遍存在。」苦難的生活更加劇了謝赫們被逐出凱斯萊旺後留下的政治混亂。[18]

凱斯萊旺的暴亂所引發的衝擊波及到整個黎巴嫩山，平民和謝赫之間的緊張關係挑起了基督徒和德魯茲派之間的敵對行動。基督教編年史家安東．達希爾．阿奇奇的記載如下：

> 隨著謝赫與人民之間的仇恨不斷增長，最終導致一八六〇年初在舒夫地區的基督徒和德魯茲派教徒的分歧。這是因為該地區的一些人希望擺脫……德魯茲派和基督徒的謝赫，於是他們發起了邪惡的行動。德魯茲派的謝赫們得知這個情況，採取了欺騙的手段來壓制人民，煽起了兩個教派之間的暴動。[19]

德魯茲派的謝赫勸說德魯茲派的平民維持社群的團結。他們指出，從一八三〇年代末到最近一八五九年的戰鬥，馬龍派一直對德魯茲派懷有敵意。他們回顧了馬龍派教長的呼籲，爭取歐洲的支持在黎巴嫩山建立一個排除德魯茲派的基督徒國家。他們警告，除非德魯茲派保持團結，否則馬龍派教徒就會把他們趕出自己的家園和土地，像當年他們驅逐卡欽家族的謝赫一樣。德魯茲派的農民選擇與他們的首領站在一起，放棄了平民對抗謝赫的社會革命計畫，轉而支持宗派戰爭，德魯茲派教徒對上基督教徒。

德魯茲派教徒與基督教徒之間的緊張關係，在一八六〇年春天演變成黎巴嫩南部的道路和鄉村發生的隨機暴力行為。在德魯茲派為主的舒夫地區的基督徒村民寫信給譚尤斯·沙欣，詢問凱斯萊旺的基督徒是否會來援助他們。沙欣誇口說，他能夠組建一支五萬名武裝基督徒組成的軍隊來輾壓德魯茲派。黎巴嫩的歷史學家卡邁勒·薩利比捕捉到了基督徒平民的好戰情緒：「在以基督徒為主的村莊和城鎮，年輕的基督徒自行組成武裝團體，每個團體都由一位謝赫·沙巴布領導，並採用特殊的制服；他們展示著武器，從一地遊蕩到另一地，誇耀著消滅德魯茲派的決心。」對此，舒夫地區德魯茲派的首領們求助於大馬士革南部的豪蘭山區，以及貝卡谷地南部的泰姆乾河谷的弟兄們。他們祕密聚會，小心籌劃。他們知道自己人數居劣勢，約一萬兩千名德魯茲派戰士要對抗沙欣的五萬名武裝基督徒。德魯茲派的生存岌岌可危，他們不能輸掉任何一場戰事。為了獲勝，他們需要出其不意的條件和消滅敵人的意志，否則就要面臨自己必敗的滅絕命運。[20]

一八六〇年五月，德魯茲派向黎巴嫩山北部的基督徒村莊發動攻擊。他們燒毀了每個他們侵擾的村莊，殺死了每個在路上發現的男人。突如其來的暴力攻擊讓馬龍派教徒驚惶失措，他們沒有抵抗就逃離了較為脆弱的前哨據點，前往像扎赫勒這樣的基督徒大本營。[21]這些剛開始的小規模戰鬥顯示出，基督徒雖然有人數優勢，但他們沒有組織而且缺乏有經驗的首領。謝赫與人民之間的衝突已經造成基督徒內部的分裂。這只會加劇黎巴嫩山眾多基督教派之間的分歧。正如某位當代的編年史家所指出，「基督徒之間的分歧很大，就像某個人會說『我是馬龍派教徒，東正教不關我的事』，而另一個人會說希臘天主教不干他的事，諸如此類。」在黎巴嫩沒有統一的基督徒身分認同。德魯茲派的武裝力量在總體上可能較小，但他們的行動步調一致。一位基督教編年史家回憶道：「我們看到德魯茲派出於對自己宗教榮譽的熱愛而團結一致，這就是他們的優勢所在。」德魯茲派的謝赫仍保有平民的忠誠，並可以指望敘利亞和黎巴嫩各地的德魯茲派同胞團結起來支持他們。[22]

德魯茲派受到在黎巴嫩山北部地區初步勝利的鼓舞，他們接著轉向黎巴嫩南部地區由德魯茲派主導的混居村莊。在這些地方，德魯茲派的謝赫們仍然統治著一八三二年埃及占領之前他們的公國所統治的地區。儘管基督徒占南部地區人口的絕對多數，但他們沒有領導權。如同阿奇奇的記載：「舒夫地區的基督徒……正在武裝自己，但這沒有用，因為他們缺乏一位首領。」這使得基督徒社群特別容易受到德魯茲派的突襲，而這些城鎮正是米哈伊爾．米沙卡度過他生命前三十四年的地方。

一八六〇年五月底，德魯茲派的部隊封鎖了代爾卡馬爾，這裡是米沙卡醫師成長的地方。這個城鎮是黎巴嫩山的政府所在地，是個混居的城鎮，擁有舒夫地區最大的基督教社群。基督徒先前與該地的德魯茲派達成了一項維護和平的協議，突發的敵對行動殺得他們措手不及。他們設法在六月一日及二日設置路障抵禦德魯茲派的襲擊，隨後鄂圖曼軍隊於六月三日從貝魯特抵達以保衛該地。德魯茲派戰士撤退時，他們燒毀了一百三十棟房屋。在代爾卡馬爾遭遇的首次襲擊中，傷亡相對較少。

位於舒夫地區南部的賈辛鎮就沒那麼幸運了。就像在代爾．卡馬爾一樣，德魯茲派曾經承諾維持與大型馬龍派社群的和平。這項承諾給了德魯茲派奇襲的優勢。六月一日，兩千名德魯茲派戰士襲擊了賈辛周圍的村莊，他們在那裡遇上了人數較少且無組織的馬龍派戰士。數百名基督徒在那一天被殺害——某些資料稱多達一千五百名——他們的村莊也付之一炬。黎巴嫩內戰第一場暴行的消息，其傳播的速度比德魯茲派的部隊向黎巴嫩南部下個目標推進的速度要來得慢，這讓他們保有突襲的優勢。[23]

德魯茲派繼續往貝卡谷地南方泰姆乾河谷的哈斯巴亞推進。米沙卡醫師曾在哈斯巴亞生活超過七年（一八二五年至一八三二年），當時他擔任當地統治者埃米爾薩德丁．謝哈布的私人祕書。即使搬到大馬士革後，米沙卡仍與王公關係密切。王公退位後，留下其中一個兒子來統治哈斯巴亞，他自己則搬到大馬士革，在那裡他們兩人還定期會面。他們關注黎巴嫩山和泰姆乾河谷社會秩序的崩解，隨之愈來愈擔心自己朋友和家人的安危。

泰姆乾河谷是大馬士革省的一部分，因此它並不屬於德魯茲派所統治的黎巴嫩山南部地區。儘管如此，泰姆乾河谷仍然是個擁有大批德魯茲派社群的地區。哈斯巴亞及拉沙亞這兩個城鎮由謝哈布王公家族統治，他們維持著遜尼派穆斯林的信仰，不像巴希爾二世和巴希爾三世改宗為馬龍派基督教。哈斯巴亞及拉沙亞的埃米爾都是遜尼派穆斯林，但這個事實並沒有讓他們受到德魯茲派鄰居的喜愛。黎巴嫩山最有權勢的德魯茲派謝赫是薩伊德貝伊・瓊布拉特，他對埃米爾薩德丁懷恨在心，因為他與鄂圖曼合作鎮壓德魯茲派的某次起義，並認為謝哈布家族與馬龍派結盟對抗他們。瓊布拉特家族想要取代謝哈布家族的埃米爾，改由他們自己來統治泰姆乾河谷的主要城鎮。

米沙卡醫師對該地區的政治瞭如指掌，當大馬士革總督艾邁德帕夏於一八六〇年五月徵召退休的埃米爾薩德丁率領徵稅團前往哈斯巴亞時，讓他感到震驚。這位王公就這個突如其來的任務，徵詢老友米沙卡的意見。米沙卡的回答：「現在不論是對（你）離開大馬士革，或者是收取未繳稅款來說，都不是個好時機，」米沙卡觀察到，「因為剩下的都是德魯茲派和他們的謝赫欠下的稅款。最有可能的是，他們將會針對你發動起義，特別是在黎巴嫩爆發叛亂的這個時期，並且要（考慮到）你的家族和薩伊德貝伊・瓊布拉特之間的爭端。」

米沙卡醫師建議這位王公找藉口推辭這項任務。但是大馬士革總督不接受拒絕，命令這位王公前往哈斯巴亞，並且派出一團士兵隨行。米沙卡後來回憶道：「我當時沒有想到這是在給他設下陷阱。」[24]

黎巴嫩山發生的事件給大馬士革的政治和社會留下了危險的訊號。米沙卡醫師與他在領事團的同僚確信，在大馬士革的鄂圖曼當局正積極協助德魯茲派進行對黎巴嫩山上的基督徒的敵對行動。他觀察到政府如何允許德魯茲派從大馬士革的市場購買其所需的所有武器和火藥，然後再對槍枝銷售實施禁運。針對敘利亞的基督徒，禁運執行得特別嚴厲，那些被發現攜帶槍枝的基督徒會被鄂圖曼士兵繳械。來自豪蘭區鄉下的基督徒村民抱怨說，他們手無寸鐵地從大馬士革回家並不安全，但他們的抱怨被置若罔聞。但更令人擔憂的是黎巴嫩山的衝突對大馬士革社會的衝擊。米沙卡報告說：「大馬士革的穆斯林對德魯茲派的行動表現出喜悅。」穆斯林過去十年來對敘利亞基督徒所累積的怨恨，在德魯茲派對黎巴嫩基督徒的攻擊中得到了宣洩出口。這種嗜血的情緒只會讓隨後發生的事件火上加油。[25]

埃米爾薩德丁前往哈斯巴亞的任務一如預期地引發了與德魯茲派的對立，德魯茲派拒絕補繳稅款，並召集了鄰近地區的德魯茲派來相挺。當一隊隊德魯茲派騎兵從舒夫及豪蘭山區趕到時，他們一邊鳴槍一邊唱著戰歌。他們是危險人物，從代爾卡馬爾及賈辛而來，在那裡他們血洗並燒毀村莊。他們公開要求殺死埃米爾薩德丁。

六月三日，埃米爾薩德丁邀請哈斯巴亞的基督徒到他的宮殿避難。基督徒帶著他們的家當和牲畜前來。鄂圖曼士兵站在宮殿門外，表面上是在保護裡面的人。事實上，他們已經跟德魯茲派有了共識。在王公的宮殿裡關了一週後，由於水和糧食短缺，鄂圖曼士兵的指揮官呼籲基督徒們交出武器，以換取他們撤離到大馬士革。該名軍官喊話：「我無法讓德魯茲派離開你們，除非你們交出自己的武器。」這些被圍困的基督徒絕望地答應了。該名鄂圖曼軍官將他們所有的武器裝載到五頭驢子上，像是要把它們運到大馬士革。當這支小車隊到達哈斯巴亞城外時，德魯茲派就奪走了基督徒的所有武器。此時，德魯茲派戰士進入哈斯巴亞，並挺進到王公宮殿的門前。鄂圖曼士兵不想與全副武裝的男人交戰，當德魯茲派闖入宮殿並殺死裡面的每個男人和男孩時，他們只是站在一邊。根據米沙卡醫師的消息來源，他們總共殺害了九百至一千一百人。埃米爾薩德丁與其他十六名家人一起被砍死，埃米爾的頭顱被作為戰利品送給薩伊德貝伊．瓊布拉特。除了婦女和年幼的小孩，只有少數基督徒躲在成堆的屍體下倖存下來，而德魯茲派戰士則在深及腳踝的鮮血中徘徊，尋找更多受害者。[26]

血洗哈斯巴亞後，德魯茲派部隊挺進到附近的拉沙亞鎮。他們的人數增長，此時已經有了五千多名戰士，德魯茲派的氣勢正旺。當他們朝北移動，驚慌失措的基督徒村民逃到拉沙亞避難，導致鎮上的人數激增。就像在哈斯巴亞一樣，基督徒在當地統治者埃米爾阿里．謝哈布的宮殿中避難。當鎮上大多數基督徒都集中在宮殿裡時，德魯茲派戰士就闖入並殺死埃米爾和所有男人與男孩。我們沒有拉沙亞確切的傷亡人數，但據信有數百人死亡。在哈斯巴亞、拉沙亞以及泰姆乾河谷的村莊，估計總共有兩千五百名男性被殺害。[27]

黎巴嫩山德魯茲派與馬龍派的衝突，從一開始就是一場滅絕戰爭。德魯茲派堅持認為：「這個國家不是我們的，就是他們的。」然而，他們一旦踏上毀滅之途，就再也無法回頭了。即使在以令人震驚的暴力取得了勝利，德魯茲派在他們的故鄉仍然是明顯的少數派。譚尤斯．沙欣仍然聲稱他可以從黎巴嫩山北部地區召集五萬名基督徒戰士，基督徒要為賈辛、哈斯巴亞、拉沙亞和周遭無數村莊的死者復仇的呼聲也迴盪在這片土地上。為了確保他們的血腥成果，德魯茲派需要繼續屠殺。他們接下來把目光轉向基督徒的據點扎赫勒。

位於黎巴嫩山東坡的扎赫勒是個眾所周知獨立且自信的基督徒城鎮，俯瞰著貝卡谷地。扎赫勒的居民以希臘天主教徒為主，他們曾在一八五九年驅逐了美國新教傳教士，這也是米沙卡領事業務的首批案件之一（第一章所討論的「本頓暴行」案），它是黎巴嫩山首個宣布獨立於地區政府的城鎮。扎赫勒的基督徒把「坦志麥特」改革所承諾的平等牢記於心，並且積極地挑釁保守的穆斯林。大馬士革的年輕穆斯林名人穆罕默德．阿布．薩烏德．哈西比，在日記中記錄了他對扎赫勒基督徒行為的憤怒：

> 如果有個穆斯林騎馬進入札赫勒，他們就會要他下馬，如果他不下馬，他們就會把他從馬背上摔到地上，並且侮辱他的先知。還有（其他的）欺壓，他們會以先知和其同伴的名字為他們的狗命名。當穆斯林聽到有人叫他的名字時就會轉身，像是烏瑪爾或阿里或其他穆斯林名字，基督徒就會否認是在叫那個人，而是在叫他的狗，但願真主為他們的邪惡行徑擊斃他們。28

對於德魯茲派要洗劫扎勒赫並懲戒其「邪惡」居民的想法，大馬士革的穆斯林感到無比興奮。

德魯茲派對扎赫勒的基督徒不得不心存尊重，德魯茲派在一八四一年的兩次戰鬥中都被他們擊敗。或許在那裡還得先把帳算一算。更重要的是，札勒赫是黎巴嫩山基督徒戰士最集中的地方。德魯茲派相信，除非他們消滅了扎赫勒的威脅，否則德魯茲派不會安全。

泰姆乾河谷被血洗的消息傳到了扎赫勒，當地居民也已做好戰爭準備。他們建造防禦工事來保護城鎮免受攻擊。他們呼籲北部地區的其他基督徒伸出援手。或許他們仍然相信譚尤斯・沙欣可以在凱斯萊旺召集到五萬名戰士。或許他們認為馬龍派與希臘東正教會可以和扎赫勒的希臘天主教會達成共識，共同擊退德魯茲派的威脅。也許他們以為黎巴嫩山其他地區的基督徒會支持他們，扎赫勒的戰士在六月十四日從他們的城鎮出發，與集結在貝卡谷地的德魯茲派交戰。德魯茲派連著兩天擊退了扎赫勒的戰士，造成基督徒重大損失，基督徒們退回到自己的城鎮，在防禦工事後方等待德魯茲派的進攻。

德魯茲派在六月十八日攻入扎赫勒。其他基督徒地區承諾的增援仍然尚未抵達。四千名守軍抵擋約八千名由德魯茲派、貝都因人和什葉派穆斯林所組成的攻勢。戰鬥非常激烈，德魯茲派從三面向守軍施壓。四個小時後，札赫勒城裡傳出歡呼聲。騎兵舉著基督徒旗幟出現在俯瞰該城的山頂上，唱著基督徒的戰歌。但歡慶並沒有持續太久，原來這些騎兵是德魯茲派戰士，他們舉著從被擊敗的基督徒民兵那裡奪來的旗幟。基督徒的防線被攻破，敵人進入他們的城鎮，扎勒赫的男人們聚集起家人，不顧一切從一條小路逃出城外。藉由這條小路，扎赫勒的大部分居民才得以逃離全面屠殺，儘管還是有數百人在戰鬥中喪命。但他們失去了自己的城鎮，被勝利的德魯茲派付之一炬。

扎赫勒陷落後，德魯茲派不再擔心基督徒可能會把他們趕出黎巴嫩山南部的家園。一八六〇年黎巴嫩內戰的最後一場襲擊其實是不必要的暴力行為。代爾卡馬爾已於六月初向德魯茲派戰士投降，該城的基督教居民對當地的德魯茲派已不構成任何威脅。當戰士們從扎赫勒洗劫返回後，他們對代爾卡馬爾的基督徒發動了難以形容的暴力行為。鄂圖曼的官員並沒有試圖干涉。屠殺持續了三天，德魯茲派殺死了他們找到的每一個基督徒男人和男孩，「直到血流成河」。這場衝突總共奪走了一萬一千名基督徒的生命，導致近十萬人無家可歸。[29]

扎赫勒的陷落讓大馬士革的穆斯林欣喜若狂。米沙卡醫師向貝魯特的強森領事回報：

> 週三下午，消息傳來稱德魯茲派占領了扎赫勒。穆斯林們變得非常激昂，他們開始妝點街道，並點起市場裡的燈籠。必須向城裡的顯貴傳達指令，要他們各自防範其街區的人民擾亂治安，並且下令熄掉燈籠。當天晚上，我的房子被人丟石頭。

與其說是嘉年華的氣氛，不如說是令人毛骨悚然的舞蹈，大馬士革此時最強烈的情緒是恐懼。恐懼從艾邁德帕夏總督和鄂圖曼政府蔓延開來，面對日益加劇的暴民暴力，政府似乎顯得束手無策，而恐懼也蔓延到大馬士革社會。令人難以置信的謠言，激怒並大大攪擾了大馬士革大多數的穆斯林。「就在昨天，我的一位朋友問我說（在大馬士革）有一百間基督徒的房舍，每間房舍都藏有一千名武裝人員（要起來殺害穆斯林），是否真有其事？」米沙卡醫師報告說，「我向他解釋了這個訊息為何是謊言，以及這樣的事情為何不可能發生。」米沙卡或許可以糾正他朋友的說法，但他無法防止謠言在大馬士革所有穆斯林中擴散，這些穆斯林變得更加歇斯底里。最重要的是，恐怖的氛圍重重壓在大馬士革的基督徒身上，他們擔心自己可能會遭遇與哈斯巴亞或代爾卡馬爾同樣的命運，因為德魯茲派武裝分子就在該城周圍活動，積極想要挑起暴力事件。[30]

唯一知道如何應對危機的人，似乎只有阿爾及利亞的「埃米爾」阿卜杜·卡迪爾。與法國十五年的爭戰，磨利了這位「埃米爾」的智慧和神經。他也看到了更大的格局，知道那些帝國列強可能會如何應對敘利亞的宗派暴力。僅僅憑藉著「拂塵事件」就引發了法國對其祖國阿爾及利亞的占領。不需太多想像力就可以看出，一場基督徒大屠殺會如何導致敘利亞被殖民。

阿卜杜·卡迪爾眼見大馬士革的總督無法恢復法律和秩序，他親自跨馬前去會見德魯茲派。從一八五五年那個晚上做客以來，他與德魯茲派「謝赫」的關係顯然都還保持著。根據米沙卡醫師的說法，這位「埃米爾」「警告他們並提醒他們的責任，還說如果有任何事情發生（在大馬士革的基督徒身上）——真主不允許這樣！——那他就會是他們的敵人。」而且，在法國駐大馬士革領事的財政支持下，這位「埃米爾」可以獲得武器和物資，供應一支由阿爾及利亞戰士和忠於他的機動部隊所組成的快速反應武力。阿卜杜·卡迪爾毫不鬆懈地，「他每天都在提醒城裡的顯貴們自己的責任，並且警告一旦襲擊基督徒就會遭到報復」。[31]

謠言在大馬士革煽動情緒的速度，比米沙卡醫師及「埃米爾」阿卜杜·卡迪爾等理性人士能夠撲滅的速度還要更快。六月二十五日，米沙卡記錄了發生在耶路撒冷屠殺事件的瘋狂報導，據說那裡的基督徒殺死了在週五祈禱時手無寸鐵的穆斯林。同樣在那週，另一個謠言牽動了大家的神經：敘利亞北部城鎮胡姆斯的基督徒屠殺了在該城清真寺中祈禱的穆斯林。據說，德魯茲派聲稱他們的「謝赫」薩伊德·瓊布拉特握有文件證明，扎赫勒和大馬士革的基督徒已達成協議，要在五天後的六月三十日襲擊會禮節日*時正在祈禱的大馬士革穆斯林。這些說法在大馬士革穆斯林之間激起了恐慌和憤怒。米沙卡總結道：「因此，意圖煽動穆斯林憤怒的謊言很快就獲得應驗。」[32]

這個會禮節日的正式名稱為「古爾邦節」，又叫「宰牲節」，是為了紀念先知伊卜拉欣出於對真

---

*編按：會禮，指紀念開齋節和宰牲節等兩個伊斯蘭節日的特別禮拜，穆斯林會聚集在清真寺或郊外舉行。開齋節是慶祝齋戒的完成，男女皆可至清真寺參加。宰牲節則為開齋後第七十天，即朝覲的最後一天舉行活動。

主的敬拜而獻祭他的愛子伊斯瑪儀，而真主仁慈地讓祂忠實的僕人以宰殺一頭羔羊來代替（就像希伯來聖經中亞伯拉罕和以撒的故事一樣）。那些有足夠財力的家庭每年都會宰殺一頭羔羊，以紀念伊卜拉欣順服真主的旨意。在承平年代，宰殺羔羊在一個以穆斯林為主的城市裡是很平常的事。但在一八六〇年，灑下的鮮血卻引起了特別的共鳴。黎巴嫩山的數千名基督徒最近才遭到屠殺。大馬士革的基督徒會在他們的穆斯林鄰居祈禱時採取報復行動嗎？這種恐懼並不合理。基督徒只占總人口不到百分之十五，大部分已被當局解除武裝，他們自己也生活在恐懼之中。但到了一八六〇年六月下旬，大馬士革已經陷入一場集體的歇斯底里，理性已蕩然無存。

隨著古爾邦節臨近，恐懼籠罩著大馬士革的所有社群。基督徒不敢離開家門，因為害怕面對穆斯林鄰居公開的敵意。穆斯林也擔心這個節日的到來，害怕基督徒因為黎巴嫩山的大屠殺而進行報復。在一場激烈的議會會議上，「埃米爾」阿卜杜·卡迪爾敦促採取強硬措施，阻止德魯茲派進入該城，並禁止所有該城居民攜帶武器，直到古爾邦節結束之後。這些措施無疑有助於大馬士革的安全，但對緩解日益加劇的恐懼卻效果有限。似乎是為了證實最壞的情況，總督艾邁德帕夏在古爾邦節前夕派兵包圍了該城的清真寺，「刀劍出鞘，準備出擊」。原本應該充滿節慶氣氛的日子，卻陷入了想像中的圍城狀態。33

當古爾邦節終於到來，清真寺幾乎空無一人。就連總督也沒有在祈禱時露面，這證實了大多數大馬士革人的擔憂，也就是去清真寺並不安全。伍麥亞大清真寺通常在節日期間會聚集數千人進行禮拜，穆罕默德・賽義德・烏斯圖瓦尼謝赫則聲稱，只有兩排男子在祈禱：「這個消息在穆斯林中引起了深深的焦慮，他們呼籲殺死基督徒。」[34]

最終，四天的古爾邦節平安無事地過去了。士兵們在城裡巡邏，安撫居民。「埃米爾」阿卜杜・卡迪爾持續會見大馬士革的穆斯林名人，以及在城外盤桓的德魯茲派「謝赫」們，向他們強調必須防止爆發針對該城基督徒的任何暴力事件。四天的節日結束後，總督派了一位街頭公告員在大馬士革的街頭穿街走巷，呼籲大家恢復正常生活：「我代表大馬士革總督阿凡提・艾邁德帕夏發言，他向你們保證，這裡有安全和保障。任何人都不要害怕。請大家重返工作崗位，開店恢復交易。任何人都不要攜帶武器。」[35]

有了這些保證，大馬士革居民開始從最近的焦慮中恢復過來，渴望恢復自己的生活。穆斯林和基督徒都鬆了一口氣，這個節日已經結束了，並沒有發生任何暴力事件。然而，潛在的緊張局勢並非一個長週末就能消除。以截然不同的方式經歷了黎巴嫩山的恐怖之後，穆斯林和基督徒不再以同樣的方式看待彼此。在古爾邦節之後的平靜中，大馬士革的社群關係仍然緊張。在這種氛圍下，黎巴嫩基督徒被屠殺所喚起的嗜血欲望，與席捲全城的謠言和焦慮結合在一起，最輕微的挑釁都可能引發原始的暴力。

第五章 掠奪、殺戮、焚燒

自從一八六〇年六月黎巴嫩山的危機蔓延到敘利亞省以來，大馬士革的鄂圖曼總督艾邁德帕夏的作為始終反覆無常。不論是穆斯林或基督徒，不論是名人或平民，都對此感到困惑。這位總督的行動不斷擺盪，時而果斷但適得其反，時而又完全被動。他的情緒波動讓肆虐大馬士革鄉村的暴力群夥更加膽大妄為，也加深了敘利亞基督徒的恐慌。他不僅沒有平息局勢，反而讓事情變得更糟。

從危機爆發以來，這位總督的指令總是令人費解。有哪個心智正常的人會像艾邁德帕夏一樣，在緊繃的內戰中派出徵稅團去收稅？就像他指派薩德丁．謝哈布王公到哈斯巴亞執行注定會失敗的任務。又或者像派出武裝士兵拔出軍刀到清真寺站崗，來回應基督徒會襲擊穆斯林祈禱者這等毫無根據的謠言，難道是在證實威脅的可信度嗎？然而，當外國領事團或議會知名人士紛紛敦促他採取措施平息局勢時，這位總督卻沒有兌現承諾，面對敘利亞和黎巴嫩正在展開的大規模人類苦難，他似乎已經麻痺了，然而作為總督，他勢必要為這些苦難負責。

來自黎巴嫩山和泰姆乾河谷的倖存者來到大馬士革避難，他們為這座騷動的城市帶來了可怕的暴力消息。每個信仰群體都只照顧自己的社群。穆罕默德・阿布・薩烏德・哈西比記錄了他的父親如何打開家門，接待來自拉沙亞和哈斯巴亞的謝哈布王公悲痛欲絕的遺孀。阿爾及利亞的王公阿卜杜・卡迪爾捐出了四千皮亞斯特，協助這些遺孀及其子女維持生計。米沙卡醫師給予一位來自哈斯巴亞的新教徒遺孀及其女兒庇護。市中心的教堂和修道院敞開了大門，收容了來自大馬士革周遭方圓五十英里約（八十公里）受到德魯茲派襲擊村莊的驚恐農民。神職人員試圖把基督徒村民暫時安置在大馬士革的民宅中，但像潮水般的難民擠爆了可用的住房，也把多馬之門、太陽之門等基督徒街區狹窄的街道與小巷給擠滿了。對於所目睹、逃離和倖存的暴力，難民們所表現出來的恐懼和驚駭不斷在城裡擴散。[1]

大馬士革的民眾指望艾邁德帕夏採取果斷措施來平息緊張局勢並恢復秩序，但徒勞無功。怪異的是，總督竟選在這個內亂的時刻進行城堡的翻修工程，「有些工程是必要的，有些則是不必要的」，困惑的哈西比在日記中這麼寫道。在城堡裡，總督下令重新修復該城的舊大砲，並且試射看看砲彈能射多遠。沉寂多年後突然響起的砲聲，沒能安撫這座緊張不安的城鎮。當地的駐軍兵力已經耗盡，總部通常設在大馬士革的阿拉伯斯坦軍隊，大部分被派去參加蘇丹在波士尼亞與赫塞哥維納的戰爭，其餘則被派去護送穆斯林前往麥加朝聖。為了替換正規軍，總督從大馬士革最危險的城區招募了警察

（*zaptiye*）和非正規部隊（*bashi bozuk*），從而將武器交到了城裡那些最聲名狼藉的惡棍手中。他指派穆斯塔法貝伊・哈瓦斯利指揮當地警察，這位庫德族軍官曾迫害向米沙卡醫師貸款的蘇克・瓦迪・巴拉達村民，如今卻把安全工作交給這個曾被某穆斯林名人稱之為「非常愚蠢，而且對大馬士革的民眾充滿憎恨的人」。[2]

在外國領事團成員和議會知名人士的一再要求下，艾邁德帕夏終於採取了措施保護基督徒社區的安全。他下令這些城區的領導人組織巡邏隊，日夜巡視自己的城區。他調派非正規士兵和機動大砲來守護基督徒城區的入口，並要求基督徒支付額外的安全費用。然而，這些措施並沒有緩解基督徒的緊張情緒。他們都從先前大屠殺的倖存者那裡聽說過，鄂圖曼非正規部隊如何把哈斯巴亞、拉沙亞和代爾卡馬爾的基督徒聚集起來並解除他們的武裝，然後在德魯茲派襲擊時卻袖手旁觀。非正規部隊毫不掩飾他們對德魯茲派的欽佩以及對基督徒的敵意。這樣的士兵無法增強大馬士革基督徒城區的安全感。[3]

艾邁德帕夏所採取的每一項措施，如果真是為了安撫人心和恢復平靜，似乎都適得其反。在盛夏時節，白天又長又熱的日子讓人心浮氣躁，基督徒的恐懼加劇為恐慌，而穆斯林的敵意則更膽大妄為。

★ ★ ★

七月七日，一些年輕男子穿過大馬士革的基督徒城區時，在街道的鋪路石上畫下一個個十字標記，儘管事實上「該城區受到士兵的保護，而且基督徒為此付出了很多錢」，一如伍麥亞大清真寺的傳教士穆罕默德·賽義德·烏斯圖瓦尼在其日記中所述。七月八日經過希臘東正教教堂時，他親眼看到了這些十字標記：「這讓基督徒感到不安」，基督徒繞過這些十字標記而行，不想褻瀆他們信仰的象徵。然而，在某些街道，這些小流氓強迫基督徒踩上十字標記，任何想避開的人都遭到粗暴對待。一群憤憤不平的基督徒顯貴衝進總督府控訴。他們花了大錢購買額外的安全措施，卻只看到他們的「守衛」袖手旁觀，任由基督徒受到虐待，任由他們的信仰受到侮辱。這簡直就是腐敗，他們要求採取行動。頭腦冷靜的人可能會用不同的方式表達控訴，但七月初大馬士革的每個人都感到緊張焦慮。這項控訴顯然激怒了總督，而從所有證據來看，他本人也非常緊張不安。基督徒要求要採取行動？那麼他就展示給他們看看。他要求警察首長迅速處理，逮捕任何涉嫌在基督徒城區街道上畫十字標記的年輕人。[4]

警察穿梭在基督徒城區，逮捕了一群年輕的穆斯林男子。關於被拘留的人數說法不一，少則兩人，多則十五人。他們被帶回總督府並關進監獄。焦急的家屬來到總督辦公室請求釋放他們的兒子，但遭到拒絕並被遣送回家。這群年輕人在獄中度過一夜。他們的家人、朋友和鄰居都對此感到怒不可遏。由於穆斯林社群的敵意加劇，總督的干預讓基督徒感到比之前更加容易受到攻擊。

隔天，也就是七月九日週一，總督下令嚴懲這些年輕的流氓。獄卒給他們每個人戴上腳鐐，並把掃帚交到他們手上。這支難過的隊伍穿過城裡主要的市場，像是被鐵鍊鎖住的幫派分子受到譴責，要掃除基督徒城區街道上令人反感的十字標記。雖然這種處罰在我們今天看來可能覺得很輕微，但值得回想一下米沙卡醫師曾經有過的憤怒，當時蘇克．瓦迪．巴拉達的村民因為跟他簽訂了貸款合約，遭到當地首長強迫「像普通罪犯一樣」掃街的情景。戴著腳鐐掃街是種嚴重的羞辱，在一八六〇年大馬士革情緒高漲的氛圍中，由於基督徒的要求而將這種恥辱強加給穆斯林的做法，讓穆斯林更加難以忍受。

當他們拖著步伐走出監獄，穿過主要商業大道，往東走往基督徒城區時，這群被拘留者的景象點燃了途經的穆斯林的怒火。他們呼喊著：「噢，穆斯林啊！噢，穆罕默德的族群啊！穆斯林正在清掃基督徒城區！關閉你們的店面表示抗議吧！」

這群銬著腳鐐的年輕人答道：「伊斯蘭消失了！當他們帶我們去基督徒城區打掃修道院時，穆斯林也不在了。」[5]

當這群被拘留者經過他們家族的商店附近時，憤怒的親屬衝垮了護送的警察，奪回了他們的兒子。當警察從敵視的人群中撤出時，那些親屬砸壞了腳鐐，放走了這群年輕人。解救了這群年輕人並沒有讓憤怒的人群平靜下來，他們懷著血腥的意圖向基督徒城區出發。當暴徒穿過商業中心時，店主紛紛關閉店面以保護商品，然後加入暴動的群眾。

★　★　★

七月九日週一下午大約兩點，在當天最熱的時候，也是當年最熱的時刻，大馬士革爆發了暴力事件。暴亂的消息迅速傳開。時人驚嘆地描述，在兩個小時之內，消息就傳遍了這座從北到南步行要一個半小時，從東到西要一個小時的城市（在鄂圖曼時代，距離是以時程而非以里程來計算）。6

穆罕默德·阿布·薩烏德·哈西比從早上開始就在主要市場活動，也是那幫戴腳鐐的人首先經過的地方。他感覺到事態不妙，不動聲色地回到自家所在城西的卡納瓦城區。他和朋友們坐在貝利克咖啡館，討論著城裡正在醞釀的緊張局勢。旁邊其他人懷著激動的情緒也加入討論，其中有些人還帶著武器。「如果他們持有武器，我們幾個朋友就會從他們手中拿走，並且放到咖啡館裡」，哈西比回憶道。年輕的男子情緒都很激動。帶著武器走在城裡的街道上並不尋常，但他們渴望動用它們。一位路過的商人很快就給了他們藉口。「你們災難臨頭了，卡納瓦區的人們！四十多個穆斯林已經被殺害，而你們還坐在這裡」，這位商人斥責和哈西比圍聚在一起的那群人。

那些魯莽的年輕人根本懶得去證實是否真有此事。他們跳了起來，拿起武器，往市中心進發。哈西比不想跟暴徒的暴力行動扯上任何關係，於是轉身回家。途中一位為他家工作的基督徒雇員找上他。這名雇員聽到傳聞，很擔心在市中心工作的兒子。身為基督徒，他無法面對穆斯林暴徒。哈西比是位受尊重的穆斯林顯貴——他可以安全進到城裡護送這個基督徒店員的兒子回家。「當他一看到我，他就開始哭泣並為了他兒子親吻我的手和腳」，哈西比回憶道。在生死交關的情況下，這位年輕的穆斯林顯貴感到別無選擇。他抓起武器，前往市中心尋找雇員的兒子。

在城牆內，哈西比沿著主幹道一路狂奔，歐洲人借用《新約聖經》裡的用語，稱這條主幹道為「直街」。在一個中央十字路口，他遇到憤怒的人群聚集在拒絕讓他們通過的一群士兵面前。當被問及此事時，士兵們向哈西比解釋說，這些暴民已經襲擊過他們一次，造成一人受傷、多人死亡。在城裡的其他地方，士兵們已經向威脅路障的人群開槍。有報導指稱，有十位穆斯林在路障前被槍擊致死。就在哈西比的眼前，一名暴徒強行衝過警戒線，在士兵重新排好陣勢前，又有數十名暴徒緊隨其後。暴徒闖入附近的房屋開始搶劫，而士兵們則徒勞地阻擋其餘的群眾。要在如此瘋狂的人群中穿行在城裡的街道上，即使對一位穆斯林顯貴來說，他都感覺到情勢已過於危險。哈西比放棄尋找那位雇員的兒子，退回到他在卡納瓦區的家中，在「大馬士革事件」期間，他都一直待在那裡。[7]

★ ★ ★

七月九日週一那天，米沙卡醫師和家人都在家裡。他的護衛（kawass），也就是領事保鑣，因為公務出門前往總督辦公室。當聽到社會秩序崩潰時，他飛奔回來警告米沙卡危險即將來臨。「就在那時，暴亂已經蔓延到我們住的城區，我無法獨自出門」，米沙卡回憶道。米沙卡派了護衛去找阿爾及利亞的王公阿卜杜．卡迪爾，請求派一小隊人護送他到安全的地方。這位王公很快就答應了，但是他派去的四個壯丁都被繳械，也沒法通過。

這個膽大的護衛單槍匹馬越過聲勢愈來愈浩大的暴徒，努力回到米沙卡的住家。「我隨後鎖上了住家的房門」，米沙卡回憶說，「我剛來得及把一些錢放進口袋，房門就被撞開了，很多暴徒衝進了屋裡。」他指出，首先跨進門來的就是庫德族非正規士兵。

衝破前門的人群立即開始搶劫米沙卡裝潢富麗的住家。混亂的情況給了這家人一點時間逃走，他們從後門逃進城區裡狹窄的後巷。米沙卡向穆斯林鄰居尋求庇護，他拚命地敲門，但沒人開門讓他進去。他知道只有去到阿卜杜．卡迪爾的家才會安全，但那裡離他家還有五百多公尺遠。他牽著年幼的兒子和女兒的手，沿著後巷朝王公的家前去。沒走多遠就遇到了一群暴民。米沙卡抓起一把硬幣扔進人群以分散他們的注意力，然後跑回通往多馬之門的街道，那裡已經有士兵駐紮。還沒走到士兵面前，他遇到了另一群搶匪。「我像先前一樣扔錢，然後從第三條路逃走」，經過了他家的前門。此時他撞上了一群全副武裝的暴徒。其實他們是米沙卡的鄰居。他能叫出其中八個人的名字。但他們對米沙卡一家展現的絕非是鄰里之情。8

米沙卡一家請求對方饒他們一命。米沙卡的太太卡努姆（伊麗莎白），跪倒在地，親吻眾人的腳乞求憐憫。這位醫師看到妻子如此卑微必定感到羞愧，因為他在自己的報告中從未提及妻子絕望的懇求。他的孩子也試圖保護父親。他們哭喊著：「殺了我們，放了我們的父親。沒有他我們就活不下去了。」但這一切都被充耳不聞。一個男子攻擊米沙卡的女兒薩爾瑪，用斧頭砍傷了她。米沙卡丟出手中的最後一把錢，想要分散人群的注意力免得孩子受到攻擊，但他們還是不斷靠近。令米沙卡驚恐的是，他意識到鄰居們決心要殺死他。他的護衛站在身旁，盡其所能阻擋，但他無法擋住所有的攻擊。當攻擊者向他撲來時，米沙卡頭部被斧頭嚴重砍傷，一隻眼睛被棍棒打瞎，當他試圖擋開攻擊時，右臂又多次被劍砍傷。「許多棍棒和桿子落在我全身上下」，米沙卡在報告中輕描淡寫地回憶道。最後，米沙卡付給帶頭的凶徒們一大筆錢，約一萬四千皮亞斯特（約合一百三十英鎊），才倖免於難，而暴徒則從他家前門運走「各種家具和貴重物品」。9

在他的護衛攙扶下，米沙卡醫師一瘸一拐地跛行走向在多馬之門附近站崗的非正規警察。他在那裡見到了他們的指揮官：不是別人，正好就是在蘇克·瓦迪·巴拉達借貸案中米沙卡的勁敵穆斯塔法貝伊·哈瓦斯利。米沙卡沒有理由指望這樣的人會協助他。這位指揮官拒絕讓米沙卡在他附近的家中避難，堅持要這位傷勢嚴重的美國副領事去住在同一條街上「某個知名惡棍」的家中。儘管擔心自己會落入陷阱，但米沙卡別無選擇，只能躲進那間聲名狼藉的房子以避開人群。米沙卡的護衛把他安置在屋內相對隱蔽的地點，承諾會帶著武裝人員回來把他送往安全的地方。從窗戶望出去，米沙卡看到「人群闖入基督徒的房子，搶劫並屠殺屋內的人」，哈瓦斯利的人馬也活躍於搶匪中。米沙卡明白，那群凶手找上他只是早晚的問題。

★ ★ ★

史麥里．羅布森牧師於一八四〇年代初首次來到大馬士革，為愛爾蘭長老教會開設傳教所。他在南部邁丹區和夏顧爾區之間道路旁的穆斯林社區生活了十八年，他形容那裡是「城裡最糟糕的兩個地區」。但至少他不是住在基督徒城區，成為不斷增加的暴民的目標。羅布森的阿拉伯語流利，他聚精會神地聽著聚集在街道上一群激動的穆斯林男人、女人和男孩的談話，他們「大聲喊著，所有人都應該去基督徒城區掠奪、焚燒和屠殺，並威脅說不會留下任何一間房子（站著）或者任何一個基督徒（活著）」。令人難以置信的是，羅布森竟然走到街上試圖與激動的人群講道理：「情況迅速變得更糟。每個人都在呼籲其他人不要沒帶武器就來，婦女們也在激烈地煽動男人。」在鄰居的勸說下，羅布森為了自身安全退回自己家中，並從緊閉的門後關注事態的發展：

我進屋後沒多久，暴徒們就開始從基督徒城區帶著成捆的掠奪品返回，而衝向基督徒城區的人數也不斷增加。外頭充斥著威脅、咒罵及叫喊聲。不同種類及大小的物品紛紛從我家前面運過去——母馬和山羊，黃金和舊鐵釘，絲綢和棉布，大箱子和小箱子，桌子、椅子、書籍和所有可以想像得到的物品。

掠奪一直持續到日落之後。[10]

群眾的數量增加到數千人，他們襲擊基督徒城區，「搶劫、殺害和焚燒」。他們大多數來自該城相對貧困的城區，或是逮住機會搶劫富有基督徒家庭的農村土匪。哈西比描述這些群眾混雜了各種各樣的群體：德魯茲派信徒、努賽爾派信徒、猶太人、密特瓦派信徒、拉菲達派信徒、流浪者、日月崇拜者、雅茲迪派信徒、阿拉伯人，以及在敘利亞各個社群都知道的素行不良的人……還有大馬士革的下層民眾。對烏斯圖瓦尼來說，暴動者則包括「士兵、德魯茲派信徒、貝都因人、農民、阿迦瓦特、庫德族人以及埃及人——都是該城的邊緣人」。這位先知穆罕默德的後裔，也是伍麥亞大清真寺的傳教士想強調的是，大馬士革受人尊敬的穆斯林，在隨後發生的恐怖事件中，沒有或者幾乎沒有扮演任何角色。[11]

暴徒的目標是大馬士革不同基督徒城區的教堂和修道院。其中許多教堂擠滿了之前在哈斯巴亞、拉沙亞和大馬士革附近村莊的大屠殺倖存者，他們二度面臨大規模的殺害。「改信伊斯蘭教就能挽救性命」，攻擊者用此警告驚恐萬分的基督徒。有些人改信了，但還是一樣遭到殺害。教士和牧師被屠殺，教堂金庫被洗劫一空，建築被縱火焚燒。城牆內沒有任何一座教堂或修道院能逃得過第一天的大屠殺。[12]

絕望的基督徒受到尖叫聲和槍聲驚嚇，逃離他們的家園尋找安全的避難處。當時年僅二十一歲的迪米屈・達巴斯是個希臘東正教基督徒，與另外四名男子一起躲在某座可汗（商業建築）裡，看到數百名拿著槍和棍棒的城裡人衝進基督徒城區：「我們流著血，擔心暴徒會在可汗裡攻擊並殺了我們。」有些人爬過屋頂，希望能躲進某個有同情心的穆斯林鄰居家裡。那些與外國有聯繫的人試圖前往英國、法國或俄羅斯的領事館。其他人因為太害怕在街上遇到暴徒，就躲在家裡的地窖和水井裡，希望能躲過一劫。幸運的人碰巧遇上埃米爾阿卜杜・卡迪爾和他的阿爾及利亞戰士，他們分散在城裡的各個城區，向基督徒喊話，承諾給予安全護送。[13]

這位埃米爾早就預料到會發生暴力事件。他在法國駐大馬士革領事的資助下，武裝了阿爾及利亞的退伍軍人，在他指揮下約有一千一百名戰士。阿卜杜・卡迪爾第一時間得知事件爆發時，他就護送法國領事米歇爾・拉努斯從領事館來到他的住所，並且升起法國的三色旗來宣示外交豁免權。他還派遣了一隊阿爾及利亞士兵去守衛英國領事館，該領事館位於穆斯林的阿馬拉區，靠近伍麥亞大清真寺。阿卜杜·卡迪爾的住所和英國領事館都成了大馬士革基督徒的安全避難所。整個下午，這位埃米爾和其阿爾及利亞的退伍軍人組成救援隊，將基督徒護送回埃米爾的住所，沒多久那裡就擠得水泄不通。

當夕陽西下落在燃燒的城市上時，米沙卡醫師愈來愈擔心自己的性命安危。他全身疼痛。傷口讓他的右臂無法動彈，還流了很多血，而被棍棒擊中的眼睛腫得睜不開，視力受到限制。他的護衛還沒有回來，有鑑於街頭的暴力事件，擔心他很可能被暴徒傷害或殺害了。在護衛將他留下的惡棍家裡，米沙卡感到不安全。整個下午，他都看到搶匪把搶來的贓物存放在同一棟住所裡。他們滿手血腥，米沙卡沒有理由相信他們不會殺死他，或者把他交給嗜血的群眾。他等待著夜幕低垂，打算轉移到當地警察首長穆斯塔法貝伊·哈瓦斯利的住所。儘管哈瓦斯利在他第一次請求時拒絕給他庇護，但米沙卡依然認為，在首長的住所「他們就不能公開殺害我」。

他還沒來得及行動，一群武裝人員就趕到並敲打著房子的大門，要求將米沙卡醫師交給他們。「我以為他們要殺我，」米沙卡回憶道，「但後來確認他們是埃米爾阿卜杜·卡迪爾的人馬。」他得救了。「他們帶我到了（阿卜杜·卡迪爾）殿下的住所，在那裡我受到非常友善的接待。」當時，埃米爾的房子已經擠滿了人，米沙卡感激地接受了一位受人敬重的朋友，即穆斯林顯貴穆罕默德·薩烏塔里的邀請，到他家避難。在那裡，米沙卡與妻小團聚，他們都在險境中倖存了下來。米沙卡和家人在接下來的一個月都待在薩烏塔里那裡，在他養傷期間受到另一位穆斯林顯貴薩利姆阿凡提．阿塔爾謝赫的資助，為一無所有的米沙卡一家人提供了衣服和金錢。據報導，阿塔爾在自己家裡收容了一百多名基督徒，保護他們免受暴力侵害。[14]

大馬士革的夜空被數百座基督徒住家熊熊燃燒的大火所照亮。往常的夏夜，只有小鎮溪流中的青蛙聲和無數流浪狗的吠叫聲會劃破寂靜。而那天晚上，蛙叫聲和狗吠聲「淹沒在不斷的哭喊聲、燃燒聲、破門聲」和建築物的倒塌聲中。羅布森牧師在自家屋頂的安全處觀察了這場大屠殺。「火焰和濃煙呈現出一種既壯觀又可怕的景象，」他寫道，「前半夜，火焰（形成）一道超過七十度的不間斷圓弧，從太陽之門稍南邊一直延伸到基督徒城區的最北端。」整個晚上都有小群的暴徒持續在殺人和搶劫，經過白天的暴力事件之後，這座「發燒」的城市似乎仍然無法入睡。

★　★　★

七月十日週二，太陽從一片濃煙中升起，暴力行動又捲土重來。暴徒搶劫並燒毀了多馬之門和太陽之門幾乎所有的基督徒住家。他們小心翼翼地避免放火燒到毗鄰穆斯林房屋的住家，像是米沙卡醫師的房屋，但會搶走這些房屋中所有可拿走的物品，留下的就只是穆斯林房屋之間的空殼。門窗從框架上被卸下來，彩繪天花板上的裝飾板條也被拆下。目擊者稱，有年輕男子把基督徒房屋的釘子和橫梁都搬走了。繼前一天的豐收之後，暴力事件的第二天，基督徒城區裡被搜刮和焚燒的房屋已幾乎沒有什麼斬獲。於是暴徒轉而攻擊基督徒在主要市集中的商店、倉庫和作坊。

為了防範暴徒，城裡的市場還是關門歇業。但店主們都知道哪些商家屬於基督徒，哪些又是屬於穆斯林。暴徒們闖入基督徒擁有的商業場所，將所有的財物洗劫一空。目擊者又看到男人和女人在大馬士革的街道上飛奔，手拿一袋袋現金、布料、珠寶、家具、機械、原物料，基本上所有值錢的東西都不放過。一整天暴徒的人數不斷擴增，大馬士革上空的濃煙吸引了鄰近村莊的機會主義者加入這場失控的亂局，肆無忌憚地搶劫、殺害基督徒卻完全不受懲罰。

在總督的命令下，大馬士革為數不多的正規軍人被限制在城堡的軍營內，法律和秩序讓位給混亂的勢力。毫無疑問，如果有指揮得當的軍隊強力干預，本來可以遏止騷亂。但羅布森從穆斯林城區的住家，聽到第二天暴徒們停下來喘口氣時的對話。「我可以肯定，自始至終（暴徒）都非常害怕軍人的干預，他們會不斷相互詢問，軍人有沒有在哪個方向阻止殺人行動或者與之對抗，然而在十七個小時裡，軍方始終處於完全被動的狀態。我堅信……兩百名軍人……本可以在最糟糕的時刻鎮壓住暴動。」[15]

領事團成員一致對總督艾邁德帕夏的不作為感到憤怒。然而，法國、俄羅斯、希臘，當然還有美國的領事館，在第一天的暴力事件中都遭到了掠奪，大多數的領事都被困在埃米爾阿卜杜．卡迪爾家中。只有英國領事布蘭特可以自由行動。他位於穆斯林阿馬拉城區的住所很安全，那裡靠近伍麥亞大清真寺，遠離針對基督徒城區的暴徒，並受到阿卜杜．卡迪爾的阿爾及利亞退伍軍人大隊人馬的保護。第二天，布蘭特在武裝護衛的保護下前往總督的「薩瑞」（公署），要求艾邁德帕夏採取果斷行動，讓這個受傷的城市恢復秩序。艾邁德帕夏解釋說，他已經從城裡各城區調離士兵，因為那些非正規軍缺乏紀律，他擔心他們可能會助長暴力而非阻止暴力（事實證明確實如此）。他對於鄂圖曼政府將其大部分的正規駐軍部署到波士尼亞與赫塞哥維納感到遺憾，而他無法徵集到更可靠的士兵來干預。儘管如此，他還是向英國領事保證，將盡其所能恢復秩序。因為他考慮到經過大馬士革暴力的街頭返回領事館時可能面臨的危險，布蘭特不想延長這場會面的時間。就在當天黎明時分，暴徒將新教傳教士威廉．葛拉翰牧師私刑處死，因為他們將其誤認為是令人憎恨的歐洲領事。布蘭特向這位鄂圖曼的總督道謝後，回到他相對安全的領事館，在那裡已經擠滿了數百名基督徒難民。

領事布蘭特拜訪總督之行徒勞無功。艾邁德帕夏沒有採取任何行動。第二天暴力事件依然有增無減。

暴徒在街上遊蕩，尋找基督徒下手。他們呼籲消滅所有基督徒，彷彿這是社會上的必要行動。死者堆滿了街頭，但這類恐怖景象非但沒有抑制暴徒的情緒，似乎更助長了強烈的殺戮欲望。用羅布森的話來說：「地獄般的惡棍渴求並呼喊著鮮血。」每個人都看到阿卜杜・卡迪爾和其手下營救基督徒並護送他們返回埃米爾的住家。一群人聚集在他的住家外，要求這位埃米爾交出他所庇護的基督徒。隨著人群愈聚愈多，語氣也變得更加凶狠。這位埃米爾對自己在大馬士革穆斯林中的崇高地位充滿信心，他手無寸鐵地走出來對暴徒講話：「弟兄們，這樣做是不行的。你們憑什麼認為自己有權殺人？你們已經墮落到何種地步？我看到男人身上沾滿了婦女和兒童的鮮血。」他向暴徒援引《古蘭經》譴責謀殺的經文，說明這些行動違反了其信仰。

「噢，聖戰士！」群眾嘲笑地回應，「我們不是來聽你說教的。誰給予你權力來插手我們的事？你以為你是誰，竟敢反對我們？你自己（在阿爾及利亞對抗法國的戰爭中）不是就殺害了那麼多基督徒？」

「這些基督徒是我的客人。只要還有一名阿爾及利亞的士兵還挺著，你們就無法接近他們。如果你們想要帶走他們，你們就會看到阿卜杜・卡迪爾的士兵如何用火藥說話。」阿卜杜・卡迪爾對群眾的無禮感到憤怒，他轉身向一名軍官要了武器和馬匹。阿爾及利亞的士兵看到首領準備戰鬥，他們爆出一陣歡呼，粉碎了暴徒們的囂張氣焰。暴徒偷偷溜走，沒有進一步威脅在阿卜杜・卡迪爾住所避難的基督徒。[16]

其他數百名仍躲在自己城區裡的基督徒就沒那麼幸運了。羅布森報告說，第二天的殺戮比第一天更加慘烈，掠奪者走過毀壞的房屋，在地下室、水井和閣樓尋找受害者。他聲稱在週二目睹了迄今「最大規模的屠殺」，有一到兩千名基督徒在第二天被殺害。羅布森開始擔心他的穆斯林鄰居可能會向暴徒告發他，所以請求布蘭特領事派遣護衛陪同他前往英國領事館的安全處。

暴力事件的第二天，太陽下山時房屋仍在燃燒。恐怖持續了一整夜，讓人沒有絲毫喘息的時間。

★　★　★

第三天，火勢開始失控蔓延到穆斯林城區。大馬士革一位頂尖的伊斯蘭學者阿布杜拉．哈拉比謝赫，派了他的兒子哈利爾前往北部郊區的薩利希亞，呼籲召集該城區的男子協助撲滅大火。薩利希亞城區位於卡松山的山坡上，可以俯瞰大馬士革，該城區及其居民始終與市中心發生的恐怖事件隔絕，居民也沒有參與暴力行動。哈利爾謝赫找到薩利希亞城區的首領，請他幫忙招募消防員。他派了一個傳呼者登上薩利希亞中央清真寺的宣禮塔，生動地廣播其訴求：大火威脅到伍麥亞大清真寺本身，大馬士革需要志工來拯救穆斯林城區。五百名男子自告奮勇，朝著城牆內的濃煙和火焰出發。從貧困的薩利希亞城區突然來了五百名男子，想必在基督徒倖存者中引起了恐慌。基督徒仍然被困在燒焦和被掠奪的房屋中，誤認為這些人是另一批來消滅他們的強盜。當薩利希亞的這些男子開始動手撲滅著火的建築物時，突然一聲槍響。有人說一名消防志工腿部受傷，也有人說他當場死亡。不管怎樣，槍擊事件讓善良的志工變成了強盜，因為薩利希亞的這些男子放棄了滅火，轉而尋求報復，他們「再次對基督徒施暴，殺害的人數與第一天一樣多」。[17]

要理解引發這股新的暴力浪潮的槍擊事件，我們必須想像大馬士革倖存基督徒的精神痛苦：

在我的生命中，沒有任何筆墨或言語得以充分描述大馬士革基督徒的悲慘處境，以及他們的痛苦與煎熬。如果不是親眼目睹，甚至無法想像那種情境。我們看到男人赤腳裸身奔跑，絕望地想要逃走，卻找不到避難所，哭泣、哀號如同小孩一樣。他們就像失去了所有理智的醉漢，就像瞎子一樣，不知道該去哪裡躲避敵人。他們之中的一些人躲了起來，神經緊張不停顫抖，心臟日夜在驚恐中跳動。他們口乾舌燥，目光呆滯，面如死灰。隨著時間流逝，敵人的聲響和反覆的攻擊，讓他們遭如洪水般的死亡預感所淹沒。風嘯聲、狗吠聲都會讓他們膽戰心驚。[18]

埃米爾阿卜杜．卡迪爾和他的人馬持續在基督徒城區巡邏尋找倖存者。他們找到躲在井裡或地下室超過四十八個小時的男人與婦女，這些人只能聽著暴徒洗劫自己的住家，而火勢就在他們的頭頂燃燒。回應這位埃米爾的北非戰士呼喊，對於基督徒來說是一次信仰的跨越，許多人則擔心這些喊聲是引誘他們去送死的詭計。但還是有數百人願意冒險，於是在埃米爾和其他顯貴的住所避難的人數不斷膨脹。到暴力事件發生的第三天，阿卜杜·卡迪爾自家屋簷下，以及家人和助手的住所，總計已有大約四千個難民。他們需要更大的空間來保護數以千計的基督徒倖存者，免受日益壯大、誓言要徹底消滅基督徒的暴徒殺害。

這位王公和他接待的外國領事們討論了當時的情況。他們決定派出一個由武裝人員護衛的代表團去找總督艾邁德帕夏，迫使他對基督徒難民承擔起責任，否則就要為自己的失職向各國政府負責。總督同意了他們的要求，並提供城堡作為場地，這座城堡想必夠大，足以容納數千名無家可歸的基督徒。然而，總督要求埃米爾負起安全責任，派駐其北非的警衛隊守衛城堡，而不要相信鄂圖曼非正規部隊能夠勝任這項任務。在這方面，艾邁德帕夏的決定並非獨排眾議。基督徒以及阿卜杜·卡迪爾和其阿爾及利亞人都看到非正規士兵參與了暴力行動。甚至每個人都聽說了在哈斯巴亞、拉沙亞和代爾卡馬爾的基督徒的命運，他們在這些城鎮的城堡中避難，卻被鄂圖曼非正規「守衛」交給敵人並遭到屠殺。阿卜杜·卡迪爾同意派出一支龐大的部隊來保衛城堡，並返回為受保護者做好遷移的準備。

在阿卜杜·卡迪爾的住所中避難的基督徒，一想到要從安全的地方搬到他們想像中的殺戮區大馬士革城堡就感到害怕。他們聽到這個消息就像被宣判了死刑。他們哭喊著說：「你動手殺了我們吧，不要把我們交給那些劊子手。你至少不會讓我們受苦。不要讓我們的妻女遭受他們的蹂躪。看在憐憫的份上，請你動手殺了我們，就當是可憐我們吧！」[19]

阿卜杜·卡迪爾幾個月後向一位法國軍官講述了這件事，他仍然對基督徒倖存者的恐懼心有所感，他們認為他可能會將他們交給凶手。這位埃米爾非常了解他們的恐懼。他承認自己對他們在城堡中的安全有所保留。但是隨著更多倖存者從火海中被救出，他的住所已經難以為繼。王公和他的手下不得不使用武力迫使第一批人離開他的住所前往城堡。俄羅斯領事也陪同這支隊伍前往，以安撫將俄羅斯視為靠山的東正教倖存者。當第一批隊伍安全在城堡安頓後，其他人也不情不願地同意遷移。他們成群結隊在大批武裝護衛的保護下，從阿卜杜·卡迪爾的住所以及某些擠滿人的穆斯林顯貴的住家，移動到城堡的大門前。到當天結束時，數千名基督徒在相對安全的城堡中避難。沒有床鋪或衣服，食物和水都有限，也幾乎沒有衛生設施。迪米屈·達巴斯不情願地在城堡裡與數千名倖存者一同避難，他看到婦女們哀悼著那些被拋下的人並驚恐地哭泣，受傷的男人則痛苦地哀號：「哀哉，這種景象連石頭都會流淚。」[20]

阿卜杜·卡迪爾住所中的難民清空了後，他繼續找尋基督徒倖存者。他派出手下在群眾中找尋，並懸賞每名基督徒不論男、女、小孩每人五十皮亞斯特，只要活著送到他家。他在客廳接收這些新到的倖存者並付出賞金。當人數夠多時，他們就在武裝護衛的陪同下前往城堡與其他倖存者會合。這項工作在第三天持續了一整天，基督徒不是落入憤怒的薩利希亞消防員之手，就是落入賞金獵人之手，突然間，活的基督徒比死掉的更有價值。

日落時分，憤怒的光芒籠罩著這座城市，無數強度減弱的火勢仍然繼續燃燒。活著的人躲了幾天又飢又渴，不敢離開他們的藏身處。房屋裡、街道上屍體成堆。愈來愈深的寂靜籠罩著基督徒城區，這是種不祥之兆，就像是停屍間的寂靜。野狗被令人作嘔的血腥味和腐爛味所吸引，回到基督徒城區吃掉那些亡者。

★★★

七月十二日週四，危機進入第四天，但仍看不到結束的跡象。對於駐大馬士革的外國外交人員來說，當地總督竟然未採取有效措施來恢復秩序，實在是無法想像。布蘭特領事決定再度拜訪艾邁德帕夏。陪同他的還有羅布森，羅布森前一天拋下了自己位於工人階級夏顧爾城區的家，前往英國領事館避難。總督在辦公室接待了他們，面無表情地聽著布蘭特領事提出的要求。首先，他希望總督為城堡裡的一萬名基督徒難民提供帳篷、食物和水。他請求總督派遣士兵將所有剩餘的倖存者從他們的藏身地點帶往安全的城堡。他要求當局基於公共衛生及基本禮儀的考量埋葬死者。在仲夏的高溫下，死者的氣味籠罩著整座城市，令人難以忍受。總督點頭同意，有些事必須要做。「什麼都答應了，」羅布森觀察到，「但什麼都沒做。」[21]

最後，布蘭特領事要求艾邁德帕夏與「庫德族軍官」（相當於庫德族的阿迦瓦特）交涉，「交出庫德族人搶走的婦女和女孩」。愈來愈多的倖存者回報了在大馬士革針對婦女的性暴力事件。對許多人來說，要複述這些事的字眼本身就太過冒犯，令人反感。「大馬士革端莊的基督徒婦女的處境，實在是言語無法描述，筆墨也難以形容。」一位當時的編年史家指出：「群眾的暴力不僅限於謀殺，他們還對處女和受人尊敬（即已婚）的婦女進行卑鄙的行為，這在德魯茲派和什葉派社群中是聞所未聞的。許多女孩和婦女失蹤，不知道被帶到哪裡。」[22]布蘭特領事要求總督立即採取行動，確保所有在暴亂期間遭受綁架的婦女安全返回。總督點了點頭。

布蘭特領事和羅布森先生離開後，艾邁德帕夏出席了大馬士革議會的緊急會議。某位軍官向與會的顯貴提出了一個問題：「如果德魯茲派信徒進攻城堡，但我們沒有足夠的武力來保護，該如何處置基督徒？」日記作者穆罕默德・哈西比的父親薩伊德・艾邁德・哈西比首先回應：「這件事會讓我們（即大馬士革顯貴）名譽掃地。真主作證，我已經準備好將敘利亞所有（德魯茲派）趕下地獄（在他們有機會攻擊基督徒之前）。」另一位名人阿布杜拉・阿茲姆起身表示贊同哈西比的回答，他認識到，作為這座城市的顯貴，他們最終要為他們未能控制的暴徒行為負責。然而，議會的其他成員仍然坐著以表示不同意。「他們希望看到城堡裡的人被殺，」哈西比在日記中寫道，「只要有五十名德魯茲派信徒出現，他們就會交出所有在城堡裡的人（任其屠殺）。」阿卜杜．卡迪爾王公也出席了會議，他暴跳如雷地抗議總督和其他人的消極態度，「因為他們繼續抽著水煙，什麼也不想做。」由於艾邁德帕夏仍然坐著，哈西比認為，總督也是希望德魯茲派屠殺大馬士革倖存基督徒的人之一。[23]

就在那天，艾邁德帕夏起草了提交給伊斯坦堡上級關於大馬士革事件的首份報告。他花了四天時間才向「高門」通報大馬士革正在暴亂，或許這可以說明這個人的麻痺程度。這份報告幾乎毫無條理，就像是隨機事件的拼貼。諸如：黎巴嫩山的暴力事件已經蔓延到大馬士革；基督徒城區的商店被畫上十字標記，引發了一場騷亂（卻沒提及銬著腳鐐被派去掃除十字標記的穆斯林男孩）；由於可供調動的部隊數量不足，他在應對危機方面受到限制；士兵們無法到達基督徒城區驅逐暴徒；基督徒城區發生火災；局勢有可能惡化為針對政府的叛亂並蔓延到貝魯特。他也間接提到了第三天基督徒射殺了薩利希亞的那些人，從而引發了新衝突的這起事件。「之後」，他提到說，「官員們召開了一次由該市主要顯貴所組成的議會會議，期間他們討論了解決這種不當行為和恢復秩序的快速對策」，這與哈西比及阿卜杜．卡迪爾王公的說法相互矛盾。他報告說，他已從該省其他地區召回士兵，並向荷姆斯、哈瑪及阿勒坡的政府官員發出警報。這份報告讓人誤以為艾邁德帕夏已經掌握了情勢。大臣在審查他的報告時樂觀地指出：「這一事件將在短期內得到平息，情況也會得到改善。」[24]

第四天的暴力活動在基督徒集中於城堡的情況下接近尾聲，他們的安全只能靠阿卜杜．卡迪爾的阿爾及利亞士兵來確保。當天結束時，基督徒城區已遭徹底破壞。住家被夷為平地、蕩然無存，所有的宗教建築，教堂、修女院、男修道院全都遭摧毀。除了英國領事館外，所有領事館均遭到攻擊。火勢仍然在四處燃燒，阿卜杜．卡迪爾的人馬仍然在四處奔走，持續從廢墟中拉出愈來愈少的基督徒倖存者。

★　★　★

事件的第五天是週五，但沒有人去清真寺做週五祈禱。甚至連伍麥亞大清真寺的傳教士穆罕默德．賽義德．烏斯圖瓦尼謝赫，也因為害怕城裡街頭的無法無天和混亂而不敢出門。正如他在日記中所指出：「您卑微的僕人出於恐懼沒有在週五宣說祈禱文，也沒有宣說週三及週四的祈禱文。因為恐懼在我們所有人之間蔓延，伍麥亞大清真寺和所有其他清真寺都關閉了。」[25]像烏斯圖瓦尼這樣的穆斯林顯貴，很顯然並不是群眾的目標，但在法律和秩序崩潰的情況下，混亂占了上風。有目擊者說，第五天暴力事件有所平息。隨著愈來愈多的基督徒躲進城堡，城裡街道上可供攻擊的人愈來愈少，也不再留有基督徒商店、住家或禮拜場所可作為目標。

隔天，七月十四日週六，城堡中的基督徒人數據估計已達一萬一千至一萬兩千人之間。由於在暴力事件中失散的家人得以重聚，有些感人的場面發生，但是許多家庭仍舊四處離散，妻子在尋找丈夫，孩子急切地找著父母。所有人都處於高度焦慮的狀態，擔心暴徒隨時會闖進門來。暴徒日夜不停在城堡周圍徘徊逡巡，渴望基督徒的鮮血。城堡內的食物與水仍然短缺。政府承諾每天給每個基督徒一塊扁麵包、一根黃瓜、一顆蘋果，但是每個人都在挨餓。經歷了六天的暴亂後，大馬士革城裡的居民也開始嘗到物資短缺的苦果。市場關閉，當地農民也不敢將農產品送到動盪的城裡來。

艾邁德帕夏總督仍然沒有離開他的辦公室，沒有採取任何措施來重建政府對於大馬士革的掌控。可怕的暴徒占領了街道，因為他們不再擔心軍隊會干預或者政府會追究他們的罪責。這座城市基本上與外界隔絕，大屠殺的首度報導傳到伊斯坦堡及歐洲各國首都，激起了日益激烈的反應，而大馬士革人卻一無所知。

死者躺在基督徒城區裡仍未埋葬，整個城市瀰漫著一股可怕的氣味。城裡的人自作主張，紛紛將屍體扔進被毀壞的基督徒住家的井裡，或者丟進巴拉達河中，隨著水流漂往下游遠離這座城市。

★　★　★

太陽升起，到了危機爆發的第七天，七月十五日週日。法律無法正常運作的時間拖得愈長，秩序的崩壞就愈發根深柢固。缺乏有效的政府，大馬士革已經淪為霍布斯式的自然狀態*，生活簡直是骯髒、短缺和殘酷的。除了城堡內的一小隊正規軍人還能維持一點紀律外，當地的軍隊和警察也都加入了暴徒的行列，在全城造成浩劫與破壞。在沒有警察或軍人的情況下，每個城區都派出自己的警衛，來保護居民免受搶劫群眾的侵害。這種混亂也擴及到那些護衛，他們原本在保護外國外交官和受保護者方面發揮了重要作用。護衛們突然間抗拒領事們的命令。英國領事布蘭特聲稱他不再指望警衛來保護他。奧地利領事的護衛被指控將九名基督徒交給暴徒屠殺。如今只能倚靠埃米爾阿卜杜．卡迪爾的阿爾及利亞人馬來維持紀律，保護倖存的基督徒免於滅絕。

阿卜杜．卡迪爾的手下持續尋找倖存者，並護送他們到安全上有疑慮的城堡。城堡內的情況持續惡化，被囚禁在其中的人飽受曝曬、脫水和飢餓之苦。由於衛生條件太差，疾病的風險無所不在，估計有一萬兩千名難民要共用有限的廁所設備。命運的不確定性，以及危機持續而看不到盡頭的狀態，帶給基督徒莫大的壓力。他們的處境與在哈斯巴亞、拉沙亞和代爾卡馬爾的城堡裡避難而注定失敗的

---

*編按：出自英國哲學家湯瑪斯．霍布斯（Thomas Hobbes）的《利維坦》，他認為在人類社會缺乏政府與法律約束時，生活將陷入「人人為敵」的混亂狀態。

基督徒非常相似。

大馬士革的商業活動仍處於停擺狀態。歷經整整一週的暴動後，商店、市集和商業建築仍然關門歇業。根據報導，一些麵包店已經開始營業，在經歷沒有新鮮麵包的一週後，毫無疑問顧客都十分踴躍。

在總督的薩瑞（公署），艾邁德帕夏似乎只關心自己的安危。他不再信任自己的士兵，而且擔心無法無天的群眾會試圖殺死他。他大概知道在伊斯坦堡的鄂圖曼當局已經任命了新總督來接替他，並派了外交大臣福艾德帕夏作為蘇丹的特別代表，要來調查黎巴嫩山和大馬士革的危機。艾邁德帕夏很快就得要為他在大馬士革的災難性失敗向蘇丹交代了。26

★ ★ ★

七月十六日週一，新任總督抵達就職。穆阿瑪帕夏經由北郊的薩利希亞進入大馬士革，他在受人尊敬的蘇菲派神祕主義者伊本·阿拉比的墳前止步祈禱。新總督從薩利希亞騎馬進到大馬士革中心。他下令各城區的傳令人在城內各地宣達，保證所有居民的安全。各城區的居民都禁止攜帶武器。陌生人（那些通常不住在大馬士革的人）被命令離開大馬士革，返回他們的家鄉或村莊。對烏斯圖瓦尼謝赫來說，新總督的到來標誌著為期八天暴力的結束。不過，躲在城堡裡的基督徒們想必仍然感到危險。當穆阿瑪帕夏到達位於巴拉達河畔在城堡遮蔽下的馬爾賈政府區時，他發現自己的官邸仍被人占住。經過八天的暴亂、屠殺與縱火，艾邁德帕夏從未踏出他的宮殿一步。直到七月二十日，蘇丹特使將他召到貝魯特問話時，他才離開官邸。烏斯圖瓦尼謝赫在日記中寫道：「我們聽到的消息，似乎是真的，（艾邁德帕夏）在士兵的保護下前往醫院，表現出對這座城市人民的恐懼，願真主保護我們免受他的邪惡之害。」[27]

穆阿瑪帕夏抵達後的幾天裡，大馬士革這座滿目瘡痍的城市恢復了一點正常的樣子。商店終於重新開張。家家戶戶都在整理。居民和店主開始清掃街上的垃圾。然而，在城堡裡，成千上萬的基督徒倖存者在高度焦慮中等待著他們的苦難結束。焦慮並不局限於城堡內。大馬士革的穆斯林居民彷彿從噩夢中醒來，環顧四周後一定會問自己：「我們到底做了什麼？」在新總督身後，鄂圖曼外交大臣正率領數千名紀律嚴明的鄂圖曼軍隊前來。有傳言說歐洲列強會介入。大馬士革人對他們的基督徒鄰居所犯下的罪行是無法掩蓋的。如果說罪有應得，那麼大馬士革穆斯林的黑暗日子就要到了。

★ ★ ★

發生了什麼事？

大馬士革這座古老的國際城市，是基督教和伊斯蘭教的發源地，如今陷入了社群暴力，甚至瀕臨種族滅絕的邊緣。米沙卡醫師言簡意賅地描述：「當時人普遍認為必須殺死所有基督徒，不論其教派、分支、階級，無一例外。」史麥里．羅布森證實了米沙卡的看法，他指稱：「暴亂者的目的是消滅成年男性人口，占有婦女並強迫她們叛教，把孩子撫養成穆斯林（Mahometans），徹底而永久地摧毀基督徒城區。」目標就是要一勞永逸地消滅基督徒。[28]

當黎巴嫩山和大馬士革演變成大規模教派屠害時，「種族滅絕」一詞尚未出現，但這些事件正是國際法律師拉斐爾．萊姆金，為納粹德國在納粹浩劫（或稱大屠殺）中對歐洲猶太人所犯下的反人類罪行命名時，腦中所想到的歷史先例。一九四八年，聯合國將此用語寫入《防止及懲治危害種族罪公約》，從而獲得了國際法的效力。這項公約將種族滅絕定義為：「蓄意全部或部分摧毀某個國家、民族、人種或宗教團體的行為。」如同這項公約所明確指出，消滅某個社群有許多不同的手段。在大馬士革事件的過程中，基督徒經歷了許多可視為種族滅絕的遭遇。

大屠殺是種族滅絕最直接的形式，數千名基督徒在大馬士革事件中被殺害。在一八六〇年九月提交給美國政府的一份報告中，米沙卡醫師彙整了從鄂圖曼當局和當地來源所獲得的最精確數據。米沙卡估計，大馬士革共有五千名基督徒被殺害，其中一半是該城居民，其餘則是來自鄰近城鎮和村莊的難民。在一個擁有一萬五千到一萬八千人口的城市中，有兩千五百名大馬士革基督徒被殺害，代表遇害人數約占該城基督徒人口的百分之十五。

儘管大屠殺中絕對有婦女及兒童被殺，但是暴徒的目標是基督徒男子。男人自保的唯一選擇就是改變信仰。強迫皈依是另一種種族滅絕的實踐，因為透過同化為穆斯林多數，即可以改變信仰促使基督徒社群的滅絕。然而，改變信仰並不保證能挽救一個男人的性命。正如所有當時的目擊者都同意的看法，暴民是由異質的群體所組成，不僅僅只是遜尼派穆斯林，還有德魯茲派、什葉派、雅茲迪派、貝都因人，以及其他與基督徒改信伊斯蘭教沒有利害關係的人。有許多關於基督徒男子的資料提到，他們宣稱相信真主是唯一的神而穆罕默德是祂的先知，結果卻還是被群眾殺害，他們大概是受到非遜尼派男子的攻擊，因為對那些人來說改變信仰並不重要。其他也有人改變信仰被接受，並當場接受割禮（伊斯蘭教和猶太教一樣，要求男性接受割禮），這種情況下，這過程既是羞辱，也可能導致身體殘害。米沙卡醫師報告說，在屠殺過程中大約有四百名基督徒改信了伊斯蘭教。在法律和秩序恢復後，鄂圖曼當局鼓勵被迫改變信仰的人回復原來的基督教信仰，大多數人也這樣做了。然而，還是有少數人選擇維持穆斯林身分，作為他們防範未來遭受攻擊時的最佳保障。[29]

婦女本身大多都能免於被殺害。正如米沙卡醫師寫道：「伊斯蘭教法不允許以宗教為由殺害婦女。」然而，青春期的少女和育齡期的婦女在許多情況下被綁架並帶進穆斯林家庭，在那裡遭到強姦，故意使她們懷孕。米沙卡在報告中指稱，四百名婦女在事件期間被綁架，而且有「一群少女被強姦並懷孕」。羅布森推測，遭受性暴力的女性人數要多於被殺害的男性總數，但他沒有提供任何數據來支持他的說法。這種性暴力是另一種公認的種族滅絕手段。強姦對社群和受害者都造成了毀滅的後果，因為觸犯了榮譽和恥辱的觀念，常常使受害婦女受到排斥，無法返回自己的社群。舉例來說，懷孕的基督徒婦女幾乎不可能找到願意娶她的基督徒男子，這讓她只有兩種選擇，不是在穆斯林強暴者的家庭過活，就是回到她的家庭度過餘生，成為家人和自己的恥辱。此外，根據伊斯蘭律法，任何信仰的婦女與穆斯林所生的孩子，出生就是穆斯林。基督徒婦女甚至不需要為她們的孩子改信伊斯蘭，其子女就可以聲稱是穆斯林。強迫懷孕因此讓婦女的子宮與她們自己和她們的基督徒社群對立起來，成為滅絕策略的一部分。[30]

在整個屠殺期間，穆斯林神職人員告誡他們的信眾不要讓兒童（青春期之前的男孩和女孩）遭受任何暴力。如同米沙卡的解釋：「穆斯林根據先知穆罕默德的權威聲稱，所有孩子生來都是穆斯林。」換句話說，只有當基督教和猶太教家庭的孩子成年並遵從父母的宗教信仰時，他們才會從伊斯蘭中「分裂」成為基督教徒或猶太教徒。綁架基督教家庭的孩子回家，大馬士革的穆斯林可以確保這些孩子永遠不會脫離伊斯蘭。隨著法律和秩序的恢復，當鄂圖曼當局讓這些孩子回到自己的家時，男孩們幾乎都受了割禮。於此再次見到明顯的種族滅絕邏輯：撫養基督徒小孩離開其本來的信仰社群，這些綁架者的意圖就是在加速其社群的滅絕。[31]

屠殺男人，把婦女和兒童同化為穆斯林似乎還不夠，這些暴力分子還開始有計畫地摧毀大馬士革城牆內的基督徒房屋和工作場所。縱火事件並非偶然。燃燒持續的時間，遠遠超出了大馬士革房屋中有限的木材可以燃燒的時間。這些縱火犯肯定在基督徒城區周圍徘徊，將因缺乏可燃物而熄滅的大火重新復燃。他們試圖抹去基督徒在大馬士革存在過的每個痕跡，留下了傷痕累累的城市景觀，讓人想起第二次世界大戰中被燃燒彈轟炸的城鎮：沒有留下任何一片屋頂與門窗。據米沙卡醫師統計，約有一千五百棟房屋燒得一乾二淨。另外兩百七十棟住家被搶劫者摧毀，但沒有付之一炬，是為了保護鄰近的穆斯林房屋免於火災。商業房地產遭到破壞，包括基督徒城區的兩百家商店被搶劫和燒毀，而中央市場區的所有基督徒商店都被搶劫但沒有被燒毀。馬廄、麵包房和織布機等五十間作坊也被摧毀。據米沙卡估計，被盜或被毀的財產總價值超過兩億三千七百萬皮亞斯特（以一八六〇年匯率計算，約為兩百一十五萬英鎊，或是一千零八百萬美金）。

大馬士革屠殺有過種族滅絕的時刻，但也並不完全是種族滅絕。在城牆之外，邁丹區的工人階級基督徒受到穆斯林鄰居的保護，因此該城區在事件期間沒有發生社群暴力。在城牆之內，大馬士革一小群頗具影響力的穆斯林顯貴，將多達百分之八十五的基督徒人口從暴徒的暴力中拯救出來。像是馬哈茂德阿凡提・哈姆扎及其兄弟謝里夫阿薩德，還有薩利姆阿凡提・阿塔爾謝赫、阿卜杜拉阿凡提・

伊瑪迪、烏斯曼・賈布里、薩利姆阿迦・馬哈尼、薩伊德阿迦・努里、烏瑪爾阿迦・阿比德，以及米沙卡醫師自己的救星穆罕默德・薩烏塔里，他們冒著巨大的風險為數百名絕望的基督徒提供庇護。不過，埃米爾阿卜杜・卡迪爾・賈扎伊里拯救的人數遠超過其他人，他讓大馬士革的基督徒免於滅絕。他與德魯茲派社群的密切關係以及他的線民網絡，提醒了他迫在眉睫的暴力風險。靠著法國領事的資助，他武裝了一千一百名阿爾及利亞的退伍軍人，讓他們在其指揮下成為一支忠誠的民兵部隊。當總督未能採取必要措施干預時，當警察和非正規士兵越界與暴徒聯手時，阿卜杜・卡迪爾是唯一擁有武裝民兵能夠壓制暴徒的人，他護送基督徒從藏身處逃往安全處，並為其避難的處所提供武裝警衛。透過這些勇敢的穆斯林領袖的努力，大馬士革的基督徒社群才得以倖存，種族滅絕才得以避免。[32]

大馬士革基督徒的存亡，帶給鄂圖曼當局前所未有的挑戰。它必須在一個無政府狀態的城市中恢復法律和秩序，並開始艱苦的工作，其中包括：重建被摧毀的地方，並將基督徒社群重新融入這座城市的肌理。大馬士革已經走到了種族滅絕的邊緣。鄂圖曼帝國現在面對著將敘利亞從可怕的邊緣拉回來的艱鉅任務。經歷了難以形容的恐怖事件之後，基督徒再也無法用與先前同樣的方式看待他們的穆斯林鄰居，這使得挑戰變得更加複雜。[33]重建這座城市需要的不只是磚塊和砂漿。事件的受害者需要看到那些該為他們的痛苦負責的人被繩之以法。政府也需要鼓勵建立新的社會秩序，將大馬士革不同社群的未來共同凝聚在一起。將一座城市從種族滅絕的邊緣拉回來絕非易事。

鄂圖曼帝國得要迅速採取行動，既要振興在其阿拉伯土地上最重要的省會城市，更要防止歐洲列強利用暴力事件合理化其殖民統治敘利亞。鄂圖曼帝國將此棘手任務，交給當時職位最高、經驗最豐富的政治人物：外交大臣福艾德帕夏。在很大程度上，鄂圖曼大馬士革的未來就寄託在這個人的肩膀上。

第六章 懲戒罪犯，恢復秩序

大屠殺之後，一種陰森恐怖的嘉年華般氛圍降臨到大馬士革。暴力事件結束後整整十天，濃煙仍持續從基督徒城區的廢墟中竄起。只有鐵了心的縱火犯還能從基督徒城區的廢墟中找到可燃物。多馬之門及太陽之門的街道上布滿了碎磚爛瓦，有些地方瓦礫堆的深度達到六英尺（一點八公尺）甚至更深。那些沒有屋頂、沒有門戶的房屋茫然地望著狹窄的小巷，就像被挖掉眼睛的空洞眼窩。市場裡被毀壞的基督徒商店與關閉的穆斯林攤位交替出現。曾經美麗的大馬士革被暴力摧殘得面目全非。

埋在瓦礫堆下，還有浮在家庭水井上的是數百具的死屍。流浪狗搬進了廢墟，路人看到它們鑽進土裡以人類遺骸為食。這些死者也報復了那些狗。大屠殺幾個月後，一位外國遊客報告說，基督徒城區的巷弄裡堆滿了大量死狗：「這件事光是想起來，或者要說出來都還是非常可怕！我在那個不幸的城區，哈拉特．那撒拉（基督徒城區），看到了數百隻狗因吞食過多人肉而死亡。」一八六〇年夏天，這座城市瀰漫著死亡的惡臭，讓人無法逃脫。大馬士革的「芬芳」已不再。[1]

呼吸著汙濁的空氣，城堡大門外的恐怖景象仍不斷提醒那些擠在大馬士革城堡露天庭院的基督徒。似乎是要強化這個印象，暴力分子在城堡周圍徘徊，叫囂著要更多的鮮血。他們喊道：「讓我們終結基督徒，讓我們消滅他們」，這讓城堡圍牆內的難民們時刻擔心自己的性命安危。有關敘利亞鄰近城鎮基督徒對穆斯林施暴的傳言，更激怒了這群凶殘的暴民。「這些說法並不屬實」，米沙卡醫師向在貝魯特的上級回報說，「然而這座城市中許多人都相信這些傳言」。沒有法律與秩序，暴力極可能捲土重來。外國外交官們預計，第二次大屠殺隨時都會發生。[2]

期待新總督穆阿瑪帕夏恢復法律和秩序的希望很快就落空了。他的就任典禮在七月二十日週五舉行。在伍麥亞大清真寺中午的祈禱後，一名官員宣讀了蘇丹的派令，任命穆阿瑪帕夏為大馬士革的總督。穆罕默德．阿布．薩烏德．哈西比描述了宣讀派令時那種不尊重的輕率氣氛，會眾被「笑聲和戲謔」的氣氛給分散了注意力。派令宣讀完畢後，一名衛兵發射信號彈向城堡內的砲手示意，鳴放傳統的禮炮向新總督致意。信號彈發射失誤，擊中了一名觀禮者的眼睛。迷信者把這起不幸視為不祥之兆；暴亂者則認為這是進一步騷亂的跡象。不管是哪種，這對新總督的威信都是個打擊。[3]

上任第一天，總督就呼籲鎮民放下武器，商家重新開店營業。他命令所有陌生人離開這座城市。然而，如果沒有可靠的軍事力量，穆阿瑪帕夏就無法在這座城市施展他的權威。暴力事件短暫緩解後，當這座小心翼翼的城市正在掂量這名新總督之際，群眾又恢復了無法無天的混亂狀態。穆阿瑪帕夏發現自己的住所被武裝罪犯包圍，他們公然藐視他的命令。新任總督如同其前任一樣害怕這些群眾，退到了官邸的牆後。[4]

群眾**確實**可怕。暴力已經改變了大馬士革。數以百計的殺人犯、強姦犯、縱火犯和小偷，在城裡的街道上肆無忌憚地漫步。他們不承認任何權威，因為即使犯下最嚴重的罪行，沒有人能成功地將任何權威施加在他們身上。在正常情況下，這座城市的顯貴，那些議會成員，包括：領頭的穆斯林宗教學者、最有影響力的商人，以及大馬士革準軍事團體的傳統首領會利用他們的影響力在這場殘殺失控之前制止它。某些名人在拯救基督徒免受暴力發揮了關鍵作用，但其他的名流要不是被嚇得被動消極，就是默許了反基督徒的暴力。不管是哪種，在大屠殺之後，公共道德就徹底崩潰了。正如年輕的穆斯林顯貴穆罕默德．阿布．薩烏德．哈西比在其日記中所記錄的：「眾人公開酗酒，行為放蕩墮落、同性戀和通姦，管你官大官小，誰也不怕。」米沙卡醫師對公共秩序的崩潰感到絕望：「事實上，太陽從來沒有在像我們這座城市如此充滿邪惡的地方升起過。」[5]

一八六〇年七月二十九日，福艾德帕夏受蘇丹阿卜杜勒邁吉德的託付，進入這座城市，肩負懲罰罪犯和恢復秩序的使命。

★　★　★

蘇丹及其政府意識到黎巴嫩山和大馬士革事件的嚴重性，以及它們對鄂圖曼帝國在阿拉伯土地上的統治所構成的威脅。「高門」知道，如果他們未能採取果斷行動，歐洲列強幾乎肯定會介入以保護敘利亞的基督徒。就在六年前，基督教教派之間為了巴勒斯坦聖地的**優先權**，這個相對微不足道的問題引發了克里米亞戰爭。蘇丹及其大臣們都知道，敘利亞和黎巴嫩的基督徒遭到大規模屠殺，這件事如果放著不處理，幾乎可以肯定會導致外國占領，以及阿拉伯省分從鄂圖曼帝國分割出去。「高門」需要派遣一位政治家，恢復蘇丹對敘利亞的控制，並把歐洲列強擋在門外。他們最終將這項任務交付給鄂圖曼帝國外交大臣和著名的改革家福艾德帕夏。

穆罕默德·福艾德帕夏（一八一五年至一八六九年），通常簡稱為福艾德帕夏，在當時是最有權勢的鄂圖曼政治家之一。他年輕時獲得鄂圖曼醫學院錄取，並在那裡學會了法語，這是當時教學所使用的語言。比起醫學訓練，他的語言技能讓他更上一層樓。一八三七年，他的職業生涯有了戲劇性的轉變，他放棄了醫學加入鄂圖曼外交部翻譯局，在那裡他引起了頗具影響力的首相穆斯塔法·雷希德帕夏的注意，此人是「坦志麥特」改革的擘劃者之一。在雷希德帕夏的提拔下，福艾德在外交使團中迅速崛起，並先後在倫敦、馬德里和聖彼得堡任職。一八五二年，年僅三十七歲的福艾德首次被任命為外交大臣。到了那個階段，他已是歐洲宮廷中的知名人物，精通歐洲治國之術的語言和實務。

福艾德隨其導師穆斯塔法·雷希德帕夏（一八〇〇年至一八五八年，擔任過六次首相），及其同僚穆罕默德．艾明．阿里帕夏（一八一五年至一八七一年，擔任過七次外交大臣及五次首相），成為「坦志麥特」時代最重要的人物之一。他撰寫了一八五六年改革法令的大部分內容，該法令首次賦予鄂圖曼的非穆斯林臣民在法律上的平等地位。這個措施極大地加劇了大馬士革的社群緊張，進而導致一八六〇年的大屠殺。敘利亞危機是對制定「坦志麥特」改革措施的人最嚴峻的挑戰。福艾德的任命展現了「高門」堅持改革的承諾。

一八六〇年七月八日，蘇丹宣布任命福艾德帕夏為帝國駐敘利亞特命全權代表。他的任務起初僅限於恢復黎巴嫩山的秩序，但在大屠殺之後很快就擴及到大馬士革。任命的敕令賦予了福艾德沉重的責任：「你，我充滿智慧的大臣，一位光榮的大臣及……我們帝國的偉大顧問，擁有我們帝國所有的信任。」蘇丹讚揚了他的大臣處事謹慎：「總之，我們相信你的智慧和睿智，你有充分的民事和軍事權力採取必要的措施，以恢復秩序並懲治罪犯。」[6]蘇丹基本上完全授權給福艾德，採取其認為合適的措施及執行合適的懲罰，甚至是死刑。如果福艾德辦到了，他的努力將受到榮耀加冕。但是如果他失敗了——鑑於未來任務的複雜性，失敗似乎是個很可能的結果——福艾德無可推諉只能責怪自己。

★　★　★

福艾德帕夏於七月十二日從伊斯坦堡起航，五天後抵達貝魯特。福艾德深思熟慮且條理分明，他在貝魯特停留了十天，為在黎巴嫩山和大馬士革的雙重任務做好準備。他會見了歐洲的領事聽取其意見，並向他們保證他有決心保護基督徒並懲罰迫害者。他讓黎巴嫩山的德魯茲派與馬龍派協議停戰。他派遣特務前往大馬士革收集情報，在進入該城市之前先向他回報。最關鍵的是，他等到軍事護衛部隊全員到齊後才開進大馬士革。福艾德決心率領龐大且紀律嚴明的軍隊進入這座叛亂的城市，以恢復居民對蘇丹及其政府的畏懼。

福艾德帕夏的策略奏效了。當這位全權大臣於七月二十八日進入這座城市時，大馬士革人注意到的第一件事就是護衛部隊的規模。自從埃及在一八三〇年代占領以來，這四千名正規軍是進入大馬士革最大規模的武裝部隊。在福艾德進到這座騷亂的城市之前，面色嚴峻的軍人就已經到位。他派出分遣隊到每個街區，並在城市周邊設置軍事警戒線。這位鄂圖曼大臣免除了客套儀式。他沒有穿著正式官員服裝，而是一身旅行裝扮進到這座城市。他接受了該城顯貴的正式歡迎，但拒絕對大馬士革的穆斯林領導人士敞開大門。他只對埃米爾阿卜杜·卡迪爾破例，以表彰這位阿爾及利亞人在拯救大馬士革基督徒所扮演的角色。福艾德充分禮遇這位阿爾及利亞埃米爾。阿卜杜·卡迪爾告辭之後，總督府的大門也在他身後砰然關上。透過這個舉動，福艾德向大馬士革的名門望族傳達出明確的訊息，他認為這些家族應為秩序的崩潰負責。他們沒有扮演好國家與社會之間的中介角色。[7]

福艾德避開了那些顯貴，他首先來到城堡與大屠殺的基督徒倖存者會面。他們的敘述和恐懼讓福艾德難以承受，因為他們被困在一座充滿敵意城市中的露天堡壘裡。米沙卡醫師報告說：「群眾紛紛走向他，哭著懇求他按照承諾提供安全和安寧。」許多人想要完全離開大馬士革，到貝魯特的基督徒社群避難。基督徒不能無限期待在城堡裡，出了這座堡壘的牆外並不安全，而且也已經無家可歸了。貝魯特似乎是唯一合理的解決方案。福艾德承諾為那些希望踏上旅程的人提供馱畜和補給。福艾德說話算話，他提供了一百五十頭騾子，並從八月二日開始，將首批基督徒難民在武裝警衛的保護下從大馬士革送往貝魯特。[8]

進城三天後，福艾德終於向大馬士革的穆斯林菁英敞開了大門。六十位顯貴接到命令，而不是邀請，前往全權特使的辦公室會見，不得致歉缺席。在他們首次會面中，福艾德確確實實要大馬士革的菁英們感受到，真主以及祂在世間的化身也就是蘇丹的擔憂。「大馬士革在蘇丹陛下和所有列強面前都受到愛戴和尊重，」他強調，「然而，由於這裡發生的殘暴行為，它現在已經引起真主、祂的先知和蘇丹的盛怒。」他直視著這些顯貴，繼續說道：「之所以會這樣，因為你們做錯了三件事：你們違反了伊斯蘭教法，你們密謀違反了蘇丹的法律，以及你們給蘇丹帶來了難以解決的問題。現在你們有責任提供犯罪者的姓名和詳細資料。」[9]

這位鄂圖曼大臣隨後談及其任務背後更重大的議題。他的職責就是維護鄂圖曼對敘利亞的掌控，確切地說，就是「掌握在蘇丹手中」。他警告說，大馬士革人民及其顯貴的作為，「正將（敘利亞）土地置於歐洲人手中」。為了避免外國的干預，福艾德需要展現鄂圖曼帝國自己可以在敘利亞恢復全面的法律和秩序。如果這些顯貴不和福艾德合作，他們就有可能落入歐洲殖民統治之下。

為了化解歐洲干預的威脅，福艾德告知這場會議的與會者，他會全力追究該對大馬士革恐怖事件負責的任何人，即使是最高層的菁英。他解釋說，前任總督艾邁德帕夏當下已遭逮捕遣返大馬士革。這位前任總督被剝奪了官階和勳章，現在被稱為艾邁德阿迦，他很快就會受審，如果被判有罪，他將面對「懲戒以儆效尤」。這些話想必會讓與會者產生寒蟬效應。如果福艾德可以拉下一名帕夏，這些城市顯貴也不敢奢望自己能夠倖免。保護自己免受「懲戒以儆效尤」的唯一方法就是與福艾德合作。事實很明顯，有人要為大馬士革的屠殺事件付出代價。這些顯貴們不是把他們的鄰居送上絞刑架，就是自己套上絞索。[10]

在福艾德帕夏的辦公室裡，會議持續了好幾天。在巨大的壓力下，這些顯貴們終於撐不住了。他們起草了一份聯合聲明，承諾全力配合福艾德的調查，並在文件上蓋了章。他們列出了涉嫌參與暴力事件的初步名單。他們也同意福艾德的提議，即在該城的八個行政區（*thumn*）各成立委員會，繼續收集被控參與暴力者的資訊。到了八月二日，福艾德帕夏已經成功讓這些顯貴為他工作。他下令關閉所有城門，封鎖大馬士革，並派出他的特務開始上工。

除了大馬士革顯貴所提供的初步名單外，福艾德帕夏也從外國外交使團和暴力事件中倖存的基督徒顯貴那裡獲得了名單。英國領事布蘭特向福艾德提供了「最惡名昭彰的殺人犯和掠奪者的名單」，米沙卡醫師則提交了一份較為溫和的「傷害我的人」的八人名單。法國、希臘及其他領事也提交了類似的名單，福艾德將這些名單與自己的情報來源做了核對，並且開始展開逮捕。[11]

第一批被捕的大馬士革人實際上是自首的。政府呼籲民眾把他們從基督徒家庭盜取的財產歸還至所在地區的指定倉庫。大家以為那些歸還財產的人會因為誠實而受到感謝。然而，他們卻發現自己被捕了，並被押送到設立在十六世紀提基亞．蘇萊曼尼亞清真寺內的拘留中心，這座俯瞰巴拉達河的清真寺建築群位於大馬士革西郊。福艾德聲稱他的部隊僅在第一天就逮捕了三百三十名男子。隨著逮捕的訊息傳開，恐慌籠罩了整個城市。平民一直等到夜幕降臨，才把所有的掠奪物從窗戶扔出去，用以清理家中的犯罪所得。衣物、寢具和個人財物如下雨般落在大馬士革的巷道和溪流中，許多情況下這些財物因此都損壞了，隔天早上才被官員們收回。財寶往往和一般家庭物品混在一起。米沙卡醫師的一位鄰居在附近的巷弄裡找到了米沙卡的美國領事關防印鑑，還有一群穆斯林向當局交出了一袋價值超過四萬皮亞斯特的銀子，他們聲稱是在街上找到的，所有五個人都彼此擔保其他人的清白。官員們收繳的被盜物品裝載了數千匹馬，要歸還給合法的所有者。[12]

隨著該城各個行政區委員會的工作展開，逮捕的腳步也加快了。伍麥亞大清真寺的傳教士穆罕默德・賽義德・烏斯圖瓦尼謝赫，不情不願地在阿馬拉區的委員會任職，與該城最顯赫的豪門望族阿茲姆斯、姆拉迪斯、巴魯迪斯、馬爾達姆貝伊，一起共事。這個委員會在庫爾迪花園開會，主持會議的官員將那些被指控對基督徒施暴者的姓名登記下來。烏斯圖瓦尼列出了他所在城區被逮捕的人員名單。薩伊德・薩伊達被那些從鄰居家進入他家逮捕他的士兵嚇了一跳，而伊卜拉欣・夏爾可能因某個同情他的顯貴給他通風報信而躲過了逮捕他的人，他就是那個釋放綁著腳鍊被派去清掃基督徒城區的穆斯林青年而引發暴亂的人。每天都有超過數百人被逮捕送往提基亞。到第一週結束時，已有超過千人被逮捕。[13]

八月五日週日，穆罕默德・阿布・薩烏德・哈西比聽到了敲門聲。一名中尉在七名士兵的陪同下，要求哈西比跟他們前往公署會見福艾德帕夏。哈西比本來應該沒有理由擔心。正如他在日記中寫道，動亂期間他只去過市中心一次，當時他是試圖去營救父親的基督徒雇員的兒子。由於無法進到基督徒城區，他只好回到家中，度過了事件的其他階段：「萬能的真主啊，從那之後我再也沒有出去或者目睹（暴力）。我沒有再回去做卑鄙的事情，我沒有進到基督徒的住家，也沒有進到基督徒城區，也沒有傷害基督徒、穆斯林或任何其他人，（為此）真主可能會以祂手中的靈魂來追究我的責任。」但當他面對年輕的軍官和七名全副武裝的士兵時，他一定會感到焦慮難受。在暴力事件發生的第一天，有人看到他攜帶武器接近基督徒城區，這個事實本身就足以讓人告發他。

哈西比被直接領入福艾德帕夏的辦公室，他看到這位鄂圖曼大臣正站在窗前，一位僕人在為他扣上外衣的釦子。哈西比以右手按了按嘴唇和前額，恭敬地向眼前位居要職之人致意。會談持續了半小時，但哈西比並沒有寫下他們談了什麼。他只是記下了會談結束時，福艾德指示那位中尉帶他去見武裝部隊司令哈立德帕夏將軍：「作為我們的客人，你去告訴哈立德帕夏把他安排在合適的地方。」哈西比再次恭敬致意，然後退了出去。哈立德帕夏讓他等了半個小時，自己則在辦公室裡踱來踱去，為這位年輕的顯貴尋找「合適的地方」。最後，他命令一名上尉清理他的房間，然後轉告哈西比。「你待在這裡吧，客人」，他諷刺地指示道，同時勤務兵也搬來一張床墊。突如其來的監禁讓哈西比震驚不已。「我必須相信真主，把自己交給真主，因為我知道真主知曉一切。」他回憶道。

接下來的幾天裡，哈西比與其他被當局逮捕的顯貴同住一室。他的日記讀起來就像一本大馬士革菁英的名人錄，只是現在被國家看管拘留。大馬士革沒有足夠的監獄空間來容納每天數百名被捕的人，被拘留者會根據其社會階級分配到不同的地方。商人和平民被關押在提基亞清真寺建築群的庭園和牢房中，而顯貴們則被拘留在位於城牆以西的馬爾賈政府區周圍軍營的軍官宿舍裡。最高級別的被拘留者則分配到馬爾賈區附近一座名為拜特．巴塔吉亞的庭園住家。日子一天天過去，哈西比因為被監禁而變得愈來愈沮喪。「事情讓我愈來愈難過，」他寫道，「我開始後悔，而後悔是沒有用的。我只想和我的朋友們一起獲得釋放。我知道我需要表現出耐心，如果真主能給我耐心的話。」確實，耐心是需要的。哈西比的磨難才剛剛開始。[14]

大規模逮捕加劇了大馬士革各地穆斯林社群的緊張局勢。大家普遍認為被捕者是受到了基督徒的指控，這引發了穆斯林的報復呼聲。一個名叫哈比卜．拉哈姆的屠夫，將砒霜摻入哈爾瓦（甜芝麻醬）中，並將這種甜食提供給他在城堡及薩利希亞城區的顧客。城堡的兩名基督徒婦女隨後中毒死亡，而薩利希亞城區其他吃到的人也生病但痊癒了。毒藥來源追溯到了拉哈姆，他被逮捕並承認犯行。八月八日，當局在公共廣場對拉哈姆執行絞刑，這是大馬士革大屠殺後的首次公開處決。這次絞刑激起了許多大馬士革人的憤怒。米沙卡醫師記錄了穆斯林的說法：「好吧，他們每殺死一個穆斯林，我們就會殺死一個（基督徒）。」果不其然，拉哈姆被絞死的第二天，一名基督徒男子被殺害，屍體在基督徒城區的廢墟中被發現。[15]

福艾德帕夏不能允許這種私刑殺戮蔓延。更多的謀殺有可能會壞了他的任務。他的反應迅速而果斷，敲醒大馬士革人內心的恐懼。他召集了一個「特別法庭」來審判那些在大馬士革事件中被指控犯有暴力罪行的人，以更加著重速度而非正當程序的方式來審理他們的案件。這些案件都在完全保密的情況下進行，判決結果只有福艾德及法庭上的官員知道。[16]

★ ★ ★

八月十九日週日深夜，穆罕默德・阿布・薩烏德・哈西比躺在床墊上無法入睡。突然，深夜的平靜被軍營大門的開門聲給打破。在夜間這個時刻走動並不尋常。為了不打擾正在睡覺的五位牢友，哈西比悄悄起身詢問守衛發生了什麼事。守衛輕聲回答說，囚犯剛被鎖鏈綁著帶到這棟建築。哈西比移到窗前，想看看下面庭院裡發生了什麼事。他看到了一群五十人或更多的囚犯，並聽到哈立德帕夏將軍命令帝國軍隊拿掉他們的鎖鏈。他可以聽到軍官們與囚犯交談，建議他們「那些想要淨身的人應該趕緊做，那些想要指定執刑者的人應該現在去講，那些想要全身淨身的人應該現在就進行」。最後一項建議尤其不祥。穆斯林在所有祈禱前都會洗手、腳和臉，但全身洗禮的儀式只保留在死亡時進行*。

哈西比俯視著那些死刑犯，他看到了自己認識的人。穆斯塔法貝伊・哈瓦斯利，庫德族的「阿迦」（軍事首領），大屠殺發生時他在米沙卡醫師的城區指揮著一支警察分隊。此刻他就在這裡，身邊是兩個姪子，任憑當局擺布。哈瓦斯利被處決幾個月後，大馬士革的伊斯蘭法院對其遺產進行遺囑

---

*編按：根據伊斯蘭教的規定，教徒做禮拜前必須清潔身體。有兩種特定的淨身方式：次要的淨身方式（wudu'，小淨）是用流動的水洗淨臉部、雙手、手臂至手肘處以及雙腳，包括腳踝，並用水擦拭部分頭髮。如果一個人做出伊斯蘭律法視為不潔淨的身體動作，那麼就應當進行主要的淨身方式（ghusl，大淨），也就是必須洗淨全身，包括口鼻內部。

認證，發現他欠了基督徒債權人巨額債務。他的債務遠遠超過了他的財產淨值，留下了將近五萬皮亞斯特的負債。也許哈瓦斯利希望大屠殺能夠消滅他的基督徒債權人，或者盜取的基督徒財產可以抵銷他的債務。無論他被定罪的原因是什麼，哈瓦斯利就要把這個祕密帶上絞刑架了。哈西比還認出另外八名男子，也許不是他最親密的朋友，甚至也不是他特別喜歡的人，但都是有地位的大馬士革人，他們現在都被押往刑場。「願真主憐憫他們」，他祈禱著，「因為他們其中許多人都是無辜的」。[17]

日出後不久，米沙卡醫師因聽到街上的騷亂聲而起床。打開門，他看到一具具屍體吊在臨時絞刑架上。死者身上所附的文件證實了他們的罪行：犯有謀殺罪並被判處死刑。米沙卡震驚地看到這座城市的顯貴像普通罪犯一樣被絞死。這些都是他認識的人。他看到穆斯塔法貝伊・哈瓦斯利那毫無生氣的屍體，這位他在蘇克・瓦迪・巴拉達的對手，也是大屠殺第一天拒絕給他提供庇護的人。無論米沙卡對這位庫德族「阿迦」的看法如何，其懸吊在柱子上的屍體一定令他震驚。米沙卡曾親自向福艾德帕夏指控另外兩人「用武器傷害了我」，現在發現他們兩人也吊在附近。這些死刑犯，總共五十七人，他們在靠近十字路口或咖啡館的公共場所被吊死，有些人還被吊死在犯罪地點附近。黑暗的夜裡，當大馬士革還在熟睡時，這些人默默地面對絞刑架。他們的屍體整天懸吊著，展示在大馬士革人面前。[18]

八月二十日週一下午兩點，由八百名士兵組成的方陣聚集了在該城西邊提基亞建築群中的一百一十名囚犯。曾經與哈西比關押在軍營的一些人，已被帶到提基亞加入這群囚犯，這讓歷經前一晚絞刑的每個人都開始擔憂。哈西比和他的牢友們派了一名僕人，「去看看他們把人帶去哪裡」。這一百一十個人都是警察和非正規部隊成員，他們因「手持武器參與暴亂」被定罪。死刑犯聚集在提基亞，士兵將他們綁在一起並告訴他們要搬遷了。他們的旅程在馬爾賈區的一片田野中戛然而止，他們看著軍官們分發給八百名士兵每人一發子彈，然後下令向囚犯開槍。僕人跑回軍營報告他所目睹的一切：「他們把人帶到馬爾賈區，然後一字排開，用子彈射殺他們。」這是一場大屠殺，八百名男子隨機向一百一十名囚犯開槍，「每個囚犯中了兩顆子彈，甚至三顆、四顆」。難以避免有些死刑犯最初只是受傷並試圖逃跑，結果被士兵的軍刀砍倒。「城裡沒有人知道發生了這件事，」烏斯圖瓦尼謝赫寫道，「人在這場苦難中掙扎。你會看到某個親人被吊死的男子努力要砍斷繩子放他下來，而他的朋友（屍體後來被親屬找到）則在馬爾賈區的土地上被行刑隊所射殺。」[19]

到當天結束時，福艾德帕夏的士兵已經處決了一百六十七名大馬士革的穆斯林，他們來自社會各階層和該城各個城區，因為他們參與了基督徒大屠殺。處決的規模和嚴重程度讓大馬士革人大為震驚，而這正是福艾德帕夏所希望的。福艾德給在伊斯坦堡的首相阿里帕夏的一份報告中指出：「受絞刑的人中不乏這座城市中最有名望的名人。他們的地位和尊嚴完全不列入考慮。整個城市都籠罩在恐怖之中。」這的確是「懲戒以儆效尤」。由於這些嚴厲的措施，大馬士革人便稱呼福艾德帕夏是「繩索之父」。[20]

在敲醒大馬士革人心中恐懼的同時，福艾德帕夏也試圖讓歐洲列強相信，鄂圖曼正在採取有意義的行動為敘利亞的基督徒伸張正義。他的大門向所有外國領事敞開，而他將與外國領事的談話內容，作為解讀各國政府立場的晴雨表。領事們一開始就印象深刻。他們許多人原本都在懷疑福艾德是否敢對大馬士革穆斯林處以極刑。

然而，歐洲人的觀點是會改變的。領事們沒多久就修改了看法，他們認為懲罰遠遠低於罪行的嚴重程度，並且指出殺害五千名基督徒，卻只有五十七名男子因此被處決（另外一百一十名被行刑隊處決的人，則是被控武裝搶劫而非謀殺）。一位英國官員告訴福艾德，殺害如此多的基督徒需要數千人才能辦到，「大部分」犯下謀殺罪的人「仍然逍遙法外」，「我們期待其他那些人不會逃脫」。英國特使杜弗林勳爵在與福艾德帕夏的首次會面中，以三倍乘上五千名基督徒受害者，宣布多達一萬五千人應接受審判並面臨死刑。歐洲人顯然想要看到更多的處決，更多更多的處決。

歐洲外交官還希望看到更多著名人士被究責。大馬士革的一些重要神學家和議會成員列在名單中的前幾排，他們被指控鼓勵暴力對待基督徒，例如大馬士革的「烏拉瑪」院長阿布杜拉·哈拉比謝赫，還有大馬士革的「穆夫提」烏瑪爾阿凡提·加齊。當然，還有前總督艾邁德帕夏，大多數領事們都認為他應該對大屠殺負起全部責任。[21]

福艾德毫無疑問感到沮喪，因為他的嚴厲懲戒給歐洲領事們留下的印象轉瞬即逝。然而，他也希望看到更多知名人士受到追究。儘管他與穆斯林社群的領袖們多次會晤，但他們斷然拒絕劃清界線去指控其他知名人士。八月七日，福艾德解散了具有影響力的議會，並軟禁了許多主要成員。當這項措施未能獲得主要人士的合作時，福艾德加大了賭注。就在處決結束後，全城仍處於震驚之中，福艾德便下令逮捕阿布杜拉．哈拉比謝赫和烏瑪爾阿凡提．加齊，並將這兩人關押在軍營中，直到他們接受軍事法庭審判。在大馬士革人中，這些逮捕的消息「引起了穆斯林心中的悲傷和痛苦，並再次激起了他們的憤怒」。但逮捕行動也在菁英中散布了恐懼，他們擔心如果繼續不配合福艾德的調查，他們自己很可能也會面臨嚴厲的審判。22

在逮捕著名的穆斯林神學家的同時，福艾德也試圖駁斥他們針對基督徒的暴行辯護的論點。歐洲領事們經常指控阿布杜拉．哈拉比和烏瑪爾．加齊煽動群眾對基督徒的仇恨。據報導，大馬士革的重要宗教學者聲稱，基督徒必須依約遵守某些財政義務及行為限制，才能獲得伊斯蘭律法的保護。基督徒未能遵守這些義務，即使這些義務已被「坦志麥特」立法推翻，這也使得讓基督徒流血是可允許的行為。至少神學家們是這麼推論的。福艾德努力掃除這些論點，以打動外國勢力，防止針對基督徒的暴力再次發生，維護「坦志麥特」改革。23

八月底，福艾德邀請大馬士革各地清真寺的傳教士到辦公室開會。烏斯圖瓦尼謝赫也在其中。在表達了對傳教士工作的敬重後，福艾德分享了一份由馬哈茂德阿凡提・哈姆扎（一八二〇年至一八八七年）起草的布道稿，他是位穆斯林神學家也是議會成員，因在事件中拯救大馬士革的基督徒而獲得蘇丹授勳。福艾德向他的客人推薦了馬哈茂德・哈姆扎的布道稿，並建議在接下來的週五布道時「他們可以用此布道或提出類似的觀點」。這些傳教士別無選擇。他們拿著稿子的副本，並在接下來的週五以國家批准的稿子布道。其部分內容如下：

現在，你們啊，要敬畏真主，要知道不義的人今生會遭憎恨與厭惡，來生也會受折磨。

難道讓穆斯林，或者齊米人（也就是基督徒或猶太人），或者難民（這裡指的是從周遭村莊來大馬士革避難的基督徒）流血的人，不就是最不義的人嗎？

是啊；難道侵犯穆斯林、齊米人或者難民的婦女的人，不就是最不義的人嗎？

是啊；難道搶奪穆斯林、齊米人或者難民的財產的人，不就是最不義的人嗎？

是啊；難道摧毀穆斯林、齊米人或者難民的房屋的人，不就是最不義的人嗎？

那麼，這些行為的犯罪者又是如何認為自己是正當的呢？他們怎麼會認為流血、侵犯婦女和搶奪財產是合法的呢？……的確，這種邪惡行徑無異於推倒信仰的根基……而且誰說譴責與懲戒這些犯罪者是不對的，他就是這些騙子和罪犯的其中一員。

你們這些真主的子民啊，從沉睡中醒來吧，臣服真主的法令，服從你們的統治者。藐視真主律法、違背真主律法、冒犯齊米人的那些人，今生將受到懲罰，而來世還有更嚴厲的懲罰等著他們。24

這個文稿準確地傳達了福艾德的訊息。大馬士革的穆斯林已經違反了真主的律法，而鄂圖曼政府完全有理由竭盡法律的效力，懲戒那些對基督徒犯下謀殺、強姦、偷盜或縱火的「不義之徒」，讓真主在來世伸張正義。

就算大馬士革人可以接受布道稿的訊息，他們仍然反對福艾德使用死刑，許多人認為這違反了他們對伊斯蘭律法的解釋。在伊斯蘭教中，有四個律法學派（阿拉伯語稱為 madhhab），每個學派都源自同樣的經典（《古蘭經》，先知穆罕默德的語錄，具有類比的推理，以及社群的共識），但在某些律法觀點上卻得出不同的結論。哈乃斐學派是鄂圖曼帝國的官方律法學派，而大馬士革人則信奉沙斐儀學派。這兩派對於死刑的看法截然不同。對哈乃斐派來說，無論受害者的宗教信仰或社會地位如何，謀殺都是死罪；用米沙卡醫師的話來說，「因此，受教過的（殺害）沒有受教過的，穆斯林（殺害）齊米，他們都（應該被處死）。」而另一方面，沙斐儀派則主張穆斯林只有在殺害另一個穆斯林時才應處以死刑。殺害非穆斯林只能以血價來懲罰，這是法院規定的罰款，作為死刑的替代方案（穆斯林受害者的家人可以選擇要求死刑或者接受血價），而基督徒或猶太人受害者的血價只有穆斯林受害者的一半。「因此，如果一個穆斯林殺害了大量基督徒」，米沙卡解釋說，「對他的懲罰不應超過血價。該城的穆斯林認為他們受到不公平對待，因為他們其中一些人被判處死刑」，而不是處以罰款，這違反了沙斐儀派對伊斯蘭教法的解釋。25

對福艾德來說，他代表鄂圖曼政府來工作，死刑是懲戒罪犯和恢復秩序的合法手段。他所面對的挑戰是要限制處決的人數和層級，以避免促使大馬士革人叛亂，同時又要對足夠多的當權者施加嚴厲懲罰，以恢復鄂圖曼對這座動盪城市的控制，並滿足歐洲人對正義伸張的最低期望。

除了絞刑和行刑隊，還有其他嚴厲的懲罰手段。從八月二十二日開始，一百三十九名被控犯有武裝暴行的平民被戴上木製手銬遊行到貝魯特，他們被判處終身監禁和重體力勞動。另外一百四十五名大馬士革人則被流放到賽普勒斯和安納托利亞，罪名是參與了暴力活動（雖然未帶武器）。還有一百八十六人被判處固定期限的苦役，留在大馬士革修路。更進一步，從八月二十七日開始，數百名年輕男子被徵召入伍。正如米沙卡醫師的報告，當局「鎖上了城門，阻止人進出，並開始逮捕名譽掃地的穆斯林，徵召他們服兵役」。多年來，大馬士革一直未能為帝國提供足夠的兵員份額。福艾德為自己設定目標，要徵召兩千名大馬士革男子入伍。許多被流放或入獄服苦役的人被轉去服兵役，以助於實現這個雄心勃勃的目標。透過這個方式，福艾德將麻煩製造者帶離大馬士革的街頭，讓他們穿上制服為蘇丹服務。[26]

★　★　★

因參與大馬士革大屠殺而被捕的所有人中，迄今最具爭議的人就是前總督艾邁德帕夏。米沙卡醫師與他在領事團的許多同僚都認為，艾邁德帕夏扮演了直接挑起了大屠殺的角色。其他人像是英國領事布蘭特，則認為艾邁德帕夏的罪行是疏忽不作為，因為他未能利用自己的權力和武裝部隊的介入，在失控前就遏止暴力發生。大馬士革穆斯林社群的看法也有分歧，一些人像是烏斯圖瓦尼謝赫譴責這位前總督的「邪惡」，而另一些人，像是他的傳記作者比塔爾等人，則稱頌他是位開明的總督和虔誠的穆斯林。鄂圖曼政府如何看待艾邁德帕夏及其過失，還有待觀察。

艾邁德帕夏在七月下旬可恥地撤出大馬士革後，他被傳喚到貝魯特與福艾德帕夏會面。在所有人看來，這都是場災難性的會面，艾邁德跪倒在福艾德腳下，絕望地請求寬大處理，福艾德要求這位前總督交出配劍，將他逮捕並把他送往伊斯坦堡接受審判。一回到帝國的首都，艾邁德就面對來自首相阿里帕夏和其政府可預期的責難。他的失職導致了一個省會史無前例的破壞，並使帝國捲入與歐洲列強的危險外交之中。「高門」褫奪了他的榮銜，把他從大臣級的「帕夏」降為普通的「阿迦」＊。阿里帕夏用回程的輪船將艾邁德阿迦送回大馬士革受審，聲稱在犯罪現場「他的行為才能受到充分追究或處理」。艾邁德阿迦在八月十五日羞辱地返回大馬士革。他的審判就在當天開始，並且持續了一週。[27]

對前任總督的審判需要更高層級的法庭，而當時的特別法庭是用來審理大馬士革的顯貴及平民。福艾德設立了一個特別軍事法庭來審理艾邁德阿迦的案子。大馬士革新任總督穆阿瑪帕夏，還有駐軍司令哈利姆帕夏，主持了一個由高級軍官和兩名文官組成的優秀小組來審理此案。福艾德擔任控方檢察官，主導對艾邁德阿迦的訊問，這對鄂圖曼的大馬士革來說堪稱是世紀審判。[28]

鑑於此案極為敏感，審判採取祕密進行。然而，謠言工廠卻在努力加工。從各方面的訊息來看，福艾德帕夏最關心的，是要確定大屠殺是否為一場陰謀，還是自發性的事件。在大馬士革的所有外國外交官中，英國領事詹姆斯・布蘭特與艾邁德的關係最為熟稔。在大屠殺發生時兩人的對話中，他發現這位前總督在是否存在更大的陰謀這一點上前後矛盾：「我提醒艾邁德帕夏說，在穆斯林男孩被派去清掃基督徒城區的街道時，應該採取預防措施來壓制可能的暴亂；他卻回答說，這毫無用處，因為密謀已經準備好了，而且，即使沒有這個藉口，其他的藉口也能達成這個目的。」然而，在他們對話的其他段落，艾邁德卻堅稱不存在這樣的密謀。艾邁德在審判中「矢口否認知道有任何此類的密謀」，陰謀被排除在審議的因素之外。[29]

艾邁德帕夏在辯護時聲稱，因為當年稍早鄂圖曼政府將大馬士革的駐軍調派到巴爾幹半島，嚴重削弱了他的武力，以至於無法避免一八六〇年七月緊張局勢的擴大。這是艾邁德一再向政府訴說的抱怨，剩餘的軍人數量太少，無法確保其省分的安全，而被迫招募非正規部隊來彌補缺口。這些非正規軍也被證實違背上級命令，並且在暴力事件中扮演了積極角色。軍事法庭盤點了一八六〇年七月還在敘利亞、仍受到艾邁德指揮的尼扎姆正規部隊†的人數，結論是艾邁德手下仍有超過一千兩百名軍人

＊編按：意為「首領、主人、領主」。在鄂圖曼帝國時期，一些宮廷官員以及集市或禁衛軍等組織的領導人有權使用此頭銜。在農村地區，該頭銜用於指擁有大片土地並具有影響力的人。

†編按：尼扎姆部隊是鄂圖曼帝國在十八世紀末期為了將其軍事力量現代化而建立的新式正規軍。採用歐式軍事訓練與裝備，相較於傳統軍隊，擁有更穩定的階級與薪餉制度。

可供調動。雖然兵力不足，但仍足以介入制止暴力。畢竟阿卜杜．卡迪爾王公用他一千一百名阿爾及利亞退伍軍人就能有效保護該城多達百分之八十五的基督徒。[30]

軍事法庭在八月二十三日完成聽證，但並未做出判決。艾邁德阿迦須對此事負責似乎無庸置疑，這場災難性的秩序崩壞導致基督徒城區被毀，造成約五千人喪命。但是福艾德帕夏真會判處一位前總督、鄂圖曼政府的最高級別官員死刑嗎？英國總領事就是懷疑福艾德是否能做到的其中一人：「這樣的事件會深深衝擊到伊斯蘭教徒和軍隊的內在情感，並引發一場狂烈憤怒的風暴，而挑起這種風暴是危險的。」作為英國代表派往歐洲特使團的杜弗林勳爵，在黎巴嫩山及大馬士革屠殺之後，為鄂圖曼當局提供「建議」，他就持截然不同的觀點：任何不判處死刑的作為都會嚴重損害鄂圖曼當局的權威。在九月初的首次會面中，杜弗林發現福艾德在談到艾邁德時「略帶某種程度的好感」，似乎在試探英國是否會支持寬大處理。然而，當他們隔天再度會面，福艾德繼續試探杜弗林的反應，暗示「他有想要下令立即處決（艾邁德）」的想法。杜弗林「沒有說什麼來勸阻」福艾德，而是提到「他（反對艾邁德）表現的力道愈大，特使團篡奪其權力的機會就愈少」。那是一種毫不掩飾的威脅，可能會讓福艾德帕夏心中的正義天平傾斜。[31]

一八六〇年九月七日，軍事法庭宣讀判決：「鑑於大馬士革令人痛心的事件發生時，前任穆希爾，艾邁德阿迦是軍隊的指揮官，而他招募並派遣（非正規）帝國士兵蓄意到基督徒城區，以便殺害基督徒、搶奪錢財與資產、燒毀房屋，而是他給予惡徒們各種幫助，以上這些理由是否有必要對上述男子判處死刑？」二十名法庭成員一致同意，根據證據，有必要判處艾邁德阿迦死刑，並在文件上蓋章。除了這位前任總督，軍事法庭還對另外三名高階文官與軍官判處死刑，罪名是其在大馬士革、哈斯巴亞和拉沙亞大屠殺中所扮演的角色。[32]

隔天，士兵們領著這些被判死刑的人來到軍營裡一處封閉的庭院。雖然不對公眾開放，但士兵和軍官都目睹了處決過程。福艾德尊重艾邁德阿迦的遺願安排葬禮，將其安葬在位於卡松山山坡的薩利希亞城區，受人尊敬的伊斯蘭神祕主義者穆伊．阿丁．伊本．阿拉比謝赫的清真寺中。與原先預期的相反，當時的報導顯示，艾邁德的處決並沒有給大馬士革人留下太深刻的印象，因為它是在「一個封閉的庭院裡執刑，而且就當地人而言，它的方式完全私密」。然而，福艾德現在可以讓歐洲的批評者放心，鄂圖曼的司法正義已經觸及政府的最高層級，而他已經毫不猶豫地對那些有罪者施以極刑。[33]

對福艾德來說，大馬士革的平靜和歐洲的要求得到滿足，這是一個理想的結果。儘管還有大量工作要做，但至少大馬士革目前局勢穩定。執行處決後不久，福艾德出發前往貝魯特，因為法國軍隊兩週前在夏爾．博福特．度普雷將軍（通常簡稱為博福特將軍）的強力指揮下登陸貝魯特，歐洲特使團的成員也開始在那裡聚集，等著要決定黎巴嫩山和大馬士革的前途。福艾德的突然離開讓基督徒感到擔憂，但大馬士革的穆斯林則很高興看到他的離去。「願真主為他的惡行補償穆斯林，」烏斯圖瓦尼謝赫在福艾德離開那天在日記中吐露說，「所有權力與力量都歸於真主。」

★　★　★

福艾德帕夏在大馬士革的四十三天裡，基本上完成了懲戒罪犯的任務。從福艾德與歐洲外交官的談話中，他給人這樣的印象，福艾德不喜歡死刑，而事實上九月八日之後很少執行死刑。他頂住了歐洲要求處死阿布杜拉．哈拉比謝赫和烏瑪爾阿凡提．加齊等重要神學家的壓力，辯稱他無法找到任何一個穆斯林證人願意提供對這兩人不利的證據。福艾德利用歐洲的法治觀念向外國官員辯稱，在缺乏確切證據的情況下，處決一個人是不公正的。然而事實證明，也就是這些顯貴阻礙了福艾德恢復鄂圖曼對大馬士革掌控的整體任務，而他也有自己的理由希望他們離開。不論如何，議會中知名人士的命運暫時獲得擱置。

福艾德在大馬士革的工作還遠未完成。他的最終目標是維護鄂圖曼在敘利亞的主權，抵禦歐洲介入的威脅。懲戒罪犯只是他任務的一部分。歐洲人還會根據他們能否好好處理事件中倖存基督徒面臨的人道危機，來評價他與鄂圖曼政府。福艾德在解決基督徒倖存者的困境，以及重建在事件中遭摧毀的城市等方面，幾乎沒有任何進展。歸還被盜的財產，賠償損失，重建被毀壞的商店、住家和禮拜場所，以及採取臨時措施阻擋基督徒難民從大馬士革流向貝魯特，並為大馬士革無家可歸的基督徒提供住宿，這些任務以及其他更多的工作，還有待福艾德完成，如此他才能宣稱已經恢復了秩序並懲戒了罪犯。

第七章 甲蟲和蠍子

一八六〇年九月，福艾德帕夏來到貝魯特，他每到一處就會想起在大馬士革的未竟之業。成千上萬來自黎巴嫩山和大馬士革的基督徒難民，擠滿了整座城市的街道及公共空間。難民中有少數男子，但大部分是成了寡婦與孤兒的婦女和孩童。他們逃離大馬士革時只有一條性命和身上的衣服，一無所有，一切都要依賴鄂圖曼政府和外國援助機構。懲戒罪犯只是個起點，重建房屋和恢復生活的重要任務仍然擺在眼前。萬一福艾德疏忽了，在那裡的難民會讓他想起這些任務。

大馬士革的難民之所以會聚在貝魯特，是因為福艾德帕夏把他們送到那裡。他在七月底抵達大馬士革後不久就造訪了城堡，發現有大約一萬一千名基督徒躲在城堡的圍牆內。他們想儘快離開城堡，但覺得在大馬士革不安全。他們害怕那些每晚向他們叫囂、要讓他們見血的暴民。他們無家可歸，因為幾乎所有房子都被燒毀了。因為他們已經無家可歸，所以最好住在一個對基督徒來說安全的城市。他們想去貝魯特，那裡有大量的基督徒人口，也有廣泛的歐洲影響力，而且有傳言說法國軍隊即將抵達，以保護基督徒不再受到傷害。

造訪城堡之後，福艾德帕夏由政府出資提供了騾子和糧草，將基督徒難民從大馬士革送往貝魯特。第一支車隊在八月二日出發，兩天後抵達貝魯特，車隊約有三千名倖存者，他們「處境非常悲慘」。一八六〇年八月及九月，當難民開始撤離城堡，還有數千人跟進。[1]

然而，一到貝魯特，大馬士革的基督徒就面臨嚴峻的挑戰。他們發現，這座在戰前有四萬到五萬人口的城市，現在已經被黎巴嫩山戰爭的難民給淹沒了。為了提供食物和住宿給逾萬名一無所有的黎巴嫩基督徒，貝魯特當地政府已經不堪重負。由於還有數千名基督徒從大馬士革準備前往貝魯特，當地教會和國際援助機構在資源不足的情況下竭盡所能提供援助。貝魯特根本沒有能力應付如此規模的緊急情況。在繼續支持前往貝魯特車隊的同時，福艾德也尋找方法在大馬士革本地容納無家可歸的基督徒。他採取的解決方案很激進，對於平息穆斯林的敵意毫無幫助。[2]

八月十六日，大馬士革當地政府命令卡納瓦區的穆斯林居民撤離其房屋，為無家可歸的基督徒提供住所。無論貧富、名流或平民，這項措施全體適用無一例外。哈西比家族長期以來都是卡納瓦區的顯貴人物，他們撤離的消息甚至也傳到了他們的兒子穆罕默德·阿布·薩烏德·哈西比在獄中的牢房。警察只給居民二十四小時的時間搬走他們的財物，並「施加各種邪惡的手段，不給任何人額外的時間」，哈西比在日記中感嘆道，「但願真主阻止這樣的事情，有些受人尊敬的家族在卡納瓦生活了兩百年，從未離開過他們的家園。」在匆忙清理房屋的過程中，居民被迫將個人物品擺放在街頭，小偷就藉機大肆搜刮。「那天的卡納瓦城區，就如同基督徒城區被掠奪的那天一樣」，哈西比的比喻有些誇張（畢竟，沒有人殺害卡納瓦區的居民，或放火燒了他們的房子）。他認為強制撤離是追加的集體懲罰，那些沒有對基督徒社群施暴且受人尊敬的大馬士革人也無辜受害。對此，伍麥亞大清真寺的傳教士也持同樣觀點。「最大的痛苦、恥辱和恐懼落在了大馬士革」，穆罕默德・賽義德・烏斯圖瓦尼謝赫觀察到，當撤離措施擴大到卡伊馬里亞區、多馬之門以及朱拉區，「我看到無家可歸的（穆斯林）不知道要去哪裡，帶著他們的衣物來到伍麥亞大清真寺和其他地方」。[3]

穆斯林屋主一騰出他們的住家，鄂圖曼官員就把房屋提供給從城堡來的基督徒。大約有兩百個家庭在八月底離開城堡前往卡納瓦區。他們算是大膽的人。因為擔心被趕出自己住家的穆斯林社群會有所反應，大多數基督徒選擇留在相對安全的城堡內。當局派了武裝警衛，以確保緊張的基督徒在穆斯林城區的安全。當時的局勢很緊張，心懷怨恨的穆斯林白天在街上咒罵基督徒，晚上則用石頭砸他們的房子。不過，隨著時間推移，愈來愈多的基督徒接受從城堡搬進騰空的穆斯林房子。八月底，福艾德停止了政府對逃離大馬士革前往貝魯特的難民的援助。到了九月中旬，最後一批基督徒難民也在被困了近七十天之後離開了城堡。[4]

就算這樣，貝魯特仍留有八千名大馬士革的基督徒，幾乎是湧入這座城市約兩萬名難民的半數。

不像早期為這座快速發展的港口城市帶來了生意和繁榮的移民潮，現在這些人一無所有。而且他們很生氣。他們對倖存的感激之情一旦過去，取而代之的就是他們對所遭受一切的怨恨。他們將怒氣發洩在鄂圖曼當局身上，因其幾乎無法滿足難民對食物和住宿的需求。他們也瞄準了從大馬士革前往貝魯特的穆斯林囚犯和徵召入伍者的車隊，當其在武裝警衛帶領下向駐地前進時，他們嘲諷這些戴著手銬的人：

「你們的斧頭呢？你們的刀劍呢？」

「真倒楣，你們被逮到了，你們最終會被套上絞索！」

「明天我們就要回大馬士革了，我們會順道拜訪你們並接管你們的房子。」[5]

到了九月，大馬士革當局積極呼籲在貝魯特的難民返回。福艾德帕夏發出傳單張貼在貝魯特的教會及公共場所，通知基督徒難民說：「大馬士革目前受到陛下（蘇丹）的保護，享有安寧與安全。你們有責任返回那裡；你們會找到所需的一切，像是住宿及維持生活的東西。」貝魯特的苦難處境驅使一些人返回。其他人則需要說服他們，回去是安全的。福艾德本人離開大馬士革來到貝魯特的這個事實，讓許多基督徒質疑返回大馬士革是否明智。但是這位鄂圖曼大臣有充分的理由把他的注意力擺在貝魯特的局勢。[6]

★　★　★

福艾德帕夏決定離開大馬士革前往貝魯特，乃是受到國際政治的驅使。這次事件登上了歐洲及美國的頭版新聞。在鄂圖曼境內的記者把在黎巴嫩山和大馬士革暴行的恐怖報導，用電報發給在巴黎和倫敦那些嗜血的編輯們。倫敦的《每日新聞》於七月十五日發表了一篇早期報導，稱「掠奪、焚燒和殺害的工作」仍在持續。該報提供了目擊證據，指狂熱的暴民咆哮著：「殺死所有基督徒走狗，一個也不放過，燒毀他們的房屋，掠奪他們的財產，玷汙他們的妻子，撕碎他們的孩子，除掉聖城中的一切，只留下真先知的真正追隨者。」[7]

這些圖文並茂的報導煽動了公眾輿論，並流傳到大眾文化中。當時有首歌謠《大馬士革四萬名基督徒慘遭屠殺的悲痛》，以流行音樂的形式再現了報紙報導中聳人聽聞的細節：

基督徒好人們請注意我現在要揭露的，
我現在提到的話題會讓你渾身寒顫，
這是有關敘利亞大屠殺，數千人遭受苦痛，
是突厥海岸上不文明的伊斯蘭教徒所為。

對四萬名基督徒來說，我很難解釋，
被基督徒嘲諷的隊伍毫不留情地屠殺，
用長矛和子彈射穿他們的心來滿足自己卑劣的慾望，
他們的財產被掠奪，他們的住所被焚燒。

知道他們的慘況，你的心會感到悲傷和憐憫，
男人先被處死，然後女人被凌虐，
每條村莊的街道都被腥紅的洪水覆蓋，
我們希望他們的靈魂是快樂的，因為他們為自己的上帝受苦受難。8

隨著新聞界和音樂界開始關注敘利亞的基督徒，西方政府也迅速回應。拿破崙三世政府的喉舌、法國《憲政日報》斷言，法國「準備看到敘利亞政府交接給比鄂圖曼政府更堅定的人手中」，因為事實證明鄂圖曼政府無力保護其基督徒少數族群。拿破崙三世的外交大臣愛德華·安托萬·圖弗內爾提議派遣一支歐洲干預部隊來保護敘利亞的基督徒，並向鄂圖曼施壓，要求他們以達到西方要求的方式來解決危機。英國政府則從帝國競爭的角度來看待法國的提議，並認為與其說圖弗內爾的呼籲是人道

主義干預，不如說是第一步，「而且是很長遠的一步，朝向終結蘇丹在地中海邊境的統治」，這種設想讓英國評論家認為「我們對此一前景的擔憂，並不亞於突厥人的擔憂」。英國評論家認為法國的戰略是控制地中海的非洲和亞洲沿岸，透過蘇伊士運河計畫掌控英國進入印度的通道。因此，英國致力於維護鄂圖曼在敘利亞的主權，以阻止法國的野心。[9]

儘管英國不願意為法國領導的人道主義遠征軍派遣地面部隊，但英國全力支持召集國際特使團，來監督鄂圖曼解決敘利亞和黎巴嫩危機的措施，並且重組黎巴嫩山功能失調的治理體系。當歐洲特使們開始在貝魯特聚集，而法國軍隊也抵達黎巴嫩海岸時，福艾德便離開了大馬士革，以便更有效地遏制歐洲那些直接威脅鄂圖曼在敘利亞主權的行動。

★★★

拿破崙三世皇帝所派遣的法國干預部隊有六千名兵力，以保護敘利亞的基督徒避免再受暴力侵害，他們在八月中旬抵達黎巴嫩海岸，在貝魯特南部的松樹林中紮營。從福艾德的角度來看，他們是顆定時炸彈。他擔心大規模的歐洲軍隊將重新喚醒敘利亞各地社群的緊張局勢，即使是最微小的事件也可能引發新的暴力衝突。福艾德與法國軍隊司令夏爾·瑪麗·拿破崙·博福特·度普雷將軍（一八〇四年至一八九〇年）的聯繫，只是讓福艾德更加擔憂這支軍隊所構成的明顯而現實的危險。

博福特是個能征善戰的將軍，他決心為自己和士兵贏得戰場榮耀。博福特在對部隊發表談話時，引用了幾個可疑的先例：如法國的十字軍戰士布永的戈弗雷（一〇五八年至一一〇〇年）、拿破崙在埃及和敘利亞的戰役（一七九八年至一八〇一年），來向其士兵們保證他們也將在黎凡特創造歷史。但要做到這一點，他們就必須拔劍與敵人交戰。這次的敵人就是那些殺害基督徒的人：首先是德魯茲派，但敘利亞的穆斯林也是個可行的選項。理想的情況是，博福特將基督徒倖存者重新安置在他們黎巴嫩山的家鄉，並殺死任何阻撓他的德魯茲派信徒。這是福艾德的噩夢。如果法國人在黎巴嫩山與德魯茲派交戰，福艾德相信這場衝突會把豪蘭區的德魯茲派及他們的貝都因盟友捲入，「這樣，在人數大大占優勢的情況下，法國的榮譽可能會受到牽連，屆時戰事或干預會走到哪裡才結束就很難說了。」這種事態發展幾乎可以肯定將導致歐洲派遣更多士兵並拉長軍事遠征的時間，從而危及鄂圖曼對敘利亞的統治。[10]

一但博福特將軍抵達貝魯特，他就要加緊腳步。歐洲列強給他的任務期限要求是六個月。他們還要求博福特與鄂圖曼當局合作。八月二十日抵達貝魯特港後，博福特寫了一封信給福艾德帕夏：「一支由皇帝（拿破崙三世）交付我指揮的法國遠征軍，已被派往敘利亞……其主要目標是協助鄂圖曼軍隊執行有力的鎮壓任務，這項任務必須在閣下的最高指揮下完成。我想無需多言，鎮壓必須既迅速又有力，這樣才有用。」迅速、有力的鎮壓，這確實讓福艾德有理由感到擔憂。

為了防範博福特熱切的勁頭，福艾德要求這位法國將軍將他的部隊部署在貝魯特至大馬士革公路周邊的基督徒領域，因為在那裡他們與德魯茲派發生衝突的風險最小。博福特帶領部下作戰的機會被剝奪了，他感到非常憤怒。正如博福特後來的回憶：「當包含該提議的文件被交給（我）時，（我）當著帶文件來的先生面前把它撕成兩半。」博福特的反應更加堅定了福艾德儘快前往貝魯特的決心，要讓法國人受到控制，確保沒有理由讓外國派遣更多軍隊，並確保他們的任務在六個月後如期結束。任何事情都可能為鄂圖曼帝國帶來大災難。然而，為了遏制博福特，福艾德不得不將注意力從大馬士革轉向黎巴嫩山，而他在大馬士革的缺席，使這座城市變得非常不穩定。[11]

★ ★ ★

在一八六〇年那個緊張的夏季，米哈伊爾．米沙卡醫師一直待在大馬士革。他在大屠殺的第一天所受的傷，讓他在朋友穆罕默德．薩烏塔里的家中臥床休養了三十天。他從未想過加入前往貝魯特的基督徒車隊，因為他根本沒有足夠的體力來完成這趟旅程。遭到襲擊五週之後，米沙卡的右手仍然無法使力。他的兒子納西夫充當了得力右手，負責起草米沙卡的信件，並代表父親處理領事事務。納西夫還讓米沙卡隨時了解城裡的最新消息，並定期向駐貝魯特的強森領事報告。12

當米沙卡醫師從瀕臨死亡的經歷中恢復後，他開始清點自己的損失和幸運。他和所有家人在一八六〇年七月的恐怖行動中都倖存下來，這確實不容易。他們的住家被拆得只剩下磚塊，但是由於房子坐落在穆斯林房屋之間，所以被保留下來，是少數躲過縱火襲擊的基督徒住家之一。然而，米沙卡這一家失去了一切。在空閒的時間，米沙卡和家人坐在一起，列出了他們的個人損失清單，他將其寄給貝魯特的強森領事，希望得到賠償。這是一份令人感慨的詳細清單，記錄了十九世紀大馬士革一個中上層基督徒家庭的物質生活概況。

這份清單顯示米沙卡夫人是位衣著名貴且穿著考究的女性。她聲稱損失的黃金和珠寶價值十一萬五千八百皮亞斯特（超過一千英鎊），而損失的衣物價值五萬零九百皮亞斯特（四百六十二英鎊）。米沙卡醫師相比之下，他的衣櫃裡僅有價值一萬三千七百六十皮亞斯特的衣物。他們的孩子也聲稱損失了大量衣物和財產：他們的兒子納西夫（二十二歲，損失三萬二千七百二十三皮亞斯特）；薩利姆（十六歲，損失八千皮亞斯特）；伊卜拉欣（九歲，損失三千皮亞斯特）；伊斯干達（約兩歲，損失一千五百皮亞斯特）；還有他們七歲的女兒薩爾瑪（損失六千皮亞斯特），她衣櫃裡的行頭顯然超過了某些兄弟。

這份清單也證實了米沙卡醫師的文化深度和專業廣度。他的私人圖書館價值五萬皮亞斯特，他的私人藥房和醫療器材價值六萬皮亞斯特，還有他的樂器價值一千四百皮亞斯特。住家遭掠奪時他也受到了巨大的經濟損失：十二萬五千皮亞斯特的現金，以及十五萬六千皮亞斯特的放貸紀錄。除了個人財產之外，還有標準的家居用品：銀器、鍋碗瓢盆、敘利亞家具、歐式桌椅、時鐘、懷錶和鍊子……這份清單列了許多頁。米沙卡一家的求償總額超過一百萬皮亞斯特（將近九千七百英鎊）。這是一筆巨款。當然，米沙卡醫師可能稍微誇大了數字，因為他知道當局可能只會償還所有求償的一部分。但是為了對這家人的損失程度有一定的了解，一家新的英美醫院在一八六〇年十月提供給米沙卡一份醫師工作（但他拒絕了），月薪為一千兩百五十皮亞斯特（十一英鎊）。按照這個薪資換算，米沙卡需要七十一年才能賺回他聲稱在大馬士革事件中的損失。[13]

米沙卡醫師的被盜財產清單證實了他作為慈父、學者、醫生和紳士的形象。然而，他的盤點清單中有一列卻完全打破了這個形象：一份雜項「採購物品」清單，其中包括「商品、紡織品、木製品、一名女奴、一匹母馬、一頭騾子、幾匹馬和各種工具」。賈里亞（女奴）一詞夾雜在牲畜和家庭用品中看起來非常不協調，以致你可能會認為自己看錯了手寫的阿拉伯文。但事實並非如此。為了證實這點，米沙卡在給強森領事的陳述信中還添加了一條注解：

我們找到了逃離我們家的女奴（在事件期間），並要求將她歸還。她被帶到政府那裡，但政府拒絕將她交給我們。她被安置在納吉布（Naqib，先知穆罕默德後裔的領袖）的家裡，政府聲稱蘇丹解放了奴隸，儘管這在大馬士革從未發生過，而且也沒人聽說過有這樣的措施。所以我把她的價碼列入被盜物品清單中。[14]

米沙卡醫師聲稱鄂圖曼並未禁止在大馬士革的奴隸制，事實上，這個說法是正確的。直到一八七一年二月，政府才通知大馬士革商人，不再允許他們販賣奴隸，「並且販賣奴隸的地方也被關閉了」。即使如此，從麥加返回的朝聖者仍然持續走私少量的奴隸到大馬士革：一八七一年走私了兩個，一八七二年走私了「價值三千皮亞斯特的男性與女性奴隸」。在一八六〇年，這些限制措施尚未生效。[15]

無論強森領事對於奴隸制的個人看法為何，他對於米沙卡醫師冷酷無情地將一名年輕女子貶低為商品的作為沒有做出任何回應。一八六〇年，奴隸制這個議題在美國引起了很大的分歧，也是導致一八六一年四月爆發內戰的一個主要因素。這個披露會讓米沙卡在美國新教傳教團中的仰慕者覺得反感。總部位於波士頓的美國對外傳教團委員會是堅定的廢奴主義者。另一方面，美國駐伊斯坦堡大使詹姆斯．威廉斯是奴隸制的公開擁護者，後來他因堅持南方邦聯的訴求而辭去了外交職務。在這個議題上，米沙卡表明自己的立場與他所屬的教會相悖，但和其大使則完全一致。

更急迫的是，米沙卡醫師已經一無所有，他需要經濟援助來開始重建生活。他擔任副領事的工作並沒有薪水。這份工作雖然帶給他其他的福利，像是免稅和關稅折扣。但在目前的情況下，這些福利對於短缺現金的米沙卡一家來說毫無價值。米沙卡希望藉由自己的領事地位向鄂圖曼當局施壓，要求賠償他的損失。首先，米沙卡寫信給駐貝魯特的強森領事，請求強森代表他與鄂圖曼政府交涉。米沙卡懇求道：「我已無以為繼了。」有鑑於襲擊他的住家實際上是對美國外交使節的襲擊，而且還得到鄂圖曼士兵的協助和教唆，而當地政府沒有採取任何措施來維護安全，米沙卡認為強森對此案件應該很容易就可以做出決定。但是強森領事拒絕接受米沙卡的訴求，並解釋說，他相信鄂圖曼政府會希望在對損壞和盜竊賠償之前先完成自己處理事情的程序。他的回覆引爆了米沙卡罕見的憤怒：「我向閣下陳述，政府根本不想給任何人任何東西，現在不想，以後也不想，不給我們，也不給其他人。如果他們給了任何東西，那就違背了他們的意願。」16

說實話，鄂圖曼國庫沒有資金來補償大馬士革人在一八六〇年的損失。根據鄂圖曼的數據，一八六〇年，整個大馬士革省的年度財政收入總額是二千二百六十萬皮亞斯特（二十萬五千英鎊）。他們至多能夠為每個基督徒提供每日津貼一．二五皮亞斯特（每天一便士），這僅足以購買每天的麵包。但即使是這樣的津貼鄂圖曼國庫每個月仍要花費五十萬至六十萬皮亞斯特，而且也都拖欠了四十天。福艾德帕夏需要找到一種機制來籌集重建大馬士革的必要資金。在他們找到錢之前，鄂圖曼當局只能靠官僚系統的繁瑣程序來拖延應對基督徒的索賠要求。[17]

公平地說，鄂圖曼政府為米沙卡醫師做的，比他們為多數大馬士革的基督徒做的還要多。米沙卡的房屋是少數倖存的基督徒住宅，被指定列入一八六〇年八月首批由政府出資修復的房屋。在穆罕默德．薩烏塔里的家避難三十天後，米沙卡一家搬進了他們原本居住的舊城區中一棟清空的穆斯林房屋。米沙卡一家可以從他們臨時的住所隨時關注自己家的翻修工程。然而，搬遷並非沒有危險，英國外交官報告說，米沙卡遭遇了穆斯林男子公然的敵意，他們「詛咒（美國）領事和其宗教信仰，並告訴他不要認為福艾德帕夏會永遠待在大馬士革保護他」。米沙卡在自己的報告中沒有提及這些威脅，但在事件發生後的幾個月裡，這些威脅確實加劇了他對於自己與大馬士革的基督徒處境的憤怒。[18]

★　★　★

夏去秋來之際，憤怒成了大馬士革的主要情緒。對於福艾德帕夏及其政府在事件之後所施加給他們的一系列懲罰措施，人數占多數的穆斯林難掩怒氣。大規模逮捕、公開處決、流放和監禁、史無前例的徵兵、強制疏散整個城鎮城區，穆斯林擔心自己的政府會對他們的生命和財產構成威脅。此外，該城的經濟生活也遭到破壞，市場上的商店經常出於預防或抗議而關閉。更糟的是，福艾德帕夏不允許從麥加返回的朝聖車隊進入該城，使得大馬士革失去了年度中最重要的宗教和經濟活動。所有這一切都是為了滿足如今被鄙視的基督徒少數群體及其歐洲的靠山。如果連鄂圖曼政府都拒絕履行保護伊斯蘭教及其律法的義務，又有誰能保護穆斯林免於這樣的災難呢？

大馬士革的基督徒也很憤怒。他們遭受了難以言喻的暴力，失去了朋友和家人，失去了他們的住家和生意，並且被迫在城堡中避難了數週，擔心暴民隨時可能衝破大門屠殺他們全部的人，就像在哈斯巴亞、拉沙亞和代爾．卡馬爾發生的那樣。他們每天只能靠一便士來過活，住在被撤離的穆斯林房屋裡，沒有任何家具或寢具，還要忍受城裡滿懷怨恨的穆斯林白天的侮辱和夜間的威脅。儘管政府一直在談論要重建他們的房屋並歸還他們被盜的財產，但是未下葬的遺體仍躺在基督徒城區的廢墟中，幾乎沒有大馬士革的基督徒能從他們支離破碎的生活中稍稍恢復。他們已經受了苦，現在仍在受苦，並且想要讓穆斯林也受苦。

一八六〇年九月，政府下令穆斯林撤離卡納瓦區巴拉尼的房屋，這是最新一波清空房屋以安置基督徒難民的行動。阿布．里札克．卡迪里謝赫是位受人尊敬的穆斯林神職人員，他將個人財物堆放在自家門外的街道上。一群基督徒男子突然走近跟他談話，他們指控他持有從基督徒那裡偷來的財物。當他試圖為自己辯護時，他們指著一塊地毯和一件大衣，聲稱這是從他們家裡偷來的，並將這位可敬的謝赫拖到了公署，他在那裡被逮捕並被關押等待調查。基督徒們找到了一種新方式，來利用他們有限的力量讓穆斯林受苦。

正如穆罕默德・賽義德・烏斯圖瓦尼謝赫所記載的：

> 在過去的五天裡，基督徒不分男女，一直在四處散布和指控穆斯林犯罪。他們可能抓住一個男人就對他說：「那是我的外套」，或者指控他偷盜或縱火。一個基督徒婦女可能抓住一個穆斯林婦女就說：「那是我的衣服，讓我看看你還有什麼，你外套下面的是什麼？」無論那位穆斯林婦女穿什麼，基督徒都會說：「那是我的！」他們提出這些指控，而（當局）做出的裁定都對基督徒有利。焦慮和痛苦在穆斯林中蔓延。[19]

米沙卡醫師透過指控參與掠奪他家的大馬士革同胞，藉此來發洩他對鄂圖曼司法的不滿。米沙卡根據剛從貝魯特回來的僕人之指證，指控鄰居穆罕默德・穆哈利拉蒂，此人是在木屐製造商市場開店的工匠。更戲劇性的是，米沙卡指控胡賽因・卡爾塔克吉和其兒子毆打了他的妻子，偷走了她的珠寶、一匹馬、一頭騾子，以及米沙卡被盜財產清單上的女奴。對於他的指控的可信度，米沙卡找到了一位目擊卡爾塔克吉犯行的穆斯林顯貴作證。那位女奴懷孕了，米沙卡指稱是卡爾塔克吉讓她懷孕的，米沙卡拒絕討回她，而是要求賠償她的全額五千五百皮亞斯特（五十英鎊），他說：「我還要求對卡爾塔克吉和其兒子進行司法懲罰，因為他們武裝襲擊了領事館，搶劫了這個家庭的婦女，並偷走了女奴，這樣依法懲罰才能以儆效尤。」警方隨後逮捕了這兩人，並對米沙卡的指控展開調查。[20]

米沙卡醫師提供的有關女奴的細節很少。在他的檔案中，他從未提及她的名字、年齡或出身。我們不知道米沙卡是從哪裡將她買來，但在十九世紀中葉的大馬士革，奴隸仍然被交易和徵稅。例如，烏斯圖瓦尼謝赫就曾經寫道，官員們如何在一八六〇年拘留從麥加朝覲歸來的朝聖者，以「找尋該徵稅的咖啡和奴隸」。儘管她本身肯定不是穆斯林（即使在坦志麥特時代，基督徒也不會願意或被允許購買穆斯林），但因為她是由穆斯林讓她懷孕的，所以她的孩子出生就是個自由的穆斯林。正如米沙卡所述：「有鑑於她的懷孕是被強加的（這是米沙卡斷定她被強姦了的最貼近的用語），我們無法接受她。」在十九世紀中葉的大馬士革，基督徒家庭要撫養穆斯林小孩是不可能的。即使考慮到她生育一個穆斯林小孩將會遭遇的困難，米沙卡的書信中也明顯透露著拒絕的感覺。他隨後拒絕了政府以三千皮亞斯特補償損失女奴的提議，並要求以她的全額五千五百皮亞斯特購買。他再也沒有提到她，我們也不知道那個被奴役的女人或她的孩子後來怎麼樣了。[21]

回到基督徒對大馬士革穆斯林的指控，一連串的指控加劇了穆斯林對大馬士革基督徒的敵意。「他們某些人說，『我們留下一些基督徒（活著）是錯誤的，要是我們把他們全都殺了，就不會留下任何人可以向（當局）投訴』。」米沙卡醫師報告說，「其他人則說，『我們殺死了甲蟲，卻留下了蠍子』。」或者換句話說，那些在七月的事件中被殺害的人是無害的，而倖存者卻有能力「螫」穆斯林。不出所料，一八六〇年十月四日，匿名人士用粉筆在基督徒所居住的房屋的門上畫上十字，彷彿在標記他們作為攻擊目標。恐慌席捲了大馬士革的基督徒社群，引發人群再度逃往貝魯特。福艾德帕夏離開大馬士革還不到一個月，他在穆斯林和基督徒之間達成的脆弱平衡就已經被打破。[22]

★ ★ ★

福艾德帕夏在黎巴嫩度過了一個月，不斷壓制博福特將軍的軍事熱情。在貝魯特與這位法國指揮官會面後，他們兩人商定了一項行動計畫。福艾德將搭船到黎巴嫩的南部港口西頓，與五千名士兵所組成的鄂圖曼作戰部隊會合。鄂圖曼部隊將穿過黎巴嫩山的德魯茲派南部地區，重建鄂圖曼對此地的掌控並逮捕所有涉及攻擊黎巴嫩基督徒的當地領導人。博福特和其法國部隊則護送基督徒難民返回混居的城鎮代爾卡馬爾，從海岸向內陸進發，以增援鄂圖曼人的綏靖行動。因此，如果德魯茲派領導人拒捕或對鄂圖曼軍隊採取敵對行動，法國人就可以發動攻擊。這不是博福特所渴望的行動，但足以確保法國將軍的合作。正如福艾德向英國特使杜弗林勳爵所透露的，該計畫讓博福特「有機會動用他的部隊，但又不允許他採取獨立的行動路線」。福艾德希望透過這種方式將戰事限縮在「軍事長廊」

內。[23]

福艾德在九月二十三日從貝魯特前往西頓，準備開始行軍穿越德魯茲派的領域。鄂圖曼軍隊即將到來的消息比他早到一步，讓德魯茲派領導人有充足時間逃往豪蘭區以躲避追捕。只有順從的德魯茲派村民留下來接待福艾德和其部隊。當法國軍隊到達代爾卡馬爾時，並沒有憤怒的槍響，該鎮已經完全平靜，可以重新安置基督徒倖存者。福艾德祝賀博福特成功完成一次行動。而這位法國將軍則向所有人抱怨說，福艾德如何讓所有德魯茲派的強盜逃過懲罰。福艾德不得不阻止博福特率領部下窮追不捨攻入豪蘭區，並要求他隨鄂圖曼軍隊前往扎赫勒，以繼續採取建立信任的措施，讓基督徒難民重返家園。福艾德說服博福特讓他的士兵去幫助基督徒在代爾卡馬爾及扎赫勒清理瓦礫並進行重建。這就是福艾德的天才之處，他讓法國士兵放下步槍，改拿起鏟子和錘子。趁法國士兵有事可忙、無法抽身，而且他們的指揮官也被架空之後，福艾德回到了德魯茲派的據點穆赫塔拉，那裡是福艾德的總部所在地。福艾德在穆赫塔拉期間，得知大馬士革的局勢正在惡化。黎巴嫩山的情勢穩定了，福艾德立即動身前往敘利亞的首府，並於十月十日上午抵達。[24]

城堡裡的大砲鳴響了禮炮，宣示福艾德突如其來返回大馬士革。他與官員們會面以評估情況。穆斯林和基督徒之間的緊張關係正在加劇，引起恐慌並導致基督徒再次逃往貝魯特。福艾德決心阻止難民潮，他擔心新一波難民潮將鼓動歐洲列強插手大馬士革。

歐洲五大國的代表——奧地利、法國、英國、普魯士和俄國——最近才剛抵達貝魯特，並在十月五日召開了敘利亞特使團的第一次會議。根據這些歐洲列強的協議，該特使團的任務是「鎮壓、賠償和重組」：調查敘利亞和黎巴嫩暴力的原因，並確保將有責者繩之以法；確認基督徒損失的程度，並確保他們得到賠償；審視黎巴嫩山的治理規畫，以防止今後再次發生暴力事件。福艾德決心將治理規畫的審視局限於黎巴嫩山，因為那裡的基督徒人口不僅規模大且多樣性高，又有特殊的治理機制。他不想要讓歐洲人插手大馬士革，因為那是鄂圖曼的省會，穆斯林占絕大多數。然而，來自大馬士革的難民潮讓特使們警覺到該城的紛擾，在十月九日的第二次會議上，法國特使萊昂－菲力浦．貝克拉德呼籲特使團轉移陣地，將會議從貝魯特改到大馬士革，以應對那裡的秩序崩潰。貝克拉德的理由是，特使們去到大馬士革不僅可以讓基督徒放心，而且可以「決定對那些尚未受到處理的真正有罪者的懲罰」。從福艾德的角度來看，這是危險的「任務擴延」。25

福艾德帕夏迅速採取行動來平息事態發展。在抵達大馬士革當天，福艾德就發出訊息給歐洲特使團，回報說他發現大馬士革「處於一種平靜的狀態，就像我離開時一樣令人滿意」。他的基督徒消息來源證實，門上發現的十字標記「很可能」是一小部分他們的基督徒同胞畫的，因為他們自己急於想去貝魯特，又希望鼓動他們的家人和朋友與他們一起搬家。沒錯，基督徒社群驚慌失措，有些人已經逃離了這座城市。但現在福艾德回來了，他會恢復他們的信心，並確保他們在大馬士革的安全。他暗示特使們真正該關注的是黎巴嫩山所面臨的問題。至於大馬士革的一切，都已在他的掌控中。[26]

但他真的掌控所有了嗎？無論是誰畫了十字標記，他們都助長了基督徒的恐慌，湧入貝魯特的新難民潮並沒有隨著福艾德回來而停止。根據英國人的統計（英國人正與鄂圖曼當局合作阻止逃亡潮），在十月四日到十月二十六日之間，大約有一千二百名基督徒離開大馬士革前往貝魯特。福艾德需要扭轉移民潮，讓大馬士革人相信自家家鄉的安全，他們的需求也能在家鄉得到最好的滿足。他還用了一些脅迫手段。福艾德向貝魯特的基督教會發出通知，呼籲所有大馬士革難民返回他們的家鄉。他還警告說，大馬士革人在貝魯特將不再有資格獲得國家援助，只有在大馬士革才能獲得支援。[27]

在安撫大馬士革基督徒的同時，福艾德仍然必須解決該城穆斯林社群日益增長的敵意。因歐洲要求將大馬士革的重要人物都繩之以法，這讓他的任務變得更加困難。當首批絞刑和總督艾邁德帕夏被處決所引發的震撼平息後，歐洲外交官們評估了局勢，認為鄂圖曼的執法仍然不夠徹底。領事和特使們挑出了宗教機構（烏拉瑪）的主要成員，以及有影響力的省議會人士，要求進行懲戒性的處罰。他們特別聚焦在阿布杜拉．哈拉比謝赫，他是大馬士革的伊斯蘭學者院長，被視為「殺害基督徒的主要煽動者」。其他被歐洲外交官盯上的名人包括：沙斐儀學派的「穆夫提」烏瑪爾阿凡提．加齊，還有前任議會成員艾邁德．哈西比，他是日記作者穆罕默德．哈西比的父親。福艾德不同情這些人，他們被福艾德視為坦志麥特改革措施的反對者。然而，他們受到大馬士革穆斯林的崇敬，因此福艾德需要謹慎行事，以避免激起民憤導致新一輪的暴力事件。[28]

回到大馬士革不久，福艾德就下令拘留阿布杜拉·哈拉比謝赫，以及主要的「烏拉瑪」成員和顯貴，總共二百三十名男子。自從福艾德在一八六〇年七月首度抵達大馬士革以來，這些人之中的大多數都曾被政府拘留或軟禁過。這些顯貴被帶到拜特·巴塔吉亞，穆罕默德·阿布·薩烏德·哈西比仍被關押在那裡而未被起訴。當這些顯貴進到拘留所時，他記下了每個人的名字，他也與父親有了一次短暫而感人的重逢：「當我看到父親進來時，我感到非常高興，當他看到我時，他的眼裡充滿了淚水。」當局不允許哈西比父子同住一室，但卻將他們兩人安排在相鄰的房間。[29]

穆罕默德·賽義德·烏斯圖瓦尼曾是阿布杜拉·哈拉比的學生。他對自己的老師極為敬重，並一直尊稱他為「謝赫」。烏斯圖瓦尼在特別法庭外密切關注謝赫多次開庭的消息，他在法庭外等候希望能一睹恩師的風采。根據烏斯圖瓦尼的說法，對謝赫的所有指控，證人們始終都證明其清白。十月十四日哈拉比最後一次出庭時，檢察官聚焦在暴力事件發生的第三天，哈拉比呼籲薩利希亞的男子協助撲滅大馬士革大火的說法。許多歐洲人根據大馬士革基督徒提出的指控，聲稱謝赫實際上是號召薩利希亞的人加入對基督徒城區的攻擊，而非撲滅大火。然而，「所有人都證實了謝赫在當天的清白」。

被拘留的名人開始對他們的監禁和特別法庭的反覆審訊感到不耐煩。十月中旬的一次開庭後，法庭將沙斐儀學派的「穆夫提」烏瑪爾阿凡提·加齊解職，並下令把他重新拘禁。「經過六十天的審問，我又被送回拜特．巴塔吉亞？」加齊難以置信地問：「我犯了什麼罪？我在這座城市做了什麼違法的事？」法庭的成員也無法回答這位穆夫提的問題，他們自己也不確定。證人們就是拒絕指控這些穆斯林知名人士，法庭透過反覆審訊也尚未推翻任何被告最初的陳述。[30]

最後，現實證明不可能對主要知名人士和「烏拉瑪」判處死刑。如果沒有罪證確鑿的證據，福艾德不會批准死刑判決。但他也無法釋放這些人，否則會加劇基督徒的恐懼，引發更多人逃往貝魯特，並引來歐洲干涉的風險。福艾德反過來尋求一種妥協的解決方案，改認定這些知名人士「沒有利用他們對民眾的影響力來阻止針對基督徒的暴亂」。對於這項較輕的罪行，福艾德解釋說：「我判處了一些人在某座城堡終身或有期限的監禁，而其他人則流放一段時間。」阿布杜拉．哈拉比謝赫被判終身監禁，哈西比的父親被判處十五年監禁，而沙斐儀學派的「穆夫提」烏瑪爾阿凡提．加齊被判處十年監禁。判決很嚴厲，但家屬還可以抱有獲得緩刑或特赦的希望。這些犯人在十月二十日被解送到貝魯特，以便流放到賽普勒斯島的法馬古斯塔。這些判決在大馬士革製造了一句流行的說法，當任何人陷入困境時就會這麼說：「兄弟，他們把我扔到這個法馬古斯塔，然後就走了。」[31]

福艾德對這座城市的知名人士做出判決後，他就開始逐步結束大馬士革特別法庭的工作。許多遭到基督徒指控並被逮捕的人，被無罪釋放回到社區。一些基督徒抱怨政府變得鬆懈，不認真追究有罪者並繩之以法，但清空監獄緩解了穆斯林社群的緊繃情緒。這是個難以平衡的兩難抉擇，而基督徒持續離棄這座城市。十月三十一日，又有一千人到達貝魯特，到十一月三日，留在大馬士革的成年基督徒不超過兩千人。英國特使杜弗林指出：「如果移民潮繼續不受控制，除了基督徒人口中極少的殘餘之外，沒人會留下來。」福艾德與在大馬士革的鄂圖曼官員得將難民從貝魯特推回大馬士革，但這需要時間。[32]

在大馬士革密集待了兩週後，福艾德帕夏回到了貝魯特。儘管基督徒繼續逃離大馬士革，但仍有充足的士兵駐守以確保安全。穆斯林社群被制服了。如此多的「烏拉瑪」和顯貴被流放，造成了寒蟬效應，卻沒有激起憤怒。因此，大馬士革的局勢算是穩定。此刻對福艾德帕夏任務最直接的威脅還在貝魯特，來自歐洲列強作為敘利亞委員會成員的五位特使仍在進行商議。這些特使愈來愈想把他們的工作擴展到大馬士革，福艾德反而需要把他們的注意力留在黎巴嫩山。

一八六〇年十月二十六日，福艾德帕夏主持了他在敘利亞委員會的首次會議，並藉此機會向五名歐洲特使介紹了他最近在大馬士革所開展工作的最新情況。他以支持對十一位知名人士的定罪和流放來作為擋箭牌，以防止歐洲人進一步指控其對大馬士革穆斯林菁英的放任。從那些特使們的臉上，福艾德可以看出他們並沒有完全被說服。那些野蠻的歐洲人認為，這種情況需要更多的絞刑。他們在敘利亞危機中的利害關係如此不同。那些外國使節的短期目標，似乎是要藉由懲戒屠殺敘利亞基督徒的人來滿足國內的輿論。有些人甚至可能希望利用敘利亞危機來擴大他們自己在黎凡特的帝國利益——

主張保留鄂圖曼帝國的英國人，就懷疑法國和俄羅斯懷著這種不可告人的動機。福艾德則著眼於長遠的目標：恢復法律和秩序，並讓鄂圖曼帝國在一個關鍵的阿拉伯省分的改革取得進展。他需要在穆斯林和少數族群之間達成和解。他還需要維護鄂圖曼帝國對敘利亞的主權。有鑑於那些歐洲特使的觀點和優先事項不同，福艾德知道他們在敘利亞的威脅並不亞於博福特將軍和法國軍隊。

就以英國特使杜弗林勳爵（一八二六年至一九〇二年）為例。英國長期致力於維護鄂圖曼帝國的領土完整。英國在整個十九世紀都奉行這一政策，以防止鄂圖曼帝國因過於衰弱而無法捍衛其地緣戰略領土，導致歐洲帝國列強之間發生衝突，並讓鄂圖曼充當俄羅斯和歐洲大陸之間的緩衝地帶。眾人本以為，杜弗林在敘利亞的策略會是冷靜且溫和的。然而，鑑於一八六〇年十月大馬士革基督徒再度湧入貝魯特的情勢，他的提議簡直就是種族清洗，或者以當時的情況，叫做教派清洗。杜弗林宣稱，大馬士革大屠殺是「伊斯蘭教對基督教的犯罪企圖」，他認為伊斯蘭教作為一個整體應該受到懲罰，而不僅僅是個別的穆斯林：「歐洲，既有能力，也有權利，對伊斯蘭教施加一些表示不滿的信號和永久的印記。」作為懲罰，杜弗林提議在大馬士革和耶路撒冷之間進行人口遷移：

> 那麼，如果我們要求以此為契機，將耶路撒冷城恢復為基督教世界，並將來自大馬士革的逃亡者安置在（耶路撒冷）穆斯林居民必須撤離的地區，這豈不是可以實現為（大馬士革）難

民爭取安身之所，以及要求迫害他們的人應該得到適當報應的雙重目標嗎？在其最神聖城市的街道上，伊斯蘭教讓基督徒的鮮血像水一樣湧出。如此嚴重的罪行，沒收耶路撒冷會是一個合適的紀念。33

當然，杜弗林是向伊斯坦堡的英國大使布爾沃提出了這個建議，而非向福艾德本人提出。儘管如此，它還是讓我們深入洞察了這個人的想法：歐洲霸權、文明衝突、十字軍復辟、對耶路撒冷人施加集體懲罰（大馬士革人犯下的罪行與他們完全無關）——反對杜弗林提議的理由多不勝數。有像杜弗林這樣的盟友，福艾德必須非常小心地處理這些歐洲特使。

有鑑於拿破崙三世積極想在黎凡特擴張帝國利益，法國特使萊昂－菲力浦・貝克拉德（一八二〇年至一八六四年）對福艾德來說是個更明顯的危險。早在十月初，貝克拉德就提議將敘利亞委員會的會議從貝魯特轉移到大馬士革召開。鄂圖曼政府迅速拒絕了這個提議。一八六〇年十一月，貝克拉德提議將大馬士革視為「被襲擊的城市」，要對所有穆斯林居民開徵嚴苛的稅收，以補償大馬士革基督徒的損失。貝克拉德預料會遭到穆斯林顯貴的抵制，因此他提議「從最富有和最有影響力的居民中挑選出一定數量的人質」來扣押，讓他們負責籌集資金，並嚴格規定期限。如果錯過最後期限，富有的人質的財產將被國家沒收。考量到人質的身分地位，貝克拉德不排除對不合作的顯貴施以進一步的懲罰。無論這項提議有何優點，它都沒有法治的基礎。杜弗林和貝克拉德這些歐洲特使，他們提出如此具挑釁性而適得其反的提議，顯然是考慮到歐洲的公眾輿論，而非鄂圖曼帝國敘利亞的長期穩定。這些提議讓福艾德帕夏更下定決心要盯住敘利亞委員會，並使其盡可能遠離大馬士革。[34]

敘利亞委員會被賦予了三項任務：鎮壓、賠償和重組。福艾德向他的歐洲同僚們堅稱，透過特別法庭在當地的努力，他已經解決了在大馬士革的鎮壓問題。因此，他將這些同僚的注意力集中在黎巴嫩山伸張正義，以及在貝魯特和德魯茲派小鎮穆赫塔拉所召開的特別法庭活動上。他們的會議公報證實了福艾德在這方面取得的成功。然而，他承認賠償工作在大馬士革仍處於初始的階段。大量被盜的財產已在大馬士革追回，各城區的委員會已竭盡所能地監督將財產歸還給合法擁有者的過程。但是大馬士革受損資產的重建資金，仍是一個重大問題。所有人都同意，大馬士革穆斯林應該為重建貢獻出大部分現金，並且應該徵稅以挹注對大馬士革基督徒的賠償。福艾德將此事提交給「高門」，由其決定實施懲罰性重建稅的規模和執行方式。

在大馬士革當局等待伊斯坦堡就賠償問題做出回應的同時，基督徒難民繼續從大馬士革湧向貝魯特。特使們再次要求將他們的討論轉移到大馬士革，親自評估那裡的問題，安撫大馬士革基督徒並阻止移民潮。為了說明這一點，法國特使貝克拉德宣讀了由五大基督教派精神領袖所簽署的請願書，表示他們願意在敘利亞委員會提供安全保證的條件下返回大馬士革。這項建議引起了福艾德帕夏的強烈反應，他堅持認為該委員會無權發布這樣的保證，基督徒應該相信他們的政府：「為了給予基督徒所缺乏的信心，如果需要採取進一步的措施，（福艾德帕夏）將會予以執行，為了達成這個目標，他將始終歡迎他的同僚（歐洲特使們）提出建議。然而，如果委員會跨越了這個限制，就會僭越了其政府的權利。」為了平息激烈的爭論，此事被推遲到稍後的會議中再做出決定。35

福艾德繼續抵制委員會訪問大馬士革的每一次嘗試。在十一月底的一次漫長而激烈的會議上，法國特使再次提出了這個問題。福艾德以時機不對極力爭辯，因為「高門」即將宣布向穆斯林徵收特別稅的計畫，以補償大馬士革的基督徒。歐洲人在這個時刻到訪，會讓人覺得「高門」是在歐洲人的壓力下行事，而非主動採取行動，影響了這項措施的正當性。他就得建議「高門」無限期推遲宣布對穆斯林徵收特別稅。這個論點沒有讓特使們留下任何印象，他們將此事付諸表決，結果一致否決了福艾德帕夏的意見。特使們回去收拾行李，而福艾德則為為期一週的艱苦損害控管做好準備。

一八六〇年十二月初，大馬士革根本無法接待一個高階的歐洲代表團。該城的經濟生活陷入停頓，市場死氣沉沉。穆斯林多數群體對歐洲人的敵意比以往任何時候都更強烈，大馬士革穆斯林與基督徒社群間的緊張關係仍處於白熱化狀態。基督徒在恐懼和寒冷中蜷縮著，沒有錢購買食物、木柴或木炭來養活自己，或為借來的住處取暖。只有少數人留在大馬士革，大多數基督徒倖存者已經到貝魯特避難，這表明了他們缺乏信心。在歐洲人抵達該城之前，福艾德對這些問題無能為力。他唯一能做的，也是早該做的，就是僱工開始清理仍然堵塞在基督徒城區街道的瓦礫以及人體遺骸。在特使們到達的前一天，福艾德下令調派一千名工人及三百頭驢子清理廢墟。他們在特使們的訪問期間一直在工作，拖出岩石和土壤，並挖掘出近五個月前在大屠殺中喪生的基督徒遺骸。這些骨骸被運往基督徒墓地埋葬。[36]

特使們於十一月二十九日從貝魯特出發，在十二月一日抵達大馬士革。當他們經過該城的市場時，遭到執勤的鄂圖曼士兵的公然侮辱，但是當地政府則「以與其身分相符的禮遇」接待了他們。他們走訪了大馬士革的基督徒家庭，親眼目睹其生活狀況。在大多數情況下，「他們的寢具、毯子和炊具供應不足」。特使們會見了基督徒的宗教及社群的領袖聽取他們的擔憂，並了解需要採取哪些措施來阻止大馬士革難民不斷湧向貝魯特。來自六個教派的神職人員代表團提出了他們的建議：懲罰殺人犯和侵犯我們家庭（harems）*的人，賠償損失，「按照原樣」重建教堂和修道院、房屋和工作場所，以及提供安全保障以應對未來的威脅。最後，特使們走過基督徒城區的廢墟，親眼目睹破壞的程度，而工人們則繼續清理街道上的瓦礫和屍骨。[37]

＊編按：原意為伊斯蘭家庭中的女性內室，此處作為宗派神職人員的語境，可能泛指「家庭」、「女性空間」或宗教社群受到侵犯的隱喻。

特使們特意拜訪了某些穆斯林顯貴，他們在大屠殺期間因保護基督徒免受暴徒的傷害而出名。當然，其中最傑出的是阿爾及利亞的「埃米爾」阿卜杜．卡迪爾。在隨後的幾個月裡，這位「埃米爾」因其英勇行為而受到多國政府的表彰。鄂圖曼蘇丹授予他一等梅吉迪勳章，法國人授予他榮譽軍團大十字勳章，美國總統林肯送來了一對裝在展示盒裡的精美手槍。（維多利亞女王透過女王陛下的領事轉達了她的欽佩之情，但沒有送上更實質性表達敬意的禮物。）然而，外國人對他的尊敬愈多，阿卜杜．卡迪爾與當地政府和大馬士革顯貴就愈疏遠。他們把他視作外國代理人，而他則譴責他們在七月大屠殺期間有罪的消極態度，「因為他們繼續抽著水煙，什麼也不做。」在與歐洲官員的談話中，阿卜杜．卡迪爾將大馬士革的穆斯林分為二十四個部分：「其中有二十個是積極煽動大屠殺；在剩下的四個部分中，有三個半希望發生這樣的事件，但沒有煽動，只有剩下的半個真正反對這樣的行動。」以阿卜杜．卡迪爾的觀點來看，福艾德帕夏應該處決十倍數量的穆斯林，以重新在大馬士革樹立起對鄂圖曼政府的尊重。[38]

阿卜杜．卡迪爾的這種觀點不受大馬士革穆斯林顯貴的歡迎，當他於一八五五年首次搬到這座城市時，他們也曾歡迎他加入他們的行列；且這種觀點也沒有受到福艾德帕夏的喜愛，他的使命是要在大馬士革恢復鄂圖曼帝國的權威。歐洲對於敘利亞未來重組的提議中，其一是在敘利亞建立一個阿拉伯王國，由阿卜杜．卡迪爾登基。這個計畫的支持者寥寥無幾。它被視為法國擴大對敘利亞影響力的明顯企圖。這個計畫的提出，事實上標誌著這位「埃米爾」對於福艾德使命的威脅。[39]

歐洲特使們呼籲改善安全的措施之一，是全面解除在黎巴嫩山和敘利亞的武裝。福艾德猶豫是否要大力推行這項措施，因為這會激起敘利亞人的廣泛抵抗。許多大馬士革人將他們的武器藏在家中女眷的生活區域，鄂圖曼士兵無法在不引起憤怒的情況下搜查這些地方。然而，福艾德利用特使們的解除武裝呼籲，對阿卜杜·卡迪爾的阿爾及利亞人採取了行動。他的部隊仍然擁有一千一百多名武裝人員，他們只對這位「埃米爾」負責。十一月，政府開始強行解除阿卜杜·卡迪爾家臣的武裝。當特使們要求福艾德帕夏對此做出解釋時，他提醒這些歐洲外交官曾一再要求解除武裝，並指出儘管他提出留給阿卜杜·卡迪爾「兩百名武裝人員保鏢……但要破例留下全部一千五百人是不可能的」。無論這對福艾德和其政府有什麼好處，但阿爾及利亞人被突然而強力地解除武裝，再次引發了基督徒的恐懼。事實證明，阿爾及利亞人是大馬士革基督徒唯一可靠的捍衛者。「如果他們完成了這個行動，」米沙卡醫師說，「那麼大馬士革剩下的基督徒就會離開，我可能也是他們其中之一。」但特使們在大馬士革期間沒有採取任何措施來阻止這個行動。[40]

特使在大馬士革期間也沒有召開正式的會議。他們等回到貝魯特後才恢復開會。當他們恢復會議後，他們將重點完全放在黎巴嫩山。也許到訪過後讓這些特使們深刻認識到，在大馬士革還有大量的工作有待完成。他們對介入大馬士革的興趣當然有所縮減，而更願意把這座城市的重建工作留給鄂圖曼當局負責。在長達數月抵制委員會訪問大馬士革的要求之後，福艾德不可能指望會有比這個更好的結果。

★ ★ ★

一八六〇年底，福艾德帕夏已經消除了在大屠殺之後歐洲對鄂圖曼帝國統治敘利亞和黎巴嫩的兩大威脅。他遏制博福特將軍軍事野心的手段一直持續到他的任務結束。法國軍隊在駐紮期間從未參與任何一場戰鬥行動。這位法國將軍巡視了黎巴嫩山和黎巴嫩海岸線，一直在尋找獲得戰場榮耀的機會。博福特提議發動的每個戰役——不論是在豪蘭、拉賈或貝卡——都被這位鄂圖曼大臣巧妙地轉移了。與法國軍隊相關的最惡劣的暴行，是在博福特軍隊的保護下，馬龍派村民對德魯茲派平民的報復性殺戮。儘管這些謀殺十分凶殘，但它們並沒有引發任何新的動亂。福艾德從法國軍隊的存在中獲得了所有好處——安撫黎巴嫩山的基督徒民眾，並協助重建他們的家園和村莊——而沒有讓法國軍隊打亂他的計畫。

福艾德輸給博福特的一步棋與法國在黎凡特的任務擴展有關。隨著博福特的六個月任期接近尾聲，這位法國將軍想方設法想延長他的停留時間。鄂圖曼和英國試圖駁回這個請求，但拿破崙三世堅持他的軍隊應該留在黎巴嫩保護敘利亞委員會，直到特使們完成工作。法國人透過談判正式將博福特的任期從二月中旬延長至一八六一年六月五日。福艾德優雅地接受了失敗，但確保法國人沒有理由在六月之後還繼續留下來。

在貝魯特北部，卡爾布河（狗河）切割出一條穿過陡峭懸崖、流入朱尼耶灣的通路。自古以來，自以為征服了黎巴嫩的軍隊都會在這裡留下不朽的碑文來紀念他們的戰役。埃及法老拉美西斯二世、巴比倫國王尼布甲尼撒二世、羅馬人、拜占庭人和馬木路克人，都在俯瞰橫跨河流的中世紀橋梁的崖壁上留下了他們的印記。作為離開黎巴嫩前的最後姿態，博福特委託建造了一座巨大的石碑，以紀念他的皇帝、他本人、他的指揮官和他的部隊：

一八六〇年至一八六一年
拿破崙三世
法蘭西皇帝
法蘭西武裝部隊
博福特·度普雷將軍
指揮官

奧斯蒙特上校
參謀總長
杜克羅特將軍
步兵指揮官

碑文上記載了部署在黎巴嫩的九個軍事單位。沒有英勇的口號或任何光榮的戰鬥需要記錄，碑文只是暗示「我們曾在這裡」，以免歷史忘記。六月，六千名法國士兵登船回家。在一輪感人的告別派對之後，博福特將軍於六月十日啟航，成為遠征軍最後一名離開黎巴嫩的成員。

敘利亞委員會於一八六〇年十二月從大馬士革返回後，將其餘會議的重點放在黎巴嫩山治理結構的調整上。鄂圖曼人和歐洲人一致同意，在前次一八四二年的教派衝突後，將黎巴嫩山分割為馬龍派和德魯茲派區的做法，已被證明是一場災難性的失敗。然而，他們對於如何最適切地重組該地區的行政管理都有不同的想法。一八六一年春天，特使們針對廣泛的提案進行辯論，最終達成協議，由一位鄂圖曼基督徒總督來領導這個新的統一架構。這個計畫滿足了歐洲的要求，即黎巴嫩山的基督徒應該由基督徒管理。鄂圖曼人則對新結構使黎巴嫩更接近伊斯坦堡的直接統治而感到滿意。特使們在五月退回到伊斯坦堡參加大使級會議以達成協定，六月九日鄂圖曼帝國與歐洲列強簽署了建立黎巴嫩山新治理架構的協定。這個新政府體制被稱為「穆塔薩里法雅」，即「總督管轄區」，為黎巴嫩山迎來了一段前所未有的和平與穩定時期，這個時期一直持續到一九一四年第一次世界大戰爆發。[41]

儘管福艾德帕夏在大屠殺後避開了歐洲列強構成的許多威脅，但大馬士革仍處於危機狀態。穆斯林和基督徒之間的緊張關係持續存在。從大馬士革湧向貝魯特的基督徒難民仍然有增無減。該城的經濟陷入深度衰退，貿易和製造業均未從事件的影響中恢復過來。嚴峻的重建工作才剛要開始，到了一八六〇年底，基督徒的房屋、工作場所和教堂的重建費用仍然因為缺乏資金而受阻。福艾德帕夏和其鄂圖曼士兵被證明能夠在大馬士革提供安全保障。但該城重建的新障礙是資金。如果基督徒的損失得不到賠償，就不可能說服他們返回該城。要推進大馬士革的重建及其社群的和解，政府將不得不想辦法來支付這些費用。

第八章 用樹上長出的錢重建大馬士革

一八六一年七月，在事件一週年之際，福艾德帕夏敦促大馬士革總督籌辦一次晚宴，讓這座城市的基督徒和穆斯林菁英可以在社交場合彼此交融。過去一年的事件加深了大馬士革社會的分裂，福艾德決定讓生活恢復到某種正常的狀態——儘管每個人都知道，在這個緊繃的城市裡，穆斯林和基督徒之間的關係距離正常狀態還很遙遠。

一位名叫阿布·艾邁德·薩爾卡的穆斯林名人在他家中舉辦了晚宴，一千盞燈點亮了會場，樂隊於此演奏了阿拉伯音樂。主教和領事的獎章和徽章在燈光照耀下閃閃發亮，穆斯林名人和政府官員與他們擦肩而過。米哈伊爾·米沙卡醫師，美國駐大馬士革副領事也是受邀的兩百人之一。從他自身的創傷和席捲他所在城市的動蕩中緩慢恢復之後，他本來應該很高興能有機會再次出現在社交場合。賓客名單都經過精心挑選。在場的穆斯林沒有任何人與暴力事件有所牽連。總督在客人們坐下來吃晚飯後才加入了聚會，卻又被緊急訊息叫去了新的電報局。電報局在三週前剛剛開張，這種即時的現代通訊方式引起了廣泛的興趣。儘管如此，總督為了處理他的電報而離席還是帶著一點自視甚高。或者，也許這次聚會並不完全符合他的心意。[1]

米沙卡醫師的東道主負擔得起舉辦如此奢華的晚宴。阿布・艾邁德・薩爾卡透過與大屠殺基督徒倖存者的關係，他最近取得了特別稅的豁免權，這個稅是對大馬士革穆斯林徵收的，以協助支付基督徒城區的重建費用。只有那些為了保護基督徒而出面干預的穆斯林才能免除這筆懲罰性稅收。因此，薩爾卡家的燈火通明，樂隊一直演奏到深夜。[2]

大馬士革其他房子裡的氛圍則要灰暗得多。就在一個月前，大多數大馬士革穆斯林都收到了繳交基督徒賠償基金的高額罰單，在去年的經濟衝擊之後，這筆罰單愈發不受歡迎。大馬士革基督徒的氣氛也同樣陰鬱。他們的家園仍然是一片廢墟，而在大多數情況下他們得到的賠償承諾，所支付的金額只是他們損失總額的一半。在大馬士革事件一週年之際，每個人的生活感覺上都處於停滯與危險之中。

錢就是問題所在。得要耗費一大筆錢，才能夠修復基督徒城區和大馬士革經濟所遭受的破壞，而鄂圖曼帝國的國庫已經消耗殆盡了。軍隊現代化的開支以及災難性的克里米亞戰爭，迫使「高門」於一八五四年在歐洲市場上首次公開貸款。事實證明，以借貸作為應對現金短缺的手段，就是不斷走下坡。一八五五年、一八五八年、一八五九年和一八六〇年，貸款的條件愈來愈糟糕，這反映出對於鄂圖曼經濟的信心下降，導致這個帝國在一八七五年最終走上了破產的道路。不論是福艾德帕夏或者鄂圖曼帝國在大馬士革的總督，都不可能指望伊斯坦堡的協助。大馬士革的重建，籌集資金主要得仰賴當地的來源。[3]

考慮到一八六一年大馬士革的經濟狀況，要想從幾乎一無所有的地方募集到重建資金，需要一些創新的會計手段。鄂圖曼帝國官員搜找所有可以用來代替現金的資產，以賠償基督徒至少部分的損失，並開始重建。他們拖延時間，制定還款期程，並找到創造性的方法來貶低基督徒索賠的價值，使省級財政能夠盡可能地使用其有限的現金資源。這使得整個重建的進程充滿了不確定性和焦慮，因為當地政府得要在大屠殺後的大馬士革，以極少或根本沒有財政資源的情況下，努力應對重建和恢復正常生活這些看似矛盾的挑戰。然而，當地政府別無選擇。沒有重建資金，大馬士革將永遠無法恢復，其疏遠的社群也永遠不會和解。有人必須付出代價。但問題是要付出代價的是誰。

★ ★ ★

一八六〇年十二月，敘利亞委員會的歐洲代表在訪問大馬士革後返回貝魯特，他們對重建基督徒城區的巨大挑戰印象深刻。在他們任務的剩餘時間裡，他們專注在黎巴嫩山，將大馬士革留給鄂圖曼人來解決。唯一的例外是賠償稅，歐洲列強認為這對資助重建至關重要。歐洲人決心要對大馬士革的穆斯林處以懲罰性罰款，以作為對基督徒大屠殺的進一步報復。經過長時間討論後，敘利亞委員會建議鄂圖曼人設立一個一．五億皮亞斯特的基金，以補償所有基督徒的損失，並重建他們的家園、工作場所和教堂。一八六一年三月，「高門」接受了委員會的建議，但「由於預算限制」，將基金規模減半至七千五百萬皮亞斯特。為避免歐洲進一步干預，福艾德一直到敘利亞委員會完成工作並於一八六一年五月啟程前往伊斯坦堡，並且等到博福特將軍和法國軍隊於六月初撤出貝魯特時，他才回過頭來處理向穆斯林徵稅以賠償大馬士革基督徒的棘手任務。4

即使是為了等待歐洲人離開敘利亞，而允許有一定程度的拖延，但要建立一個可行的系統來處理基督徒的訴求也確實需要時間。自從福艾德帕夏抵達大馬士革以來，鄂圖曼當局鼓勵基督徒倖存者逐項列出他們的損失，分為兩類：被縱火犯燒毀的房屋和其他城市的房地產（阿拉伯文稱 mahruqat），以及被盜的財產（maslubat）。從一八六〇年八月開始，鄂圖曼帝國的基督徒臣民、受外國保護者以及大馬士革的各個基督教會，提出了數以千計的索賠訴求。雖然我們並沒有所有基督徒索賠總額的紀錄，但米沙卡醫師估計被盜財產和房地產損失的價值就接近二．四億皮亞斯特，遠遠超過鄂圖曼帝國的賠償能力。鄂圖曼當局幾乎立即著手嘗試建立賠償基金。他們需要對於可用資源有所了解，然後才能開始承諾向基督徒倖存者支付賠償金。5

（上）穿著校服的「馬克塔布·安巴爾」學生。馬克塔布·安巴爾是一八八〇年代在大馬士革開辦的菁英中學，他們應該是與薩利赫·塔爾同時代的學生。

（下）重建後的新大馬士革某條街道，擁有現代化的商店和寬闊的街道，為穆斯林、基督徒和猶太人提供了公共空間。

（上）大馬士革城堡，在大屠殺期間是基督徒的避難所。在一八八〇年代，廢棄的護城河被填平，在賈迪德市集創造了新的商業空間，並容納了現代化的市場哈米德市集，照片中央的桶形拱形結構沿著「直街」延伸了好幾百公尺。

（下）米德哈特帕夏市集位於照片後方的尖塔之間。有一座長達四百七十公尺的現代拱廊，桶形拱形屋頂覆蓋了直街的西半部，該市場在一八七〇年代成為了大馬士革的商業中心。

（上）阿爾萬市集是主要市場大道的一部分，該大道在一八八〇年代被整合到現代的哈米德市集中。它以現代的兩層建築為特色，底層有商店，樓上有辦公室和住宿區，街道寬度足夠讓輪式車輛通行。

（下）大馬士革舊市場的一家陶器店，一八五九年。從一八六三年開始，總督下令拆除像這樣的長椅，以便拓寬街道讓輪式車輛通行。

（上）馬爾賈的新行政區。這是從貝魯特到大馬士革的道路進入該城的地方。會經過維多利亞酒店、法院和郵電局。

（下）一八九五年的馬爾賈廣場，往南看去，可以見到中央監獄、總督公署（「薩瑞」，有弧形屋頂的那棟），以及政府大樓。

（上）大馬士革面對太陽之門（東門）的「直街」，在一八六二年四月三十日，幾乎完全變成了廢墟。在滿目瘡痍的背景下，重建工作開始。可以清楚地看到中間有一棟重建的房屋，二樓是用新木材建造的，在棕櫚樹的右側隱約可見另一棟重建的房屋。

（下）基督徒城區希臘教堂的廢墟，一八六二年四月三十日。前景中靠在牆壁上的原木是要用於重建。

（上）大馬士革英國領事館的庭院，大屠殺期間有數千名基督徒在此避難。

（下）提基亞．蘇萊曼尼亞清真寺的另一個角度，這是一座十六世紀的清真寺建築群，在大屠殺後作為被捕的數百名穆斯林男子的拘留中心，這些男子被指控參與針對大馬士革基督教區的暴力行為。

（上）扎赫勒。

（下）代爾卡馬爾。

（上）哈斯巴亞城堡的大門。鄂圖曼當局解除了在該鎮城堡避難的基督徒的武裝，然後德魯茲戰士闖入大門屠殺了鎮民。

（下）拉沙亞城區。

鄂圖曼當局採用了創造性的會計手法，為基督徒的訴求建立賠償基金。一個顯而易見的策略是向富人徵稅。一八六〇年秋天，當鄂圖曼帝國徵召年輕的大馬士革人服兵役時，政府利用了菁英階層們擔心將他們的兒子送入軍隊的恐懼。一八六〇年九月，政府發出了大約三百份豁免證明並向顯赫家庭寄出信件，讓他們可以選擇將享有特權的後代送去參加蘇丹的戰爭，或者支付兩萬皮亞斯特以獲得豁免證明。如果這些豁免兵役的證明售罄，政府可以籌到多達六百萬皮亞斯特，但在這件事看來，有資金買斷兒子服兵役的富裕家庭似乎比政府希望的要少。英國領事報告說，只有八十人支付了豁免金，而賽義德・烏斯圖瓦尼謝赫也只能說出他所認識的十一個實際繳納了豁免金的家庭。有傳聞說，官員們以低廉的價格出售豁免證明來中飽私囊，不過大馬士革人本來就習慣懷疑他們的政府腐敗。十二月，政府將價格降至一萬皮亞斯特，但仍然沒什麼人買單。因此，豁免證明獲得的收益，對於賠償基金的貢獻微乎其微。[6]

由於重建需要建築材料，當局找到了一種有效的策略來幫助支付賠償金。一八六〇年十二月，福艾德帕夏命令大馬士革和距離該城五小時路程內的村莊提供十五萬棵樹以用於重建。九名林業官員被派去清點樹木，並將配額分配給果園的擁有者。樹木普查完成後，重建委員會下令每個城區和村莊上繳具體數量的樹木，砍伐的範圍包括特定地點的一半樹木到全部森林。這嚴重影響了大馬士革的環境，光禿禿的花園成了對這座曾經美麗的城市的最新打擊。但至少在這方面，政府發現錢確實長在了樹上*。[7]

當政府推行這些零零散散的策略時，福艾德帕夏和他的顧問們也在為向大馬士革穆斯林徵收賠償稅的後勤問題中苦苦掙扎。毫無疑問，福艾德寧願完全不跟穆斯林徵稅。在大規模逮捕、處決、流放和徵用房屋之後，緊繃的局勢加劇。但福艾德別無選擇。歐洲列強為了伸張正義而要求徵稅：大馬士革的穆斯林屠殺了基督徒，摧毀了他們的家園，所以穆斯林必須付出代價。福艾德也沒有其他選擇。帝國國庫空虛赤字，只能少量或根本無法挹注賠償基金。這座城市必須為自己的重建買單。更具體地說，大馬士革的穆斯林和猶太人，以及該省的其他城鎮和村莊，不得不為重建被毀壞的基督徒城區提供資金。隨著基督徒的賠償訴求湧進福艾德的辦公室，他對重建的花費有了充分的認識。他和他的官員們不確定的是，他們可以合理地期待能從該省的非基督徒臣民那裡籌募到多少資金。

無論福艾德徵收什麼稅，該項措施都將非常不受歡迎。他得要確保籌募到全數的資金以及支付給基督徒的款項都是合理正當的。雖然沒有人明說，但鄂圖曼人既沒有辦法，也沒有打算要補償基督徒的所有損失。他們的目標是為基督徒提供重建家園所需之物，以及足夠的資金讓他們恢復工作生活。這種程度的賠償符合每個人的利益：既可以讓基督徒騰出他們在穆斯林城區的臨時住所，並且重振該市萎靡不振的經濟。福艾德面臨的挑戰是要找到一個機制來核實基督徒的訴求，並讓大馬士革的穆斯林和猶太人（將支付建設費用的這些人）確定賠償的數額。

一八六一年四月，福艾德成立了一個特別委員會，成員包括主要政府官員：總督、警察局長、軍事指揮官、財務主管和「穆夫提」，以及一批顯要的穆斯林知名人士。耐人尋味的是，警察局長以「流亡之痛」來讓每位成員發誓保密。在接下來的幾天裡，更多知名人士被拉入委員會的商議，而且同樣被迫宣誓保密。賽義德．烏斯圖瓦尼謝赫寫道：「然而，傳聞卻在私下散布傳開，他們正在評估基督徒房屋和被盜財產的價值。」[8]

祕密委員會的成立顯然成為全城的熱門話題。米沙卡醫師在五月初報告了該委員會的成立情況，並補充說還有兩名猶太成員也受到任命擔任職務。他饒有興味地注意到了委員會的保密宣誓，並再次提到該委員會的任務是評估基督徒訴求的傳聞。將政府的委員會披上如此神祕的外衣並不尋常，而且這個祕密保守得如此糟糕也很令人震驚。似乎每個人都知道，一群穆斯林和猶太社群領袖正在就最終的重建法案向福艾德提供建議，而基督徒在這件事上並沒有發言權。就因為這樣，該委員會達到了福艾德的目的，也就是讓穆斯林和猶太菁英捲入他們自己的社群必須繳納的稅款中。[9]

這個祕密委員會成立的消息在大馬士革菁英中流傳開來後不久，政府就宣布了針對大馬士革和該

＊編按：作者用了 money literally growing on trees 對應英文諺語 Money doesn't grow on trees（錢不會從天上掉下來）。原本不會長出錢的樹木，在大馬士革重建時期可以用來分攤支付賠償金的重擔。

省的穆斯林及猶太人徵收賠償稅的綱領。總計達到九萬「袋」錢包（一「袋」〔kis〕或一個錢包是鄂圖曼帝國的會計單位，價值五百皮亞斯特），也就是四千五百萬皮亞斯特，由大馬士革（兩萬五千個錢包）和大馬士革周邊的四個縣負擔（三萬五千個錢包），其餘三萬個錢包則由來自更遙遠的城鎮，如荷姆斯和哈瑪以及該省的其餘縣來負擔。除了基督徒和已知在大屠殺期間參與保護基督徒的穆斯林之外，該省的所有居民都將被徵收這筆稅。這個金額與米沙卡醫師估計的總損失（兩億四千五百萬皮亞斯特），以及歐洲特使們所建議的數額（一億五千萬皮亞斯特），甚至「高門」已接受的數額（七千五百萬皮亞斯特），都相去甚遠。但這仍然是一筆鉅款。相比之下，大馬士革省在事件前一年的總稅收不超過兩千兩百六十萬皮亞斯特，僅為擬議中賠償稅金額的一半。擬議中的稅收在目標社群中引起了可預見的焦慮，因為在經歷了經濟災難性的一年之後，現金短缺的鄂圖曼帝國所施加的沉重稅收義務，這個額外負擔當然不受歡迎。10

賠償稅計畫公布後不久，米沙卡醫師報告了有關福艾德帕夏的「祕密」委員會運作的更多傳聞：「我最近了解到，福艾德帕夏任命的那些人，按照命令評估每個基督徒的房地產和被盜財產的損失，並決定總金額約為九萬袋錢包。」祕密委員會對賠償法案的評估與政府提議的賠償稅相吻合，這並非巧合。而且透過此賠償法案，將責任歸屬於穆斯林和猶太人所組成的祕密機構，政府既可置身事外，又不必對基督徒社群的賠償規模承擔任何責任。[11]

一八六一年五月底，政府向大馬士革各城區及該省的每個縣發出了支付賠償稅的要求。在每份名單的開頭，政府列出了那些豁免稅款的穆斯林，以表彰他們在事件期間為保護基督徒所做的舉動。其他穆斯林和猶太臣民都必須根據其房屋、花園和其他財產的價值來繳納賠償稅。稅單將徵稅總額分成兩部分：所有非基督徒都要徵收一般稅，而對那些「在掠奪或屠殺中牽涉更深」的人則加徵特別懲罰稅。為了替苦藥裹上糖衣，福艾德宣布大赦所有在大馬士革大屠殺中尚未被指控和定罪的大馬士革穆斯林。大馬士革的基督徒不能再指控他們的穆斯林鄰居而逮捕他們，或者因涉嫌於一八六〇年七月犯下的罪行而受審。政府還開始無罪釋放關押在監獄裡的人。年輕的日記作者穆罕默德·阿布·薩烏德·哈西比在被拘禁近一年後，於一八六一年七月二十一日透過這項大赦而獲釋。[12]

從政府發布賠償法案的那一刻起，所有納稅義務人都想加入豁免名單。「埃米爾」阿卜杜·卡迪爾和那一千一百名阿爾及利亞退伍軍人，因為是救援基督徒行動中的核心分子，當然全部都獲得了豁免。突然間，數百名大馬士革的穆斯林找上這位「埃米爾」，要求其寫信確認他們實際上是北非人，他幫助了那些他能幫助的人。「這種情況一直持續到自稱馬格里布斯（北非人）的人數達到五千人，他們都受到這位埃米爾的保護，」哈西比回憶道，「這時（鄂圖曼）政府很生氣，福艾德帕夏於是下令，只有真正的馬格里布斯才可以豁免稅款。」[13]

米沙卡醫師震驚地發現，那些救了他一命的人並沒有獲得豁免資格。美國副領事的護衛哈吉・阿里・伊爾萬，他用自己的身體保護米沙卡免受暴力群眾的攻擊，並護送他到安全的地方；還有收留了受傷的米沙卡的穆罕默德・薩烏塔里，在暴力最嚴重的時候冒著極大的個人風險，為他及家人提供了安全避難所長達一個月。米沙卡請求他的上級、駐貝魯特領事強森，遊說鄂圖曼當局讓這些人得到豁免。其他領事也代表那些曾協助拯救基督徒的穆斯林提出類似的主張，但鄂圖曼人盡其所能地抵制。米沙卡為穆罕默德・薩烏塔里提出的請求被駁回，他被評估要徵收兩千皮亞斯特的賠償稅，這比一個大馬士革中產階級一個月的工資還多。[14]

另一項大膽的舉措是為邁丹城區的所有穆斯林尋求豁免，以表彰他們成功保護了鄰里間所有基督徒家庭和教堂免受傷害。邁丹城區的基督徒向鄂圖曼政府請願，以感謝他們的穆斯林鄰居拯救了他們。米沙卡醫師則極力反對這項提議，他認為儘管邁丹區居民在自己的城區保護基督徒，他們在舊城的基督徒城區所製造的暴力和破壞，比大馬士革任何其他城區的男人都要多。此外，他擔心如果邁丹城區的穆斯林獲得了這項讓步，其他城區的穆斯林也會強迫他們所在地區的基督徒起草類似的請願書。然而，邁丹城區的倡議未能獲得足夠的基督徒簽署同意而失敗，以致邁丹城區的穆斯林得要支付他們賠償稅的配額。[15]

英國當局作為鄂圖曼領土上猶太社群的靠山，也向政府施壓要求完全免除大馬士革猶太人的稅款。歐洲列強一直將這筆稅額視為對大馬士革穆斯林的懲罰，拒絕讓未參與一八六〇年大屠殺的猶太人受到懲罰。對鄂圖曼當局來說，這項稅款與其說是懲罰，不如說是為重建籌集必要的資金，他們試圖將所有應繳納稅金的非基督徒男性都含括進來。他們不想創下豁免整個社群的先例。然而，透過英國的遊說及慎重的協商，大馬士革的猶太社群終於能夠與鄂圖曼政府達成協定，繳納的稅款大幅減少，僅十五萬皮亞斯特。[16]

儘管做出這些努力來獲得豁免，但大多數大馬士革人仍然需要繳納賠償稅，而且極力反彈。正如米沙卡醫師的觀察：「對無辜者徵收賠償稅以減輕有罪者的負擔是有害的。無辜的人很委屈，因為他們沒有參與掠奪，卻要和那些參與者一起被罰款。」大馬士革人不禁認為，那些有罪者憑藉其不義之財，比沒有犯下任何搶劫罪的無辜者更有能力支付稅款。眾人認為不公正的特別徵稅，將許多敘利亞穆斯林推向了反抗邊緣。一八六一年八月，鄂圖曼當局聽到了大馬士革穆斯林將起義的風聲，在叛亂分子採取行動之前就增派了安全部隊進行干預。[17]

怨懟從大馬士革蔓延到該省的其他縣。豪蘭區的德魯茲派村民以及南部地區阿傑隆（位於今日約旦的北部）的農民認為，他們沒有理由為了大馬士革的大屠殺繳納額外的稅款。他們威脅說，如果政府試圖徵收這項稅款，就會發動武裝起義。大馬士革當局迅速採取行動弭平了反抗，因為擔心它可能蔓延到其他地區，像是荷姆斯和哈瑪等較大的市集城鎮。總督派遣軍隊前往該省南部，警告德魯茲派民眾以及阿傑隆鄉民，除了稅款之外，他們還將被迫支付軍隊的開支，並且他們要對每個在執行任務時受傷或死亡的士兵承擔經濟責任。武力展示阻止了武裝叛亂，但許多村民逃離了他們的家園和農場，以逃避他們無力支付的稅款。[18]

大馬士革省躲過了大規模的起義。然而，逃稅超過了繳稅，政府從未收齊全額的賠償稅。到一八六四年九月，當政府關閉賠償基金的帳目時，報告指出只籌集到兩千兩百五十六萬七千四百皮亞斯特——是它承諾籌集總額（四千五百萬皮亞斯特）的一半。這還不夠，也遠遠不夠，不足以支付基督徒的全部索賠。問題是，這筆錢是否至少足以支付基督徒城區的重建，並使大馬士革的經濟重新活躍起來。[19]

★　★　★

當然，鄂圖曼當局並不會接受基督徒的片面訴求。政府擁有城區房地產的詳細紀錄，幾乎可以確定大馬士革城區範圍內每棟建築的價值。基督徒索賠者所擔心的是，鄂圖曼人正在以房屋的市場價值作為他們賠償的基礎。因為大馬士革的房地產貶值迅速，老房子的售價僅為其建築成本的一小部分。米沙卡醫師估計，一棟已建成的大馬士革房屋的購買價格是其建築成本的四分之一。他警告說，如果房地產賠償是根據市場價格計算，基督徒將永遠無法以先前的標準來重建家園。[20]

財產損失的索賠更為複雜。基督徒倖存者只能根據記憶來估算他們家中物品的範圍和價值。米沙卡醫師回憶了記錄損失的種種困難：「一個與家人一起離開家的人，在槍聲和各種武器的打擊下赤身裸體，他的所有財產都被搶走了，包括他的器材和文件，」他得出結論說，「除了他明顯的不幸和了解他家狀況的人的證詞之外，不可能有任何法律證據。」由於缺乏確切的證據，鄂圖曼當局公然懷疑基督徒誇大了他們的損失，尤其是現金損失。在銀行普及前的時代，根本無法確認索賠人家裡到底存了多少錢。當局面臨的挑戰是建立公平的程序來審查基督徒的索賠訴求。當地政府在大馬士革的八個城區，分別組織了由基督徒和穆斯林成員組成的委員會，以審查鄂圖曼基督徒的訴求。[21]

從一八六一年六月下旬開始，大馬士革地方政府開始向大屠殺中的基督徒倖存者發出賠償。每個城區的審查委員會都是黑箱運作，這讓大馬士革的民眾不禁猜測這些委員會是怎麼決定每個索賠人的賠償。根據米沙卡醫師的說法：「有少數人的賠償金額並未大幅砍減，也有少數人的賠償金額則大幅增加」（米沙卡懷疑其中有人「動手腳」），但是大多數賠償金額都大幅減少。「分配給其中一位索賠者以換取（他們的房屋）賠償和歸還被盜財產的總額，也許還不足以重建他房子的一半。」[22]

審查員在決定敘利亞受外國勢力保護者的訴求時，被迫必須更加網開一面。一八六一年秋天，福艾德召集了西方和鄂圖曼當局的混合小組，根據對西方列強的治外法權，審查每個外國公民和受保護者的損失。小組的每次會議都有記錄，並與外國領事館共享。美國駐大馬士革的副領事支持其兩名敘利亞基督徒受保護者尤西夫・阿爾比尼與哈比卜・哈立德的索賠申請。他們的經歷揭示了鄂圖曼政府如何審查基督徒的訴求。

尤西夫・阿爾比尼是大馬士革希臘東正教學校的阿拉伯語教師，透過與新教傳教士的工作關係成為美國的受保護者。一八六一年十月，由三名美國人和三名鄂圖曼成員組成的混合小組，邀請他前往貝魯特來審查他對其房屋、圖書館和個人財產損失總計八萬五千兩百五十七皮亞斯特的訴求。審查小組傳喚了四位證人，以證明阿爾比尼說法的真實性。四名男子在接受單獨訊問時都證實，他們經常去阿爾比尼的家。他們的描述提供了大馬士革中產階級基督徒家庭的直白寫照：

他的房子有七個房間，家具很普通，包括沙發、地毯、桌子、椅子、咖啡用具和廚房用具。他擁有一個很棒的圖書館，藏有大約三百份阿拉伯語手稿和書籍，內容包含科學、歷史、宗教和醫學主題，價值兩到三萬皮亞斯特。他還擁有一些手術器材。索賠人穿著得體，他的家人也是如此。他的妻子佩戴典型的中產階級珠寶，包括兩件花卉形狀的鑽石、一對金手鐲、一對金耳環，以及她頭飾上的金幣。她這個階層的女性通常擁有價值一萬五千到一萬八千皮亞斯特的珠寶和衣服。

儘管有財產證人的證詞，鄂圖曼審查員仍公開指責阿爾比尼誇大了他的訴求。阿爾比尼提供了一位牧首、一些主教和顯貴的品格推薦證明，以證明他是個言行一致的人。在一八六一年十月至十一月間，在召開了三次混合小組會議之後，當局判給阿爾比尼一萬兩千皮亞斯特用於重建他的房子，並給予他五萬皮亞斯特作為圖書館和個人財產的總賠償，約占他最初索賠的百分之七十二。[23]

審查小組中的鄂圖曼代表對第二位美國受保護者哈比卜・哈立德的七萬一千皮亞斯特訴求則更加懷疑。哈立德除了在美國副領事館工作外，還聲稱自己同時從事醫學和法律工作。他指出這些來源的年收入在一萬八千至三萬皮亞斯特之間不等，審查小組認為這個薪資範圍太寬以至於不可信。委員會的會議紀錄顯示：「鄂圖曼的代表認為，他誇大了自己的財產訴求，根據其社會地位，這超出了他可能擁有的財產。」他們還指責他索賠的家具超過了他那棟簡陋的三房屋舍的容納量。他們斷然駁回了他對於房屋被洗劫時損失了三萬五千皮亞斯特現金儲蓄的訴求。他的財產證人或品格證人所說的一切，都沒有動搖鄂圖曼當局。他們將他的賠償減半，並給他三萬五千皮亞斯特的賠償。[24]

如前所述，米沙卡醫師提交的財產索賠總額為一百萬零四百零八皮亞斯特。這是個天文數字。無論是透過他的個人關係，或者是他作為外國外交官的職位，還是他索賠的規模，米沙卡的賠償都要交給福艾德帕夏來解決。米沙卡盡可能地提供了許多文件，但由於健康情況不佳——他的傷勢從未完全康復，身體也沒有力氣去貝魯特作證——他無法親自出席，並指定了兩位基督徒名人和大馬士革的

「穆夫提」代表他發言。如果米沙卡希望能從福艾德帕夏那裡得到特殊待遇，那他肯定會非常失望。這位鄂圖曼大臣審查了米沙卡索賠一百萬皮亞斯特的證據，並判給他幾乎正好一半的五十萬皮亞斯特。[25]

從這三個例子可以清楚看出，鄂圖曼當局在審查基督徒訴求時非常嚴格。若考慮到這些外國勢力的受保護者擁有外交官幫助他們辯護的優勢，那麼大多數不享有受保護者地位的鄂圖曼基督徒臣民，很可能在與政府賠償審查員的談判中處於更弱勢的地位。鑑於政府只籌集到預計賠償金額的一半資金，我們可以假設當局支付的金額約是基督徒的索賠訴求的一半左右。這些裁決讓基督徒索賠者大感失望，許多人對制度的不公正感到絕望。但他們需要這筆錢；要接受政府提供的賠償還是提出上訴，大多數人都選擇接受政府提供的賠償。

政府方面，則竭盡全力拖延付款過程。用時間換取金錢是一種經濟的策略。一八六一年六月下旬，政府用一份稱為「馬茲巴塔」的正式文件通知索賠者他們的賠償結算。這份「馬茲巴塔」規定了房地產和個人財產損失的償還條件。索賠金額為一萬皮亞斯特或以下的人，獲得了以一次性現金支付的全額賠償。索賠超過一萬皮亞斯特的人，將收到單獨的政府債券，也就是「索吉」，來支付房屋重建和個人財產索賠。「索吉」將分四期償還，第一期在「索吉」發行日之後四十五天到期，隨後每四個月付款一次。對於房屋重建，索賠人需要證明他們已經開始動工才能收到第二期付款。這是為了防止那些離開而無意返回大馬士革的人拿到了重建援助卻在新居住地消費。第二期付款是用政府砍伐的十五萬棵樹中的木材支付的。第三期和第四期付款以現金支付，條件是房屋重建工作取得了明顯進展。財產損失的賠償也按照相同的時間表支付：在「索吉」發行日四十五天後支付第一筆款項，後續三筆現金每四個月支付一次。大馬士革基督徒收到詳細說明償還索賠的「馬茲巴塔」後，通常都要等待數週才能收到他們的「索吉」，然後開始倒數計時四十五天拿到第一筆款項。用這種方式，付款可以拖到十五個月或更久之後才支付。政府知道國庫中沒有足夠的資金來支付所有款項，並希望透過延長付款時間表來履行其承諾。[26]

一八六一年秋天，政府開始支付第一批賠償金。賠償金鼓勵最後一批難民離開貝魯特並返回重建家園。泥水匠和木匠回到基督徒城區的廢墟中工作。重建工作總算開始了。

我們有捕捉到基督徒開始重建他們家園的照片證據。一八六二年二月，維多利亞女王的長子、威爾斯親王艾伯特．愛德華，展開了東地中海的盛大旅行。他的路線是從巴勒斯坦經陸路到達敘利亞。他拜訪了哈斯巴亞和拉沙亞，並前往基督徒遭遇大屠殺的地點致意。他的車隊於四月二十八日抵達大馬士革。隔天，大屠殺的倖存者史麥里．羅布森牧師護送親王穿過基督徒城區的廢墟。威爾斯親王在日記中寫道：「我們特別看了希臘教堂的廢墟和一位富有的基督徒的房子，它們都曾經很漂亮，現在則是一堆廢墟。我們還爬上了一座古老的宣禮塔，可以清楚地看到整片荒涼的房屋，那裡曾經有兩萬五千名基督徒過著繁榮的生活。」[27]

威爾斯親王被眼前破壞的規模所震撼，卻沒有看到他的官方攝影師法蘭西斯．貝德福德，在其令人難忘的大馬士革照片中所捕捉到的畫面：基督徒城區重建的開始階段。在一張稱為「直街」的照片中，向東望向太陽之門，貝德福德拍攝到了左側一棟房屋的二樓房間幾近完工。靠在新建築上的則是數十根原木，這是以木材支付賠償給屋主的其中一部分。在更遠處，一棵棕櫚樹附近，另一間樓房的二樓房間正在建造中。即使在貝德福德拍攝的希臘教堂遺跡的淒涼照片中，也捕捉到了前景中數十根新鮮的樹幹，等待著建造者。這些圖像讓人看到了令人震驚的破壞情況，也捕捉到了未來重建計畫的規模。同時他們記錄下大馬士革基督徒開始重建家園的關鍵時刻。

★　★　★

一八六一年十一月底，消息傳到了大馬士革，蘇丹已將其全權公使兼派駐敘利亞特使福艾德帕夏晉升為首相。福艾德一定很興奮。他已經擔任過四次外交大臣，但這是他第一次擔任帝國的最高職務。福艾德隔天因就職而離開敘利亞。他的突然離去再次引起了基督徒的焦慮，因為在保護基督徒和限制大馬士革的穆斯林這點上，沒有哪個鄂圖曼帝國的官員做得比他更多。但他的任務結束應該也不足為奇。福艾德是鄂圖曼最有影響力的政治家之一，也是「坦志麥特」改革的擁護者。他的工作無可避免地需要回到帝國的首都（早在一八六一年八月，當他仍在敘利亞工作時，他就被重新任命為外交大臣）。他投入了十六個月的時間來解決在黎巴嫩山和大馬士革的大屠殺問題，而且從來沒有走錯一步。他監督了對那些因參與屠殺而被定罪者的審判和懲罰。他遏制了歐洲威脅鄂圖曼帝國在敘利亞和黎巴嫩主權的企圖。他鼓勵基督徒倖存者返回大馬士革。他透過賠償稅和重建基金為重建基督徒城區奠定了基礎。在解決了敘利亞危機最棘手的問題後，福艾德將實施重建的任務交給了大馬士革的總督。儘管如此，對他的繼任者和大馬士革的基督徒來說，未來的道路仍不平坦。[28]

★ ★ ★

重建工作剛開始不久，基督徒就收到搬遷通知。他們已經在城市周遭穆斯林所擁有的房子裡生活超過一年半，當地政府決定是時候讓他們向前走了。基督徒在穆斯林城區的存在一直是緊張局勢的根源，政府似乎在對基督徒的每次讓步時，都會以給予穆斯林一些好處來達成平衡。然而，基督徒沒有得到任何預警，當時幾乎還沒有任何人的住家已經可以搬進去住，即使有也非常少。根據一八六二年三月七日的政府命令，所有拿到第一筆賠償款項的人將不再有資格獲得政府補貼的住房。他們被要求撤離政府所提供的穆斯林房屋，並尋找替代住所，「他們將自費租用」。米沙卡醫師很生氣地說：「既然剛收到被燒毀的財產價值四分之一的基督徒無法在一天之內重建他的房子，而他迄今所得到的四分之一的錢又不足以重建他的房子，那麼怎麼能指望他一邊用他的（賠償金）來修復房子，一邊又要他支付租金呢？」基督徒做了所有大馬士革人在面對不合理的政府命令時都會做的事情：他們請願和上訴以爭取時間。但基督徒從此得面對重建家園、重新出發的壓力。[29]

省政府本身也有著現金不足的困難。在一八六一年底，省政府還有足夠的流動現金來支付基督徒「索吉」的首筆款項。第二筆重建資金是用木材支付，但財務主管意識到現金儲備已嚴重不足。一八六二年三月，政府開始將大馬士革用於賠款的當地貨幣貶值百分之十，試圖讓錢可以用得更久。或者，正如米沙卡醫師所說：「這是為了減輕穆斯林的負擔，並將一部分的負擔轉嫁給基督徒，因為他們獲得了賠償。」他猜想，沒有人會拿到全額的賠償。[30]

到了一八六二年八月，賠償基金已經耗盡。政府沒有足夠的現金來繼續支付所有的「索吉」。米沙卡醫師拜訪了基督徒的顯貴安東·沙米，他在賠償基金的董事會任職，他確認「這個政府已經沒錢了，而且如果可以迴避的話，政府也沒想要付款」。值得讚揚的是，政府從一開始就優先考慮窮人。例如，政府於一八六一年四月下令為最貧困的大馬士革人重建第一批房屋，且完全由政府出資建造。他們也持續優先考慮支付窮人的賠償金。賠償基金的財務主管卡布里阿凡提，承諾所有低於一萬皮亞斯特的索賠都會優先清償。一旦解決了最小金額的索賠，政府將支付兩萬皮亞斯特或更少的款項，並協助重建教堂。較大筆的索賠將排在後面。這對米沙卡來說是個壞消息。他的賠償債券由福艾德帕夏簽署，金額為五十萬皮亞斯特，雖然他確實收到了前兩期的十六萬六千皮亞斯特，但獲得第三筆也是最後一筆賠償的機會似乎很小。[31]

儘管現金短缺和支付延誤，重建工作仍在迅速進行。被趕出臨時住所的基督徒，傾注了他們所擁有的一切資源來重建自己的房屋，而房屋和被盜財產的賠償金，似乎還足夠來支撐建築工程的進行。驢子和騾子馱著一袋袋的石頭、灰泥和木頭穿過基督徒城區的小巷，經過兩年的荒廢，這些城區又恢復了生機。

然而，重建並沒有給這座騷動的城市帶來和平。穆斯林和基督徒之間的關係仍然緊繃。穆斯林憎恨政府徵收的重稅，基督徒則譴責他們的賠償被打折扣和延誤，致使重建變得如此困難。基督徒大聲抱怨他們的賠償不足可能對政府有利，因為這樣就沒有人可以指責政府使穆斯林貧困而讓基督徒富足。但教派犯罪呈現上升趨勢，米沙卡醫師的報告讀起來開始像警方的記事本。一八六二年二月，他回報了一名美國傳教士和其妻子遭到攻擊，一名在日落後步行回家的基督徒商人遭到襲擊，以及一名來自夏顧爾區的穆斯林襲擊多馬之門的兩名基督徒。他在三月回報了警方如何平息穆斯林和基督徒之間互扔石塊的鬥毆，並逮捕了一些人。一八六三年三月，在穆斯林齋戒月期間的一個晚上，一群武裝穆斯林襲擊了兩名從咖啡館回家的亞美尼亞人，造成一人死亡、一人受傷。基督徒報告稱，聽到穆斯林威脅要「在齋戒月盛宴上讓往事重演」，這再度喚醒了基督徒對屠殺的恐懼。這導致基督徒城區的許多建築工人放下工具，前往扎赫勒和貝魯特等更安全的城鎮尋求庇護，直到齋戒月結束並慶祝開齋節。儘管這不是種族滅絕的時刻，但社群緊張的局勢持續加劇，重建後仍有增無減。[32]

政府在支付賠償方面持續面臨困難。除了最小額的索賠之外，國庫將第四筆也是最後一筆付款推遲到了一八六三年，而且在三月份時對所有「索吉」持有者實行百分之十九的折扣，並承諾「當國庫有資金時」會支付餘額。大馬士革的基督徒社群裡對於從政府公債拿回餘款，不抱持任何幻想。米沙卡醫師在報告這些事態發展時重複了他的標準口頭禪：「不要指望這裡的政府會向任何人支付任何費用。」即使打了折扣，政府也難以完成對「索吉」持有人的付款，並於一八六四年一月訴諸政府破產的最後屈辱手段：以剛印好的紙鈔來支付。在像大馬士革這樣以錢幣為基礎的經濟中，不可能說服民眾用紙鈔進行交易。他們習慣用錢幣來進行各種轉換，在大馬士革的市場上商人可以輕鬆地在英鎊、法國里弗、俄羅斯盧布、奧地利塔勒以及來自伊斯坦堡、巴格達和開羅的鄂圖曼錢幣之間進行交易。但你很少看到有交易商願意接受伊斯坦堡印製的紙鈔付款，交易商即使接受也會將面額打折百分之三十三。你很難怪罪他們；即使政府也不會接受自己發行的紙鈔用來繳稅。靠著這種貶值的貨幣，賠償基金舉步維艱地完成了其使命，並向願意接受的人支付了最後一筆款項。[33]

米沙卡醫師拒絕了以紙鈔支付最後的款項。他持續為福艾德帕夏所簽署的債券中的十六萬六千皮亞斯特的未支付款項請願，並要求以錢幣支付。他想知道為什麼自己會受到大馬士革總督如此的抵制，但他們可能認為他足夠富有可以重建自己的生活，而無須他們支付最後一筆款項。他們的首要任務從來都不是伸張正義這種大原則，或是讓基督徒恢復到事件前曾有過的生活品質。他們的主要目標一直是重建這座城市、讓基督徒重新融入，以及恢復經濟活力。一八六五年，英國領事同意將米沙卡的債權列入到其他英國受保護者的債權中（米沙卡在英國和美國都仍然享有受保護者地位），他將他的「索吉」交到英國人手上來達成訴求。但到那個時候，鄂圖曼政府已經成功地實現了它的主要目標：重建大馬士革的基督徒城區。

米沙卡醫師在一八六四年的年度貿易報告中，回報了「被燒毀的基督徒城區重建完成」，並且提供了明確的統計數據來支持這個說法。他指出，在事件發生之前，大馬士革有一萬五千兩百零六棟房屋。到了一八六四年底，已有一萬四千九百二十一棟，只有兩百八十五棟的缺口。有鑑於米沙卡之前估計有一千五百棟基督徒房屋在事件中被毀，並考慮到在大屠殺中喪生的人數和搬遷到貝魯特或其他城市的人數，這可能代表了返回大馬士革的基督徒倖存者房屋已完全重建。自一八六〇年以來，該城的商店數量實際上有所增加，從七千七百八十二家增加到七千七百九十六家，增加了十四家。對於該城的經濟生活而言，市場的恢復對所有人來說想必是個非常令人鼓舞的跡象。這座城市的工業生活也有所恢復，儘管還沒有達到一八六〇年之前的水準。正如米沙卡的紀錄寫道：「由於事件的影響，大馬士革用於編織絲綢和棉布的織布機比過去少了，但它們已經恢復，今年約有三千臺織布機。一八五九年時約有三千五百臺織布機。」有鑑於紡織在大馬士革經濟中的核心地位，這是一個非常令人鼓舞的趨勢。大屠殺四年後，基督徒城區得以重建，倖存的基督徒重新融入社會，經濟復甦。然而，在經歷了過去四年的所有創傷和社會出現的分裂之後，沒有人會說大馬士革已經恢復正常了。[34]

基督徒城區的重建已經用低廉的成本完成。這些房子非常簡陋，居民們都在為維持生計而苦苦掙扎。最初，這使得重建的地區變得貧窮，充斥著任何大城市貧民區常見的犯罪活動。酒館紛紛開在多馬之門和太陽之門的人群聚集處，在警察局旁邊、澡堂旁邊，甚至在清真寺附近，所有這些都「違反了市政法規」。受人尊敬的居民經常抱怨醉酒和失序的男子犯下襲擊和搶劫的罪行。妓女在多馬之門的街道上工作，讓「可敬的民眾」（阿爾．伊爾德）反感，並進一步破壞法律和秩序。罪犯和妓女有著共同的目標，他們狼狽為奸、保護彼此免遭逮捕。警察和城區的小區長（mukhtars）被控共謀，收受他們本應約束之人的賄賂，有罪不罰的假象進一步鼓勵了犯罪分子。這些事態發展讓某些大馬士革人感到絕望，「大馬士革的安全已經消失無蹤了」。[35]

米沙卡醫師在給貝魯特領事強森的報告中，捕捉到重建期間大馬士革社會的脆弱性：「如果政府能保證真正的安全，讓民眾放心……並向基督徒支付賠償金，讓他們有資金，同時恢復貿易安全和信心，那麼大馬士革的局勢就會逐年改善。如果做不到，那麼大馬士革比起以前將逐年衰退。」在他看來，這座城市的未來在處於關鍵的十字路口。[36]

此外，重建對緩解社群之間的緊張局勢幾乎沒有什麼作用。敵對行動持續浮上檯面，通常都是在回應遠離大馬士革的事件，而這些事件跟當地基督徒都沒有關係。一八六六年至一八六九年間，克里特島的希臘東正教基督徒反叛其鄂圖曼總督，這場重大的叛亂讓大馬士革的和平陷入了兩年多的紛擾。米沙卡醫師對大馬士革穆斯林城區所張貼的告示感到震驚：「告知穆斯林希臘人在克里特島的叛亂發生了什麼，他們在那裡的兄弟是如何被屠殺和掠奪，有多少信徒殉道，還有其他煽動性的言論，並向他們的穆斯林兄弟尋求協助。」不出所料，這些告示在大馬士革穆斯林中激起了憤怒，並在基督徒中引發了廣泛的恐懼。直到一八六九年一月，鄂圖曼當局最終鎮壓叛亂時，穆斯林的敵對情緒已經達到了極致，以至於基督徒擔心會回到一八六〇年的恐怖時期。米沙卡回憶起「一八六〇年發生在敘利亞基督徒身上的可怕事件」，並警告說：「如果歐洲國家沒有做出派兵的決定，東方的土地上就不會留下基督徒的蹤跡。唯一剩下的人將是那些放棄基督教並成為穆斯林的人。」將近十年過去了，基督徒和穆斯林仍糾結於大馬士革事件，大屠殺的幽靈仍然籠罩著這座城市及其居民。[37]

★　★　★

儘管如此，大馬士革的總督們仍舊為了讓他們的城市恢復某種程度的正常而努力奮鬥。一八六九年六月，大馬士革的穆斯林顯貴組織了一場晚宴，以表彰總督穆罕默德・雷希德帕夏，他剛剛自成功打敗外約旦貝都因部落的戰役中歸來。那是一場輝煌的宴會，會場點燃了一萬支蠟燭。如同一八六一年阿布・艾邁德・薩爾卡為當時的總督設宴一樣，參加宴會的包括來自穆斯林、基督徒和猶太社群的知名人士。但這次出席的穆斯林中有的是在事件中被判有罪的人。一八六五年，政府頒布大赦並允許所有大馬士革人結束流亡返回家鄉。前議會的成員，如受人尊敬的阿布杜拉・哈拉比謝赫，以及日記作者的父親艾邁德・哈西比，都在一八六六年返鄉參加公開慶祝活動。阿布杜拉謝赫以及艾邁德・哈西比都受邀參加一八六九年的晚宴（哈西比拒絕了），但前流亡者的出現想必使座位安排變得困難，因為晚宴是在餐桌上供應，客人依歐洲時尚「按等級」就座。對於如此複雜的情況，禮儀的規則幾乎幫不上忙，而東道主顯然也弄錯了——至少在場的穆斯林眼裡是這麼看的。穆罕默德・阿布・薩烏德・哈西比在日記中寫道：「大廳裡坐著許多基督徒，包括牧首、領事和一位猶太人的拉比。但是最好的宗教（伊斯蘭教）的烏拉瑪卻不在其中，因為總督過於優先考慮基督徒和領事們了。這對穆斯林來說是一種恥辱。」他用虔誠的祈禱總結說：「所有權能和力量都歸於全能的真主。」[38]

大屠殺發生將近十年後，也就是重建展開五年後，大馬士革社會仍未從傷痕中恢復。城鎮的居民認為，一個社群的得利必然是犧牲了其他的社群。大馬士革人民需要繁榮，才能超越教派的分歧變得更加寬容。然而該省的收入如此有限，以至於繁榮似乎遙不可及。

幸運的是，這座城市有位掌權的朋友。身為首相，福艾德帕夏並沒有忘記大馬士革。他在鄂圖曼帝國實施的最新改革，將大馬士革市作為重組和擴大的敘利亞省的首府，因此為其帶來了巨大的好處。作為鄂圖曼帝國改革新階段的一部分，大馬士革將受益於大量稅收的挹注，這將改造這座城市，並完成重建與和解的進程，最終使穆斯林和基督徒社群將過往的恐懼拋諸腦後。

第九章　大馬士革修復

從位於伊斯坦堡市中心的華麗辦公室的窗戶望出去，這位首相從未忘記大馬士革。福艾德帕夏在敘利亞首府的任務在他身上留下了印記。一八六一年，他向大馬士革和黎巴嫩山人民發表的告別詞中，福艾德宣稱：「現在我的內心深處認為自己是個敘利亞人。」[1]

一八六四年，事件發生四年後，大馬士革的基督徒仍然生活在被再次屠殺的恐懼之中。如果大馬士革的穆斯林又起來對付基督徒社群，福艾德在恢復鄂圖曼帝國對該城的控制及防止歐洲干預的所有出色工作都將化為泡影。福艾德決心利用他作為首相的權力來維護大馬士革的重建並促進其分裂社會的和解。要做到這些，需要有良好的治理和大量資金注入。福艾德對如何實現這兩個目標有自己的想法。

福艾德找上了「坦志麥特」時代最傑出的改革者之一，起草了一份對鄂圖曼帝國省級行政管理的徹底改革。艾邁特・謝菲克・米德哈特帕夏（一八二二年至一八八三年），他是尼什省（位於現在塞爾維亞境內）的總督，他職業生涯的大部分時間都在動蕩的巴爾幹地區度過。他隨後也將升任首相，並且是一八七六年鄂圖曼憲法的起草者之一。米德哈特在尼什省時遭遇了管理不善和教派關係緊張等課題，類似福艾德在大馬士革所面對的情況。功能失調的省級政府引發了巴爾幹半島分離主義的民族運動，以及阿拉伯省分的教派衝突，引來了歐洲的干預並威脅到鄂圖曼帝國的主權。兩人都認為省級改革對鄂圖曼帝國整體的生存至關重要。

福艾德和米德哈特藉由他們在敘利亞和巴爾幹半島的經驗，為省級政府制定了一套新的範本，該範本不僅適用於敘利亞和塞爾維亞等動蕩地區，還可以改善整個帝國的治理。其結果就是一八六四年的《省級改革法》，這是「坦志麥特」的里程碑，當時的英國媒體稱讚它是「立法的傑作」，「如果執行得當」，將會「在各個意義上都足以確保繁榮，並保護帝國內所有民族和信仰的生命與財產」。[2]

《省級改革法》解決了許多在大馬士革事件中導致秩序崩潰的行政問題。再也不會像艾邁德帕夏那樣，由一個行政長官同時兼任總督和武裝部隊指揮官。新法建立了權力劃分，文職、軍事和司法官員之間相互制衡，並建立了明確的階層制度，而總督（瓦利）位於權力的頂點。每個省分都劃分多個區域，每個區域都有自己的區域總督（mutasarrif，穆塔薩里法）。每個區域又劃分五到六個區，每個區由一名區長（kaymakam）領導，對其區域總督負責。最後，每個區劃分為若干村莊，由村長

（mukhtar）領導，對本區的區長負責。這個組織結構提供了省級政府從最低層到最高層的直接指揮鍊和聯繫管道。鄂圖曼的臣民獲得了投票權，離公民身分更近了一步，甚至可以在各級行政委員會和法院中擔任公職。此外，該法還要求在所有民選機構中都有穆斯林和非穆斯林代表。福艾德和米德哈特共同制定了一套符合現代需求的省級秩序。一八六四年十一月八日，鄂圖曼政府頒布了《省級改革法》。[3]

在整個帝國實施新法之前，福艾德選擇在巴爾幹地區試行該法案。巴爾幹地區是民族主義煽動和大國干預的雷區，與鄂圖曼帝國領土的其他地方一樣需要良好的治理。福艾德指派米德哈特帕夏擔任多瑙河上新成立的超級省分多瑙河省（Tuna Vilayeti）的總督，該省由橫跨現代保加利亞和塞爾維亞領土的三個前省分（尼什、維丁和錫利斯特里亞）合併而成。三個省分的合併帶來了大幅增加的稅收，供總督在他認為合適的地方使用。米德哈特帕夏利用《省級改革法》賦予的新權力和增加的收入，進行了大規模的公共支出項目。根據英國當時的一份紀錄，米德哈特在擔任多瑙河省總督的三年裡，「修築了兩千多英里（約三千兩百多公里）的道路，建造了一千四百或一千五百座橋梁，並蓋了學校、醫院和其他公共機構。他嚴格執行有關多瑙河省政府的法律，引入基督徒〔擔任行政職務〕，並在所有新設立的法院中嚴格執法。」[4]

受到多瑙河省進展的鼓舞，福艾德將目光投向了敘利亞。與多瑙河省一樣，福艾德選擇將現有的三個省分合併為一個超級省分。一八六五年四月，鄂圖曼帝國宣布建立一個新的敘利亞省（Suriye Vilayeti），含括大馬士革、西頓和耶路撒冷等前省分。福艾德任命大馬士革省總督穆罕默德・魯西迪帕夏領導這個新省分。這個消息在敘利亞各地獲得廣大的歡迎，民眾期待著投資和生活水準的提高。它也引發了貝魯特和大馬士革之間的激烈競爭，哪一個城市將被宣布為這個新省分的首府，以及這個頭銜所帶來的所有榮譽和收入。[5]

貝魯特人首先出價競標。兩百一十九名該城的基督徒和穆斯林顯貴起草了一份請願書，提交給敘利亞總督魯西迪帕夏，邀請他將貝魯特作為新省分的首府——或者用他們的話說「您足跡下的土壤」。該城的主教、牧首、伊瑪目以及主要商人們認為，透過指定貝魯特為其首府，魯西迪帕夏可以「強化貝魯特成功的基礎，改善居民的生活條件，促進貝魯特的進步和增長以及貿易的發展，（透過關稅）造福帝國國庫」。他們警告說，如果未能提升貝魯特的發展，「將導致破壞以及貿易和進口的減少——這是閣下絕不會允許的事情，因為這違背了先前所表達的貝魯特健全原則和帝國目標。」貝魯特的知名人士們認為他們提出了堅若磐石的理由。[6]

大馬士革的顯貴們不敢苟同。對於貝魯特這個新興城市炫耀其商業實力，企圖篡奪大馬士革天經地義的霸權地位，他們刻意表現得極為憤怒。該城的穆斯林顯貴們（穆罕默德・賽義德・烏斯圖瓦尼謝赫也是其中之一）起草了請願書提交給魯西迪帕夏，表達他們對其被任命為敘利亞新省分負責人的喜悅。他們提醒了魯西迪大馬士革的歷史，它是七世紀時伊斯蘭哈里發王國的第一個首都，這些穆斯林請願者也指出大馬士革在穆斯林麥加朝聖中的獨特角色，這是「崇高的國家最首要優先事項之一」。他們強調了大馬士革是沙漠邊緣的盾牌，保護敘利亞的農業免受貝都因遊牧族群的侵害。這些穆斯林顯貴駁斥了貝魯特關於其城市的商業面臨風險的說法，他們認為「該城貿易量的增長並不取決於它是閣下的首都」，而且貝魯特僅憑其地理位置就能夠確保其持續繁榮。[7]

大馬士革的基督徒另外發送了一份請願書，遞交給首相福艾德帕夏本人。在福艾德處理了一八六〇年事件造成的結果後，大馬士革基督徒對他的信心可能比任何其他鄂圖曼帝國的官員都要來得大。他們向這位首相提出訴求，彷彿面臨了生存威脅：「我們是崇高國家的奴隸，來自希臘東正教和其他教會，我們是大馬士革的人民，生活在舒適和安全中，期待著逐步走向幸福，以及完成我們在過去的事件中淪為廢墟之城區的重建。」他們重申了穆斯林顯貴所提出的相同觀點，也就是穆斯林朝聖的優先權，以及大馬士革在遏制貝都因人對定居社群構成威脅時的戰略作用。但他們把重點放在大馬士革事件上，因為他們仍在努力從事件中復原，也是他們主張加強大馬士革脆弱重建的一個理由：「如果在大馬士革痛苦的事件之後，好不容易最近才恢復的安全和保障受到了質疑，這將驅使您的基督徒臣民移居他處，留下我們的房屋和廢墟。」[8]

為了獲得敘利亞新省分首都的地位，貝魯特與大馬士革之間展開了激烈競爭，這一切都是為了錢。貝魯特是座繁榮的港口城市，在十九世紀上半葉經歷了爆炸性的成長，從默默無聞變成東地中海的第三大港口（僅次於伊茲密爾和亞歷山卓）。自從一八四〇年代以來，貝魯特一直是當時前西頓省的首府，貝魯特的中產階級決心阻止可能危及他們城市驚人成長的任何變因。[9]

另一方面，大馬士革則是座衰落的城市。它在一八六〇年之前就是脆弱的，而事件發生對大馬士革造成了近乎致命的打擊，使其經濟停滯不前，而國家則竭力從其臣民壓榨出最後的一分皮亞斯特以資助重建。大馬士革的財政長期耗盡。根據英國的報告，一八六〇年大馬士革省的收入不超過兩千兩百六十萬皮亞斯特。新的敘利亞省結合了來自大馬士革、貝魯特和耶路撒冷的收入，代表該省的收入增加了四到五倍，土地收入超過一億皮亞斯特，「此外還有來自關稅，來自菸草和鹽的資金」。貝魯特和大馬士革都為了控制這筆龐大的新預算而奮力一搏。[10]

福艾德帕夏最終確認了大馬士革在敘利亞新省的地位。沒有證據顯示他曾經認真考慮過貝魯特的競標。作為一種安慰獎，考量到貝魯特在地中海貿易中的卓越地位，他將省級商事法院設在貝魯特。福艾德最關心的是大馬士革的復興，透過建立敘利亞新省分，貝魯特、耶路撒冷和大馬士革的稅收如今將流入大馬士革的庫房。這些新開拓的財富為大馬士革的總督們提供了前所未有的資源來發展他們的城市，在接下來的二十五年裡，他們開始了一場變革性的支出狂潮。就像在多瑙河省的米德哈特帕夏一樣，敘利亞總督們將進行大規模的新投資來活化社會和經濟，例如：改善通訊，擴大政府辦公大樓，在市中心啟用現代化新市場，以及創建現代化綜合學校，為年輕的敘利亞人提供所需的教育，這將使得大馬士革得到重獲新生的機會。

★ ★ ★

大馬士革被指定為新敘利亞的首府，立即提高了眾人對這座城市的信心。面對反覆出現的教派緊張局勢，富有的基督徒名人曾經對於重建豪宅猶豫不決，但如今他們紛紛蜂擁歸來，並且建造了一些這座城市迄今最精美的豪宅。米特里·沙爾胡布是一位頗具影響力的基督徒名人，他的房子在一八六六年完工。大馬士革的編年史家努曼·卡薩特利寫道：「覆蓋著精美的石頭，有許多白色大理石柱子，裝飾精美的壁龕、房間和沙龍」，還有一座庭院種植著「最美麗的花朵」。卡薩特利稱，這棟豪宅花費了三百萬皮亞斯特，在當時這是個天文數字。然而，另一位基督徒名人安東阿凡提·沙米，花在其豪宅上的錢甚至更多，接近三百五十萬皮亞斯特，也在同年完成。卡薩特利回憶道：「當俄羅斯王儲在一八六九年造訪大馬士革時，他說這是他在東地中海旅行中見過最好的住家。」猶太名人也開始在豪宅上揮霍。一八六五年至一八七二年間，伊斯蘭布利家族的舒馬雅阿凡提，以及利茲布納家族，都在猶太城區建造了著名的房子，這些房子的造價都約在三百五十萬皮亞斯特。至關重要的是，建築熱潮也吸引了穆斯林顯貴，著名的古瓦特利家族和巴魯迪家族成員，都在一八六〇年代後期以不明的財富建造了現代宮殿。穆斯林、基督徒和猶太城區的精美房屋蓬勃發展，這是迄今最強烈的信號，表明自從成為敘利亞的首都以來，大馬士革正在恢復昔日的輝煌。11

敘利亞省的建立也標誌著大馬士革的穆斯林－基督徒關係的新階段，源自於雙方為確保大馬士革成為省會的請願活動。透過他們各自的請願，基督徒和穆斯林為他們的城市取得了共同的勝利。這是自一八六〇年事件以來，不同社群為實現共同目標而努力的首次實例，他們分享了彼此努力的成果。儘管這些發展並沒有終結社群的緊張關係，但確實展現了對他們的城市未來的共同利害關係。這個共同利益也在民選委員會的推薦中清楚地體現出來，該委員會針對省的發展向總督提供建議——敘利亞的穆斯林和基督徒顯貴在其城市和省分的經濟發展上發揮了領導作用。

★ ★ ★

一八六七年初，敘利亞新省八個地區的代表，來自阿卡、貝魯特、大馬士革、哈瑪、豪蘭、耶路撒冷、外約旦以及的黎波里，聚集在大馬士革參加省議會的首次會議。這是一個根據一八六四年的《省級改革法》成立的民選機構，負責就該省的發展策略向總督提供建議。由每個地區選出的兩名穆斯林和兩名基督徒組成，總共三十二名議員，進入議事廳後，穆斯林代表的座位在右側，基督徒則在左側。在這一年中，該議會召開了二十八次會議，其中十六次在大馬士革召開，十二次在貝魯特，以確保在全省範圍內公平分配龐大的支出。儘管宗教信仰不同，議員們卻都懷抱著復興該省經濟的雄心壯志而團結一致。敘利亞的穆斯林和基督徒齊聚一堂，為制定該省的發展進程而努力。

省議會的任務是監督該省「帝國道路的建設、維護和安全」，以及「市政建築的建設、維修和維護」。議會成員還要審議加強貿易和農業的措施，以及「研究與徵稅有關的問題」。每位議員都帶來了其選民的建議，以便與擔任議會主席的總督進行討論。只有在總督同意的情況下，提案才能進入議程。議案接著提交到全體議會進行討論。議會通過的那些提案會記錄下來並送往伊斯坦堡由中央政府批准。[12]

在一八六七年的會期裡，議會批准了大約十八項敘利亞的主要計畫。這些計畫包括擴展道路和通訊網絡及市場，農村安全以及讓遊牧的貝都因部落定居化（傳統上他們會掠奪農民和商隊），擴建政府大樓和辦公室，創造賺錢的新工作，以及在全省開設公立學校，為敘利亞年輕人提供申請這些珍貴政府職位的技能。也有些提議在伊斯坦堡和鄂圖曼帝國的其他主要城市建立新工廠，並採取措施促進敘利亞的服裝和織品貿易，讓當地優質的敘利亞紡織品比便宜的外國進口貨更具競爭優勢。議會雄心勃勃，以至於當時許多人都懷疑這些提案是否會付諸實行。總督本人則沒有這樣的疑慮，他對每項提議都深思熟慮。議會在一八六七年底舉行年終會議時，總督頒發給每位議員一份證書，無論是基督徒還是穆斯林，感謝他們為敘利亞所做的貢獻。[13]

★　★　★

敘利亞的道路網對於政府和商業活動來說都是個障礙。在一八六〇年之前，敘利亞的任何城市之間都沒有適合輪式車輛的鋪砌道路。民眾騎著馬或騾子出行，貨物則用驢子和駱駝馱運。穿越丘陵小徑需要數天的時間，而且充滿危險。早在一八六七年省議會召開之前，鄂圖曼官員就希望能將敘利亞的道路網現代化，以加快貨物和人員的運輸速度。

敘利亞第一條現代化的馬路連接了貝魯特和大馬士革。這條路線由一家擁有鄂圖曼政府特許的法國公司所建造，始建於一八五八年。一八六〇年夏天，黎巴嫩山的暴力事件動搖了投資者對該建造案的信心，迫使該公司暫停施工並在復工前停止再融資。這條馬路於一八六二年十二月三十一日通車，第一列載有地中海商品的騾車於隔天一八六三年的元旦凱旋式地進入大馬士革。這條新馬路徹底改變了交通方式，兩座城市的交通時間從三天縮短到只要十二個小時。該公司的董事艾德蒙·佩爾修斯伯爵預測，這條貝魯特到大馬士革的馬路「將有力地帶動這片土地上的商業和工業」。[14]

米沙卡醫師證實了佩爾修斯的預測。他在一八六四年的商業報告中指出：「通往貝魯特的馬路為大馬士革人民帶來了好處，因為促進了商品運輸並加快了騎士的往返速度。」一八七〇年代前往敘利亞的美國旅行者查爾斯．華納描述了繁忙來往的「白頂篷車就像西方的『草原大篷車』，每輛篷車由三頭騾子串聯拉動。三十或四十輛這樣的貨運篷車結伴而行，我們與它們不斷交會或超越；它們的數量顯示了大馬士革與貝魯特和地中海地區龐大的貿易量」。華納一行人乘坐一輛三匹馬拉動的客運驛站馬車，每隔一段時間就會停靠在由馬路公司所管理的車站：「到了每個車站都會更換一匹馬，這樣我們就總是能擁有一匹新加入的馬。」每匹馬都有自己的編號，並且準確記錄了到達和出發的時間。他讚許地說：「車站裡一切都充滿了生氣和活力，馬匹更換很快就完成。」[15]

貝魯特－大馬士革道路展現了改善交通如何促進繁榮。省議會試圖把這首條馬車道路的效應複製到敘利亞的其他地區，大馬士革位於蓬勃發展道路網的中心，路網向北可以延伸到荷姆斯和哈瑪，向南延伸到外約旦和巴勒斯坦，向西延伸到貝卡山谷。在鄂圖曼帝國晚期，地圖仍然以小時為單位繪製距離，其假設為一個人每小時可以騎行或步行五公里。有鑑於馬車道路減少了行駛的時間，其出現確實讓敘利亞的世界變小了。

無論馬路可以加快多少行駛速度（在良好的條件下，一輛馬車每小時可以行駛約十英里〔約十六公里〕），電報可以用更接近光速的速度進行通訊。除了對道路基礎設施的投資外，鄂圖曼政府還熱衷於將電報引入敘利亞。再也不會發生有座城市被焚燒了三天，消息才傳到政府中心的狀況。即時通訊也有助於貿易，使商人能夠有效地應對不斷變化的市場狀況。一八六一年，第一條電報線已經在貝魯特和大馬士革之間延伸，並繼續連接到伊斯坦堡。省議會如今呼籲將電報大規模擴展到該省的所有主要集鎮。

到了一八六〇年代後期，電報網絡開始成型。一條線路沿著海岸，連接從拉塔基亞到的黎波里、貝魯特、西頓、阿卡、雅法和加薩的港口城市。第二條南北走向的線路連接敘利亞的內陸城市，從阿勒坡到哈瑪、荷姆斯、大馬士革和豪蘭。還有多條東西走向的線路將沿海集鎮與內陸城市連接起來。一八六八年，這個網絡組合了十四個站點。到了一八八五年，該系統已經發展到大約四十二個站點，連接了敘利亞各地的城鎮和村莊，向南延伸到外約旦的撒爾特（靠近現在的安曼）。即時通訊把敘利亞聯繫在一起，改變了安全性、政府治理和貿易運作。[16]

馬車道路和電報通訊的出現對大馬士革的市場產生了變革性的影響。馬車的到來揭露了大馬士革城市規畫的一個特點，它可以追溯到古代，但不適合現代。為滿足動物商隊而建造的街道，對於輪式車輛而言過於狹窄。更糟糕的是，店面前還有當作展示商品的櫃檯空間或供店主與顧客社交的石椅，更進一步縮減了本已狹窄的通道。從一八六三年開始，總督穆罕默德·魯西迪帕夏發起了一項計畫，拆除這些石椅並鋪設商業街道，讓貿易車輛能夠進入市中心。不論店主們對於失去石椅有什麼想法，這是自從事件以來舊城區市場的首個大型公共工程項目，而且這是個受到歡迎的投資。拓寬商業中心街道的工程一直持續到一八七一年。[17]

隨著大馬士革中央市場街道的拓寬，對於舊城區商業中心的投資也達到了新的水準。一八七五年，一位著名的穆斯林名人捐贈了一個新市場，將位於馬爾賈區的政府中心與該城的傳統商業中心連接起來。阿里帕夏·穆拉利是聖城麥加和麥地那捐贈基金的管理者。他的家族自十六世紀以來一直住在大馬士革。新市場以他的名字命名。阿里帕夏市集代表了一種大膽的新城市設計形式，它結合了圍繞中央庭園建造的八十六家商店、兩家咖啡館、一間閱覽室和一個噴泉。市場的上層為來訪商人提供辦公空間和住宿，也有給一般訪客的旅館。到了晚上，空間被騰出來進行公開的表演。阿里帕夏市集就像個現代化的購物中心，集接待、辦公、商店和休閒空間於一體，適合所有大馬士革人不論是穆斯林、基督徒和猶太人都一樣。[18]

一八七八年，與福艾德帕夏共同起草《省級改革法》的多瑙河省前總督被任命為敘利亞總督。米德哈特帕夏就任後不久，便在大馬士革啟動了第二個重大商業開發案米德哈特帕夏市集。該市場綿延四百七十多公尺，是大馬士革迄今最大的城市發展計畫之一。以古街「直街」為重點，米德哈特帕夏下令夷平道路南側的建物，為大馬士革最大、最現代化的市場提供一條寬闊、鋪砌且更筆直的街道。米德哈特帕夏市集的商店寬敞且光線充足，二樓設有房間提供辦公和住宿。「直街」變成了一條足以容納雙向馬車通行的寬闊鋪砌道路。新的市集可能會讓那些尋求體驗一千零一夜般充滿東方商品的異國市場的外國遊客感到失望，但大馬士革人則很讚賞新市場所提供的現代化設施。

米德哈特帕夏市集完工後不久，大馬士革市議會就開始著手其最雄心勃勃的城市商業中心重建案：著名的哈米德市集。這座大馬士革最宏偉的新市場，以鄂圖曼帝國在位蘇丹阿卜杜勒．哈米德二世（一八七六年至一九〇九年在位）為名，它沿著城堡的南邊延伸四百五十公尺，通向伍麥亞大清真寺。由於對城堡廢棄護城河的改造以及策略性拆除，鋪砌的道路寬達十公尺——這在古城大馬士革裡是前所未有的寬度。這個巨大的市場綜合體工程分階段進行，有著兩層結構，底層有寬敞的商店，其上有木桶形的屋頂遮蔽，非常類似十九世紀歐洲購物商場的模式。工程始於一八八六年，一八八九年完成。[19]

這些新市場：阿里帕夏市集、米德哈特帕夏市集、哈米德市集，造就了大馬士革商業中心的現代化，並成為公民自豪的焦點。正如一位大馬士革人在一八九八年德國皇帝威廉二世訪問之際所指出：「大馬士革的市集以其寬敞和美麗而聞名，以至於一些歐洲政要也說他們沒有任何建築可以與大馬士革的市集相媲美。」[20]

★ ★ ★

大馬士革市中心的馬爾賈廣場政府行政區，在一八六六年後的幾年裡經歷了快速發展。市議會在那一年於巴拉達河上鋪設了一段路，創造了一個廣大的開放廣場，貝魯特至大馬士革的快速公路從這裡進入到市中心。載客的馬車從這裡出發前往貝魯特。一八六六年敘利亞省成立後，隨著政府機構的擴張，馬爾賈區進入了快速轉型時期。

馬爾賈區首批蓋好的新政府大樓包括了中央法院、監獄和警察總部，都建於一八八〇年左右。這三個機構重申了政府在維護法律和秩序方面的核心作用。一八八三年，當地政府在中央法院和新的商業綜合建築阿里帕夏市集之間建立了新的郵政電報局。馬爾賈廣場還有兩家豪華酒店：迪米特里・卡拉酒店以及維多利亞酒店，從貝魯特抵達的遊客可以在這裡舒適地下榻。幾家咖啡館為遊客、休息的公務員和湧向政府大樓洽公的市民提供了休閒場所。一家新劇院「大馬士革之花」（*Masrah Zahrat Dimashq*），為愈來愈受歡迎的戲劇表演提供了場所。我們看到有報導稱，劇院的管理階層在一九一一年中斷了一場演出，因為當時有一千一百人要擠進只有八百個座位的劇院。馬爾賈區的發展在隨後的幾十年裡才開始加速，一八九四年至一九一〇年間，在前所未見的城市化浪潮中，建造了市政廳、土地登記處和新的公署。[21]

這種快速發展對於大馬士革的社會關係產生了重大影響。一方面，大型建築計畫為泥水匠和工匠提供了工作，提高了大馬士革勞動人民的福祉。在新的政府大樓內，政府公職為受過教育的大馬士革人提供了就業機會。政府工作薪水豐厚，公務員在大馬士革社會享有很高的地位。此外，這些工作要分配給城裡的不同社群，包括穆斯林、基督徒和猶太人，以符合一八六四年的《省級改革法》條款。這意味著每天早上，不同信仰的大馬士革人都會匯聚在馬爾賈廣場的政府辦公室，不論他們是去法院、郵局或總督的公署工作。他們會在同樣的咖啡館休息，並可能擠在一起觀看同樣的流行戲劇表演。一八六〇年的恐怖事件和重建的壓力在大馬士革穆斯林與基督徒之間所引發的阻隔，開始在像馬爾賈廣場這樣的地方土崩瓦解。

★ ★ ★

獲得政府工作的機會僅限於受過較高教育的大馬士革人。現代官僚的工作需要流利的閱讀和寫作能力，還有高等數學、歷史和地理知識，以及掌握多種語言的能力，比如：阿拉伯語用於與敘利亞人民溝通，突厥語用於與伊斯坦堡的鄂圖曼政府交流，法語則用於應對日益增多的歐洲人。這些先決條件使得基督徒在競爭政府職位時比穆斯林更有優勢。天主教和新教傳教士在敘利亞開設了現代學校，迫使當地教會必須提高標準，否則就面臨信徒流失、轉投敵對教會的風險。愛爾蘭長老教會在大馬士革建立了福音派學校，由六名教師培訓一百二十名男孩；天主教宗法學校擁有十名教師帶領二百五十名男孩；希臘東正教學校聘請了七名教師為二百九十名男孩教授阿拉伯語；希臘天主教阿札里亞學校有教職員八人和一百六十名男孩。在一八七〇年代，大馬士革各個基督徒社群共開設了九所男校，共有一千一百多名學生，還有七所女校，共有一千零七十名學生，他們所接受的相關教育，為他們在不斷擴大的鄂圖曼官僚機構中打開了就業之門。[22]

大馬士革穆斯林兒童的教育機會遠遠落後於一八七〇年代基督徒的孩子。傳統的大馬士革男校由宗教神職人員開辦，教導孩子們閱讀和背誦《古蘭經》。在這些《古蘭經》學校中，沒有按年齡或能力劃分學生：所有學生都坐在同一個教室裡上同樣的課。根據政府的官方數據，有七十四所小學男校教導一千二百五十名學生閱讀和寫作的基礎知識，另有二十八所女校教導三百名學生。唯有五所初等中學提供了比較高等的教育，這些初等中學在突厥文中被稱為魯什迪耶學校（rüshdiye）。魯什迪耶學校是「坦志麥特」教育改革的失敗產物，後來與小學系統合併。儘管如此，直到一八八〇年代後期，魯什迪耶學校仍然是政府為穆斯林學生所提供最好的學校，為期三年的課程涵蓋突厥語、阿拉伯語和波斯語培訓，不同的數學科目，以及伊斯蘭歷史和世界地理等一系列人文學科。在一八七〇年代初期，只有二百五十名穆斯林男孩在大馬士革的魯什迪耶學校註冊。[23]

大馬士革的鄂圖曼當局認識到，他們的教育系統面臨一個嚴重的問題。儘管基督徒在大馬士革總人口中所占比例不超過百分之十五，但基督徒學校所培育出訓練有素的畢業生，在人數上卻遠多於穆斯林宗教當局和鄂圖曼政府體系所培育的總和。正如一位現代土耳其歷史學家的觀察：「由於他們的教育優勢勝過穆斯林，非穆斯林（大馬士革人）能夠在當地政府中擔任重要職務。」這威脅到政府在大馬士革的衝突後恢復社群和諧的努力。[24]

一八六九年，鄂圖曼政府推出了新的《公共教育條例》，對教育體系進行了全面改革。這項法律要求在帝國所有省分擴大公立小學（三年制）和魯什迪耶（三年制）學校，並計劃隨後發展高中。這項法律試圖將公立學校的教學人員限制在師範學院的畢業生，然而實際上訓練有素的教師短缺，迫使許多學校轉而僱用伊斯蘭宗教機構的成員，他們很少有人能夠教授新的公定課程中較世俗的科目。[25]

就在一八六九年的改革後，大馬士革當局立即開設了一所新的專業培訓學校，稱作「馬德拉撒特．撒那伊」（Madrasat Sanayì），也就是「貿易學校」。這是大馬士革首次有公立學校招收了由三十八名穆斯林學生和十二名基督徒學生所組成的混合群體。鄂圖曼當局利用公共捐款和政府媒體收入在當地籌集資金，開辦了這所貿易學校，為學生提供食宿。學生們接受阿拉伯語和法語的讀寫初級教育，同時接受縫紉、裁縫和其他行業的職業培訓。許多大馬士革人對於這所學校寄予厚望，希望能夠「為人民帶來巨大利益」。但結果卻非如此。學校在第一年就耗盡了資金，學生群體變得愈來愈「混亂」。所有基督徒學生除了一人之外都放棄了學業，大概是為了返回教會和傳教士開辦的學校。第二年的學生人數減少到只剩三十六人，這所貿易學校因此被廢棄，其建築物被重新改做魯什迪耶學校。然而，這項實驗揭示了省政府的策略，即利用教育作為手段，一方面為年輕人的職業生涯培訓，另一方面鼓勵基督徒和穆斯林在重建後的大馬士革融合。[26]

貿易學校的實驗失敗後，鄂圖曼當局將精力轉向加強公立小學和魯什迪耶學校體系。到一八八〇年，政府已在大馬士革的八個區都分別開設了小學（其中有兩所位於薩利希亞），培育了一千多名男孩及將近四百名女孩。每所學校通常由兩位教師來分配教授三年制的課程。有兩所魯什迪耶學校為成功自小學畢業的學生提供更高層次的培訓。「恰克馬基亞」魯什迪耶學校開發了四年制的課程，由六名教師教導一百多名學生，提供外語、高等數學以及簿記和書寫等專業技能的多樣化課程。另一所規模較小的「馬利克．扎希爾」公民魯什迪耶學校保留了舊的三年制課程，由三名教師培訓三十名學生。[27]

到了一八八〇年代後期，鄂圖曼的公立學校系統仍然落後於西方傳教士和當地基督教會所經營的學校。一八八七年，敘利亞總督拉希德．納希德帕夏請求中央政府為其整個省分增加教育經費。他的報告展現了迫切的需求：

美國和英國的傳教士，耶穌會和遣使會的神父（他們受到法國政府的實質保護和財政支援），以及許多義大利和俄羅斯的個人——他們透過在敘利亞幾乎每個分區建立非常龐大和崇高的學校，來為其所屬國家的政治目標服務——以免費教育吸引穆斯林和基督徒的兒童，引誘和說服那些完全不送孩子上學的家長，他們正在腐蝕著臣民的教養。儘管如此，到目前為止，（鄂圖曼）政府仍沒有設立任何有效益且足以與他們競爭的學校。[28]

作為回應，鄂圖曼政府在大馬士革開設了第一所公民高中：著名的馬克塔布·安巴爾。經過漫長的規劃期，鄂圖曼政府於一八八〇年代開始設立高中（突厥文伊達底〔*idadi*〕，字面意思是「預備」）。大馬士革高中成立於一八八七年，是最早的高中之一。最後，政府創建了一所學校，其規模遠遠超過了所有基督教和傳教機構所開設的學校。學校坐落在舊城區中心的一座豪華宅邸內，享有與最好的英國公立學校或美國預科學校同等的聲望和獨特性。正如一位畢業生後來的描述，大馬士革人看待馬克塔布·安巴爾的文憑，就像「當代人敬重擁有博士文憑者一樣」。[29]學校的名稱源自它所在的豪宅。優蘇福阿凡提·安巴爾是位富有的猶太商人，他於一八六七年開始建造自己的房子，當時正值大馬士革被指定為敘利亞省首府後的建築熱潮。安巴爾的房子不論在規模、豪華和花費上都超過了所有其他房子。如前所述，一八六五年後建造的一些最奢華的豪宅，成本都超過三百五十萬皮亞斯特。優蘇福阿凡提．安巴爾的花費超過五百三十萬皮亞斯特，建造了當時人眼中的「大馬士革第二大且是最華麗的房屋之一」。這棟豪宅的規模最終超出了安巴爾的負擔能力。當他宣布破產時，鄂圖曼政府接管了這棟尚未完工的豪宅。鄂圖曼人正是選擇在這裡建立他們最負盛名的高等教育機構，被稱為馬克塔布．安巴爾的大馬士革「伊達底」學校。[30]

薩利赫．塔爾（生於一八七二年）這個鄉村男孩來自伊爾比德村（位於大馬士革南方七十英里／一百一十五公里，現在的約旦北部），是首批被馬克塔布．安巴爾錄取的學生之一。薩利赫在村裡的小學表現出色，馬克塔布．安巴爾開設後不久就獲得提名進入此高中。薩利赫起初並不想去，他留在伊爾比德工作並賺了點錢。他的一位同學接受了這個機會，在學校放假期間從大馬士革回來，講述了「學校的美麗、校服的優雅、食物的豐盛」，這才讓薩利赫再也無法抗拒。他在下個學年（可能是一八八八年或一八八九年秋天）開始前，騎馬前往大馬士革參加馬克塔布．安巴爾的招生面試。[31]

在大馬士革，薩利赫．塔爾發現這所學校是城裡的話題。他無意間聽到了公務員和市民之間的對話，他們讚揚馬克塔布．安巴爾的水準：校園的美麗、教師的嚴謹，以及制服和食物的品質。薩利赫遇到了一位檢察官，檢察官鼓勵他在面試中盡最大努力以確保入學的機會，並聲稱自己有三個兒子已在學校註冊，當時這所學校已經邁入第二年或第三年。薩利赫受到鼓舞走到學校，跨過門檻進入鬱鬱蔥蔥的庭院，庭院被高大的樹木遮蔽。其他等待接受面試的學生看了看這個鄉下男孩，他穿著大紅靴子和農民大衣，長髮編成辮子，戴著貝都因人的頭飾，他們對著他大笑起來。

薩利赫還沒來得及讓自己冷靜下來，就聽見有人呼喚他的名字，要他進去接受面試。他走進一間豪華的房間，裡面的擺設富麗堂皇，牆上還掛著鏡子，他發現自己面對著一群表情嚴肅的男人。有個人用突厥語和他說話，要他拿起一支粉筆。薩利赫當下沒能用突厥語回應，只是茫然地盯著那個男人，於是男人改用蹩腳的阿拉伯語咆哮道：「給你——用這個白色的東西！」然後，他走到黑板前，開始用突厥語和阿拉伯語默寫和解數學題。距離這次面試過了半個世紀後，薩利赫在他的回憶錄中寫道，他仍然記得面試委員當時向他提出的問題。當他們完成面試，他們讓薩利赫離開並召進下一位候選人。幾個小時後，他得知自己的面試成功並獲得了全額獎學金，可以加入公立高中生的菁英行列，擁有「阿凡提」的頭銜作為傑出的標誌。從現在起，薩利赫．塔爾將被稱為薩利赫阿凡提。然而，為了獲得這個頭銜，學生需要看起來符合這個身分。副校長把薩利赫阿凡提拉到一邊，告訴他要剪掉辮子，因為它們不適合校服的土耳其毯帽（即菲斯帽）。

薩利赫阿凡提驚嘆於這一切的奢華。學校發給他夏季和冬季的校服，包括歐式的鞋子、襪子、襯衫和內衣。他發現這裡的食物並沒有辜負大家的稱讚，遠比家鄉的鄉村食物要好得多。他立即就適應了宿舍生活，在富麗堂皇的安巴爾宅邸中盡情享受周圍的環境。作為一名熱情的學生，他被學校提供的全方位課程所激勵。他與「最聰明、道德值得稱讚的學生」成為親密朋友。不過，他並不是個德行全然無瑕的學生。他比其他許多同學都年長（薩利赫阿凡提入學時已經將近二十歲），已經是個菸友。就像過去和未來的許多叛逆高中生一樣，薩利赫阿凡提和他的菸友同伴透過廁所來掩飾自己的壞習慣。薩利赫阿凡提不止一次被迫將菸草沖進廁所並漱口以避免被發現。然而，他無法容忍其他惡習，並譴責他的一位老師在辦公室喝酒和親吻一名小男生。戀童癖結合酗酒受到了非常嚴肅的對待，因而成立了兩次調查委員會，並最終解僱了違規教師。這個事件似乎增強了薩利赫阿凡提對學校和體制的信心，因為「誤入歧途的一方會受到恥辱與貶抑」。

經過五年的學習，薩利赫阿凡提參加了高中文憑的期末考試。他們在最後一年的年中進行了模擬考試，為嚴格的期末考試做好準備。期末考試於一八九六年七月舉行，不同科目之間有三到四天的時間進行口試。來自文職和軍職的外部考官，加入學校的教師一起參與口試。考試過程的嚴格以及外部考官的加入，提高了這份高中文憑的聲望。在十三個科目中，薩利赫阿凡提全都脫穎而出取得高分。他以優異的成績畢業，在全班三十一人中排名第七。

薩利赫．塔爾的學校回憶錄反映了在馬克塔布．安巴爾就讀的聲望和多采多姿。鄂圖曼人終於創建了一所學校，超越了當地最好的傳教士和教會學校。這所高中的課程不僅提供了實用技能，而且該校還為畢業生打開了一扇巨大的門，讓他們獲得體面的政府工作。在畢業後的十年裡，薩利赫阿凡提擔任過馬安、伊爾比德和阿傑隆的小學和魯什迪耶學校的校長，擔任過阿傑隆某個縣的首席行政官，管理過伊爾比德當地的人口普查辦公室，並升任敘利亞中部城市哈瑪的警察副督察。在後來的幾年裡，馬克塔布・安巴爾的畢業生又被招募到帝國首都伊斯坦堡的更高層級單位，例如著名的「穆其耶・麥貼比」，也就是公務員學院。[32]

在一八九〇年代和一九〇〇年代初期，馬克塔布・安巴爾的地位和人數都有所增長，在最初的二十年裡，由十幾名教師所培訓的學生群體，從二百五十名學生增加到五百五十名學生。該省的年鑑中並沒有提供關於學生出身或信仰的詳細資料。儘管留存下來的鄂圖曼時代校友的回憶錄都沒有提到基督徒學生，但學校招收基督徒、穆斯林和猶太學生是符合坦志麥特改革的法律與慣例。然而，從當時的記載中可以清楚地看出，馬克塔布・安巴爾以文化和社群的角度來看，它是為該城占多數的穆斯林所辦的學校，藉此對抗由基督徒所開辦的學校在一八八〇年代末之前在大馬士革所發揮的主導作用。為了社群的和諧，有時有必要給予穆斯林社群一些特權。[33]

★ ★ ★

貝魯特的市民從未甘心接受其城市在敘利亞省的從屬地位。在一八六五年最初請願的數年裡，穆斯林和基督徒的顯貴都試圖說服政府宣布貝魯特為敘利亞的首府，之後這座港口城市的領導人仍持續他們的訴求，要求將貝魯特設為敘利亞的首府，或者指定其為自己新省分的首府。一八八八年三月，蘇丹阿卜杜勒．哈米德二世最終同意了他們的要求，將敘利亞劃分開來，建立了一個以貝魯特為首府的新沿海省分。

儘管這個決定對大馬士革造成了嚴重的後果，但該市對此消息並沒有發表評論或情緒性的回應。最直接的影響就是大馬士革的稅收大約減少了一半。[34]然而，大馬士革已不再像一八六五年時那般脆弱。多年的投資和發展改變了這座城市。基督徒城區的房屋經過粗略重建，已經恢復了昔日的輝煌。大馬士革的市場比以往任何時候都更加美麗和現代化，有寬闊的鋪砌巷道讓搬運車能夠運送和收集貨物。大馬士革的貿易適應了時代的變化，愈來愈多的貨物經由安全的馬車道路從貝魯特運抵，取代了昔日從巴格達和漢志的陸路貿易路線。大馬士革的紡織機持續生產出高品質的絲綢和棉織物，在鄂圖曼的領土享有優勢的市場。政府的行政辦公區大幅增長，為各種信仰的大馬士革人提供了工作機會和工作場所。成千上萬的兒童進入現代化的學校就讀，這些學校提供了多元的教育為進入政府和貿易的高薪工作開啟了大門。簡單來說，在經歷了二十三年的支出浪潮之後，大馬士革已經強大到足以自立，不必再依賴貝魯特的收入來維持生計甚至是發展。

至關重要的是，支出的浪潮緩解了大馬士革不同社群之間的緊綳情勢。鄂圖曼政府提供的新機會讓基督徒和穆斯林有了更頻繁的接觸。他們朝著相同的目標努力，一起向鄂圖曼政府請願將大馬士革定為敘利亞的首府。他們在政府的委員會和法庭裡坐在一起。他們共享了建築熱潮、市場現代化、新學校開辦所帶來的機會。在出現政治危機的時期，緊張局勢仍然會浮出水面，例如一八七〇年代的巴爾幹危機。但是對大屠殺的恐懼，在一八六〇年事件發生後的最初幾年裡無時不在的恐懼已經消失了。它也不會再回來了。花了四分之一個世紀，一八六〇年的恐怖事件才成為過去。到了一八八八年，大馬士革人已經把眼光堅定不移地關注於現在及未來，並有充分的理由期待他們的孩子會享有更好的未來。也許正是這種比其他什麼都來得更重要的期待，讓大馬士革人翻過了「大馬士革事件」的這一頁，並繼續前進。

總結 米沙卡醫師退休後撰寫回憶錄

一八七〇年三月，米哈伊爾・米沙卡醫師不幸中風。他再過幾天就要過七十歲的生日了，近年來他的健康狀況一直在惡化。他在一八六〇年事件中所受的傷從未完全康復，作為一名醫師，他能夠把自己在那次恐怖事件之後的十年中所遭受的每種沉痾（根據他自己的統計，「不少於七種」）一一點出來。他經常因痛風而臥床不起，但總歸還是能康復。然而，這次中風造成了持久性的傷害，他身體的右側部分癱瘓。由於病情嚴重到無法履行副領事的職責，在為美利堅合眾國忠誠服務了十一年之後，米沙卡寫信向貝魯特的上司耶利米・奧古斯塔斯・強森遞交辭呈。[1]

在辭職信中，米沙卡醫師提名他的長子納西夫擔任其繼任者。納西夫三十二歲，曾在英國領事館工作多年，擔任通譯及職員。納西夫是個懂得人情世故的人，他精通英語、法語和突厥語，以及他的母語阿拉伯語。他了解大馬士革的外交服務方式以及鄂圖曼政府的行政運作。強森領事接受了建議，並在七月前就獲得了來自伊斯坦堡所有必要的書面文件，以確認納西夫・米沙卡成為美國駐大馬士革第二位副領事。

這個變化很可能讓強森領事鬆了一口氣。米沙卡醫師是位才華橫溢的人，但他並不是位天生的外交家。自一八五九年首次被任命以來，米沙卡幾乎與每位被任命到大馬士革的鄂圖曼總督都發生了衝突。他非常有原則，並且堅持為自己的案子爭辯。這也就難怪大馬士革的總督們會想盡辦法避開這個人。另一方面，納西夫所展現出的社交技能比他傑出的父親還要更好，他稱職地在大馬士革代表美國的利益超過四十年，直到一九一四年第一次世界大戰爆發。2

米沙卡醫師發現，自己有生以來首次欠缺有報酬的工作。就像許多突然退休的傑出人物一樣，米沙卡決定寫回憶錄，或者記錄下比「他的」回憶錄更重要的事。在朋友和家人的敦促下，他決定將自己在敘利亞當代歷史方面的大量知識形諸筆墨，將他的家族歷史和他個人的見證給編織進這個故事。這是項雄心勃勃的工作，耗費了他接下來三年的時間。該書於一八七三年十月二十二日完成，米沙卡以啟發這本書的人來命名此書：《對摯愛親友建議的回應》。在他有生之年，《回應》這本書以手寫本的形式流傳，並立即被公認為傑作。與他同時代的大馬士革人努曼・卡薩特利讀了這部作品，稱其為「一本非常好的書」。黎巴嫩的記者兼小說家尤爾吉・扎伊丹（一八六一年至一九一四年）於一八八三年到米沙卡的家拜訪，為其傳記所起草的內容向米沙卡請教，並在二十世紀初出版了《十九世紀東方名人錄》。即使在今天，這本書仍然是十九世紀阿拉伯歷史著作的經典之一。3

米沙卡醫師的敘述從十八世紀中葉開始，當時他的家族是來自希臘科孚島的海員，在敘利亞定居。他按時間順序，以五個部分詳細追溯了一七五〇年至一八七三年間敘利亞和黎巴嫩的歷史，內容通常來自他自己的目擊敘述。直到本書的第五部分，也是最後的一部分，他才敘述了大馬士革事件的痛苦歷史，以及鄂圖曼政府隨後為重建城市和重新融合基督徒社群所做的努力。我想像著米沙卡會重新翻閱他的領事報告筆記本來了解一些細節，就像我在寫這本書時所做的一樣。

儘管米沙卡醫師書中的事實與其領事報告中所陳述的相符，但語氣卻明顯不同。在他的領事報告中，米沙卡痛斥了鄂圖曼官員的無能。在一八六九年一月，就在米沙卡完成這本書的四年前，這位美國副領事就對一八六六年至一八六九年克里特島騷亂所引發的大馬士革社群緊張局勢再次發出警告（在第八章末尾討論過）。他對鄂圖曼政府的干預能力沒有信心，並將他的疑慮追溯到其對一八六〇年事件的處理：「毫無疑問，一八六〇年降臨在敘利亞基督徒身上的可怕事件是根據國家命令所策劃的行動。這方面的證據很多，這裡就不一一列舉了。」米沙卡令人震驚的報告是在呼籲外國干預，以保護脆弱的基督徒社群免遭滅絕。他警告說：「如果歐洲國家決定不派遣士兵，那麼東方土地上就不會留下基督徒的蹤跡，唯一留下來的將是那些放棄基督教並成為穆斯林的人。」[4]

然而，在他的書中，米沙卡醫師採取了截然不同的語氣，他完全信任鄂圖曼政府。在說明關於「大馬士革基督徒大屠殺及其原因」的部分時，米沙卡從一開始譴責的就是基督徒受害者，而不是鄂圖曼的總督們或穆斯林暴徒。他寫道：「敘利亞的基督徒在一切事情上都是處於較弱小的一方，基督徒不僅應該在各層面給予穆斯林極大的尊重，而且應該完全服從當局。」從這些深思熟慮的說明轉入對事件的描述，米沙卡以同樣的方式繼續說：「讓我們拋開對無知者行為的討論，看看當政府的命令被違反時會發生什麼」，並轉向一八六〇年基督徒拒絕繳納豁免費以免除義務兵役而引發的緊張局勢，說明這是事件發生的初步原因。5

在他對大屠殺的描述中，米沙卡醫師重複了對總督艾邁德帕夏以及捲入暴力事件的穆斯林知名人士的許多指控，這在他一八六〇年的領事報告中就曾首次提及。然而，到他描述的結尾時，米沙卡又回到了這種新的順從語氣。他語氣肯定：「我要讓讀者知道，我所寫的這些內容並不是要指責帝國給其臣民帶來的一切，無論他們是穆斯林、基督徒還是德魯茲派人，因為帝國所做的一切都是它的權利。」「我唯一的用意是說明不服從君主命令的後果，並解釋臣民及其領導人所遭遇之事的原因，因為我們從未見過一個國家會對服從的臣民施行報復。」如果米沙卡的說法聽起來像是他又再次指責受害者，那麼他結尾的論述應該會讓讀者毫不懷疑其故事的寓意：「一個理性的人在清楚了解反叛所帶來的後果之後，必然會被說服，臣民除了效忠其合法的君主之外沒有其他義務，臣民不論明裡或暗裡都應該服從君主的每個命令。」6

要如何解釋曾經咄咄逼人的米哈伊爾．米沙卡突然變得順從？其他的作者可能會因為擔心批評政府而讓這本書引起鄂圖曼當局的注意。但是米沙卡醫師在充分表達他的觀點時也從來未曾考量過當局，而且他似乎也不太可能在退休後反而比在任時更擔心當局的反應。也許退休就是個解釋——用他自己的話來說，米沙卡是個「謙遜的作家……他年事已高，已到了體弱多病的年紀，只能待在家裡，遠離一切工作」。然而，這份三百八十一頁的手稿並沒有顯現出作者的謙遜或智慧的遲鈍。他敏銳的批判力和富有洞察力的分析在每一頁的內容中都熠熠生輝。[7]

在我看來，米沙卡醫師對於鄂圖曼當局新展現的尊重，是基於務實主義而非宿命論的結果。他開始體認到，歐洲列強永遠不會將敘利亞基督徒從鄂圖曼的統治中解救出來。他們也不需要這麼做。事後看來，他在一八六九年呼籲西方軍事干預，似乎是歇斯底里的過度反應。克里特島危機，以及社群緊張在大馬士革所引發的衝突，這些來來去去對於敘利亞的基督徒沒有任何影響（很明顯，米沙卡在他的書中沒有提到一八六九年的緊張局勢）。事實證明，政府的安全措施足以阻止穆斯林暴徒將對大馬士革基督徒的威脅訴諸行動。對於這些基督徒來說，這無疑是個不舒服的時刻，但並沒有危及生命。在一八六〇年事件後所建立的鄂圖曼法律和秩序體系，以及將所有大馬士革人與脆弱的重建成果聯繫在一起的共同利益，已被證明足以阻止新的暴力事件發生。

從他的結語來看，米沙卡醫師已經信服大馬士革的未來屬於鄂圖曼，不論是基督徒、穆斯林或猶太人都是如此。這是務實主義的展現，這種想法始於充滿憂慮的重建時期，並在一八六五年敘利亞省成立後的幾年裡得到助長。大馬士革新資金的挹注以及基礎建設的進展，到了一八七三年開始取得成果。儘管腐敗現象依然存在，而且敘利亞人對鄂圖曼的統治仍有許多批評，但大馬士革已經擺脫了因事件所引發的經濟死亡螺旋，貿易和工業不斷增長，經濟也正在擴張。大馬士革的各個社群共享了成長和機會的好處，而不是像零和遊戲裡一個群體的收益是以犧牲另一個群體的利益為代價。大馬士革正在恢復繁榮，這種脆弱的復甦就足以鼓勵民眾為了穩定而普遍順從政府。至少這是米沙卡對大馬士革未來世代的臨別贈言，以大馬士革事件及隨後的重建與和解傳達的教訓，為他的書作結。

米沙卡醫師在詮釋上的轉變無疑是受到其同事布特魯斯·布斯塔尼的影響，布斯塔尼是位重要的知識分子，曾主導在黎巴嫩的美國新教傳教團以及在貝魯特的美國領事館的翻譯辦公室。將米沙卡的報告從阿拉伯語翻譯成英語，供強森領事閱讀的正是布斯塔尼。一八六〇年事件發生後，布斯塔尼撰寫了一系列匿名摺頁手冊，在敘利亞不同信仰社群之間以及阿拉伯人與鄂圖曼國家之間，這些摺頁手冊被證實對於促成新的社會契約具有持久的影響力。他將這些摺頁手冊稱為「敘利亞的號角」（Nafir Suriyya），並在出刊十一期中的每一期上簡單署名為「愛國者」。[8]

布斯塔尼被現代歷史學家譽為十九世紀末阿拉伯知識分子運動的領軍人物之一，該運動被稱為「納赫達」（啟蒙運動）。他在一八六〇年出版的小手冊是他對政治思想的主要貢獻之一，在阿拉伯－鄂圖曼世界內宗教與種族分歧的現實下（歷史學家烏薩馬·馬克迪西稱之為「普世框架」），調和了阿拉伯公民在鄂圖曼國家中的地位。在馬克迪西看來，「一八六〇年的教派暴力成為一種新的普世主義情感的催化劑，這種情感根植於被削弱但仍然可以運作的鄂圖曼主權。這種情感在講阿拉伯語的穆斯林、基督徒和猶太人之間產生了一種共存的現代理想和語言。」這種基本的普世意識讓穆斯林與非穆斯林在一八六〇年後可以有意義地共存，布斯塔尼主張，在這種普世意識下，敘利亞人將會看到他們的「個人福祉」需要「不同社群之間以及各個社群之中存在著團結與和諧的良性連結」。正如馬克迪西的結論：「一八六〇年的事件讓我們瞥見了世界末日，而世人自己有能力去避免；但它們同樣明確展現了邁向解放與文明國家的精神救贖和物質進步的光榮機會。」[9]

從這個觀點來看，米沙卡醫師在其一八七三年書中的總結論述，與其說是投降，不如說他堅信藉由「和諧」（布斯塔尼使用阿拉伯語單詞 *ulfa*）與其鄂圖曼統治者，所有敘利亞人都會有一個沒有教派衝突的更美好未來。

★　★　★

幾十年過去了，這種「和諧」對大馬士革人的好處顯而易見。鄂圖曼當局在大馬士革事件後採取的措施邁向了重建與和解之路。但事件本身及其後果的意義遠遠超出了大馬士革這個城市本身，它們對整個鄂圖曼帝國的改革經驗和現代性新時代的到來提出了反思。

直到一八六〇年，鄂圖曼的「坦志麥特」改革都是在未經協商或同意的情況下強加給蘇丹臣民的。在經歷了一八三九年第二次埃及危機和一八五六年克里米亞戰爭之後，當時的「高門」更在意歐洲而非鄂圖曼的公眾輿論。然而，在對占大多數群體沒有任何激勵或利益的情況下，試圖透過穆斯林和非穆斯林之間的法律平等措施來推翻舊有的社會秩序，必然會引起阻力。結果是敘利亞發生了史無前例的社群暴力，最終導致了大馬士革事件。事件發生後，歐洲的干預很可能導致鄂圖曼領土的分裂和歐洲在敘利亞的殖民主義。然而，透過福艾德帕夏的巧妙外交，鄂圖曼人度過了危機並維護了他們的主權和領土完整。

在大馬士革事件之後，改革帝國的必要性絲毫沒有減少。然而，一八六〇年之後改革的實施方式卻大不相同。政府繼續對其臣民實施新措施，但更加小心地平衡需求與利益、責任與權利。透過一八五八年《土地法》等改革，政府可以更有效地向公民徵稅，但也賦予他們土地的所有權，使其成為更具貿易價值的商品和借款抵押品。財產所有權首次可以藉由繼承從父母傳給子女，而無需訴諸複雜的信託。此外，增加的稅收為政府提供了投資鄂圖曼社會的手段——道路網、市場、學校——就像在大馬士革重建中所做的那樣。還有，一八六四年的《省級改革法》讓鄂圖曼臣民在地方政府中扮演更重要的角色，允許穆斯林、基督徒和猶太人投票並競選公職。社群領袖和知名人士很快就利用其市議會和法院的新職位，來強化他們在自己社群中的權力和影響力。也許是骯髒的政治，但在改革後的鄂圖曼帝國裡，民選公職的出現標誌著他們從臣民到公民的重要轉變。這些成果在一八七六年因蘇丹阿卜杜勒・哈米德二世通過了鄂圖曼憲法而獲得了鞏固。

從某個層面上來說，一八六〇年的危機是早期「坦志麥特」改革的直接後果。重建工作的成功，以及一八六〇年後「坦志麥特」的後期措施，對於大馬士革的復原發揮了決定性的作用。後期的「坦志麥特」終結了舊有的鄂圖曼秩序，如總督的絕對權力，以及在法律上讓非穆斯林社群從屬於穆斯林多數群體的統治方式。這些變化迎來了現代化的中東，以負責任的政府、定期的稅收、市政的發展以及公民的參與為基礎。這並不意味著鄂圖曼政府從「坦志麥特」中崛起，所有問題就都得到了解決。當代的報導持續對個別官員的無能和貪腐表達失望，悲觀主義是我們這個時代政治分析的標誌。然而，一八六〇年標誌著從舊時代到新時代的轉捩點，用當時的話來說，鄂圖曼帝國正在崛起，成為「受到良好保護的領土」。[10]

我長期以來一直在思考，作為舊有鄂圖曼秩序和現代中東之間的轉捩點，一八六〇年扮演了什麼樣的角色。當我於一九九一年在牛津大學工作時，我承接了一門由偉大的歷史學家艾伯特・胡拉尼在三十年前首次開設的歷史課程：「中東歷史，一八六〇年至一九五二年」。顯然，這段歷史的結束年代與埃及的自由軍官革命相互吻合，但我一直想要追問胡拉尼先生，為什麼他對中東現代史的研究會選擇從一八六〇年開始。我可以想到這段歷史的許多其他起點：一七九八年法國占領埃及，一八〇五年穆罕默德．阿里帕夏在埃及掌權，以及一八三九年開始的「坦志麥特」改革，這些似乎都是該地區現代史上的重要里程碑。自從胡拉尼於一九九三年去世以來，我一直只能事後猜測他的想法。

在某種程度上，我認為胡拉尼在選擇這段歷史的開始年代時，受到了一八六〇年事件在其祖籍地黎巴嫩所發揮之核心作用的引導。歐洲特使團為黎巴嫩山所設計的新治理架構，將教派主義作為分配公職的原則，基督徒總督在民選議會的協助下，為每個主要宗教社群提供配額。從這個意義上說，一八六〇年事件標誌著教派政府制度的開始，而這個制度形塑了黎巴嫩政治直到今天。此外，一八六〇年，博福特將軍和法國特使首次提出所謂「大黎巴嫩」的整個構想，即擴展到黎巴嫩山高地以外的地區，含括沿海平原和貝卡谷地。儘管這張地圖在一八六一年並未付諸實施，但當法國殖民當局於一九二〇年接受國際聯盟對敘利亞和黎巴嫩的託管時，「大黎巴嫩」的想法和教派政府體制都又起死回生。[11]

法國人不公正地劃分了「大黎巴嫩」的邊界（相當於現在的黎巴嫩國）以獲取最大的土地面積，同時仍然維持一個以基督徒為多數的微弱群體，這是一種將基督徒身分強加於新國家的策略，並使法國的馬龍派支持者受益。兩次世界大戰期間，由於出生率差異導致穆斯林在黎巴嫩占多數，該體制不可避免地承受了壓力。當黎巴嫩的教派政府體制因一九五八年與一九七五年的兩次內戰而瓦解，歷史學家們都將黎巴嫩教派衝突的根源回溯到一八六〇年的事件。從這個意義上來說，黎巴嫩歷史的現代始於一八六〇年。

大馬士革在一八六〇年之後就沒有再經歷教派衝突的遺緒。相反地，重建伴隨的是基督徒社群持續重新融入該城的社會和經濟生活。由於大馬士革是鄂圖曼的省會城市，「坦志麥特」改革對其政治的影響比在黎巴嫩山更為直接。因此，我認為一八六〇年是鄂圖曼改革的轉捩點，當時政府的新措施標誌著舊有鄂圖曼秩序的結束，以及鄂圖曼現代性新時代的開端。大馬士革事件在這個轉變中發揮了核心作用，使一八六〇年成為舊有秩序與現代中東之間的轉捩點。

一八六〇年的事件，並沒有在重建之後的大馬士革穆斯林和基督徒之間留下任何教派衝突的遺緒。在二十世紀，基督徒和穆斯林在民族主義運動中聯合起來，形成了所有敘利亞人都能夠接受非宗教的世俗認同。直到二〇一一年敘利亞內戰爆發，以及二〇一四年伊斯蘭國在伊拉克和敘利亞崛起，這個國家才又經歷了教派衝突。即使在那時候，基督徒也不是戰鬥的唯一，甚至是主要的目標，也沒有人想過將當時的內戰與一八六〇年的事件聯繫起來。

★ ★ ★

有鑑於歐洲列強和當地基督徒社群都不甚尊重「高門」，鄂圖曼在彌合社群分裂方面的成功就顯得尤為引人注目。鄂圖曼全權大臣福艾德帕夏在贏得歐洲人和當地基督徒的信任方面發揮了關鍵作用。但福艾德僅僅在事件發生後的前十八個月親歷大馬士革。他將籌集賠償金以補償基督徒損失，以及監督受損基督徒城區重建的艱鉅任務留給了其他人。這些功勞得要歸功於年復一年緩慢地推進重建計畫的第一線人員。此外，這項成功也是連續幾位總督的成果，他們被指派到大馬士革的任期為兩到三年，而且幾乎沒有可以依循的範本。他們在嘗試與錯誤之中學到了一些有用的原則，這些原則可能仍然有助於從嚴重分裂創傷中恢復的社群。

★　★　★

在大屠殺後大馬士革可怕的混亂中，福艾德帕夏率先強而有力地重新恢復法治。他不顧他們的社會地位，努力逮捕那些參與大屠殺的人，將他們送上法庭進行審判，並處決有罪的人，這發出了一個明確的訊號：沒有人可以凌駕於法律之上。這個訊號對於飽受創傷的基督徒社群來說尤其重要，因為他們需要確保國家在未來能夠保護他們的生命和財產，而一八六〇年政府卻未能做到這一點。然而，福艾德成功頂住了歐洲要求將更多平民和顯貴送往行刑隊或絞刑架的壓力。可以肯定的是，更多的處決將會加劇穆斯林對於基督徒倖存者與鄂圖曼國家的敵意，進而導致新的暴力事件。這位鄂圖曼大臣似乎透過伸張足夠的正義來恢復法律和秩序，同時又不引起穆斯林社群的報復，從而取得了建設性的平衡。所以，並不是徹底的正義，追究每個犯有謀殺、盜竊或縱火罪的暴徒，而是足夠的正義以確保法律在未來能夠得到尊重。

同樣地，鄂圖曼政府在其賠償計畫中也取得了平衡，向敘利亞的穆斯林徵稅，為重建基督徒城區提供資金。這既是對整體穆斯林社群的集體懲罰，那些無辜的人和有罪的人一起連坐處罰，這也是籌集重建所需資金的唯一手段。鄂圖曼人可能從一開始就知道，他們永遠不會籌集到必需的總額來賠償所有基督徒的損失。但懲罰性稅收提供了足夠的資金，可以協助無家可歸的基督徒先建造起非常簡陋的住所，並獲得恢復交易的資材。事實上，大多數基督徒所獲得的賠償可能不到他們索賠的一半，這無疑給事件的倖存者帶來了巨大的困難。然而，以延長賠償稅為手段來試圖兌現更多基督徒的索賠，將激起占多數的穆斯林日益增長的怨恨和抵制，這將不利於基督徒社群的重新融合。

僅靠懲罰有罪者及為倖存者提供賠償等措施，對於重建大馬士革和基督徒社群重新融入來說，雖說是必不可少的，但是仍然不夠。大馬士革需要更堅實的投資來超越社群利益，創造更廣泛的繁榮。隨著《省級改革法》的推出，以及一八六五年敘利亞超級省的成立，大馬士革稅收的增加，在這座城市的歷史上具有變革性的影響。基礎設施、市場和政府辦公場所的公共支出，為所有大馬士革人都創造了機會，不論是穆斯林、基督徒或猶太人都因此受惠。公立學校系統的現代化與擴張，為所有大馬士革人提供了得到政府高薪工作的平等機會。市場、咖啡館、政府大樓和學校，為大馬士革的不同社群提供了更多的公共空間，讓他們可以一起聚會、工作和社交。當大馬士革人為自己和孩子期待一個更美好的未來時，他們愈來愈願意翻開新的一頁，把大馬士革事件交給過去，並將他們的信任寄託在鄂圖曼的未來。這似乎至少是米沙卡醫師在撰寫他的書時所得出的結論。

★ ★ ★

到了一八八八年，當鄂圖曼政府決定把貝魯特及黎巴嫩海岸線的大部分地區從敘利亞省分離出來時，已有新一代的顯貴在大馬士革嶄露頭角。與事件同時代的人中，年輕的日記作者穆罕默德·阿布·薩烏德·哈西比在重建時期脫穎而出。一八六九年，他被選為大馬士革市議會成員，一八七六年，他在父親去世後，成了哈西比家族的領袖。由於他對大馬士革的貢獻，他受召到伊斯坦堡並獲得蘇丹阿卜杜勒·哈米德二世授勳，更於一八九八年當選為謝里夫納吉布，即先知穆罕默德後裔協會主席，該協會是大馬士革有影響力的名人團體。他一直活到了一九一四年，同年納西夫·米沙卡也從美國駐大馬士革副領事的職位退休。十九世紀的男性讓位給二十世紀的年輕世代。[12]

一八六〇年的這代人早已擺脫了人世間的種種紛擾。大馬士革人得知福艾德帕夏去世的消息想必會百感交集。對基督徒來說，他是救世主，但許多大馬士革的穆斯林卻視福艾德為苦難的根源。作為一手重建大馬士革的建築家，福艾德於一八六九年二月在法國尼斯去世，得年只有五十五歲。他在一八六七年陪同蘇丹阿卜杜勒阿齊茲訪問巴黎而後患病，留在法國接受治療。他再也沒有恢復到足以返回伊斯坦堡的家。[13]

在事件發生後的幾年裡，「埃米爾」阿卜杜．卡迪爾從大馬士革的社會隱退。對於那些他認為在大屠殺中扮演了積極角色或那些他指責未能利用其影響力阻止暴力的顯貴，他毫不掩飾自己的蔑視。就穆斯林菁英而言，他們對其曾經讚譽的阿爾及利亞自由鬥士的看法愈來愈有偏見。阿卜杜．卡迪爾並沒有像在阿爾及利亞那樣領導抵抗歐洲對敘利亞的侵略，他似乎非常願意接受西方的讚譽，因為外國領事排著隊將勳章別在他的胸前。這就像是他因為背叛了那些歡迎他加入行列的穆斯林顯貴而得到了獎賞。勳章是這位「埃米爾」最起碼的獎勵，但似乎人人都想給這位阿爾及利亞人獎賞。他、他的家人和主要家臣從法國和鄂圖曼政府那裡獲得了慷慨的津貼，而大馬士革的穆斯林則受到賠償稅的壓榨以資助基督徒城區的重建。難怪穆斯林顯貴會對阿卜杜．卡迪爾冷眼相待。[14]

在大馬士革遭到排擠，阿卜杜．卡迪爾就抽身前往外地。一八六三年他回到麥加，上次他與父親一起造訪這座城市時他只有十七歲，這是他第二次到此朝聖。一八六四年，他朝聖歸來後曾在埃及度過了一段時光，然後前往伊斯坦堡「向蘇丹表示敬意」。一八六五年五月，蘇丹阿卜杜勒阿齊茲以最高榮譽接見了這位「埃米爾」，並在這位阿爾及利亞人的胸前別上了另一枚勳章。這位「埃米爾」後來被要求支付他在伊斯坦堡逗留兩個月期間的開銷，總額超過六萬五千皮亞斯特，包括租金及合用的家具。如果他揮霍無度的消息傳到了大馬士革的穆斯林顯貴那裡，肯定只會引燃他們對他的怨恨怒火。[15]

相對於大馬士革人對他的敵意，阿卜杜·卡迪爾在環遊歐洲時則是受到了英雄般的歡迎。一八六五年，他在巴黎拜會了拿破崙三世皇帝，並受到了許多共濟會分會的歡迎。共濟會似乎迎合了阿卜杜·卡迪爾不尋常的靈性需求。他也贊同共濟會的普世兄弟信念，尋求調和三種一神教的信仰。他在對一群共濟會成員致詞時聲稱：「在我看來，任何不信仰共濟會的人都是不完整的。我希望有一天共濟會的思想能夠傳播到全世界。一旦這些思想普及，所有人都將生活在和平與友愛之中。」這位「埃米爾」到了倫敦，政治圈和文化圈有影響力的人物紛紛向這個人和其成就表示恭賀。他於一八六七年返回巴黎參加世界博覽會，這是拿破崙三世統治時期的亮點之一，並於一八六九年與歐仁妮皇后一起參加了埃及蘇伊士運河的開通儀式。[16]

一八七〇年，法國在普法戰爭中的失敗，徹底傾覆了阿卜杜·卡迪爾的世界。在決定性的色當戰役中，普魯士人俘虜了他的贊助者拿破崙三世，拿破崙三世放棄了王位並流亡到英國，並於一八七三年於該地去世。普魯士人試圖策動阿卜杜・卡迪爾對抗法國人，並承諾讓他在祖國阿爾及利亞重新掌權。儘管阿卜杜・卡迪爾拒絕了，但他的兒子穆希伊・阿爾丁接受了德國的援助並返回阿爾及利亞，在那裡發動了一場註定失敗的抗法叛亂。一八七一年的西莫克拉尼起義，成為本世紀阿爾及利亞最後一次反抗法國統治的重大起義。雖然阿卜杜・卡迪爾自己的兒子參與其中，但他仍宣布反對叛亂，而法國人最終一如既往地以極大的暴力鎮壓了這場運動。儘管阿卜杜・卡迪爾在大馬士革仍維持著法國對他本身和家人的支援，但他在法國的影響力在第二帝國崩潰後就未曾恢復。

回到大馬士革後，阿卜杜・卡迪爾試圖回歸他早年的蘇菲神祕主義和宗教學術生活。他於一八七三年病倒，這使得多家報紙提前發布訃聞。然而，歲月開始給這位阿爾及利亞王公帶來沉重的負擔。美國散文家兼記者查爾斯・達德利・華納，在一八七五年春天造訪大馬士革時拜訪了阿卜杜・卡迪爾。在美國副領事納西夫・米沙卡的陪同下，華納原以為會見到一位更威風凜凜的人物：「我聽說過太多關於這位令人敬畏的沙漠英雄驚人、可敬甚至偉岸的外表，以至於我對現實感到有點失望。」華納描述了一位「中等身材，勉強算是中等身高」的男人，他開始顯露老態，「臉色有些蒼白，體力明顯不支，那雙曾經熾熱而桀驁不馴的眼睛也失去了神采」。華納懷疑這位「埃米爾」染黑了自己的鬍鬚。兩人談論了政治，阿卜杜・卡迪爾表達希望美國人已經把他們自己的內戰分歧拋諸腦後，並提出他對敘利亞和埃及的擔憂，因為其人民「受到稅收和各種苛捐的壓榨」。採訪結束後，年邁的「埃米爾」陪同訪客穿過有庭院的住家，來到前門與他們告別。[17]

阿卜杜．卡迪爾於一八八三年五月二十六日在大馬士革的家中過世。他的家人以及阿爾及利亞的追隨者將他的遺體抬到伍麥亞大清真寺進行最後的祈禱。儘管我們沒有關於哪些人參加了葬禮的紀錄，但他在這座城市最著名的清真寺受到悼念的這個事實，可能反映了這位阿爾及利亞人與大馬士革穆斯林顯貴之間的死後和解。他被埋葬在其精神導師、蘇菲派大師伊本．阿拉比的墳墓附近，位於俯瞰大馬士革市的薩利希亞山坡上。他被葬在那裡直到一九六五年，新獨立的阿爾及利亞起出他的遺體，以著名的民族英雄身分重新安葬在阿爾及利亞的一座陵墓中。[18]

賽義德．烏斯圖瓦尼謝赫在日記中記錄了阿卜杜．卡迪爾的葬禮，並且可能親自出席。在事件發生後的幾年裡，這位伍麥亞大清真寺的前任傳教士獲得了認可並且升官。一八六七年，他離開了心愛的大馬士革，在港口城市的黎波里（今日黎巴嫩北部）擔任了為期兩年的首席法官。一八六九年他回到大馬士革，擔任伊斯蘭教法法院的首席法官，在那裡工作了四年。他於一八七三年從巡迴法庭退休，餘生都在位於哈伊．蘇萊曼尼亞的家中教授伊斯蘭神學。他教學不倦，直到一八八八年四月三十日去世。[19]

雖然年事已高且體弱多病，米沙卡醫師卻比他那一代人中的大多數人以及本書中所提到的所有目擊者都來得更長壽（年輕的哈西比除外）。他一直活躍到八十多歲。就像阿卜杜．卡迪爾一樣，米沙卡吸引了源源不斷的訪客，這兩人成為人型旅遊景點。「博學的米哈伊爾．米沙卡在東西方人民中享有盛名，並受到所有人的最高敬重。」大馬士革基督教歷史學家努曼．卡薩特利在一八七〇年代寫道：

> 各色各樣的人不時會來拜訪他。他個子高大，身材健壯；聰明、有禮、溫柔，是個正直而謙遜的人。他歡迎每位訪客，並依據其地位和職業與每個人交談。任何社會階層的訪客來訪，都會樂於與他交流，並帶著讚美和感謝離開。[20]

一八八三年米沙卡醫師接待了尤爾吉．扎伊丹，此人也呼應了卡薩特利的讚美：

> 他是個莊重而有尊嚴的人，一頭白髮使他顯得高貴。他戴著頭巾，穿著長袍。他身材高大，體格魁梧，能說善道，知識淵博，與一般的大馬士革人一樣好客。他向我們展示了許多未發表的著作，包括一篇關於阿拉伯音樂模式的論文、數學著作，以及一本計算百年來日期、月份和年份的曆書，可顯示阿拉伯曆、羅馬曆、科普特曆、希伯來曆和伊斯蘭曆之間的對應關係，還有敘利亞廣袤全境內日食和月食發生的情況以及其他作品。[21]

米哈伊爾．米沙卡於一八八八年七月六日在大馬士革去世，享壽八十八歲。我想像得到在他臨終前，有著妻子和孩子隨侍在側。他的長子納西夫，當時五十歲，我們從他的領事服務中得知，他一直活到二十世紀。米沙卡的次子薩利姆當時應是四十四歲，跟他的父親和哥哥一樣，在英國領事館擔任通譯。第三個兒子伊卜拉欣，當時應是三十八歲，追隨父親的腳步，在貝魯特美國學院的醫學部接受培訓。他的女兒薩爾瑪，在事件發生時只有六歲，在她父親去世時應該已經三十四歲了。最年輕的伊斯干達應該也有三十一歲。當米沙卡在一八七三年完成他的書時，他已經有個孫子，也就是納西夫的兒子，為了紀念其祖父而取名為米哈伊爾。毫無疑問，到他去世時，米沙卡應該還有其他的孫子女——某個現代家譜網站顯示至少有十六個。[22]

那些愛他的人無疑會為他的逝世感到悲痛，但今天我們只能感嘆米哈伊爾．米沙卡的一生是多麼非凡。他的人生奮鬥與生存的軌跡，在許多方面都與養育他的第二家鄉大馬士革息息相關。他在一八二〇年代到一八六〇年代敘利亞的衝突和動蕩中成長，他和大馬士革一樣，幾乎被這些事件所摧毀。他慢慢恢復了健康，就像大馬士革慢慢重建恢復，但兩者都承受著磨難的傷痕。到了一八七〇年代，米沙卡醫師開始相信他的城市在鄂圖曼統治下的未來。他的孩子們在日益繁榮的城市長大，並進入受人尊敬的業界。他們相繼成家立業並生兒育女，下一代可以樂觀地展望未來。

十九世紀末，大馬士革很快就要面對二十世紀帶來的所有考驗和磨難——世界大戰、歐洲帝國主義、民族主義、專制政權。但大馬士革會以擺脫教派暴力之姿來面對。當米沙卡醫師呼出最後一口氣時，他和在大馬士革事件中倖存下來的同代人都懷著自信走入墳墓，相信他們的子孫會有更安全、更美好的未來。沒有什麼比這個更好了。

致謝

為了寫這本書，我遠離了牛津社區的歡樂和消遣娛樂，在土魯斯這座宏偉的城市度過了一年。在工作的週間，這座法國的「粉紅之城」（因其傳統磚塊的獨特顏色而得名），給了我很多啟發。每個週末，我的好友克勞德和亨利・莫里納里（Claude and Henri Mollinari）都會在他們位於帕拉米尼附近的鄉村住家，讓我得到充電與滋養。在豐盛的佳餚和美酒陪伴下，他們聽我講述前一週的研究和寫作，這磨練了我的敘事技巧，大大影響了我接下來一週的修訂和寫作。他們的熱情與鼓勵讓我能夠有始有終地堅持下來。沒有他們，我不可能寫出這本書。

在三十多年的研究生涯中，我很感謝跨越三大洲的圖書館員和檔案管理員的協助。特別要感謝美國國家檔案館位於華盛頓特區以及馬里蘭州學院市的傑出團隊。因著他們的決心，我們才能夠找到來自美國駐大馬士革副領事重要的第一卷紀錄，由此激發了這本書的靈感。我謹向伊斯坦堡鄂圖曼國家檔案館（Başbakanlık Osmanlı Arşivi）的工作人員表示感謝，並感謝阿利多斯特・努曼（Alidost

Numan）作為我的研究助理在這些豐富的檔案中所做的寶貴工作。我要感謝貝魯特美國大學賈菲特圖書館的工作人員，他們幫助提供了與大馬士革事件有關的當代手稿的微縮膠卷。我要特別感謝牛津大學聖安東尼學院的中東中心檔案管理員黛比・亞瑟小姐（Debbie Usher），感謝她對理查・伍德收藏以及十九世紀大馬士革照片的協助。我還要感謝哈佛大學美術圖書館（Harvard's Fine Arts Library）攝影資源館的館員喬安・布魯姆博士（Joanne Bloom），她協助取得了邦菲爾斯（Bonfils）大馬士革照片集的副本，並感謝皇家收藏信託基金會（Royal Collection Trust）的圖片庫經理凱倫・勞森（Karen Lawson），她協助取得了著名的法蘭西斯・貝德福德（Francis Bedford）所拍攝一八六二年大馬士革照片集的副本。

牛津大學博德利圖書館（Bodleian Libraries）的數位地圖館館長馬丁・戴維斯博士（Martin Davis），他為了研究和繪製本書的地圖，慷慨地貢獻了寶貴的時間和深厚的專業知識，為此我深表感激。

許多同事幫助我尋找絕版和難以取得的書籍。我要感謝馬蒂厄・雷伊（Matthieu Rey）和蒂瑪・克萊克（Dima de Clerck）的協助，他們找到了蒂瑪曾經合編的一八六〇年事件的精彩文集，該文集當時已經絕版。我還要感謝薩米・穆巴耶德（Sami Moubayed）分享他用阿拉伯文撰寫的關於大馬士革事件的出色新研究。塔爾哈・奇切克（Talha Çiçek）對鄂圖曼的重要文件提供了重要的第二意見，在最好的時代裡這是種棘手的語言，而當文件的作者試圖掩蓋自己的痕跡時就更棘手了，就如同名譽掃地的大馬士革總督艾邁德帕夏，在他向「高門」提交的唯一一份關於事件的報告中所做的那樣。

我非常感謝費莉西蒂・布萊恩公司的凱瑟琳・克拉克（Catherine Clarke）和英刻威爾公司（Inkwell）的喬治・盧卡斯（George Lucas），他們在為本書找到最佳出版商方面提供了建議和指導。我很高興有機會再次與基礎圖書出版公司（Basic Books）的蘿拉・海默特（Lara Heimert）以及企鵝出版公司（Penguin）的賽門・溫德（Simon Winder）合作，他們是業內最優秀的編輯。我要感謝基礎圖書出版公司出色的團隊，他們協助指導了本書的製作，特別是：製作編輯米歇爾・威爾許－霍斯特（Michelle Welsh-Horst）、編輯助理，克里斯頓・金（Kristen Kim），以及唐納・法爾博士（Donald Pharr），他對文本進行了敏銳的文字編輯。針對這本書的可讀性，我要與讀者們一起感謝這些編輯。

我的朋友和同事們閱讀了本書章節的草稿，並在文稿成型過程中提供了寶貴的回饋意見。彼得・希爾博士（Peter Hill）不僅分享了他自己撰寫的米哈伊爾・米沙卡的新知識分子傳記的精彩手稿，而且還對本書提供了詳細的評論，這些評論使文本更加豐富，並讓我免於錯誤。我的好友及同事萊拉・法瓦茲（Leila Fawaz），她於一九九四年對黎巴嫩山和大馬士革事件的研究，在過去三十年形塑了此一研究領域，她以獨到的見解和慷慨的態度閱讀了本書的每一章。我在碩士班的室友約書亞・蘭迪斯

（Joshua Landis），他在土魯斯與我一起度過了一個月的學術休假，他在閱讀手稿的前半部分時與我分享了他對敘利亞歷史的深入了解。一路上其他人也閱讀了各別的章節，我從他們每個人的見解和批評中受益匪淺，包括：阿里爾・布拉瓦尼克（Ariel Blavatnik）、戴安娜・達克（Diana Darke）、薩米・穆巴耶德（Sami Moubayed）、約瑟夫・沙遜（Joseph Sassoon）以及達娜・薩吉迪（Dana Sajdi）。

我的家人也不能被省略。我要感謝母親瑪格麗特・羅根（Margaret Rogan），她在退休很久後還閱讀了最初的章節，並給了我寶貴的鼓勵。我的女兒伊莎貝爾（Isabelle）和兒子理查（Richard）都讀了最初的章節，並用他們的熱情鼓舞了我。最重要的是，我要向妻子奈麗表達我的愛和感激，她縱容我隱居到法國來寫這本書，她定期的來訪鼓舞了我繼續寫作的鬥志，而且她對這部還在寫作中的書不斷宣傳，讓某些圈子在作品未出版前就有極大的興趣。奈麗，感謝你所有的支持，這本書也屬於你。

圖片來源

1. 大馬士革，照片中央是伍麥亞大清真寺。Photograph by Bonfils, 1870s. Library of Congress.
2. 大馬士革的民房，有著簡陋的外觀，但有些房子藏有令人驚嘆的奢華內部裝潢。Photograph by Francis Frith. Metropolitan Museum of Art.
3. 伊斯蘭之家的內部富麗堂皇。Photograph by Bonfils, 1870s. Library of Congress.
4. 大馬士革精美宅邸的典型庭園。Photograph by Bonfils, 1870s. Library of Congress.
5. 巴拉達河流入大馬士革。提基亞．蘇萊曼尼亞清真寺建築群位於遠方河岸。Library of Congress, G. Eric and Edith Matson Photograph Collection.
6. 巴拉達河畔一家咖啡館的顧客。Photograph by R.E.M. Bain, 1895. Library of Congress.
7. 崇偉的伍麥亞大清真寺。Photograph by Francis Bedford, 29 April 1862. Th e Royal Collection.
8. 伍麥亞大清真寺的柱廊下，學者們授課，信眾祈禱，來自社會各階層的大馬士革人可以在此休息和靜坐。Photograph by Bonfi ls, 1870s. Library of Congress.
9. 一年一度的朝覲車隊出發前往麥加。Photographer unknown. Library of Congress.

10. 米哈伊爾．米沙卡醫師。Photograph by Bonfi ls, 1870s.
11. 阿卜杜．卡迪爾．賈扎伊里王公。The Royal Collection.
12. 身穿制服的福艾德帕夏，一八六〇年七月他進入大馬士革時拒絕穿上這身制服。Abdullah Frères photographers, Constantinople.
13. 來自黎巴嫩山全副武裝的德魯茲派農民。Library of Congress.
14. 巴什．巴祖克非正規軍。一八六二年威爾斯親王的黎凡特之旅，由這個團體陪同遠至納布盧斯後被解僱。Photograph by Francis Bedford. Th e Royal Collection.
15. 領事保鑣，攜帶劍和權杖作為其職務的象徵。Photograph by Bonfi ls. Harvard Semitic Museum.
16. 一位通譯穿著華麗的制服，帶著一套武器，表明他既是通譯也是保鑣。Harvard Semitic Museum.
17. 哈斯巴亞城堡的大門。Photograph by Francis Bedford, 1862. Th e Royal Collection.
18. 拉沙亞城區。Photograph by Bonfils. Harvard Semitic Museum.
19. 扎赫勒。Photograph by Bonfils. Harvard Semitic Museum.
20. 代爾卡馬爾。Photograph by Bonfils. Harvard Semitic Museum.
21. 大馬士革英國領事館的庭院，大屠殺期間有數千名基督徒在此避難。Photograph by Francis Bedford, 1862. The Royal Collection.
22. 提基亞．蘇萊曼尼亞清真寺的另個角度，在大屠殺後作為被捕的數百名穆斯林男子的拘留中心。Library of Congress.
23. 大馬士革面對太陽之門（東門）的「直街」，在一八六二年四月三十日，幾乎完全變成了廢墟。可以清楚地看到一棟重建的房屋，在棕櫚樹的右側隱約可見另一棟房屋。The Royal Collection.

24. 基督徒城區希臘教堂的廢墟，一八六二年四月三十日。前景中的原木是要用於重建。Photograph by Francis Bedford. The Royal Collection.

25. 馬爾賈的新行政區。這是從貝魯特到大馬士革的道路進入該城的地方。Photograph by Bonfils. Harvard Semitic Museum.

26. 馬爾賈廣場，往南看去，可以見到中央監獄、總督公署（「薩瑞」，有弧形屋頂的那棟），以及政府大樓，一八九五年。Photograph by R.E.M. Bain. Library of Congress.

27. 阿爾萬市場。Photography by American Colony. Library of Congress.

28. 大馬士革的一家陶器店，一八五九年。一八六三年，總督下令拆除像這樣的長椅，以便拓寬街道讓輪式車輛通行。Photograph by Francis Frith. Middle East Centre Archive.

29. 大馬士革城堡。Photograph by Bonfils, 1880s. Harvard Semitic Museum.

30. 米德哈特帕夏市場提供了一個桶狀的拱廊，沿著「直街」延伸了好幾百公尺。Library of Congress.

31. 穿著校服的「馬克塔布・安巴爾」學生。他們應該是與薩利赫・塔爾同時代的學生。Photograph by Sebah & Joaillier. Library of Congress, Sultan Abdulhamid II photo collection.

32. 重建後的新大馬士革某條街道。Anonymous photographer. Library of Congress.

參考資料

檔案與手稿

黎巴嫩

American University of Beirut, Jafet Library

Tanahudat Suriyya [The sighs of Syria], MS 956.9 T16

Kitab al-Ahzan [The book of sorrows], MS 956.9 K62kA

土耳其

Basbakanlik Osmanli Arsivi (BOA)

Irade (Imperial decrees) 1277–1293 (1860–1876)

Irade Dahiliye (I.Dah, internal affairs)

Irâde Hâriciye (I.Har, foreign and minority affairs)

Irâde Meclis-I Mahsus (I.MM, Council of Ministers)

Irâde Meclis-I Vâlâ (I.MVL, Supreme Council of Judicial Ordinances)

Irâde Sûra-yi Devlet (I.SD, Council of State)

英國

Middle East Centre Archive, St Antony's College, Oxford

Sir Richard Wood Collection: Letters from Hanna Misk to Sir Richard Wood, 1862–1877

Royal Collection Trust, London, England Prince of Wales's Journal: 6 February–14 June 1862

United Kingdom National Archives, Kew, England

FO 406 10 Correspondence relating to the Affairs of Syria, 1860–1861

FO 406 11 Part II. Correspondence relating to the Affairs of Syria, January to July 1861

FO 406 12 Correspondence respecting Consul Burton's Proceedings at Damascus, 1868–1871

美國

United States National Archives and Research Administration, College Park, Maryland: Record Group 84: Department of State, Consular Correspondence.

Damascus Vice-Consulate: Correspondence vol. 1 (1859–1865), vol. 2 (1866–1870), vol. 3 (1871–1873), vol. 4 (1872–1890), vol. 5 (1890–1899).

Beirut Consulate: C8.1—Official Letters Received: vol. 42 Instructions and General Correspondence (1865); vol. 44 I & GC (1861); vol. 45 I & GC (1863); vol. 46 I & GC (1864); vol. 80 Miscellaneous Correspondence (May–December 1860). C8.2—Official Letters Sent: vol. 22 Miscellaneous Correspondence (1858–1863); vol. 24 Legation (1855–1863); vol. 35 Miscellaneous (1860–1864); vol. 36 Official correspondence (1853–1862); vol. 124 (1862).

出版品

Abu-Mounes, Rana. *Muslim-Christian Relations in Damascus amid the 1860 Riot*. Leiden: Brill, 2022.

Abu Shaqra, Yusif Khattar. *Al-Harakat fi Lubnan ila `ahd al-mutasarrifiyya* [The movements in Lebanon until the era of the Mutasarrifiyya]. Beirut: Matba`a al-Ittihad, 1952.

Akarli, Engin. *The Long Peace: Ottoman Lebanon, 1861–1920*. London: I.B. Tauris, 1993.

Al-Barudi, Fakhri. *Mudhakkirat al-Barudi* [Memoirs of al-Barudi]. Beirut: Dar al-Hayat, 1951.

Albert Edward, Prince of Wales. 'The Prince of Wales's Journal: 6 February–14 June 1862.' Royal Collection Trust RA/VIC/MAIN/ EVIID/1862, www.rct.uk.

Al-Bitar, `Abd al-Rizaq. *Hilyat al-bashar fi tarikh al-qarn al-thalith `ashar* [The embellishment of mankind in the thirteenth century]. Damascus, 1961–1963.

Al-Bustani, Butrus. *The Clarion of Syria: A Patriot's Call against the Civil War of 1860*. Oakland: University of California Press, 2019.

Al-Haj, Badr, and Ahmad Asfahani. *Mukhbir al-qunsuliyya: Rasa'il Yuhanna Misk ila Richard Wood, 1862–1877* [Informant of the Consulate: Letters of Yuhanna Misk to Richard Wood]. Beirut: Kutub, n.d. (2009).

Al-Jaza'iri, Muhammad ibn `Abd al-Qadir. *Tuhfat al-za'ir fi tarikh al-Jaza'ir wa'l-Amir `Abd al-Qadir* [A masterful review of the history of Algeria and of the Amir `Abd al-Qadir], 2nd ed. Beirut: Dar al-Yaqiza al-`Arabiyya, 1964.

Allen, Beverly. *Rape Warfare: The Hidden Genocide in Bosnia-Herzegovina and Croatia*. Minneapolis: University of Minnesota Press, 1996.

Al-Qasimi, Zafir. *Maktab `Anbar: Suwar wa dhikrayat min hayatina al-thaqafiyya wa'l-siyasiyya wa'l-ijtima`iyya* [Maktab `Anbar: Images and memories from our social, political, and cultural lives]. Beirut, 1964.

Al-Ustuwani, Muhammad Sa`id, ed. *Mashahid wa ahdath dimishqiyya fi muntasif al-qarn al-tasi` `ashar, 1840–1861* [Damascene scenes and events in the mid-19th century, 1840–1861]. Damascus: Dar al-Jumhuriyya, 1994.

`Awwad, `Abd al-`Aziz Muhammad. *Al-Idara al-`uthmaniyya fi wilayat suriyya, 1864–1914* [Ottoman administration in the province of Syria, 1864–1914]. Cairo: Dar al-Ma`arif, 1969.

Barbir, Karl. *Ottoman Rule in Damascus, 1708–1758*. Princeton, NJ: Princeton University Press, 1980.

Bellemare, Alexandre. *Abd-el-Kader, sa vie politique et militaire*. Paris: Hachette, 1863.

Ben-Bassat, Yuval, and Yossi Ben-Zrtzi. 'Ottoman Maps of the Empire's Arab Provinces, 1850s to the First World War.' *Imago Mundi* 70, no. 2 (2018): 199–211.

Bjornlund, Matthias. ' "A Fate Worse Than Dying": Sexual Violence During the Armenian Genocide.' In *Brutality and Desire:*

War and Sexuality in Europe's Twentieth Century, edited by Dagmar Herzog, 16–58. London: Palgrave MacMillan, 2008.

Blake, Corinne. 'Training Arab-Ottoman Bureaucrats: Syrian Graduates of the Mülkiye Mektebi, 1890–1920.' PhD diss., Princeton University, 1991.

Braude, Benjamin, ed. *Christians and Jews in the Ottoman Empire*. Boulder: Lynne Rienner, 2014.

Burton, Isabel. *The Inner Life of Syria, Palestine, and the Holy Land*. London: Henry S. King, 1875.

Chevalier, Dominique. 'Western Development and Eastern Crisis in the Mid-Nineteenth Century: Syria Confronted with the European Economy.' In *Beginnings of Modernization in the Middle East: The Nineteenth Century*, edited by William R. Polk and Richard L. Chambers, 205–222. Chicago: University of Chicago Press, 1968.

Churchill, Charles Henry. *Life of Abdel Kader, Ex-Sultan of the Arabs of Algeria*. London: Chapman and Hall, 1867.

Curtis, George William. *The Howadji in Syria*. New York: Harper, 1856.

Danziger, Raphael. *Abd al-Qadir and the Algerians*. New York: Holmes and Meier, 1977.

Davison, Roderic H. *Reform in the Ottoman Empire, 1856–1876.* Princeton, NJ: Princeton University Press, 1963.

De Clerck, Dima, Carla Eddé, Naila Kaidbey, and Souad Slim, eds. *1860: Histoires et mémoires d'un conflit.* Beirut and Damascus: IFPO, 2015.

Deguilhem, Randi. 'State Civil Education in Late Ottoman Damascus: A Unifying or a Separating Force?' In *The Syrian Land: Processes of Integration and Fragmentation*, edited by Thomas Philipp and Birgit Schaebler, 221–250. Stuttgart: Franz Steiner, 1998.

Deguilhem-Scheom, Randi. 'Idées française et enseignement ottoman: L'école Maktab `Anbar à Damas.' *Revue du Monde Musulman et de la Méditerranée* 52/53 (1989): 199–206.

Deringil, Selim. *The Well-Protected Domains: Ideology and the Legitimation of Power in the Ottoman Empire, 1876–1909.* London: I.B. Tauris, 1997.

Doumani, Beshara. *Rediscovering Palestine: Merchants and Peasants in Jabal Nablus, 1700–1900*. Berkeley: University of California Press, 1995.

Edwards, Richard. *La Syrie, 1840–1862*. Paris: Aymot, 1862.

El-Hage, Badr. *Des Photographes à Damas, 1840–1918*. Paris: Marval, 2000.

El Kenz, David, ed. *Le massacre, objet d'histoire*. Paris: Gallimard, 2005.

Étienne, Bruno. *Abdelkader*. Paris: Fayard/Pluriel, 2012.

Fahmy, Khaled. *In Quest of Justice: Islamic Law and Forensic Medicine in Modern Egypt*. Oakland: University of California Press, 2018.

Farah, Caesar E. *The Politics of Interventionism in Ottoman Lebanon 1830–1861*. London: I.B. Tauris, 2000.

Farley, J. Lewis. *The Massacres in Syria*. London: Bradbury & Evans, 1861.

Farley, J. Lewis. *Two Years in Syria*. London: Saunders and Otley, 1858.

Fawaz, Leila Tarazi. 'Amir Abd al-Qadir and the Damascus "Incident" in 1860.' In *Études sur les villes du Proche-Orient XVIe–XIXe siècles*, edited by Brigitte Marino, 263–272. Damascus: Presses de l'IFPO, 2001.

Fawaz, Leila Tarazi. 'The Beirut-Damascus Road: Connecting the Syrian Coast to the Interior in the 19th Century.' In *The Syrian Land: Processes of Integration and Fragmentation*, edited by Thomas Philipp and Birgit Schaebler, 19–28. Stuttgart: Franz Steiner Verlag, 1998.

Fawaz, Leila Tarazi. *Merchants and Migrants in Nineteenth-Century Beirut*. Cambridge, MA: Harvard University Press, 1983.

Fawaz, Leila Tarazi. *An Occasion for War: Civil Conflict in Lebanon and Damascus in 1860*. London: I.B. Tauris, 1994.

Fortna, Benjamin C. *Imperial Classroom: Islam, the State and Education in the Late Ottoman Empire*. Oxford: Oxford University Press, 2002.

Frankel, Jonathan. *The Damascus Affair: 'Ritual Murder,' Politics, and the Jews in 1840*. Cambridge: Cambridge University Press, 1997.

Gambier, James William. 'The Life of Midhat Pasha.' *Nineteenth Century* 3 (1878): 71–96.

Ghazzal, Zouhair. *L'Économie politique de Damas durant le XIXe siècle: Structures traditionnelles et capitalisme*. Damascus: Institut Français de Damas, 1993.

Goey, Ferry de. *Consuls and the Institutions of Global Capitalism, 1783–1914*. London: Pickering & Chatto, 2014.

Gross, Jan T. *Neighbors: The Destruction of the Jewish Community in Jedwabne, Poland*. Princeton, NJ: Princeton University

Press, 2001.

Gross, Max. 'Ottoman Rule in the Province of Damascus, 1860–1909.' PhD diss., Georgetown University, 1979.

Guys, Henri. *Esquisse de l'état politique et commercial de la Syrie*. Paris: Chez France, 1862.

Hakim, Carol. *The Origins of the Lebanese National Idea, 1840–1920*. Berkeley: University of California Press, 2013.

Hanna, `Abdullah. 'Adwa' `ala ahdath 1860 al-ta'ifiyya fi Dimashq wa aryafiha [Light on the sectarian events of 1860 in Damascus and its countryside].' In *1860: Histoires et mémoires d'un conflit*, edited by Dima de Clerck, Carla Eddé, Naila Kaidbey, and Souad Slim, 234–270. Beirut: IFPO, 2015.

Hanssen, Jens. *Fin de Siècle Beirut: The Making of an Ottoman Provincial Capital*. Oxford: Oxford University Press, 2005.

Harik, Iliya F. *Politics and Change in a Traditional Society: Lebanon, 1711–1845*. Princeton, NJ: Princeton University Press, 1968.

Harris, William. *Lebanon: A History, 600–2011*. New York: Oxford University Press, 2012.

Hill, Peter. *Prophet of Reason: Science, Religion and the Origins of the Modern Middle East*. London: Oneworld Academic, 2024.

Hourani, Albert. *A History of the Arab Peoples*. Cambridge, MA: Harvard University Press, 1991.

Hourani, Albert. 'Ottoman Reform and the Politics of Notables.' In *Beginnings of Modernization in the Middle East: The Nineteenth Century*, edited by William R. Polk and Richard L. Chambers, 41–68. Chicago: University of Chicago Press, 1968.

Hurewitz, J. *C. The Middle East and North Africa in World Politics*. New Haven, CT: Yale University Press, 1975.

Ibesch, Ahmad, and Koutaiba Shihabi. *Ma`alim Dimashq al-tarikhiyya* [A Toponymical Survey of Damascus]. Damascus: Ministry of Culture, 1996.

Ismail, Adel, ed. *Documents Diplomatiques et Consulaires Relatifs à l'Histoire du Liban vol. 10 (1853–1861)*. Beirut: Éditions de Oeuvres Politiques et Historiques, 1978.

Issawi, Charles, ed. *The Economic History of the Middle East, 1800–1914*. Chicago: University of Chicago Press, 1966.

Issawi, Charles. *The Fertile Crescent 1800–1914: A Documentary Economic History*. New York: Oxford University Press,

1988.
Jessup, Henry Harris. *The Women of the Arabs*. New York: Dodd & Mead, 1873.
Kane, Eileen. *Russian Hajj: Empire and the Pilgrimage to Mecca.*Ithaca, NY: Cornell University Press, 2015.
Keenan, Brigid. *Damascus: Hidden Treasures of the Old City*. London: Thames & Hudson, 2001.
Kerr, Malcolm H. *Lebanon in the Last Years of Feudalism, 1840–1868: A Contemporary Account by Antun Dahir al-`Aqiqi and Other Documents*. Beirut: American University of Beirut Press, 1959.
Keskinkiliç, Erdogan, and Ebubekir Ceylan. 'Her Majesty's Protected Subjects: The Mishaqa Family in Ottoman Damascus.' *Middle Eastern Studies* 51 (2015): 175–194.
Khalaf, Samir. *Persistence and Change in 19th Century Lebanon.* Syracuse, NY: Syracuse University Press, 1979.
Khoury, Philip S. *Urban Notables and Arab Nationalism: The Politics of Damascus, 1860–1920*. Cambridge: Cambridge University Press, 1983.
Khuri-Makdisi, Ilham. *The Eastern Mediterranean and the Making of Global Radicalism, 1860–1914*. Berkeley: University of California Press, 2010.
Kiser, John W. *Commander of the Faithful: The Life and Times of Emir Abd el-Kader*. Rhinebeck, NY: Monkfish, 2008.
Krimsti, Feras. 'The Massacre in Damascus, July 1860.' In *Christian-Muslim Relations: A Bibliographical History*, edited by David Thomas and John Chesworth, 378–406. Leiden: Brill, 2021.
Lamartine, Alphonse de. *Travels in the East, Including a Journey in the Holy Land.* Edinburgh: William and Robert Chambers, 1839.
Lellouch, Benjamin. 'Puissance et justice retenue du sultan ottoman: Les massacres sur les fronts iranien et égyptien (1514–1517).' In *Le massacre, objet d'histoire*, edited by David El Kenz, 171–182. Paris: Gallimard, 2005.
Lewis, Bernard. *Istanbul and the Civilization of the Ottoman Empire*. Norman: University of Oklahoma Press, 1963.
Makdisi, Ussama. 'After 1860: Debating Religion, Reform, and Nationalism in the Ottoman Empire.' *International Journal of Middle Eastern Studies* 34 (2002): 601–617.
Makdisi, Ussama. *Age of Coexistence: The Ecumenical Frame and the Making of the Modern Arab World.* Oakland: University

of California Press, 2019.

Makdisi, Ussama. *The Culture of Sectarianism: Community, History, and Violence in Nineteenth-Century Ottoman Lebanon*. Berkeley: University of California Press, 2000.

Ma`oz, Moshe. *Ottoman Reform in Syria and Palestine, 1840–1861: The Impact of the Tanzimat on Politics and Society*. Oxford: Oxford University Press, 1968.

Marozzi, Justin. *Islamic Empires: Fifteen Cities That Define a Civilization*. London: Penguin, 2019.

Massot, Anaïs. 'Les chrétiens de Damas face aux réformes fiscales et militaires.' In *Minorités en Méditerranée au XIXe siècle: Identités, identifications, circulations*, edited by Valérie Assan, Bernard Heyberger, and Jakob Vogel, 177–195. Rennes: Presses Universitaires de Rennes, 2019.

Massouh, George. 'Ahdath 1860 fi mudhakkirat Dimitri Dabbas [The 1860 Events in the Memoirs of Dimitry Dabbas].' In *1860: Histoires et mémoires d'un conflit*, edited by Dima de Clerck, Carla Eddé, Naila Kaidbey, and Souad Slim, 301–308. Beirut: IFPO, 2015.

Masters, Bruce. *Christians and Jews in the Ottoman Arab World: The Roots of Sectarianism*. Cambridge: Cambridge University Press, 2001.

Masters, Bruce. 'The 1850 Events in Aleppo: An Aftershock of Syria's Incorporation into the Capitalist World System.' *International Journal of Middle East Studies* 22 (February 1990): 3–20.

Masters, Bruce. 'The Sultan's Entrepreneurs: The Avrupa Tuccaris and the Hayriye Tuccaris in Syria.' *IJMES* 24 (1992): 579–597.

McDougall, James. *A History of Algeria*. Cambridge: Cambridge University Press, 2017.

Miller, Donald E., and Lorna T. *Miller*. 'Women and Children of the Armenian Genocide.' In *Armenian Genocide: History, Politics, Ethics*, edited by Richard Hovannisian, 173–207. New York: St. Martin's, 1992.

Mishaqa, Mikhayil. *Mashhad al-`iyan fi hawadith suriyya was lubnan* [Eyewitness to events in Syria and Lebanon], trans. and edited by Milhim Khalil `Abduh and Andrawus Hanna Shakhashiri. Cairo, 1908.

Mishaqa, Mikhayil. *Muntakhabat min al-jawab `ala iqtirah al-ahbab* [Selections from the Response to the Suggestion of the

Loved Ones], edited by Assad Roustom and Soubhi Abou Chacra. Beirut, 1985.

Mishaqa, Mikhayil. *Murder, Mayhem, Pillage, and Plunder: The History of the Lebanon in the 18th and 19th Centuries*. Translated by Wheeler M. Thackston Jr. Albany: State University of New York Press, 1988.

Moubayed, Sami Marwan. *Nakbat Nasari al-Sham fi 1860* [The tragedy of Levantine Christians in 1860]. Beirut: Riad El-Rayyes, 2021.

'Nubdha mukhtasara fi hawadith Lubnan wa'l-Sham (1840–1862) [An abbreviated account of events in Lebanon and Syria].' Al-Mashriq 24 (1926): 801–824, 915–938.

Owen, Roger. *The Middle East in the World Economy, 1800–1914*. London: Methuen, 1981.

Ozavci, Ozan. *Dangerous Gifts: Imperialism, Security, and Civil Wars in the Levant, 1798–1864*. Oxford: Oxford University Press, 2021.

Philipp, Thomas, and Birgit Schaebler, eds. *The Syrian Land: Processes of Integration and Fragmentation*. Stuttgart: Franz Steiner Verlag, 1998.

Philipp, Thomas, and Christoph Schumann. *From the Syrian Land to the States of Syria and Lebanon*. Beirut: Orient-Institut, 2004.

Porter, J. L. *Five Years in Damascus: Including an Account of the History, Topography, and Antiquities of That City*. London: John Murray, 1855.

Porter, J. L. *The Giant Cities of Bashan and Syria's Holy Places*. New York: Thomas Nelson, 1871.

Poujoulat, Baptistin. *La Vérité sur la Syrie et l'Expédition française*. Paris: Gaume Frères et J. Duprey, 1861.

Qasatli, Nu`man. *Al-Rawdat al-ghanna' fi Dimishq al-fayha' [The lush garden of Damascus the Fragrant]*. Beirut: Dar al-Ra'id al-`Arabi, 1982 [1879].

Rafeq, Abdul-Karim. *Buhuth fi'l-tarikh al-iqtisadi wa'l-ijtima`i li-bilad al-sham fi'l-`asr al-hadith* [Research in the social and economic history of Greater Syria in the modern era]. Damascus, 1985.

Rafeq, Abdul-Karim. 'Damascus and the Pilgrim Caravan.' In *Modernity and Culture: From the Mediterranean to the Indian Ocean*, edited by Leila Fawaz and C. A. Bayly, 130–143. New York: Columbia University Press, 2002.

Rafeq, Abdul-Karim. 'New Light on the 1860 Riots in Ottoman Damascus.' *Die Welt des Islams* 28 (1998): 412–430.

Rafeq, Abdel-Karim. 'Qafilat al-hajj al-shami wa ahamiyyatuha fi'l-dawla al-`uthmaniyya [The Damascene pilgrimage caravan and its significance in the Ottoman state].' In *Buhuth fi'l-tarikh al-iqtisadi wa'l-ijtima`i li-bilad al-sham fi'l-`asr al-hadith* [Studies in the social and economic history of Greater Syria in the modern era], 193–216. Damascus, 1985.

Rodogno, Davide. *Against Massacre: Humanitarian Interventions in the Ottoman Empire 1815–1914*. Princeton, NJ: Princeton University Press, 2012.

Rogan, Eugene. *The Arabs: A History*, 2nd ed. New York: Basic Books, 2017.

Rogan, Eugene. *Frontiers of the State in the Late Ottoman Empire: Transjordan, 1850–1921*. Cambridge: Cambridge University Press, 1999.

Rogan, Eugene. 'Instant Communication: The Impact of the Telegraph in Ottoman Syria.' In *The Syrian Land: Processes of Integration and Fragmentation*, edited by Thomas Philipp and Birgit Schaebler, 113–128. Stuttgart: Franz Steiner Verlag, 1998.

Rogan, Eugene. 'The Political Significance of an Ottoman Education: Maktab `Anbar Revisited.' In *From the Syrian Land to the States of Syria and Lebanon*, edited by Thomas Philipp and Christoph Schumann, 77–94. Beirut: Orient-Institut der DMG Beirut, 2004.

Rogan, Eugene. 'Sectarianism and Social Conflict in Damascus: The 1860 Events Reconsidered.' *Arabica* 51, no. 4 (2004): 493–511.

Saliba, George. 'Mikha'il Mishaqa and the State of Science in Nineteenth Century Lebanon.' In *In the House of Understanding: Histories in Memory of Kamal S. Salibi*, edited by Abdul Rahim Abu Husayn, Tarif Khalidi, and Suleiman A. Mourad, 157–194. Beirut: American University of Beirut Press, 2017.

Salibi, Kamal. 'The 1860 Upheaval in Damascus as Seen by al-Sayyid Muhammad Abu'l-Su`ud al-Hasibi, Notable and Later Naqib al-Ashraf of the City.' In *Beginnings of Modernization in the Middle East: The Nineteenth Century*, edited by William R. Polk and Richard L. Chambers, 185–202. Chicago: University of Chicago Press, 1968.

Salibi, Kamal. *'Lamahat min tarikh Dimashq fi `ahd al-tanzimat: Kunnash Muhammad Abu al-Sa`ud al-Hasibi* [Reflections from the history of Damascus in the age of the Tanzimat: The scrapbook of Muhammad Abu al-Sa`ud al-Hasibi].' *Al-Abhath* 21 (March 1968): 57–78; 21 (December 1968): 117–153; 22 (June 1969): 51–69.

Salibi, Kamal. *The Modern History of Lebanon*. Delmar, NY: Caravan, 1977.

Salibi, Kamal, and Yusuf K. *Khoury, eds. The Missionary Herald: Reports from Ottoman Syria, 1819–1870.* Amman: Royal Institute for Inter-Faith Studies, 1995.

Sâlnâme-yi Vilâyet-i Sûriye, 3rd ed. Damascus, 1287–1288.

Sâlnâme-yi Vilâyet-i Sûriye, 13th ed. Damascus, 1298/1881.

Sâlnâme-yi Vilâyet-i Sûriye, 23rd ed. Damascus, 1308–1309/1891–1892.

Sâlnâme-yi Vilâyet-i Sûriye, 24th ed. Damascus, 1309–1310/1892–1893.

Sarafian, Ara. 'The Absorption of Armenian Women and Children into Muslim Households as a Structural Component of the Armenian Genocide.' In *Genocide and Religion in the Twentieth Century*, edited by Omer Bartov and Mack Phylis, 209–221. Oxford: Berghahn, 2001.

Schilcher, Linda Schatkowski. *Families in Politics: Damascene Factions and Estates of the 18th and 19th Centuries*. Stuttgart: Franz Steiner Verlag, 1985.

Scott, Rachel Marion. 'Education and Arabism in Damascus at the Turn of the Twentieth Century.' *Islamic Culture* 72 (1998): 17–64.

Slim, Souad. 'Les indemnités versées aux chrétiens de Damas à la suite des massacres de 1860.' In *1860: Histoires et mémoires d'un conflit*, edited by Dima de Clerck, Carla Eddé, Naila Kaidbey, and Souad Slim, 309–324. Beirut: IFPO, 2015.

Somel, Selçuk Aksin. *The Modernisation of Public Education in the Ottoman Empire, 1839–1908: Islamization, Autocracy and Discipline*. Leiden: Brill, 2001.

Steppat, Fritz. 'Some Arabic Manuscript Sources on the Syrian Crisis of 1860.' In *Les Arabes par leurs archives*, edited by Jacques Berque and Dominique Chevalier, 183–191. Paris: CNRS, 1976.

'*Tabrir al-Nasara mima nasaba ilayhim fi hawadith sanat 1860* [The vindication of the Christians from what is related of them in the Events of 1860].' *Al-Mashriq* 26 (1928): 631–644.

Toledano, Ehud. *As If Silent and Absent: Bonds of Enslavement in the Islamic Middle East*. New Haven, CT: Yale University Press, 2007.

Traboulsi, Fawwaz. *A History of Modern Lebanon, 2nd ed.* London: Pluto, 2012.

Twain, Mark (Samuel Clemens). *The Innocents Abroad*. Hartford, CT: American Publishing Company, 1869.

Wakabayashi, Hirofumi. *Syria no Hitan: Kirisuto Kyoto gyakusatsu Jiken 1860* [The tragedy of Syria: The genocide of Christians in 1860]. Tokyo: Chisen-shokan, 2019.

Walker, Annie Kendrick. *Memoirs of the Graham Family*. New York: Tobias A. Wright, n.d.

Warner, Charles. *In the Levant*. Boston: Houghton Mifflin, 1895.

Weber, Stefan. *Damascus: Ottoman Modernity and Urban Transformation 1808–1918*. Aarhus: Aarhus University Press, 2009.

Weber, Stefan. 'Reshaping Damascus: Social Change and Patterns of Architecture in Late Ottoman Times.' In *From the Syrian Land to the States of Syria and Lebanon*, edited by Thomas Philipp and Christoph Schumann, 41–58. Beirut: Orient-Institut, 2004.

Williams, James. *The South Vindicated, Being a Series of Letters Written for the American Press During the Canvass for the Presidency in 1860*. London: Longman, Green, Longman, Roberts, and Green, 1862.

Wishnitzer, Avner. *Reading Clocks, Alla Turca: Time and Society in the Late Ottoman Empire*. Chicago: University of Chicago Press, 2015.

Woerner-Powell, Tom. *Another Road to Damascus: An Integrative Approach to `Abd al-Qadir al-Jaza'iri (1808–1883)*. Berlin: De Gruyter, 2017.

Zachs, Fruma. 'Mikha'il Mishaqa—The First Historian of Modern Syria.' *British Journal of Middle Eastern Studies* 28, no. 1 (2001): 67–87.

Zachs, Fruma. ' "Novice" or "Heaven-Born" Diplomat? Lord Dufferin's Plan for a "Province of Syria": Beirut, 1860–61.' *Middle Eastern Studies* 36, no. 3 (2000): 160–176.

Zaydan, Jurji. *Tarajim Mashahir al-sharq fi'l-qarn al-tasi` `ashar* [Biographical dictionary of the celebrities of the East in the nineteenth century], 2nd ed. Cairo: Matba`a al-Hilal, 1911.

注釋

序言

1. 多份一八六〇年代的基督徒記載記錄了對Terra Santa修道院的襲擊細節。無名的基督徒作者於一八六四年三月撰寫的*Kitab al-Ahzan*中，已將那十一人宣稱為殉道者，並指出Mitri Qara是他記述修道院襲擊事件的消息來源。見：*Anon., Kitab al-Ahzan* [The Book of Sorrows], American University of Beirut MS 956.9 K62kA, pp 90-91. 至於Francis Masabki拒絕為保命而改宗的故事，則見於另一位無名作者的記載："Nubdha Mukhtasara fi hawadith lubnan wa'l-sham (1840-1862)" [An abbreviated account of events in Lebanon and Syria], *al-Mashriq* 24 (1926), pp. 921-22. 另可參見：Mikhayil Mishaqa, *Murder, Mayhem, Pillage, and Plunder: The History of the Lebanon in the 18th and 19th Centuries* (Albany: State University of New York Press, 1988), p. 250.
2. Ordo Fratrum Minorum, "Canonization of the Blessed Martyrs of Damascus," (15 October 2024) www.ofm.org/eng/canonization-of-the-blessed-martyrs-of-damascus.html. J.J. Ziegler, "'The Glorious Palms of Martyrs': On the Damascus Martyrs of 1860," *The Catholic World Report* (8 September 2024) www.catholicworld report.com/2024/09/08/the-glorious-palms-of-martyrs-on-the-damascus-martyrs-of-1860/.
3. Irish Franciscans OFM, "The Martyrs of Damascus canonised," (n.d., 2024), www.franciscans.ie/latest-news/the-martyrs-of-damascus-canonised/; Giampiero Sandionigi, "The 'Martyrs of Damascus' are saints," Custodia Terrae Sanctae, (October 2024) www.custodia.org/en/news/the-martyrs-of-damascus-are-saints/.
4. Marinella Bandini, "Joy in Syria: Pope Francis gives 'green light' for canonization of 'Martyrs of Damascus,' Catholic News Agency (23 May 2024) www.catholicnewsagency.com/news/257790/joy-in-syria-pope-francis-gives-green-light-for-canonization-of-martyrs-of-damascus.

5. 同前。
6. Kielce Gussie, "Martyrs of Damascus canonization a 'sign of hope for Christians,' *Vatican News* (19 October 2024); www.vaticannews.va/en/church/news/2024-10/martyrs-syria-damascus-canonization-custody-of-the-holy-land.html.
7. Vinciane Joly, "Syrie: premier contact entre un proche du pape François et le nouveau pouvoir, » *La Croix*, 4 January 2025.

導言

1. Mikhayil Mishaqa, *Murder, Mayhem,* Pillage, and *Plunder: The History of the Lebanon in the 18th and 19th Centuries*, trans. Wheeler M. Thackston Jr. (Albany: State University of New York Press, 1988).
2. NARA, RG 84, Damascus vol. 1, Dr Mishaqa to US consul J. Augustus Johnson in Beirut, 12 July 1860. 暴力事件於七月九日（星期一）爆發，因此這份報告是在這場為期八天的大屠殺的第四天所撰寫的。
3. 關於六天大屠殺可參見 Benjamin Lellouch, 'Puissance et justice retenue du sultan ottoman: Les massacres sur les fronts iranien et égyptien (1514–1517),' in *Le massacre*, objet d'histoire, ed. David El Kenz (Paris: Gallimard, 2005), 171–182.
4. 關於希臘獨立戰爭的屠殺可參見Davide Rodogno, *Against Massacre: Humanitarian Interventions in the Ottoman Empire 1815–1914* (Princeton, NJ: Princeton University Press, 2012), 63–90.
5. Bruce Masters, 'The 1850 Events in Aleppo: An Aftershock of Syria's Incorporation into the Capitalist World System,' *International Journal of Middle East Studies* 22 (February 1990): 3–20.
6. 對於一八六〇年事件的學術研究可參見參考書目中的學者著作：Kamal Salibi, Albert Hourani, Dominique Chevalier, Moshe Ma`oz, Abdul-Karim Rafeq, Leila Tarazi Fawaz, Samir Khalaf, Fritz Steppat, Linda Schatkowski Schilcher, Philip Khoury, and Ussama Makdisi。更多近期著作包含：Dima de Clerck, Carla Eddé, Naila Kaidbey, and Souad Slim, eds., *1860: Histoires et mémoires d'un conflit* (Beirut: IFPO, 2015); Hirofumi Wakabayashi, *Syria no Hitan: Kirisuto Kyoto gyakusatsu Jiken 1860* [The tragedy of Syria: The genocide of Christians in 1860] (Tokyo: Chisen-shokan, 2019); Sami Marwan Moubayed, *Nakbat Nasari al-Sham fi 1860* [The tragedy of Levantine Christians in 1860] (Beirut: Riad El-Rayyes, 2021); and Rana Abu-Mounes, *Muslim-Christian Relations in Damascus amid the 1860 Riot* (Leiden: Brill, 2022).
7. 關於米沙卡的優秀思想傳記見Peter Hill, *Prophet of Reason: Science, Religion and the Origins of the Modern Middle East* (London:

Oneworld Academic, 2024).

8. 有關房屋毀損的數據，來自「敘利亞人權觀察組織」。引述在 *Middle East Monitor* on 1 June 2018: www.middleeastmonitor.com/20180601-3m-homes-destroyed-in-syria-war. See also Moubayed, Nakbat Nasari al-Sham, 12.

第一章

1. NARA RG84, Beirut, C8.2 vol. 22, J. Augustus Johnson to James Williams, Beirut, 24 July 1859, 96; 31 July 1859, 98–100; 11 August 1859, 103; 17 August 1859, 105–107.
2. 米哈伊爾．米沙卡生平最佳資料來源是他自己所撰寫的家族史，書名為 *Al-jawab `ala iqtirah al-ahbab*, or 'The response to the suggestion of the loved ones.' 此手稿在他生前即廣泛流傳並被多次抄錄，其後也以不同版本出版。首個版本於一九〇八年在開羅出版，書名為 *Mashhad al-`iyan fi hawadith suriyya was lubnan* [Eyewitness to events in Syria and Lebanon]，由 Milhim Khalil Abduh 與 Andrawus Hanna Shakhashiri 大幅編輯後刊行。後來，為避免觸怒黎巴嫩的審查機構，有一個刪除所有宗派衝突內容的版本，由 Assad Roustom 與 Soubhi Abou Chacra 於 1985 年在貝魯特以 *Muntakhabat min al-jawab `ala iqtirah al-ahbab* [Selections from the Response to the Suggestion of the Loved Ones] (Beirut: St. Paul, 1985). 為題出版。最完整的版本則為 Wheeler Thackston 的英譯本，根據保存在美國貝魯特大學圖書館的手寫原稿翻譯而成，書名為 *Murder, Mayhem, Pillage, and Plunder: The History of the Lebanon in the 18th and 19th Centuries*, trans. Wheeler M. Thackston Jr. (Albany: State University of New York Press, 1988)，由 Wheeler M. Thackston Jr. 翻譯。

   除了米沙卡本人的家族史外，也有幾位與他同時代的人撰寫了傳記性文章紀念他：大馬士革人 Numan Qasatli 於一八七九年所著的大馬士革歷史 *Al-Rawdat al-ghanna' fi Dimishq al-fayha'* [The lush garden of Damascus the Fragrant] (Beirut: Dar al-Ra'id al-`Arabi, 1982 [1879]), 150–154；以及移居開羅的敘利亞人 Jurji Zaydan 所編撰的東方著名人物傳記詞典 *Tarajim mashahir al-sharq fi'l-qarn al-tasi` `ashar*, 2nd ed. (Cairo: Matba`a al-Hilal, 1911), 177–180. 從 Qasatli 與 Zaydan 的傳記描述中可見，他們兩人都讀過米沙卡的著作；其中 Qasatli 更形容這是一部「非常精彩的書」。

   目前關於米沙卡生平最優秀的當代研究，是 Peter Hill 所撰寫的思想傳記 *Prophet of Reason: Science, Religion and the Origins of the Modern Middle East* (London: Oneworld Academic, 2024).
3. Mishaqa, *Murder, Mayhem*, 149.

4. Mishaqa, 167.
5. Mishaqa, 158.
6. 依當時社會的風俗習慣，米沙卡在其著作或書信中幾乎未曾提及妻子或家庭中的女性成員。Peter Hill 透過對米沙卡家族私人文件的研究，發現了 Elizabeth Faris（阿拉伯文拼作 Illidabat）的一些細節；參見 Hill 所著 *Prophet of Reason* 第九章。他引用了美國傳教士 Henry Harris Jessup 與 Mishaqa 的一段對話，見於 Jessup 的著作 *The Women of the Arabs*（New York: Dodd & Mead，一八七三年），118。雖然今日讀者可能難以想像童婚的存在，但值得注意的是，直到十九世紀七〇年代的英國與八〇年代的美國，法律上對女性的同意年齡仍介於十至十二歲之間。
7. Khaled Fahmy, *In Quest of Justice: Islamic Law and Forensic Medicine in Modern Egypt* (Oakland: University of California Press, 2018), 39.
8. Mishaqa, *Murder, Mayhem*, 193.
9. Mishaqa, 99, 235, 236.
10. 一八四九年一月二十七日 Eli Smith 所寫的信件，收錄於 Kamal Salibi 與 Yusuf K. Khoury 主編之 *The Missionary Herald: Reports from Ottoman Syria, 1819–1870* (Amman: RIIFS, 1995), 4:82–83. Peter Hill 在其著作 *Prophet of Reason* 中追溯了米沙卡皈依新教的過程，以及他與希臘禮天主教宗主之間的衝突。
11. 英國官方記錄證實了米沙卡的說法，即他於一八四〇年被任命為翻譯官（dragoman），並受到英國保護。見 Erdogan Keskinkiliç and Ebubekir Ceylan, 'Her Majesty's Protected Subjects: The Mishaqa Family in Ottoman Damascus,' *Middle Eastern Studies 51 (2015): 175–194*. See also Mishaqa, *Murder, Mayhem*, 222.
12. Salibi and Khoury, eds., *Missionary Herald*, 3:408.
13. Bruce Masters, 'The Sultan's Entrepreneurs: *The Avrupa Tuccaris and the Hayriye Tuccaris* in Syria,' *IJMES 24 (1992): 586*.
14. NARA, RG 84, Beirut, C8.2 vol. 22, 108–109, J. Augustus Johnson to J. Brant, HBM's Consul at Damascus, Beirut, 1 September 1859.
15. NARA, RG 84, Damascus, vol. 1, Mishaqa to Johnson, Damascus, 12 September 1859.
16. 關於本頓暴行見 'Bhamdun: Letter from Mr Benton, May 24, 1859,' in Salibi and Khoury, eds., *Missionary Herald*, 4:342–344. 米沙卡指出來自 Zahleh 的兩名嫌疑人分別是 Yusif al-Zuj 與 Yusif Saru；見 NARA RG 84, Damascus, vol. 1, Mishaqa to Johnson, Damascus, 6 September 1859.

17. NARA RG 84, Damascus, vol. 1, Mishaqa to Ahmad Pasha, Damascus, 16 September 1859.
18. NARA RG 84, Beirut, C8.2 vol. 36, Official correspondence 1853–1862, nos. 40–41, Johnson to Mishaqa, Beirut 13 and 20 October 1859.
19. Annie Kendrick Walker, *Memoirs of the Graham Family (New York: Tobias A*. Wright, n.d.), 這是一本私人印行的書籍，內容透過威廉斯妻子的家族史提供了關於他的一些細節；見18–21 and 33–34.
20. NARA RG 84, Damascus, vol. 1, Mishaqa to Johnson, Damascus, 9 February 1860.
21. Salibi and Khoury, eds., *Missionary Herald*, 4:363.
22. 米沙卡向伊朗與英國的領事發送了他獲任命的正式通知（並另向布蘭特發送了一份，因其同時擔任普魯士領事代理人）；此外，他也通知了荷蘭、比利時、奧地利與俄國的副領事，以及希臘的領事代理人。見 NARA RG 84, Damascus, vol. 1, Mishaqa letters dated Damascus, 28 November 1859.
23. 在對米沙卡家族的研究中，Keskinkiliç 與 Ceylan 引用了保存於伊斯坦堡鄂圖曼帝國檔案館的一組書信往來 (BOA HR.MKT 322/15)，內容為大馬士革的艾邁德帕夏與鄂圖曼帝國中央政府（「高門」）之間於一八六〇年一月四日與十日的通信。在信中，總督質疑米沙卡的任命，而高門則再次確認了此項任命。見'Her Majesty's Protected Subjects,' 182–184.
24. NARA RG 84, Damascus, vol. 1, Mishaqa to Johnson, Damascus, 9 February 1860.
25. James Williams 在其著作 *The South Vindicated, Being a Series of Letters Written for the American Press During the Canvass for the Presidency in 1860* (London: Longman, Green, Longman, Roberts, and Green, 1862) 之序言中指出，這些文章是在他擔任大使最後幾個月於君士坦丁堡撰寫的。他並宣稱，該書是根據美利堅合眾國（南方邦聯）國會所通過的《著作權法》正式登記的第一本出版品。

第二章

1. Mark Twain, *The Innocents Abroad* (Hartford, CT: American Publishing Company, 1869), 456–457. 當接近觀察時，馬克・吐溫對大馬士革的描述就不那麼抒情了：「這裡彎曲、狹窄又骯髒，讓人無法相信自己身處於那座從山頂望去曾顯得輝煌壯麗的城市。」
2. 《希伯來聖經》中經常提及大馬士革；例如，參見 Genesis 14:15, 15:2; 2 Samuel 8:5–6; 1 Kings 11:24, 19:15, 20:34; 2 Kings 14:28, 16:9; Isaiah 17:1–14; Jeremiah 49:23–27; Ezekiel 38:1–39:29; and Zecharia 9:1. 關於伍麥亞王朝時期的大馬士革，可參見 Justin Marozzi, *Islamic Empires: Fifteen Cities That Define a Civilization* (London: Penguin, 2019), 24–46.

3. J. L. Porter, *Five Years in Damascus* (London: John Murray, 1855), 1:33–34. 關於大馬士革住宅的建築特色，請參見 Stefan Weber, *Damascus: Ottoman Modernity and Urban Transformation 1808–1918* (Aarhus: Aarhus University Press, 2009); and Brigid Keenan, *Damascus: Hidden Treasures of the Old City* (London: Thames & Hudson, 2001). 米沙卡的故居雖然現已相當破舊，但仍然屹立不倒。關於此宅邸的詳細描述，包括平面圖與照片，請參見 Weber, *Damascus*, 1:368–371.
4. 大馬士革的編年史家努曼・卡薩特利根據鄂圖曼帝國的人口普查資料提供了詳細的統計數據，顯示當地總人口為十四萬五千人，其中約有十二萬名穆斯林、二萬名基督徒與五千名猶太人；見 *Al-Rawdat al-ghana' fi Dimishq al-fayha'* [The lush garden of Damascus the Fragrant] (Beirut: Dar al-Ra'id al-`Arabi, 1982 [1879]), 8. 波特曾透過一位當地代理人取得十九世紀一八五〇年代初期的鄂圖曼官方人口普查資料，他給出的總人口數為十萬九千人，但考量到低估現象後，將估算數提高至十五萬人；見 Porter, *Five Years*, 138–139. 曾於一八五〇年代後期居住在貝魯特的 J. Lewis Farley 則提供了大馬士革總人口為十八萬人的數據，其中包含十三萬名穆斯林、三萬名基督徒與二萬名猶太人；見 *The Massacres in Syria* (London: Bradbury & Evans, 1861), 82–83.
5. 關於大馬士革八個主要區域（thumns）的名稱，不同來源之間存在出入。1850年，Muhammad Sa`id al-Ustuwani 將大馬士革的八個區域列為：al-Qaymariyya, al-`Amara, Suq Saruja, al-Shaghur, al-Qanawat, al-Suwayqa, al-Maydan, 和 al-Salihiyya; 見 *Mashahid wa ahdath dimishqiyya fi muntasif al-qarn al-tasi` `ashar, 1840–1861* [Damascene scenes and events in the mid-19th century, 1840–1861] (Damascus: Dar al-Jumhuriyya, 1994), 147. 至於一八七〇年代的紀錄，努曼・卡薩特利則將邁丹區分為上區與下區，並將 al-'Uqayba 列為其中一區，但未提及 al-Suwayqa 或 Suq Saruja：見 *Al-Rawdat al-ghana'*, 111.
6. Jonathan Frankel, *The Damascus Affair: 'Ritual Murder,' Politics, and the Jews in 1840* (Cambridge: Cambridge University Press, 1997). Mikhayil Mishaqa, *Murder, Mayhem, Pillage, and Plunder: The History of the Lebanon in the 18th and 19th Centuries*, trans. Wheeler M. Thackston Jr. (Albany: State University of New York Press, 1988), 193–200.
7. Shaykh Muhammad Sa`id al-Ustuwani recorded the Citadel fire in his diary; *Mashahid wa ahdath dimishqiyya*, 134; 波特在一八五〇年代描述了這座城堡，見 *Five Years*, 50–51.
8. Alphonse de Lamartine, *Travels in the East, Including a Journey in the Holy Land* (Edinburgh: William and Robert Chambers, 1839), 127.
9. Isabel Burton, *The Inner Life of Syria, Palestine, and the Holy Land (London: Henry S.* King, 1875), 1:42–43.
10. Qasatli, *Al-Rawdat al-ghana'*, 105–106.
11. Al-Ustuwani, *Mashahid wa ahdath dimishqiyya*, 136–137.

12. 艾伯特・胡拉尼將城市菁英與鄂圖曼政府之間的互動關係描述為「顯貴政治」（the politics of notables）。參見Hourani, 'Ottoman Reform and the Politics of Notables,' in *Beginnings of Modernization in the Middle East: The Nineteenth Century*, ed. William R. Polk and Richard L. Chambers (Chicago: University of Chicago Press, 1968), 41–68. 關於 Majlis（議會）在此一政治結構中的角色，參見Moshe Ma'oz, *Ottoman Reform in Syria and Palestine, 1840–1861* (Oxford: Oxford University Press, 1968), 89–107; and Zouhair Ghazzal, *L'Économie politique de Damas durant le XIXe siècle: Structures traditionnelles et capitalisme* (Damascus: Institut Français de Damas, 1993), 47–68.

13. 英國領事理查・伯頓和他的夫人伊莎貝爾住在薩利希亞區，她描述當地人對此地區的觀感如下：「這個村莊素以大馬士革最無法無天、最不擇手段的地區聞名……」見 *Inner Life of Syria*, 1:29.

14. Abdel-Karim Rafeq, 'Qafilat al-hajj al-shami wa ahamiyyatuha fi'l-dawla al-`uthmaniyya [The Damascene pilgrimage caravan and its significance in the Ottoman state],' in *Buhuth fi'l-tarikh al-iqtisadi wa'l-ijtima`i li-bilad al-sham fi'l-`asr al-hadith* [Studies in the social and economic history of Greater Syria in the modern era] (Damascus, 1985), 193–216; Karl Barbir, *Ottoman Rule in Damascus, 1708–1758* (Princeton, NJ: Princeton University Press, 1980).

15. Porter, *Five Years*, 148.

16. Abdul-Karim Rafeq, 'Damascus and the Pilgrim Caravan,' in *Modernity and Culture: From the Mediterranean to the Indian Ocean*, ed. Leila Fawaz and C. A. Bayly (New York: Columbia University Press, 2002), 130–143.

17. 伊莎貝爾・伯頓詳細記錄了她於一八七〇年親眼目睹的大馬士革年度朝覲隊伍出發儀式的相關慶典活動。見 *Inner Life of Syria*, 1:54–67.

18. 這些例子摘錄自穆罕默德・賽義德・烏斯圖瓦尼的日記 *Mashahid wa ahdath dimishqiyya*, 142–146, 158–159, 167–168.

19. Bruce Masters, *Christians and Jews in the Ottoman Arab World: The Roots of Sectarianism* (Cambridge: Cambridge University Press, 2001); Benjamin Braude, ed., *Christians and Jews in the Ottoman Empire* (Boulder, CO: Lynne Rienner, 2014).

20. Lamartine, *Travels in the East,* 122.

21. The *Times* (London), 30 April 1834, 5, quoting 'a private letter from Damascus dated January 31.'

22. Porter, *Five Years*, 1:134–135.

23. Eileen Kane, *Russian Hajj: Empire and the Pilgrimage to Mecca* (Ithaca, NY: Cornell University Press, 2015), 35–37; 關於普魯士駐大馬

士革領事館的設立，請參見Ferry de Goey, *Consuls and the Institutions of Global Capitalism, 1783–1914* (London: Pickering & Chatto, 2014).

24. The *Times*, 30 April 1834, 5.
25. 根據一八三八年Anglo-Turkish Commercial Convention的規定，英國商人輸入至鄂圖曼帝國的所有商品需繳納五%的關稅，出口自鄂圖曼領土的商品則需繳納十二%的稅金。參見Roger Owen, *The Middle East in the World Economy, 1800–1914* (London: Methuen, 1981), 91.
26. 一八三九年至二〇一三年英鎊的換算係根據英國消費者物價指數（ＣＰＩ）通膨計算器進行，參見於www.in2013dollars.com/uk/inflation/1830.
27. Owen, *Middle East in the World Economy*, 85.
28. 一八五〇年代的貿易數據來自J. Lewis Farley，他曾在貝魯特的鄂圖曼銀行任職；見*Two Years in Syria* (London: Saunders and Otley, 1858), Appendix 1, 370–373. Porter, *Five Years*, 1:57.
29. Owen, *Middle East in the World Economy*, 93.
30. Dominique Chevalier, 'Western Development and Eastern Crisis in the Mid-Nineteenth Century: Syria Confronted with the European Economy,' in *Beginnings of Modernization in the Middle East: The Nineteenth Century*, ed. William R. Polk and Richard L. Chambers (Chicago: University of Chicago Press, 1968), 220.
31. Chevalier, 'Western Development and Eastern Crisis,' 205–222.
32. Henri Guys, *Esquisse de l'état politique et commercial de la Syrie* (Paris: Chez France, 1862), 213.
33. Lamartine, *Travels in the East*, 126.
34. Owen, *Middle East in the World Economy*, 88; Guys, Esquisse de l'état, 215–216.
35. Richard Edwards, *La Syrie*, 1840–1862 (Paris: Aymot, 1862), 78–79.
36. 穆罕默德・阿布・薩烏德・哈西比是大馬士革的一位顯貴人物，亦是ashraf，即穆罕默德先知的後裔之一。參見Kamal Salibi, *'Lamahat min tarikh Dimashq fi `ahd al-tanzimat: Kunnash Muhammad Abu al-Sa`ud al-Hasibi* [Reflections from the history of Damascus in the age of the Tanzimat: The scrapbook of Muhammad Abu al-Sa`ud al-Hasibi],' *Al-Abhath 21* (December 1968): 117–118.

第三章

1. `Abd al-Rizaq al-Bitar, *Hilyat al-bashar fi tarikh al-qarn al-thalith `ashar* [The embellishment of humanity in the thirteenth century] (Damascus, 1961), 1:260.
2. Muhammad Sa`id al-Ustuwani, *Mashahid wa ahdath dimishqiyya fi muntasif al-qarn al-tasi` `ashar, 1840–1861* [Damascene scenes and events in the mid-19th century, 1840–1861] (Damascus: Dar al-Jumhuriyya, 1994), 167–168. 在一八三〇年代埃及占領期間，為了增加稅收，大馬士革首次引進售酒的酒館，但當地宗教領袖強烈反對此舉；參見 Sami Marwan Moubayed, *Nakbat nasari al-Sham fi 1860* [The tragedy of Levantine Christians in 1860] (Beirut: Riad El-Rayyes, 2021), 80–81. 關於邁丹區的衝突及隨後對阿迦瓦特的鎮壓，也可參見 Moshe Ma`oz, *Ottoman Reform in Syria and Palestine, 1840–1861* (Oxford: Oxford University Press, 1968), 234. 值得注意的是，Ma`oz 指出艾邁德帕夏的全名為 Ahmad `Izzat Pasha，並認為他曾於一八五六至一八五七年間擔任總督職務十一個月，後來再度擔任總督兼敘利亞駐軍司令。然而，根據烏斯圖瓦尼的日記記載，一八五七年任命為總督的是一位名為 `Izzat Pasha 的人物，而艾邁德帕夏則是在一八五九年被任命。他從未暗示這兩人是同一人，也未曾使用「Ahmad `Izzat Pasha」的全名。同樣地，比塔爾也僅以 Ahmad Pasha 稱呼該總督。因此，我傾向認為這是兩位不同的人物。
3. Mikhayil Mishaqa, *Murder, Mayhem, Pillage, and Plunder: The History of the Lebanon in the 18th and 19th Centuries*, trans. Wheeler M. Thackston Jr. (Albany: State University of New York Press, 1981), 238. 關於布蘭特與艾邁德帕夏，見 Ma`oz, *Ottoman Reform*, 234; 關於領事團（consular corps）的整體情況，請參見 Leila Tarazi Fawaz, *An Occasion for War: Civil Conflict in Lebanon and Damascus in 1860* (*London: I*.B. Tauris, 1994), 145–146.
4. 關於晚期鄂圖曼敘利亞地區透過放貸以獲取折價穀物的情況，請參見 Eugene Rogan, *Frontiers of the State in the Late Ottoman Empire: Transjordan, 1850–1921* (Cambridge: Cambridge University Press, 1999), 102–109. 也可見 Beshara Doumani, *Rediscovering Palestine: Merchants and Peasants in Jabal Nablus, 1700–1900* (Berkeley: University of California Press, 1995).
5. 關於雅庫布・伊斯蘭布利的財富、饋贈行為，以及他與艾邁德帕夏之間的關係，請參見匿名手稿 *Kitab al-Ahzan* [The book of sorrows], American University of Beirut MS 956.9 K62kA, 116–117; 關於放貸人向農民收取高利貸的情況，見 126. 關於伊斯蘭布利豪宅的奢華陳設，請參見 Stefan Weber, *Damascus: Ottoman Modernity and Urban Transformation 1808–1918* (Aarhus: Aarhus University Press, 2009), 2:391–392.
6. 年輕的穆斯林顯貴穆罕默德・阿布・薩烏德・哈西比對穆斯塔法貝伊・哈瓦斯利作出了嚴厲的評價；參見 Kamal Salibi, "Lamahat

min tarikh Dimashq fi `ahd al-tanzimat: kunnash Muhammad Abu al-Sa`ud al-Hasibi," *Al-Abhath 21 (March 1968): 77–78.*

7. NARA, RG 84, Damascus, vol. 1, Mishaqa to Johnson, 10 and 13 October 1859; Mishaqa to the Mushir, 1 November 1859; Mishaqa to US Vice Consul Barclay in Beirut, 9 February 1860.
8. NARA, RG 84, Damascus, vol. 1, Mishaqa to the Mushir, 2 and 14 Jan 1860; Mishaqa to Barclay, 9 February 1860.
9. Al-Ustuwani, *Mashahid wa ahdath dimishqiyya*, 165, 167.
10. 關於蘇魯爾阿迦的案子見NARA, RG 84, Damascus, vol. 1, Mishaqa to Johnson, 14 May; Mishaqa to the Mushir, 14, 15 May 1860; Mishaqa to Johnson, Mishaqa to the Mushir, 17 May 1860; Mishaqa to the Mushir, 19 May 1860; Mishaqa to Barclay, 20 May 1860. Beirut, C8.2 vol. 35, Barclay to Mishaqa, 17 May 1860.
11. NARA, RG 84, Damascus, vol. 1, Mishaqa to Barclay, 9 February 1860.
12. 我曾在 *The Arabs: A History*, 2nd ed. (New York: Basic Books, 2017), 120–125. 探討坦志麥特改革的起源。
13. 一八三九年《改革詔書》（Reform Decree）之譯文收錄於J. C. Hurewitz, *The Middle East and North Africa in World Politics* (New Haven, CT: Yale University Press, 1975), 1:269–271.
14. 一八五六年《改革詔書》（Reform Decree）之譯文收錄於 Hurewitz, Middle East, 1:315–318.
15. On the link between taxation, conscription, and communal tensions, see Anaïs Massot, 'Les chrétiens de Damas face aux réformes fiscales et militaires,' in Minorités en Méditerranée au XIXe siècle, ed. Valérie Assan, Bernard Heyberger, and Jakob Vogel (Rennes: Presses Universitaires de Rennes, 2019), 177–195.
16. Bruce Masters, *Christians and Jews in the Ottoman Arab World: The Roots of Sectarianism* (Cambridge: Cambridge University Press, 2001), 152–154.
17. 關於克里米亞戰爭與坦志麥特改革之間的關聯，請參見Ozan Ozavci, *Dangerous Gifts: Imperialism, Security, and Civil Wars in the Levant, 1798–1864* (Oxford: Oxford University Press, 2021), 278–286.
18. Roderic H. Davison, *Reform in the Ottoman Empire, 1856–1876* (Princeton, NJ: Princeton University Press, 1963), 3.
19. As'ad al-Ustuwani 在所出版的烏斯圖瓦尼日記版本的導言中，撰寫了穆罕默德・賽義德・烏斯圖瓦尼的傳記：見al-Ustuwani, *Mashahid wa ahdath dimishqiyya*, 49–51.
20. Al-Ustuwani, 136–137.

21. Al-Ustuwani, 153–154.
22. Al-Ustuwani, 162.
23. Masters, *Christians and Jews*, 132.
24. Kamal Salibi describes al-Hasibi and his notebook in his article 'The 1860 Upheaval in Damascus as Seen by al-Sayyid Muhammad Abu'l-Su`ud al-Hasibi, Notable and Later Naqib al-Ashraf of the City,' in Beginnings of Modernization in the Middle East: The Nineteenth Century, ed. William R. Polk and Richard L. Chambers (Chicago: University of Chicago Press, 1968), 185–187.
25. Kamal Salibi, *'Lamahat min tarikh Dimashq fi `ahd al-tanzimat: Kunnash Muhammad Abu al-Sa`ud al-Hasibi* [Reflections from the history of Damascus in the age of the Tanzimat: The scrapbook of Muhammad Abu al-Sa`ud al-Hasibi],' *Al-Abhath 21 (December 1968): 117.*
26. Mishaqa, *Murder, Mayhem*, 244.

第四章

1. 'Abd-el-Kader,' *New York Times*, 22 November 1852, 4.
2. 在阿卜杜·卡迪爾尚在世時，已有傳記作者開始記錄其生平。法國公務員兼軍隊翻譯 Alexandre Bellemare（1818–1885）於一八六三年出版了 *Abd-el-Kader, sa vie politique et militaire* (Paris: Hachette, 1863)，而英國軍官兼外交官查爾斯·亨利·邱吉爾上校（1807–1869）則在與阿卜杜·卡迪爾有過密切個人接觸後，於一八六七年出版了 *Life of Abdel Kader, Ex-Sultan of the Arabs of Algeria* (London: Chapman and Hall, 1867)。當代重要傳記包括：Bruno Étienne, *Abdelkader* (Paris: Fayard/Pluriel, 2012); Raphael Danziger, *Abd al-Qadir and the Algerians* (New York: Holmes and Meier, 1977); and John W. Kiser, *Commander of the Faithful: The Life and Times of Emir Abd el-Kader* (Rhinebeck, NY: Monkfish, 2008).
3. 我在 *The Arabs: A History*, 2nd ed. (New York: Basic Books, 2017) 中探討了法國入侵阿爾及利亞的起源。關於法國入侵阿爾及利亞的更多討論，請參見 James McDougall, *A History of Algeria* (Cambridge: Cambridge University Press, 2017).
4. Churchill, *Life of Abdel Kader*, 304–305. 邱吉爾上校於一八五三年在布爾薩首次與阿卜杜·卡迪爾會面，並於一八五五年邀請這位埃米爾前往黎巴嫩山區與他同住，當時阿卜杜·卡迪爾同意由邱吉爾上校撰寫其傳記。一八五九至一八六〇年冬季期間，邱吉爾上校駐留在大馬士革，並每日前往阿卜杜·卡迪爾的住所進行訪談，以蒐集其生平事蹟。文中所引用的段落為邱吉爾上校對阿卜杜·卡迪爾言談的轉述。

5. 關於黎巴嫩山區在埃米爾政權（Imara）下的社會階層制度，請參見Kamal Salibi, *The Modern History of Lebanon* (Delmar, NY: Caravan, 1977), 8–10. 為求簡化，本文略去了一個階層，即 muqaddam（地區領袖）。該階層在社會結構中位於王族之下，謝赫之上。阿布．拉瑪家族於一七一一年由 muqaddam 晉升為埃米爾，至十八世紀時，僅剩德魯茲派的 Muzhir 家族仍保留 muqaddam 的身分。
6. 關於十八與十九世紀的黎巴嫩山區，如需進一步了解，請參見以下文獻：Salibi, *Modern History of Lebanon*; Iliya F. Harik, *Politics and Change in a Traditional Society: Lebanon, 1711–1845* (Princeton, NJ: Princeton University Press, 1968); Leila Tarazi Fawaz, *An Occasion for War: Civil Conflict in Lebanon and Damascus in 1860 (London: I.*B. Tauris, 1994); and Fawwaz Traboulsi, *A History of Modern Lebanon*, 2nd ed. (London: Pluto, 2012).
7. Harik, *Politics and Change*, 242–243.
8. 一位匿名基督徒作者於一八六〇年代撰寫手稿 *'Nubdha mukhtasara fi hawadith Lubnan wa'l-Sham* [An abbreviated account of events in Lebanon and Syria]'，文中引述了一八五一年的人口登記冊，並提供了黎巴嫩山區各地區的人口數據。結果顯示，僅在德魯茲族核心地區——舒夫地區與最南端的 Jabal al-Riyhan——德魯茲人口占明顯多數，而其他所有地區則記錄了大規模的基督徒多數。參見 *Al-Mashriq* 24 (1926): 802–805.
9. Churchill, *Life of Abdel Kader*, 305.
10. Churchill, 305.
11. Bellemare, *Abd-el-Kader*, 415–416.
12. Mikhayil Mishaqa, *Murder, Mayhem, Pillage, and Plunder: The History of the Lebanon in the 18th and 19th Centuries*, trans. Wheeler M. Thackston Jr. (Albany: State University of New York Press, 1988), 226.
13. 關於一八五八年至一八六〇年間對平民對黎巴嫩山區顯貴統治的挑戰，請參見 Ussama Makdisi, *The Culture of Sectarianism: Community, History, and Violence in Nineteenth-Century Lebanon* (Berkeley: University of California Press, 2000), 96–117.
14. Adel Ismail, *Documents Diplomatiques et Consulaires Relatifs à l'Histoire du Liban vol. 10 (1853–1861)* (Beirut: Éditions de Oeuvres Politiques et Historiques, 1978), 162–163.
15. 凱斯萊旺地區平民於一八五九年十二月十七日（原文誤記為一八五八年）致函馬龍派宗主教Bulus Mas'ad，該信件收錄於 Malcolm H. Kerr, *Lebanon in the Last Years of Feudalism, 1840–1868: A Contemporary Account by Antun Dahir al-`Aqiqi and Other*

Documents (Beirut: American University of Beirut Press, 1959), 97–99. 也可見Traboulsi, *History of Modern Lebanon*, 31.

16. Kerr, *Lebanon in the Last Years of Feudalism*, `Aqiqi quotation on 48–49; Dufferin quotation on 21–22.
17. 法國駐貝魯特領事 Bentivoglio 於一八六〇年一月七日致信外交部長 Walewski，其中提及「顫抖的農民」，引文見於Ismail, *Documents Dipolomatiques* vol. 10, 163; Traboulsi, *History of Modern Lebanon*, 30; Salibi, *Modern History of Lebanon*, 86–90; 關於鄂圖曼帝國的不干預政策，見`Aqiqi, in Kerr, *Lebanon in the Last Years of Feudalism*, 51–52.
18. `Aqiqi in Kerr, 53–54. 關於凱斯萊旺起義及其共和訴求，請參見Caesar E. Farah, *The Politics of Interventionism in Ottoman Lebanon, 1830–1861* (*London: I*.B. Tauris, 2000), 531–535.
19. `Aqiqi in Kerr, *Lebanon in the Last Years of Feudalism*, 55.
20. Salibi, *Modern History of Lebanon*, 88–90; Makdisi, *Culture of Sectarianism*, 118–145. 阿奇奇引述譚尤斯・沙欣聲稱其擁有五萬名基督徒部隊的說法。Kerr, *Lebanon in the Last Years of Feudalism*, 56.
21. 正如一位基督徒於一八六〇年九月所記錄的那樣，目睹死亡的基督徒群眾陷入恐慌，恐懼迅速蔓延，引發大規模逃亡。參見 '*Tabrir al-Nasara mima nasaba ilayhim fi hawadith sanat 1860* [The vindication of the Christians from what is related of them in the Events of 1860],' *Al-Mashriq* 26 (1928): 636.
22. *Kitab al-Ahzan* [The book of sorrows], AUB Jafet Library MS 956.9 K62, 29–30.
23. Salibi, *Modern History of Lebanon*, 95–96; Fawaz, *Occasion for War*, 59–60; Traboulsi, *History of Modern Lebanon*, 34.
24. Mishaqa, *Murder, Mayhem*, 241.
25. NARA, RG 84, Damascus, vol. 1, Mishaqa to Johnson, 4 June 1860.
26. NARA, RG 84, Damascus, vol. 1, Mishaqa to Johnson, 17 June 1860, 18 June 1860.
27. *Kitab al-Ahzan*, 25.
28. Kamal Salibi, *'Lamahat min tarikh Dimashq fi `ahd al-tanzimat: Kunnash Muhammad Abu al-Sa`ud al-Hasibi* [Reflections from the history of Damascus in the age of the Tanzimat: The scrapbook of Muhammad Abu al-Sa`ud al-Hasibi],' *Al-Abhath* 21 (December 1968): 118.
29. 米沙卡提到血流成河；*Murder, Mayhem*, 240. 傷亡人數來自Salibi, *Modern History of Lebanon*, 106.
30. NARA, RG 84, Damascus, vol. 1, Mishaqa to Johnson, 25 and 28 June 1860.
31. NARA, RG 84, Damascus, vol. 1, Mishaqa to Johnson, 21 June, 25 June, 28 June, 2 July 1860.

32. NARA, RG 84, Damascus, vol. 1, Mishaqa to Johnson, 25 June 1860. *Kitab al-Ahzan*的匿名作者記錄了關於荷姆斯的流言, 39–40.
33. NARA, RG 84, Damascus, vol. 1, Mishaqa to Johnson, 28 June 1860; 'Nubdha mukhtasara,' 916.
34. Muhammad Sa`id al-Ustuwani, *Mashahid wa ahdath dimishqiyya fi muntasif al-qarn al-tasi` `ashar, 1840–1861* [Damascene scenes and events in the mid-19th century, 1840–1861] (Damascus: Dar al-Jumhuriyya, 1994), 172–173; 引言來自匿名基督徒作者的作品'*Nubdha mukhtasara*,' 916.
35. '*Nubdha mukhtasara*,' 916–917.

第五章

1. Kamal Salibi, *'Lamahat min tarikh Dimashq fi `ahd al-tanzimat: Kunnash Muhammad Abu al-Sa`ud al-Hasibi'* [Reflections from the history of Damascus in the age of the Tanzimat: The scrapbook of Muhammad Abu al-Sa`ud al-Hasibi],' *Al-Abhath 21 (March 1968): 121*. NARA, RG 84, Damascus, vol. 1, Mishaqa to the Governor, 23 June 1860. 關於基督徒聚居區房舍與街道因湧入難民而淹沒的情況，請參見Muhammad Sa`id al-Ustuwani, *Mashahid wa ahdath dimishqiyya fi muntasif al-qarn al-tasi` `ashar, 1840–1861* [Damascene scenes and events in the mid-19th century, 1840–1861] (Damascus: Dar al-Jumhuriyya, 1994), 172.
2. Salibi, 'Lamahat,' *Al-Abhath 21 (March 1968): 77–78*. 關於城堡大砲的修復工作，請參見匿名基督徒作者的回憶錄'*Nubdha mukhtasara fi hawadith Lubnan wa'l-Sham* (1840–1862) [An abbreviated account of events in Lebanon and Syria],' *Al-Mashriq 24 (1926): 915*. 關於派遣正規駐軍護送朝覲隊伍的記載，請參見 Sami Marwan Moubayed, *Nakbat Nasari al-Sham fi 1860* [The Tragedy of Levantine Christians in 1860] (Beirut: Riad El-Rayyes, 2021), 109; 關於被派往波士尼亞的大馬士革士兵，請參見 Ozan Ozavci, *Dangerous Gifts: Imperialism, Security and Civil Wars in the Levant, 1798–1864* (Oxford: Oxford University Press, 2021), 300.
3. '*Nubdha mukhtasara,*' 915–916; al-Ustuwani, *Mashahid wa ahdath*, 172.
4. 用烏斯圖瓦尼的話來說，基督徒顯貴們「揭露了〔總督〕思想與行徑上的腐敗」；參見 '*Nubdha mukhtasara,*' 916.
5. 當地居民的呼喊聲見al-Ustuwani, *Mashahid wa ahdath*, 174; 被拘留者的回應由哈西比記錄於Salibi, 'Lamahat,' *Al-Abhath 21 (December 1968): 126*. 請注意，這兩個來源皆出自大馬士革的穆斯林顯貴。
6. *Kitab al-Ahzan* [The book of sorrows], AUB Jafet Library, MS 956.9 K62kA, 47.
7. Al-Hasibi, in Salibi, *'Lamahat,' Al-Abhath 21 (December 1968): 127–128*. 他再也沒有提到那位書記的兒子，讓讀者不禁猜想那名年

輕人是否倖存，或已罹難。烏斯圖瓦尼記載，有十名穆斯林遭駐紮士兵與鄰近房屋中的基督徒開槍射殺，「據說如此」。參見 *Mashahid wa ahdath*, 174.

8. NARA, Beirut, RG 84, C8.1 vol. 80, 546–553, Mikhayil Mishaqa, 'Report of the attack made on me the undersigned, his family, and his house during the late outbreak at Damascus,' 23 August 1860. 在此份報告中，米沙卡醫生列出了他所認出的八位襲擊者姓名：Mustafa al-Hilu, Jawad Zalzala, Husayn al-Muhish, Husayn al-Tubl, `Abduh al-Kalish, `Ali Zahur, `Ali Mughrabiyya, and Shaykh `Umar al-Halabi.

9. 美國國家檔案館（US Archives）保存了一頁無日期、無署名的英文報告草稿，內容提供了關於米沙卡住所遭襲事件的目擊證詞。該敘述引述一位「住在美國副領事官邸附近」的女子，提及米沙卡的妻子，以及她如何俯伏在地求饒。此紀錄亦指出，米沙卡一家向暴民支付了一萬四千皮阿斯特以換取性命。這是一項米沙卡在其所有親身敘述中均未提及的重要細節，也正好解釋了為何暴民最終沒有將他殺害，而是放過他讓他倖存逃脫。資料來源：NARA, RG 84, Beirut, C8.1 vol. 80, Misc. Corr., 588.

10. 史麥里．羅布森牧師於七月十日——即暴力事件爆發後的次日——撰寫了這份報告。他自七月九日至十六日持續記錄事件發展，這些日誌副本現存於美國國家檔案館。資料來源：NARA, RG 84, Beirut, C8.1 vol. 80, Misc. Corr., 589–595.

11. 「搶奪、殺戮與焚燒」這一套語句幾乎出現在所有阿拉伯語與英語的同時代史料中，用以描述大馬士革暴力事件的本質。在哈西比提及的群體中，努賽爾派是伊斯蘭教的一個分支，亦稱為阿拉維派；密特瓦派與拉菲達派則是對什葉派穆斯林的不同稱呼；而雅茲迪教徒則是一個非穆斯林教派，常被誤認為是拜火教徒。參見：Al-Hasibi, in Salibi, *'Lamahat,' Al-Abhath* 21 (March 1968): 76; al-Ustuwani, *Mashahid wa ahdath*, 174.

12. *Tanahudat Suriyya* [The sighs of Syria], AUB, MS 956.9 T16, 27–28.

13. 關於迪米屈．達巴斯的經驗見 Georges Massouh, *'Ahdath 1860 fi mudhakkirat Dimitri Dabbas* [The 1860 Events in the Memoirs of Dimitry Dabbas],' in *1860: Histoires et mémoires d'un conflit*, ed. Dima de Clerck, Carla Eddé, Naila Kaidbey, and Souad Slim (Beirut: IFPO, 2015), 302–308; and Leila Tarazi Fawaz, *An Occasion for War: Civil Conflict in Lebanon and Damascus in 1860* (London: I.B. Tauris, 1994), 94–97.

14. NARA, RG 84, Beirut, C8.1 vol. 80, Mishaqa, 'Report of the attack... during the late outbreak at Damascus,' 23 August 1860. 米沙卡的長子納西夫為英國領事工作，在領事館內得以倖免於大屠殺。直到三天後，他們才找到他年幼的兒子薩利姆，當時他已躲進夏顧爾區一戶穆斯林人家中避難。

15. NARA, RG 84, Beirut, C8.1 vol. 80, Misc. Corr., Smiley Robson reports, 589–595.

16. Alexandre Bellemare, *Abd-el-Kader, sa vie politique et militaire* (Paris: Hachette, 1863), 443–446. Bellemare 有機會親自訪談阿卜杜・卡迪爾，並在其中一處引述了埃米爾以音譯阿拉伯語所說的話。阿卜杜・卡迪爾的英文傳記作者邱吉爾上校，也記錄了類似的敘事與對話內容，顯示阿卜杜・卡迪爾曾向兩人講述過同一段經歷。參見：Churchill, *Life of Abdel Kader, Ex-Sultan of the Arabs of Algeria* (London: Chapman and Hall, 1867), 313.
17. Al-Hasibi, in Salibi, *'Lamahat,' Al-Abhath* 21 (December 1968): 131; 此一敘述亦獲得邱吉爾上校的印證，見 *Mashahid wa ahdath*, 175.
18. 本記錄的匿名作者據信是一位希臘禮天主教或亞美尼亞禮天主教的神父，他聲稱僅記錄自己親眼所見或由目擊者親口所述之事。參見：*'Nubdha mukhtasara,'* 917.
19. Bellemare, *Abd-el-Kader*, 447–448.
20. 迪米屈・達巴斯提及哈斯巴亞、拉沙亞與代爾卡馬爾所發生的恐怖事件，以解釋他最初拒絕離開一位穆斯林顯貴住所，前往城堡避難的原因。參見：Massouh, *'Ahdath 1860 fi mudhakkirat Dimitri Dabbas,'* 305.
21. NARA, RG 84, Beirut, vol. 80, Misc. Corr., 590–595, Smiley Robson report.
22. *'Nubdha mukhtasara,'* 918–920. *Tanahudat Suriyya* 的匿名基督徒作者聲稱，自暴力事件發生的第二天起，婦女即遭綁架與強暴。見 28–29.
23. Al-Hasibi, in Salibi, *'Lamahat,'* 132; Kamal Salibi, 'The 1860 Upheaval in Damascus as Seen by al-Sayyid Muhammad Abu'l-Su`ud al-Hasibi, Notable and Later *Naqib al Ashraf of the City,' in Beginnings of Modernization in the Middle East: The Nineteenth Century,* ed. William R. Polk and Richard L. Chambers (Chicago: University of Chicago Press, 1968), 196. 阿卜杜・卡迪爾的反應見 FO 406 10, 132–134, interview with `Abd al-Qadir, Fraser to Russell, Damascus, 23 August 1860.
24. BOA, I.Dah. 30602/1, Ahmad Pasha's report on the situation in Damascus, 22 Dhu al-Hijja 1276 (12 July 1860), and cover letter dated 6 Muharram 1277 (25 July 1860). 據我所知，這是艾邁德帕夏唯一一份關於大馬士革事件所提交的報告。
25. Al-Ustuwani, *Mashahid wa ahdath*, 175.
26. BOA, I.Meclis-i Mahsus 814 (24 Zilkâde 1276/14 June 1860) 記載伊茲密爾前總督穆阿瑪帕夏獲任命接替艾邁德帕夏出任大馬士革總督，該任命於暴動爆發前數週即已作出。
27. Al-Ustuwani, *Mashahid wa ahdath*, 175–176.
28. NARA, RG 84, Damascus, vol. 1, Mikhayil Mishaqa, 'Report on the Damascus Massacre that occurred 9 July 1860,' 27 September 1860,

54–57（所有後續關於米沙卡醫師的資料都出自這份報導）. 史麥里・羅布森牧師的報導見FO 406 10, 190–196, 作為杜弗林於一八六〇年九月二十三日自貝魯特致Russell函件的附件（此後所有關於羅布森的引用，皆出自此報告）。

29. 匿名基督徒作者所撰未出版手稿*Kitab al-Ahzan*（《悲傷之書》）中特別以一整章篇幅討論強迫改教，詳述了異質群眾帶來的風險、強迫割禮的情況，並列舉了若干經過匿名處理的案例，這些人當中有人改信、有人恢復原教信仰，也有人保留穆斯林身分；參見第一四七至一五五頁。另見史麥里・羅布森牧師的報告，他指出：「在大屠殺期間，數百人為求保命而聲稱自己信仰伊斯蘭教。」

30. 關於綁架事件，參見Kitab al-Ahzan, 128–147. 另見FO 406 10, 272, Dufferin一八六〇年十月二十六日自貝魯特致布爾沃函，其中杜弗林伯爵聲稱：「目前與母親一同生活的許多基督徒女孩，已被發現懷有身孕，顯示她們在最近的動亂中曾遭強暴。」對於亞美尼亞大屠殺中性暴力的研究，參見Matthias Bjornlund, ' "A Fate Worse Than Dying": Sexual Violence During the Armenian Genocide,' in *Brutality and Desire: War and Sexuality in Europe's Twentieth Century, ed. Dagmar Herzog* (London: Palgrave MacMillan, 2008), 16–58. 近年關於種族滅絕期間性暴力的另一例子，見Beverly Allen, *Rape Warfare: The Hidden Genocide in Bosnia-Herzegovina and Croatia* (Minneapolis: University of Minnesota Press, 1996).

31. 史麥里・羅布森在其報告中亦有相同觀察：「因此，作為穆斯林的孩童依法不得被殺；但無疑是意圖將其占為己有並養育為穆斯林。」他並指出，多名返還父母的孩童已接受割禮，證明綁架者原意為將其作為穆斯林撫養。類似的分析亦見於亞美尼亞大屠殺研究中：參見Donald E. Miller and Lorna T. Miller, 'Women and Children of the Armenian Genocide,' in *Armenian Genocide: History, Politics, Ethics*, ed. *Richard Hovannisian (New York: St*. Martin's, 1992), 173–207; 另見Ara Sarafian, 'The Absorption of Armenian Women and Children into Muslim Households as a Structural Component of the Armenian Genocide,' in *Genocide and Religion in the Twentieth Century*, ed. Omer Bartov and Mack Phylis (Oxford: Berghahn, 2001), 209–221.

32. 關於邁丹區提供基督徒庇護之記載，參見Linda Schatkowski Schilcher, *Families in Politics: Damascene Factions and Estates of the 18th and 19th Centuries* (Stuttgart: Franz Steiner Verlag, 1985), 91; and Fawaz, Occasion for War, 134. 亦可見，參見Fawaz, 98; and Sami Marwan Moubayed, Nakbat Nasari al-Sham fi 1860 [The tragedy of Levantine Christians in 1860] (Beirut: Riad El-Rayyes, 2021), 22–23.

33. 關於種族滅絕中鄰人之間的暴力行為，參見Jan T. Gross, Neighbors: The Destruction of the Jewish Community in Jedwabne, Poland (Princeton, NJ: Princeton University Press, 2001). 與波蘭耶德瓦布內的猶太人不同，大馬士革約八十五%的基督徒倖存，得以在事

後與其鄰居正面對峙。

第六章

1. UKNA, FO 406 10, 74–75, Graham to Moore, Damascus, 26 July 1860, 描述中提到廢墟、裸露的人類遺骸、瀰漫的屍臭，以及屠殺發生一週後「狗仍在啃食」的情景。上述引文出自Baptistin Poujoulat, *La Vérité sur la Syrie et l'Expédition française (Paris: Gaume Frères et J.* Duprey, 1861), 395.
2. NARA, RG 84, Damascus, vol. 1, Mishaqa to Johnson, 19 July 1860. 暴民的喊叫聲見引於UKNA, FO 406 10, 74–75, Graham to Moore, Damascus, 26 July 1860.
3. Al-Hasibi, in Kamal Salibi, *'Lamahat min tarikh Dimashq fi `ahd al-tanzimat: Kunnash Muhammad Abu al-Sa`ud al-Hasibi* [Reflections from the history of Damascus in the age of the Tanzimat: The scrapbook of Muhammad Abu al-Sa`ud al-Hasibi],' *Al-Abhath* 21 (December 1968): 133.
4. UKNA, FO 406 10, 74–75, Graham to Moore, Damascus, 26 July 1860指出，在穆阿瑪帕夏抵達後「原本微弱的信心如今迅速消退」，並批評「這位新任帕夏膽小至極，甚至害怕在城中露面」。
5. Al-Hasibi, in Salibi, 'Lamahat,' *Al-Abhath 21 (March 1968): 62.* 米沙卡的評論出自他一八六〇年七月十九日給強森的報告。
6. Cited in Leila Tarazi Fawaz, *An Occasion for War: Civil Conflict in Lebanon and Damascus in 1860* (London: I.B. Tauris, 1994), 105–106.
7. NARA, RG 84, Damascus vol. 1, 38, Mishaqa to Johnson, Damascus, 29 July 1860; al-Hasibi, in Salibi, 'Lamahat,' *Al-Abhath* 21 (December 1968): 134.
8. NARA, RG 84, Damascus, vol. 1, 38, Mishaqa to Johnson, Damascus, 29 July 1860; Mishaqa to Johnson, 2 August 1860. On troop deployments, see UKNA, FO 406 10, 135–136, 鄂圖曼帝國大使 Musurus 於一八六〇年九月八日向英國外交部的 E. Hammond 呈交了福艾德帕夏公文的摘要報告。
9. 米沙卡醫生在致強森的報告中引述了福艾德帕夏的原話：NARA, RG 84, Damascus, vol. 1, Mishaqa to Johnson, Damascus, 2 August 1860. 倫敦《泰晤士報》於一八六〇年八月二十三日刊載了福艾德帕夏演說的另一版本，顯示鄂圖曼部長可能主動發布其講稿以供傳播。參見Caesar E. Farah, *The Politics of Interventionism in Ottoman Lebanon 1830–1861 (London: I*.B. Tauris, 2000), 611.
10. NARA RG 84, vol. 1, Mishaqa to Johnson, 6 August 1860; Mishaqa to Johnson, 12 August 1860. 米沙卡指出，當地顯貴極不願談論

這些會議內容，他自己也很難取得相關細節。他在致強森先生的報告中寫道：「沒有人知道會議決定了什麼。」儘管他本人似乎未出席會議，烏斯圖瓦尼謝赫提供了一些會議所達共識的線索，顯示有與會者向他透露了部分內容：參見Muhammad Sa`id Al-Ustuwani, *Mashahid wa ahdath dimishqiyya fi muntasif al-qarn al-tasi` `ashar, 1840–1861* [Damascene scenes and events in the mid-19th century, 1840–1861] (Damascus: Dar al-Jumhuriyya, 1994), 178.

11. UKNA, FO 406 10, 118–119, Brant to Bulwer, Damascus, 4 August 1860; NARA, RG 84, Damascus, vol. 1, Mishaqa to Johnson, 17 August 1860.
12. UKNA, FO 406 10, 101–102, Fuad Pasha to Consul-General Moore, Damascus, 4 August 1860; NARA, RG 84, Damascus, vol. 1, Mishaqa to Johnson, 6 August 1860; al-Ustuwani recorded the discovery of the silver; see *Mashahid wa ahdath*, 180.
13. Al-Ustuwani, 178–180.
14. Al-Hasibi, in Salibi, *'Lamahat,' Al-Abhath* 21 (December 1968): 128, 134–139.
15. NARA, RG 84, Damascus, vol. 1, Mishaqa to Johnson, 9 August 1860; al-Ustuwani, *Mashahid wa ahdath*, 180.
16. 關於特別法庭所制定的條例，其副本保存於鄂圖曼檔案 BOA, I. Meclis-I Mahsus 864/3.
17. 關於穆斯塔法貝伊．哈瓦斯利及其姪子 Rashid Agha al-Hawasli 財產的分析，見Abdul-Karim Rafeq, 'New Light on the 1860 Riots in Ottoman Damascus,' *Die Welt des Islams* 28 (1988): 421–423; al-Hasibi, in Salibi, *'Lamahat,' Al-Abhath 21 (December 1968): 139–141.*
18. NARA, RG 84, Damascus, vol. 1, Mishaqa to Johnson, 20 August 1860.
19. 本段敘述主要根據 al-Ustuwani, *Mashahid wa ahdath*, 183–185; and al-Hasibi, in Salibi, *'Lamahat,' Al-Abhath 21 (December 1968): 141–142*. 根據 Leila Fawaz 所引用的資料，被判刑者的家屬親臨現場觀看行刑（行刑方式為槍決）：參見*Occasion for War*, 140. 而米沙卡醫生在一八六〇年九月二十七日的報告中則聲稱，被絞死的兩人中有一人逃脫，另有一名遭槍決者倖存。由於多數資訊仰賴傳聞，出現版本出入實屬常見。
20. BOA, I. Meclis-i Mahsus 864/3, 福艾德帕夏於一八六〇年八月二十一日撰寫的報告列出了所有被判處絞刑（五十七人）與槍決（一百一十人）之名單，並依其居住區劃分。另見英國國家檔案館 UKNA, FO 406 10, 111–112, Fuad Pasha to Ali Pasha, Damascus, 20 August 1860.
21. UKNA, FO 406 10, 132–134, Fraser to Russell, 23 August 1860; 165–167, Dufferin to Bulwer, Damascus, 8 September 1860.
22. Al-Ustuwani, Mashahid wa ahdath, 185; NARA, RG 84, Damascus, vol. 1, Mishaqa to Johnson, 22 August 1860.

23. UKNA, FO 406 10, 190–196, Dufferin to Russell, Beirut, 23 September 1860, enclosing a report by Rev. Smiley Robson.
24. Al-Ustuwani, *Mashahid wa ahdath*, 187–188. 一八六〇年八月三十一日於大馬士革清真寺中宣講的講道詞，其英譯本保存於NARA, RG 84, Beirut, vol. 80, Misc. Corr., 524–526. 另可參見米沙卡醫生關於此講道的報告，載於NARA, RG 84, Damascus, vol. 1, 47, Mishaqa to Johnson, Damascus, 27 August 1860. 關於哈姆扎，參見Linda Schatkowski Schilcher, *Families in Politics: Damascene Factions and Estates of the 18th and 19th Centuries* (Stuttgart: Franz Steiner Verlag, 1985), 55, 101.
25. NARA, RG 84, Damascus, vol. 1, Mishaqa to Johnson, 3 September 1860.
26. NARA RG 84, Damascus, vol. 1, Mishaqa to Johnson, 27 August 1860. BOA, I Meclis-i Mahsus, 864/3, 共有一百三十九人被判處無期徒刑並附加苦役，其名單按所屬居住區分類；另有886人被徵召入伍，亦依各自的居住區分類。
27. UKNA, FO 406 10, 75–76, Bulwer to Russell, Therapia, 1 August 1860. 八月二十三日，福艾德向英國首相 John Russell 派駐敘利亞的特使 Fraser 少校回報艾邁德阿迦的審判已結束；參見132, Fraser to Russell, 23 August 1860. 另見Fawaz, *Occasion for War*, 148–149.
28. 設立審理艾邁德阿迦案件的軍事法庭之相關文件，以及法庭成員名單，均保存於鄂圖曼帝國檔案BOA, I.Meclis-i Mahsus 864/3.
29. UKNA, FO 406 10, 178–180, Brant to Bulwer, Damascus, 30 August 1860; 132–134, Fraser to Russell, Damascus, 23 August 1860.
30. BOA, I. Meclis-i Mahsus 872/1, audit of Nizami soldiers under Ahmad Agha's command on 9 July 1860 (n.d.).
31. UKNA, FO 406 10, 125, Brant to Russell, Beirut, 16 August 1860; 168–169, Dufferin to Bulwer, Damascus, 8 September 1860.
32. BOA, I.Meclis-i Mahsus 872/1, 21 Safar 1277/8 September 1860, 一二七七年沙法月二十一日／一八六〇年九月八日，大馬士革軍事法庭對以下人士因其在哈斯巴亞與拉沙亞屠殺事件中所扮演的角色作出定罪判決：前大馬士革總督艾邁德阿迦、大馬士革駐軍指揮官 Miralay Ali Bey，哈斯拜雅區長官 `Uthman Bey，以及鄂圖曼在拉沙雅部隊指揮官 Binbasi Mehmet Ali Agha。
33. NARA, RG 84, Damascus, vol. 1, Mishaqa to Johnson, 8 September 1860; 53–54, Mishaqa to Johnson, 27 September 1860. 關於處決後的公眾反應，參見 UKNA, FO 406 10, 206–208, Fraser to Russell, Damascus, 21 September 1860.

第七章

1. NARA, RG 84, Damascus, vol. 1, Mishaqa to Johnson, Damascus, 2 August 1860; UKNA FO 406 10, 105–107, Fraser to Russell, Beirut, 8 August 1860.

2. 關於貝魯特的迅速發展及其人口統計數據，請參見 Leila Tarazi Fawaz, *Merchants and Migrants in Nineteenth-Century Beirut* (Cambridge, MA: Harvard University Press, 1983), 30–34.
3. Al-Hasibi, in Kamal Salibi, *'Lamahat min tarikh Dimashq fi `ahd al-tanzimat: Kunnash Muhammad Abu al-Sa`ud al-Hasibi* [Reflections from the history of Damascus in the age of the Tanzimat: The scrapbook of Muhammad Abu al-Sa`ud al-Hasibi],' *Al-Abhath* 21 (December 1968): 143–144. Muhammad Sa`id al-Ustuwani, *Mashahid wa ahdath dimishqiyya fi muntasif al-qarn al-tasi` `ashar, 1840–1861* [Damascene scenes and events in the mid-19th century, 1840–1861] (Damascus: Dar al-Jumhuriyya, 1994), 183, 186–187. NARA, RG 84, Damascus, vol. 1, Mishaqa to Johnson, 17 August 1860; Mishaqa to Johnson, 27 August 1860.
4. NARA, RG 84, Damascus, vol. 1, Mishaqa to Johnson, 27 August 1860. UKNA, FO 406 10, 132–134, Fraser to Russell, 23 August 1860; 138, Brant to Russell, 25 August 1860; 140–141, Brant to Bulwer, 22 August 1860; 159, Fraser to Russell, 30 August 1860; 188–189, Brant to Russell, 20 September 1860.
5. 這些嘲諷語是烏斯圖瓦尼引自一封徵召兵自貝魯特寄給其在大馬士革父親的信件；見 al-Ustuwani, Mashahid wa ahdath, 第一百九十四頁。一位法國觀察者則記載了福艾德帕夏抵達貝魯特隔日，與大馬士革難民之間爆發的激烈對峙；參見 Baptistin Poujoulat, *La Verité sur la Syrie et l'Expédition Française* (Paris: Gaume Frères et J. Duprey, 1861), 109–110.
6. UKNA, FO 406 10, 143, Moore to Russell, 31 August 1860; 185–186, Dufferin to Bulwer, 21 September 1860, with a translation of one of Fuad Pasha's announcements to Christians dated 1 Rabi` al-Awwal 1277/17 September 1860. Dr Mishaqa forwarded an Arabic declaration dated 3 Rabi` al-Akhir 1277/18 October 1860 reiterating the call for Damascenes to return to their city. NARA, RG 84, Beirut, C8.1 vol. 80, enclosure with Dr Meshaka's dispatch of October 22, 1860.
7. 'The Massacre at Damascus,' London Examiner, 4 August 1860, 487–488, 重刊了《每日新聞》（Daily News）於一八六〇年七月十五日刊載的電報報導，該報導原為七月十一日所發出的電報，距大馬士革大屠殺爆發僅三日。
8. 這首歌共有十一節歌詞，其旋律取自名為〈Village Pride〉（鄉村的驕傲）的樂曲，該曲本身或許具有某種象徵意義，儘管我未能找到該旋律的確切來源。收藏於National Library of Scotland, Crawford.EB.2165, 該館典藏共計二千三百首宣傳單民謠（broadside ballads），經由 Balcarres Heritage Trust 授權重製，網址：https://digital.nls.uk/english-ballads/archive/74893189?. The past-tense verb massacreed was frequently used in nineteenth-century vernacular English.
9. 'Intervention in Syria,' from the *London weekly Saturday Review* 10, no. 247 (21 *July 1860): 68–69.* 關於歐洲新聞媒體的評論及其對國

際政治的影響，請參見Davide Rodogno, *Against Massacre: Humanitarian Interventions in the Ottoman Empire 1815–1914* (Princeton, NJ: Princeton University Press, 2012), 94–95; and Ozan Ozavci, *Dangerous Gifts: Imperialism, Security, and Civil Wars in the Levant, 1798–1864* (Oxford: Oxford University Press, 2021), 302–309.

10. UKNA, FO 406 10, 160–161, 'Notes of a Conversation held with Fuad Pasha by Major Fraser, at Damascus, September 3, 1860.' 關於博福特的認識見 Leila Tarazi Fawaz, *An Occasion for War: Civil Conflict in Lebanon and Damascus in 1860* (*London: I*.B. Tauris, 1994), 114–126; and Caesar E. Farah, *The Politics of Interventionism in Ottoman Lebanon, 1830–1861* (*London: I*.B. Tauris, 2000), 647–674.
11. BOA, I.Meclis-i Mahsus 864/3, 6 Safar 1277/24 August 1860, 福艾德帕夏關於其與博福特將軍通信內容的報告; FO 406 10, 203, Dufferin to Bulwer, Beirut, 24 September 1860.
12. NARA, RG 84, Damascus, vol. 1, Mishaqa to Johnson, 19 July 1860, 2 August 1860, 17 August 1860.
13. NARA, RG 84, Beirut C8.1 vol. 80 (May–December 1860), 米沙卡於一八六〇年八月六日致強森的信中列出其大馬士革住家在襲擊中損失的財產清單。其接受在醫院擔任醫師一職的提議，見於Damascus, vol. 1, Mishaqa to Johnson, 4 October 1860. 一八六〇年的匯率為一英鎊兌一百一十皮阿斯特（piastres）。
14. NARA, RG 84, Damascus, vol. 1, Mishaqa to Johnson, Damascus, 8 August 1860.
15. NARA, RG 84, Damascus, vol. 3, 'Commercial Report for the year August 1870—August 1871' and 'Commercial Report for 1871,' submitted in December 1872.
16. NARA, RG 84, Damascus, vol. 1, Mishaqa to Johnson, 4 October 1860.
17. 關於大馬士革省的年度稅收，請參見UKNA, FO 406 10, 340–343, Dufferin to Bulwer, Beirut, 18 November 1860. 福艾德的副手Abro Efendi 曾在一八六〇年十月十五日召開的第四次敘利亞委員會會議上，報告鄂圖曼政府為敘利亞與黎巴嫩難民所支出的糧食開銷；見 FO 406 10, 276–279. 英國特使杜弗林勳爵也報告稱，由於鄂圖曼帝國財政「完全枯竭」，導致每日口糧的發放出現拖欠；見FO 406 10, 287–289, Dufferin to Bulwer, Beirut, 1 November 1860.
18. 關於修復米沙卡住宅的提議，請參見 NARA, RG 84, Damascus, vol. 1, Mishaqa to Johnson, 30 August 1860. On threats against Mishaqa, see UKNA, FO 406 10, 132–134, Fraser to Russell, Damascus, 23 August 1860.
19. Al-Ustuwani, *Mashahid wa ahdath*, 197–199.
20. NARA, RG 84, Damascus, vol. 1, Mishaqa to the Welfare Council [majlis al-i`ana], 1 October 1860 (two documents).

21. Al-Ustuwani, *Mashahid wa ahdath*, 196. NARA, RG 84, Damascus, vol. 1, Mishaqa petition to the Wali for compensation of his claims, 23 October 1860; Mishaqa to Wali, responding to compensation offer, 12 December 1860. Ehud Toledano 在一八六〇年代大馬士革的法庭與領事記錄中發現了關於非洲奴隸的相關記載；請參見 *As if Silent and Absent: Bonds of Enslavement in the Islamic Middle East* (New Haven, CT: Yale University Press, 2007), esp. 63–65, 86–87.
22. UKNA, FO 406 10, 221–222, Brant to Russell, notes the appearance of crosses on 'Mussulman houses inhabited by Christians' appearing on 4 October. NARA, RG 84, Damascus, vol. 1, Mishaqa to Johnson, 8 October 1860.
23. UKNA, FO 406 10, 183–184, Dufferin to Bulwer, Beirut, 14 September 1860; 198–199, Dufferin to Bulwer, Beirut, 23 September 1860.
24. UKNA, FO 406 10, 222–224, Dufferin to Bulwer, Beirut, 1 October 1860; 230–231, Dufferin to Bulwer, 5 October 1960.
25. UKNA, FO 406 10, 243–246, report of the second meeting of the Syrian Commission, 9 October 1860.
26. UKNA, FO 406 10, 279, Fuad Pasha to Abro Efendi, Damascus, 10 October 1860.
27. 福艾德帕夏致貝魯特大馬士革基督徒難民的公告副本，呼籲其返鄉，見於NARA, RG 84, Beirut, C8.1 vol. 80, 3 Rabi` al-Awwal 1277/18 October 1860. 關於從貝魯特返抵大馬士革的難民潮再度出現，請參見UKNA, FO 406 10, 274–276, Dufferin to Bulwer, Beirut, 26 October 1860.
28. FO 406 10, 216–218, 布蘭特於一八六〇年九月二十五日自大馬士革致布爾沃函中表示，領事布蘭特呼籲處決哈拉比，認為此舉為「維護公共安全所不可或缺之措施」。另見FO 406 10, 262–263, Brant to Russell, Damascus, 8 October 1860. 在一八六〇年十月十五日召開的第四次敘利亞委員會會議上，法國代表貝克拉德亦敦促「恢復對大馬士革罪犯的司法審判」；見 FO 406 10, 276–279.
29. Al-Hasibi, in Salibi, *'Lamahat,' Al-Abhath 21 (December 1968): 145–146.*
30. 關於哈拉比的審判以及加齊的激烈言論，請參見al-Ustuwani, *Mashahid wa ahdath*, 204, 208–210.
31. UKNA, FO 406 10, 384, Fuad Pasha to Major Fraser, Damascus, 20 October 1860. Al-Hasibi quoted the proverb when detailing the sentences of exile; see al-Hasibi, in Salibi, 'Lamahat,' *Al-Abhath* 21 (December 1968): 148.
32. UKNA, FO 406 10, 287–289, Dufferin to Bulwer, Beirut, 1 November 1860; 307–308, Dufferin to Bulwer, Beirut, 3 November 1860.
33. UKNA, FO 406 10, 274–276, Dufferin to Bulwer, Beirut, 26 October 1860. On another of Dufferin's grand schemes for Syria, see Fruma Zachs, ' "Novice" or "Heaven-Born" Diplomat? Lord Dufferin's Plan for a "Province of Syria": Beirut, 1860–61,' Middle Eastern Studies

36, no. 3 (2000): 160–176.

34. UKNA, FO 406 10, 325–327, Protocols of the Eighth Meeting of the Syrian Commission, 2 November 1860.
35. UKNA, FO 406 10, 330–334, Protocols of the Ninth Meeting of the Syrian Commission, 10 November 1860.
36. NARA, RG 84, Damascus, vol. 1, Mishaqa to Johnson, Damascus, 2 December 1860; UKNA, FO 406 10, 399–400, Wrench to Bulwer, Damascus, 12 December 1860.
37. 關於委員們受到士兵與政府接待的情況，請參見 NARA, RG 84, Damascus, vol. 1, Mishaqa to Johnson, 2 December 1860; on visits to Christian households and the priests' petition, see UKNA, FO 406 10, 403–407, Dufferin to Bulwer, Damascus, 4 December 1860.
38. FO 406 10, 132–134, Interview with `Abd al-Qadir, Fraser to Russell, Damascus, 23 August 1860.
39. FO 406 10, 340–343, 杜弗林於一八六〇年十一月十八日自貝魯特致布爾沃函中，列出一份由歐洲委員提出的所有關於敘利亞未來治理方案的綜合表格，其中包括一項「由穆斯林親王擔任副王」的提議，並建議由阿卜杜・卡迪爾出任此職位。關於阿卜杜・卡迪爾及「阿拉伯王國」的構想，亦可參見Bruno Étienne, *Abdelkader* (Paris: Fayard/Pluriel, 2012), 283–306.
40. NARA, RG 84, Damascus, vol. 1, Mishaqa to Johnson, Damascus, 29 November 1860; FO 406 10, 408–409, Dufferin to Bulwer, Beirut, 11 December 1860.
41. Fawaz, *Occasion for War*, 192–217. 關於穆塔薩里法雅時期見 Engin Akarli, *The Long Peace: Ottoman Lebanon, 1861–1920* (*London: I*.B. Tauris, 1993). 關於敘利亞委員會與穆塔薩里法雅在塑造現代黎巴嫩國家的角色，請參見Carol Hakim, *The Origins of the Lebanese National Idea, 1840–1920* (Berkeley: University of California Press, 2013).

第八章

1. Shaykh Sa`id al-Ustuwani noted the opening of the telegraph office in his diary on 7 Dhu al-Hijja 1277 (15 June 1861); see Muhammad Sa`id Al-Ustuwani, *Mashahid wa ahdath dimishqiyya fi muntasif al-qarn al-tasi` `ashar, 1840–1861* [Damascene scenes and events in the mid-19th century, 1840–1861] (Damascus: Dar al-Jumhuriyya, 1994), 222.
2. NARA, RG 84, Damascus, vol. 1, Mishaqa to Johnson, 8 July 1861. 此事件極有可能是為了配合「大事變」一週年而安排。晚宴舉行於一八六一年七月五日，雖未完全符合西曆週年（該事件發生於一八六〇年七月九日），但根據伊斯蘭曆（陰曆），該日為一二七七年杜祖哈月二十六日，恰為事件爆發日——一二七六年杜祖哈月二十日——之六日後。

3. NARA, RG 84, Damascus, vol. 1, Mishaqa report, n.d., appendix to Mishaqa to Johnson, Damascus, 27 September 1860. 關於鄂圖曼帝國在一八五〇年代的借款見Roger Owen, *The Middle East in the World Economy, 1800–1914* (London: Methuen, 1981), 100–104.
4. Laila Tarazi Fawaz, *An Occasion for War: Civil Conflict in Lebanon and Damascus in 1860 (London: I*.B. Tauris, 1994), 155–156.
5. 關於米沙卡對大馬士革基督徒總損失的估計，請參見 NARA, RG 84, Damascus, vol. 1, undated report appended to Mishaqa to Johnson, Damascus, 27 September 1860.
6. NARA, RG 84, Damascus, vol. 1, Mishaqa to Johnson, 8 September 1860; al-Ustuwani, *Mashahid wa ahdath*, 192, 198, 209; UKNA, FO 406 10, 263–264, Brant to Russell, Damascus, 8 October 1860.
7. NARA, RG 84, Damascus, vol. 1, Mishaqa to Johnson, 2 December 1860; al-Ustuwani, *Mashahid wa ahdath*, 211, 216.
8. 賽義德・烏斯圖瓦尼聲稱，祕密委員會首次會議召開於一八六一年四月二十日，他並指出，Qanawati、Tawil、Baqu、Jabri、al-Wara`、al-Qabbani 以及 al-Qazziha 等家族的成員與鄂圖曼官員一同參與。參見：Al-Ustuwani, *Mashahid wa ahdath*, 220. 另見 Souad Slim, 'Les indemnités versées aux chrétiens de Damas à la suite des massacres de 1860,' in *1860: Histoires et mémoires d'un conflit*, ed. Dima de Clerck, Carla Eddé, Naila Kaidbey, and Souad Slim (Beirut: IFPO, 2015), 309–324.
9. 米沙卡醫師並未提及該委員會中任何穆斯林成員的姓名，但他報告指出，猶太人家族 Shimaya 與 Abu alAfiya 亦有成員參與其中。參見 NARA, RG 84, Damascus, vol. 1, Mishaqa to Johnson, 13 May 1861.
10. NARA, RG 84, Damascus, vol. 1, Mishaqa to Johnson, 13 May 1861. 福艾德帕夏向敘利亞委員會的歐洲成員分發了一份表格，列示鄂圖曼政府對一二七五年（即一八五八至一八五九年）曆年中大馬士革與西頓兩省歲入的官方統計數字。英國特使杜弗林勳爵向英國駐鄂圖曼帝國大使布爾沃勳爵報告稱，這些數字「或許與實情相去不遠」。UKNA, FO 406 10, 343–345, Dufferin to Bulwer, Beirut, 18 November 1860.
11. NARA, RG 84, Damascus, vol. 1, Mishaqa to Johnson, 13 June 1861.
12. NARA, RG 84, Damascus, vol. 1, Mishaqa to Johnson, 1 June 1861; UKNA, FO 406 11, Rogers to Russell, Damascus, 1 June 1861; Kamal Salibi, *'Lamahat min tarikh Dimashq fi `ahd al-tanzimat: Kunnash Muhammad Abu al-Sa`ud al-Hasibi* [Reflections from the history of Damascus in the age of the Tanzimat: The scrapbook of Muhammad Abu al-Sa`ud al-Hasibi],' *Al-Abhath* 21 (December 1968): 152.
13. Al-Hasibi, in Salibi, 'Lamahat,' *Al-Abhath 22 (June 1969): 51*. 烏斯圖瓦尼記錄了政府於一八六〇年十二月徵收哈西比家族的財產，以及其他遭流放的顯貴家族的財富：參見 al-Ustuwani, *Mashahid wa ahdath*, 212.

14. NARA, RG 84, Damascus, vol. 1, Mishaqa to Johnson, 1 June 1861.
15. NARA, RG 84, Damascus, vol. 1, Mishaqa to Johnson, 3 June 1861.
16. Fawaz, Occasion for War, 159.
17. 關於大馬士革發生叛亂的威脅，請參見 NARA, RG 84, Damascus, vol. 1, Mishaqa to Johnson, 5 August 1861.
18. 關於豪蘭區與阿傑隆地區的叛亂，請參見 NARA, RG 84, Damascus, vol. 1, Mishaqa to Johnson, 26 August 1861, 2 September 1861. 在賠償稅徵收之後，哈西比詳細記述了該省村落被棄的情況；參見 Al-Hasibi，載於 al-Hasibi, in Salibi, 'Lamahat,' *Al-Abhath 22 (June 1969): 51–52.*
19. BOA, I. Dah. 365554, 4 Rebîyulahir 1281 (5 September 1864); see also Fawaz, Occasion for War, 158.
20. NARA, RG 84, Damascus, vol. 1, Mishaqa to Johnson, 13 June 1861. Dr Mishaqa gave details of the government's property records in his report to Johnson, 13 March 1862.
21. NARA, RG 84, Damascus, vol. 1, Mishaqa to Johnson, 5 August 1861. 在其具影響力的小冊 *Nafir Suriyya*（《敘利亞的號角》）中，黎巴嫩知識分子布特魯斯．布斯塔尼（Butrus al-Bustani）反思了基督徒在申報損失時，為了預期政府會削減賠償額度而可能誇大其詞的風險；參見 al-Bustani, *The Clarion of Syria: A Patriot's Call against the Civil War of 1860* (Oakland: University of California Press, 2019), 85–91.
22. NARA, RG 84, Damascus, vol. 1, Mishaqa to Johnson, 24 June 1861.
23. NARA, RG 84, Beirut, vol. 44 (1861), 記載了美鄂聯合委員會審查大馬士革美國保護人賠償請求的相關紀錄： 154–156 (25 July 1861); 184–185 (22 October 1861); 186–189 (24 October 1861); 190–195 (31 October 1861); 196–199 (13 November 1861). 美方代表為 Dr. Van Dyck 與 Mr. H. H. Jessup，兩人皆為新教傳教士，以及美國領事強森；鄂圖曼方面的代表則包括福艾德的副手 Abro Efendi、Constant Efend，以及貝魯特的穆斯林顯貴 Muhiaddin Efendi Bayhum。
24. NARA, RG 84, Beirut, vol. 124 (1862), records of the American-Ottoman commission reviewing indemnity claims of US protégés in Damascus, 6–13 (8 January 1862); 14–17 (10 January 1862).
25. 米沙卡醫生指出，他的賠償金裁定由福艾德帕夏簽署，於一八六一年十一月二十三日簽發，金額為五十萬皮阿斯特（Pt. 500,000）。見 NARA, RG 84, Damascus, vol. 1, Mishaqa to Johnson, 26 November 1862.
26. NARA, RG 84, Damascus, vol. 1, Mishaqa to Johnson, 10 February 1862.

27. Entry for 29 April 1862, 60, 'The Prince of Wales's Journal: 6 February–14 June 1862,' Royal Collection Trust RA/VIC/MAIN/EVIID/1862, www.rct.uk.
28. NARA, RG 84, Damascus, vol. 1, Mishaqa to Johnson, 28 November 1861.
29. NARA, RG 84, Damascus, vol. 1, Mishaqa to Johnson, 13 March 1862.
30. NARA, RG 84, Damascus, vol. 1, Mishaqa to Johnson, 10 March 1862. 哈西比亦報導，大馬士革當局為了支付賠償金，將當地貨幣貶值了百分之十；見 al-Hasibi, in Salibi, 'Lamahat,' *Al-Abhath* 22 (June 1969): 52.
31. 關於重建大馬士革貧苦基督徒住屋的情況，請參見NARA, RG 84, Damascus, vol. 1, Mishaqa to Johnson, 11 April 1861. 關於現金短缺與最小金額賠償案的清償，請參見Mishaqa to Johnson, 1 September 1862, 4 November 1862.
32. NARA, RG 84, Damascus, vol. 1, Mishaqa to Johnson, 17 February 1862, 24 March 1862, 19 March 1863. See also the reports of Yuhanna Misk dated 24 April 1862 in Badr al-Haj and Ahmad Asfahani, *Mukhbir al-qunsuliyya: Rasa'il Yuhanna Misk ila Richard Wood, 1862–1877* [Informant to the consulate: The letters of Yuhanna Misk to Richard Wood] (Beirut: Kutub, n.d. [2009]), 34, 40.
33. On the 19 percent discount, see NARA, RG 84, Damascus, vol. 1, Mishaqa to Johnson, 30 March 1863. On the 'consolidated' paper money [in Arabic, awraq kunsulid], see Mishaqa to Johnson, 4 January 1864. See also the reports of Yuhanna Misk in al-Haj and Asfahani, *Mukhbir al-qunsuliyya*, 40, 43, 52.
34. NARA, RG 84, Beirut, C8.1 vol. 047 (1866), 134–135, 'The Situation in the Province of Damascus, 1864.' 需注意，米沙卡醫師將此年度報告連同一八六五年度報告一併提交給強森先生，時間為一八六六年三月二十七日。然而，他並未在其大馬士革登記冊中保留一八六四年報告的副本；目前唯一保存下來、記錄重建結束情況的版本，是存放於貝魯特領事館登記冊中的副本。
35. NARA, RG 84, Damascus, vol. 3, Nasif Mishaqa to Mehmed Rashid Pasha, governor of Damascus, 22 March 1871.
36. 關於米沙卡對安全與重建情勢的評估，請參見 his report to Johnson, NARA, RG 84, Damascus, vol. 1, 22 October 1862.
37. NARA, RG 84, Damascus, vol. 2, Mishaqa to Johnson, 18 March 1867; Mishaqa to Johnson, 18 January 1869.
38. Al-Hasibi, in Salibi, *'Lamahat,' Al-Abhath* 21 (March 1968): 70–72; 關於哈西比之父自流放歸來的情況，請參見Salibi, 'Lahamat,' *Al-Abhath 22 (June 1969): 64*. 關於1860年被定罪的大馬士革人獲赦並自流放歸來的情況，請參見 BOA I.Dah. 37351 (23 Muharram 1282/17 June 1865). 鄂圖曼政府為流放者返鄉的旅費提供了財政援助；請參見BOA I.Dah. 37522 (7 Rebîulâhir 1282/29 August 1865).

第九章

1. Fuad's departure message is reproduced in Ussama Makdisi, 'After 1860: Debating Religion, Reform, and Nationalism in the Ottoman Empire,' *International Journal of Middle Eastern Studies 34 (2002): 606.*
2. James William Gambier, 'The Life of Midhat Pasha,' *Nineteenth Century 3 (1878): 78–79.*
3. Max Gross, 'Ottoman Rule in the Province of Damascus, 1860–1909' (PhD diss., Georgetown University, 1979), 102–105. In an appendix to his dissertation, Gross provides a translation of the full 1864 Vilayet Law; see 541–554.
4. Gambier, 'Life of Midhat,' 79–80.
5. 關於敘利亞省的建立參見`Abd al-`Aziz Muhammad `Awwad, *Al-Idara al-`uthmaniyya fi wilayat suriyya, 1864–1914* [Ottoman administration in the province of Syria, 1864–1914] (Cairo: Dar al-Ma`arif, 1969).
6. 關於請願運動，請參見Jens Hanssen, *Fin de Siècle Beirut: The Making of an Ottoman Provincial Capital* (Oxford: Oxford University Press, 2005), 41–43. BOA I.Dah. 37280, 穆斯林與基督徒大人物致信敘利亞總督穆罕默德．魯什迪帕夏（Mehmed Rushdi Pasha）的請願書，日期為一二八一年杜爾蓋達月二十六日／一八六五年四月二十一日。簽署人包括馬龍派宗主教Tubiyya `Awn、亞美尼亞天主教領袖、謝里夫後裔領袖，以及若干著名商人家族的代表。
7. BOA I.Dah. 37280, 大馬士革穆斯林名流致總督穆罕默德．魯什迪帕夏的兩封請願書（日期未詳）。其中一封有一四七人簽署，另一封有二〇五人簽署，簽名者高度重疊。穆罕默德．賽義德．烏斯圖瓦尼在兩封請願書上均有簽名，其他簽署者還包括著名的伊斯蘭學者，如謝里夫後裔領袖、多位主要清真寺的伊瑪目（imam）與講經師（khatib），以及多位伊斯蘭教法（Sharia）學者。
8. BOA I.Dah. 37280, 兩封基督徒顯貴的請願書，日期分別為一八六五年五月一日與五月三日。其中一封有一一六位顯貴簽署，另一封則有一七五位重要人物簽署，簽署者包括希臘東正教與希臘天主教宗主教、亞述天主教主教、亞美尼亞、羅馬天主教與其他教派的神父，以及如米特里．沙爾胡布等著名商人家族代表，他曾活躍於多個政府委員會中。
9. 關於貝魯特在十九世紀的成長參見Leila Tarazi Fawaz, *Merchants and Migrants in Nineteenth-Century Beirut* (Cambridge, MA: Harvard University Press, 1983).
10. 1860年的稅收數據見於UKNA, FO 406 10, 340–343, Dufferin to Bulwer, Beirut, 18 November 1860. 米沙卡醫師提供的數據見於NARA, RG 84, Damascus, vol. 1, Mishaqa to Johnson, 27 March 1866. 米沙卡的數據可能稍有誇大。根據敘利亞省一八七一年的官方報告，鄂圖曼政府當年稅收為6,750萬皮阿斯特；見 Nu`man Qasatli, *Al-Rawdat al-ghanna' fi Dimishq al-fayha'* [The lush garden

of Damascus the Fragrant] (Beirut: Dar al-Ra'id al-`Arabi, 1982 [1879]), 129–130.

11. Qasatli, Rawdat al-ghanna', 96–97. The Turkish lira, or pound (T £), was worth Pt. 115 in 1868.

12. From Chapter 3 of the Vilayet Law, reproduced in Gross, 'Ottoman Rule in the Province of Damascus,' 545.

13. 總理事會（General Council）的決議摘錄於Yuhanna Misk自貝魯特致理查・伍德（Richard Wood）之信，日期為1868年1月11日，收錄於 Badr al-Haj and Ahmad Asfahani, *Mukhbir al-qunsuliyya: rasa'il Yuhanna Misk ila Richard Wood, 1862–1877* [Informant of the consulate: The letters of Yuhanna Misk to Richard Wood] (Beirut: Kutub, n.d. [2009]), 84–88. Misk對這些決議是否會被真正執行表達了懷疑。另可參Gross, 'Ottoman Rule,' 其將該委員會描述為首個敘利亞議會。不過，Gross發現並無證據顯示該理事會於1867年之後曾再度召開會議。參見Gross, 135–142.

14. BOA, A.Mkt.Um 542/86, 9 Sha`ban 1278/9 February 1862, 關於一八六〇年黎巴嫩山區衝突期間遭竊財物的法國賠償要求，見Mount Lebanon; I. Dah。34294, Count Edmond de Perthuis於一八六三年一月四日致信西頓省總督艾邁德帕夏，報告馬車道路正式啟用事宜。另可參見 Leila Tarazi Fawaz, 'The Beirut-Damascus Road: Connecting the Syrian Coast to the Interior in the 19th Century,' in *The Syrian Land: Processes of Integration and Fragmentation*, ed. Thomas Philipp and Birgit Schaebler (Stuttgart: Franz Steiner Verlag, 1998), 19–28.

15. NARA, RG 84, Beirut, C8.1 vol. 047, Dr Mishaqa's report on 'The Situation in Eyalet al-Sham, 1864,' 134–135. Charles Dudley Warner, In *the Levant* (Boston: Houghton Mifflin, 1895), 258–260.

16. On the extension of the Beirut line, see BOA, I. M. Vala 23541/1, 6 Sha`ban 1281 (4 January 1865); on the line to Muzayrib, see I. Mec. Vala 25856/1, 27 Rabi` al-thani 1284 (August 1868); on the line to Rashayya and Hasbayya, see I. Sura-yi Devlet 1471/1 12 Rabi` al-awwal 1293/7 April 1876. See also my essay 'Instant Communication: The Impact of the Telegraph in Ottoman Syria,' in The Syrian Land: Processes of Integration and Fragmentation, ed. Thomas Philipp and Birgit Schaebler (Stuttgart: Franz Steiner Verlag, 1998), 113–128.

17. BOA, Irade Dahiliye 36833/1 (21 Receb 1281/19 December 1864), orders for upgrading the markets of Damascus and widening commercial streets between government offices and the Umayyad Mosque. Most Damascene contemporaries noted the street widening with approval. NARA, RG 84, Beirut, C8.1 vol. 047, Dr Mishaqa's report on 'The Situation in Eyalet al-Sham, 1864,' 134–135. Kamal Salibi, '*Lamahat min tarikh Dimashq fi `ahd al-tanzimat: Kunnash Muhammad Abu al-Sa`ud al-Hasibi* [Reflections from the history of Damascus in the age of the Tanzimat: The scrapbook of Muhammad Abu al-Sa`ud al-Hasibi],' *Al-Abhath* 22 (June 1969): 58–59. See

also Qasatli, Rawdat al-ghanna', 100; and Stefan Weber, *Damascus: Ottoman Modernity and Urban Transformation, 1808–1918* (Aarhus: Aarhus University Press, 2009), 1:179–180.

18. Weber, *Damascus*, 1:180–182.

19. Weber, 1:185–189. See also Stefan Weber, 'Reshaping Damascus: Social Change and Patterns of Architecture in Late Ottoman Times,' in *From the Syrian Land to the States of Syria and Lebanon*, ed. Thomas Philipp and Christoph Schumann (Beirut: Orient-Institut, 2004), 41–58.

20. Khalil Sarkis, quoted in Weber, *Damascus*, 1:200.

21. Weber, 1:118–129. On the theatre in Damascus, see Ilham Khuri-Makdisi, *The Eastern Mediterranean and the Making of Global Radicalism, 1860–1914* (Berkeley: University of California Press, 2010), 83–84.

22. Qasatli, *Al-Rawdat al-ghanna'*, 117–121. 關於國家學校為官僚體系提供訓練人力的必要性，參見Randi Deguilhem, 'State Civil Education in Late Ottoman Damascus: A Unifying or a Separating Force?,' in *The Syrian Land: Processes of Integration and Fragmentation*, ed. Thomas Philipp and Birgit Schaebler (Stuttgart: Franz Steiner, 1998), 221–250.

23. Qasatli, *Rawdat al-ghanna'*, 119–120; Qasatli's figures tally with the provincial yearbook for 1871–1872: *Sâlnâme-yi Vilâyet-i Sûriye*, 3rd ed. (Damascus, 1287–1288), 108, 130. On Quranic schools and madrasas in the Ottoman Empire during the Tanzimat period, see Selçuk Aksin Somel, *The Modernisation of Public Education in the Ottoman Empire, 1839–1908: Islamization, Autocracy and Discipline* (Leiden: Brill, 2001), 18–19.

24. Somel, *Modernisation of Public Education*, 71.

25. 初等學校與魯什迪耶學校（rüshdiye）的課程內容，收錄於Somel, 299–303.

26. 關於大馬士革馬德拉撒特・撒那伊（Madrasat Sanayi'，貿易學校）的興衰，參見NARA, RG 84, Damascus, vol. 3, Nasif Mishaqa to Mr Johnson, Commercial Report, 11 August 1870; Nasif Mishaqa to Johnson, Commercial Report, 10 August 1871. 亦可見'Education in Syria, 1885,' in Charles Issawi, *The Fertile Crescent 1800–1914: A Documentary Economic History* (New York: Oxford University Press, 1988), 67–70. 此外，該職業學校亦見於一八七一至一八七二年度的省年鑑中：Sâlnâme-yi Vilâyet-i Sûriye, 3rd ed. (Damascus, 1287–1288), 97.

27. 除了這些國立平民學校外，鄂圖曼當局也設立了軍事魯什迪耶學校與軍事中學，以培養穆斯林青年從軍。根據記載，軍事學校體系吸引了二七四名學生就讀魯什迪耶學校，另有七十二名學生就讀新設的軍事中學。參見*Sâlnâme-yi Vilâyet-i Sûriye*, 13th ed.

(Damascus, 1298/1881), 125–128.

28. Quoted in Benjamin C. Fortna, *Imperial Classroom: Islam, the State and Education in the Late Ottoman Empire* (Oxford: Oxford University Press, 2002), 58–59.

29. Fakhri al-Barudi, *Mudhakkirat al-Barudi* [Memoirs of al-Barudi] (Beirut: Dar al-Hayat, 1951), 1:32. On Maktab `Anbar, see Zafir al-Qasimi, *Maktab `Anbar: Suwar wa dhikrayat min hayatina al-thaqafiyya wa'l-siyasiyya wa'l-ijtima`iyya* [Maktab `Anbar: Images and memories from our social, political, and cultural lives] (Beirut, 1964); Randi Deguilhem-Scheom, 'Idées française et enseignement ottoman: L' école Maktab `Anbar à Damas,' *Revue du Monde Musulman et de la Méditerranée* 52/53 (1989): 199–206; and Eugene Rogan, 'The Political Significance of an Ottoman Education: Maktab `Anbar Revisited,' in *From the Syrian Land to the States of Syria and Lebanon, ed. Thomas Philipp and Christoph Schumann* (Beirut: Orient-Institut der DMG Beirut, 2004), 77–94.

30. Qasatli, *Al-Rawdat al-ghanna'*, 96–97; Weber, *Damascus*, 2:128.

31. 薩利赫·塔爾的回憶錄為一份未出版的阿拉伯文手稿，成稿於一九四〇年代，由其孫、已故約旦人Mulhim al-Tall於一九八七至一九八八年間提供給我參閱。

32. See Corinne Blake, 'Training Arab-Ottoman Bureaucrats: Syrian Graduates of the Mülkiye Mektebi, 1890–1920' (PhD diss., Princeton University, 1991).

33. Rachel Marion Scott, 'Education and Arabism in Damascus at the Turn of the Twentieth Century,' *Islamic Culture* 72 (1998): 17–64.

34. 關於大馬士革對貝魯特省分離事件的反應，請參見Gross, 'Ottoman Rule,' 392–395.

總結

1. In NARA, RG 84, Damascus, vol. 2, 米沙卡在寫給強森的信件中提到自己正受痛風所苦，信件日期分別為一八六五年十一月二十四日、一八六八年八月四日，以及一封未註明確切日期但標示為一八六九年十二月的信。米沙卡的辭職信由其子納西夫以英文代筆，日期為一八七〇年三月十八日。

2. 關於納西夫·米沙卡擔任美國駐大馬士革副領事的任期（他於一九一四年二月十日辭職），參見：Erdogan Keskinkiliç and Ebubekir Ceylan, 'Her Majesty's Protected Subjects: The Mishaqa Family in Ottoman Damascus,' *Middle Eastern Studies* 51 (2015): 190.

3. Nu`man Qasatli, *Al-Rawda al-ghanna' fi Dimishq al-fayha'* [The lush garden of Damascus the Fragrant] (Beirut: Dar al-Ra'd al-`Arabid,

1982 [1879]), 154; Jurji Zaydan, *Tarajim Mashahir al-sharq fi'l-qarn al-tasi` `ashar* [Biographical dictionary of the celebrities of the East in the nineteenth century], 2nd ed. (Cairo: Matba`a al-Hilal, 1911), 177–180. See also Fruma Zachs, 'Mikha'il Mishaqa—The First Historian of Modern Syria,' *British Journal of Middle Eastern Studies* 28, no. 1 (2001): 67–87.

4. NARA, RG 84, *Damascus*, vol. 2, Mishaqa to Johnson, classified 'secret, not official,' 18 January 1869.
5. Mikhayil Mishaqa, *Murder, Mayhem, Pillage, and Plunder: The History of the Lebanon in the 18th and 19th Centuries*, trans. Wheeler M. Thackston Jr. (Albany: State University of New York Press, 1988), 244.
6. Mishaqa, *Murder, Mayhem*, 269–270.
7. 米沙卡在其手稿的開頭第九行遵循了一種阿拉伯文學傳統，即自我貶抑的表述方式。
8. Butrus al-Bustani, *The Clarion of Syria: A Patriot's Call against the Civil War of 1860* (Oakland: University of California Press, 2019).
9. Ussama Makdisi, *Age of Coexistence: The Ecumenical Frame and the Making of the Modern Arab World* (Oakland: University of California Press, 2019), 6, 20, 64–65, 69, 71.
10. Selim Deringil, *The Well-Protected Domains: Ideology and the Legitimation of Power in the Ottoman Empire, 1876–1909* (London: I.B. Tauris, 1997).
11. 關於1860年博福特（Beaufort）地圖及其在塑造現代黎巴嫩國家的角色，請參見 Carol Hakim, *The Origins of the Lebanese National Idea, 1840–1920* (Berkeley: University of California Press, 2013).
12. Kamal S. Salibi, 'The 1860 Upheaval in Damascus as Seen by al-Sayyid Muhammad Abu'l-Su`ud al-Hasibi, Notable and Later Naqib al-Ashraf of the City,' in *Beginnings of Modernization in the Middle East: The Nineteenth Century*, ed. William R. Polk and Richard L. Chambers (Chicago: University of Chicago Press, 1968), 188.
13. Yuhanna Misk在一八六九年二月十九日致理查．伍德的信中提到，大馬士革穆斯林對福艾德帕夏之死表現出「惡意的歡欣」，「因為他在一八六〇年事件之後的作為」：見 his letter to Richard Wood of 19 February 1869; Badr al-Haj and Ahmad Asfahani, Mukhbir al-qunsuliyya: Rasa'il Yuhanna Misk ila Richard Wood, 1862–1877 [*Informant of the consulate: Letters of Yuhanna Misk to Richard Wood]* (Beirut: Kutub, n.d. [2009]), 118–119.
14. 在一八六〇年事件之後，法國政府將阿卜杜．卡迪爾的年金由十萬法郎提高至十五萬法郎：參見 John W. Kiser, *Commander of the Faithful: The Life and Times of Emir Abd el-Kader* (Rhinebeck, NY: Monkfish, 2008), 314. 關於鄂圖曼帝國發給阿卜杜．卡迪爾

及其家族的俸給，請參見 BOA, I.Dah. 37261 (28 Zilhicce 1281/23 May 1865); I.Meclis-i Vâlâ 25484 (12 Shevval 1283/17 February 1867); I.Meclis-i Vâlâ 25247 (9 Cemaziulevvel 1283/19 September 1866); I.M.Mahsus 1487 (28 Cemaziyelâhir 1285/15 October 1868); I.Dah. 42195 (20 Shevval 1286/23 January 1870).

15. 阿卜杜・卡迪爾請求前往伊斯坦堡的呈文，見 BOA, I.Dah. 36491 (4 Rebiyulevvel 1281/6 August 1864); 為配合阿卜杜・卡迪爾造訪伊斯坦堡，鄂圖曼帝國頒授其一等鄂圖曼勳章（Nishan-i Ali-i Osmani）。見 I.Hariciye 12335 (24 Zilhicce 1281/19 May 1865); 阿卜杜・卡迪爾隨後致信蘇丹表達謝意：見 I.Dah. 37298 (4 Muharrem 1282/29 May 1865); and his expense claims for rent (Pt. 37,200) and furnishings (Pt. 28,590), I.Dah. 37653 (19 Cemaziyulevvel 1282/10 Oct 1865).

16. 關於阿卜杜・卡迪爾對共濟會（Freemasonry）的看法，請參見 Bruno Étienne, *Abdelkader* (Paris: Fayard/Pluriel, 2021), 370. Étienne discusses `Abd al-Qadir's travels to Paris, London, and the opening of the Suez Canal, 311–373, 374–411.

17. 阿卜杜・卡迪爾過早刊登的訃聞曾於《紐約時報》一八七三年十一月十二日及一八七九年十一月十二日出現。參見 Charles Dudley Warner, *In the Levant* (Boston: Houghton Mifflin, 1895), 299–301.

18. 穆罕默德・賽義德・烏斯圖瓦尼在日記的最後幾則記載中記錄了埃米爾阿卜杜・卡迪爾（Amir ʿAbd al-Qadir）的逝世。參見 Muhammad Sa`id al-Ustuwani, Mashahid wa ahdath dimishqiyya fi muntasif al-qarn al-tasi` `ashar, 1840–1861 [Damascene scenes and events in the mid-19th century, 1840–1861] (Damascus: Dar al-Jumhuriyya, 1994), 225.

19. Al-Ustuwani, *Mashahid wa ahdath*, 49–51.

20. Qasatli, *Al-Rawda al-ghanna'*, 153.

21. Zaydan, *Tarajim Mashahir al-sharq*, 2:177–80.

22. Mishaqa, *Murder, Mayhem*, 270. 米沙卡家族樹可見 Peter Hill, *Prophet of Reason: Science, Religion and the Origins of the Modern Middle East* (London: Oneworld Academic, 2024). 其中所附的米沙卡家族譜。米沙卡家族的成員（其姓氏拼寫為 *Mechaka*）已在家譜網站 Geni.com 上張貼其家族照片與家譜資訊：參見：www.geni.com/people/Khanum-Mechaka/6000000012963857656?through =6000000020732782494, accessed 19 March 2023. The same website confirmed that Nasif 's oldest son's name was Mikhayil and recorded that Nasif had five children, Salim had two children, Ibrahim had four children, and Iskandar had five children. There is no record on Geni.com of Salma having had any children.

索引

人名

四至五畫

尤瓦爾・班－巴薩特　Yuval Ben-Bassat　18
尤西夫・阿爾比尼　Yusif `Arbini　266
尤利西・德・拉提－曼通伯爵　Count Ulysse de Ratti-Menton　87
尤爾吉・扎伊丹　Jurji Zaydan　308, 325
巴希爾・瓊布拉特謝赫　Shaykh Bashir Jumblatt　53-54
巴希爾二世王公　Amir Bashir II　54-56, 58, 129-130, 142
巴夏爾・阿薩德　Bashar al-Asad　28, 30, 46
巴赫賈特・卡拉卡奇　Bahjat Karakach　29
戈弗雷・布永　Godefroy de Bouillon（布永的戈弗雷）　224
卡布里阿凡提　Qabuli Efendi　272
卡利尼　Carlini　56
卡梅洛・博爾塔・巴努爾斯　Carmelo Bolta Bañuls　27
卡邁勒・薩利比　Kamal Salibi　139
史麥里・羅布森牧師　Reverend Smiley Robson　162, 269
尼卡諾爾・阿斯卡尼奧・索里亞　Nicanor Ascanio Soria　28
尼古拉斯・瑪麗亞・阿爾貝卡・托雷斯　Nicolás María Alberca Torres　28
尼布甲尼撒二世　Nebuchadnezzar II　249
布特魯斯・布斯塔尼　Butrus al-Bustani　312
布爾沃勳爵　Lord Bulwer　66
弗拉・菲拉斯・盧特菲　Fra Firas Lutfi　29
弗朗西斯科・皮納佐・佩尼亞爾韋爾　Francisco Pinazo Peñalver　28

六畫

伊卜拉欣・夏爾　Ibrahim al-Sha``al　198
伊卜拉欣帕夏　Ibrahim Pasha　55-56, 58, 91, 129-130
伊本・阿拉比　Ibn `Arabi　180, 213, 324
伊莎貝爾・伯頓　Isabel Burton　77
伊斯干達　Iskandar　226, 326
伊斯瑪儀　Isma`il　150
伊萊・史密斯　Eli Smith　60
安托萬・巴泰勒米・克洛特　Antoine Barthelemy Clot　57
安東・沙米　Antun al-Shami　272
安東・達希爾・阿奇奇　Antun Dahir al-`Aqiqi　138
安東阿凡提・沙米　Antun Efendi al-Shami　287
安德魯・詹森　Andrew Johnson　65, 69

朱古達 Jugurtha 123
朱尼耶 Jounieh 249
米哈伊爾・米沙卡 Mikhayil Mishaqa 33-34, 41, 50-55, 61-62, 71, 87, 135, 140, 225, 253, 307, 310, 325-326, 330, 333
米哈伊爾・法里斯 Mikhayil Faris 56
米特里・卡拉 Mitri Qara 26, 295
米歇爾・拉努斯 Michel Lanusse 99, 164
米德哈特帕夏 Midhat Pasha 281, 283, 293-294, 334
艾伯特・胡拉尼 Albert Hourani 315
艾伯特・愛德華 Albert Edward 269
艾德蒙・佩爾修斯 Edmond de Perthuis 290
艾邁特・謝菲克・米德哈特帕夏 Ahmet Shefik Midhat Pasha 281
艾邁德・沙迦 Ahmad al-Shara`a 31-32
艾邁德帕夏 Ahmad Pasha 44, 52, 63-69, 81, 85, 97-98, 99, 101-105, 108, 119, 142, 148, 150-151, 153-155, 167-168, 172, 174-176, 178, 180-181, 196, 204, 209-210, 211, 237, 282, 310, 330
艾薩克・牛頓 Isaac Newton 59

七至八畫

亨利・蓋伊斯 Henri Guys 91
努曼・卡薩特利 Nu`man al-Qasatli 79, 287, 308, 325
杜弗林勳爵 Lord Dufferin 66, 137, 204, 212, 234, 241
杜克羅特 Ducrot 250
杜桑・盧維杜爾 Toussaint Louverture 123
沙里帕夏 Salih Pasha 85
亞伯拉罕・林肯 Abraham Lincoln 65
佩德羅・諾拉斯科・索勒・門德茲 Pedro Nolasco Soler Méndez 28
帕法欣格 Pffachfinger 69
拉希德・納希德帕夏 Rashid Nashid Pasha 299
拉美西斯二世 Ramses II 249
拉斐爾・萊姆金 Raphael Lemkin 182
法蘭西斯・貝德福德 Francis Bedford 270, 329
法蘭西斯・馬薩布基 Francis Massabki 26
波特牧師 J. L. Porter 87
阿卜杜・卡迪爾・伊本・穆希伊・阿爾丁・賈扎伊里 Abd al-Qadir ibn Muhyi al-Din al-Jaza'iri 123, 333
阿卜杜・穆提 Abd al-Muti 27
阿卜杜勒阿齊茲 Sultan Abdülaziz 321-322
阿卜杜拉阿凡提・伊瑪迪 Abdullah Efendi al-`Imadi 185-186
阿卜杜勒哈米德二世 Abdülhamid II 294, 305, 320
阿卜杜勒邁吉德一世 Abdülmecid I 107
阿夫納・維什尼澤 Avner Wishnitzer 16
阿方斯・德・拉馬丁 Alphonse de Lamartine 76
阿布・艾邁德・薩爾卡 Abu Ahmad al-Salka 253-254, 278

阿布・里札克・卡迪里謝赫　Shaykh `Abd al-Rizaq al-Qadiri　231
阿布・穆罕默德・賈瓦尼　Abu Muhammad al-Jawlani　31
阿布杜拉・阿茲姆　Abdullah al-`Azm　175
阿布杜拉・哈拉比謝赫　Shaykh `Abdullah al-Halabi　170, 204-205, 214, 237-239, 278
阿多爾夫・克雷米厄　Adolphe Crémieux　75
阿里・謝哈布　Ali Shihab　144
阿里夫帕夏　Arif Pasha　85
阿茲姆斯、姆拉迪斯、巴魯迪斯、馬爾達姆貝伊　Azms, Muradis, Barudis, Mardam Beys　198
阿爾・伊爾德　ahl al-`ird　276
阿卜杜・里扎克・比塔爾　Abd al-Rizaq al-Bitar　97-98, 209

九畫

哈比卜・拉哈姆　Habib al-Lahham　200
哈比卜・哈立德　Habib Khalid　266-267
哈立德帕夏將軍　General Khalid Pasha　199, 201
哈吉・阿里・伊爾萬　Haj `Ali `Ilwan　262
哈吉・穆罕默德・薩瓦塔里　al-Haj Muhammad al-Sawtari　37
哈利姆帕夏　Halim Pasha　210
哈利爾　Khalil　170
哈拉特・那撒拉　Harat al-Nassara　189
哈拉特・亞胡德　Harat al-Yahud　75
威廉・本頓　William Benton　63-64, 67
威廉・法倫　William Farren　86
威廉・威廉斯　William Williams　66
威廉・葛拉翰　William Graham　168
拜倫勳爵　Lord Byron　38
柏納德・路易斯　Bernard Lewis　18
查爾斯・伊薩維　Charles Issawi　17
查爾斯・亨利・邱吉爾　Charles Henry Churchill　126
查爾斯・華納　Charles Warner　291
查爾斯・達德利・華納　Charles Dudley Warner　323
洛安扎　Loanza　64
約西・班－日阿茲　Yossi Ben-Zrtzi　17
耶利米・奧古斯塔斯・強森　J. Augustus Johnson　36, 49, 51, 62-67, 95, 147, 226-229, 262, 276, 307-308, 312
胡安・雅各布・費爾南德茲　Juan Jacob Fernández　28
胡賽因・卡爾塔克吉　Husayn al-Qaltaqji　232
迪米屈・達巴斯　Dimitri Dabbas　164, 173
韋立德一世　al-Walid　78

十至十二畫

夏爾・瑪麗・拿破崙・博福特・度普雷將軍　Marquis General Charles Marie Napoléon de Beaufort d'Hautpoul　213, 223

恩格爾伯特・科蘭德　Engelbert Kolland　27
烏斯曼・賈布里　Uthman Jabri　186
烏瑪爾阿凡提・加齊　Umar Efendi al-Ghazzi　204-205, 214, 237-239
烏瑪爾阿迦・阿比德　Umar Agha al-`Abid　186
烏薩馬・馬克迪西　Ussama Makdisi　312
納吉布　Naqib　228, 320
納西夫　Nasif　36, 68, 102, 225-226, 307-308, 320, 323, 326
馬丁・戴維斯　Martin Davis　329
馬克西莫斯・馬茲盧姆主教　Patriarch Maximus Mazlum　59
馬克塔布・安巴爾　Maktab `Anbar　300-301, 303-304, 334
馬哈茂德二世　Mahmud II　107
馬哈茂德阿凡提・哈姆扎　Mahmud Efendi Hamza　206
馬哈穆德帕夏　Mahmud Pasha　116
馬基夫　Makeiff　69
馬德拉撒特・撒那伊　Madrasat Sanayi`　298
馬薩布基三兄弟　Massabki brothers　27
教宗方濟各　Pope Francis　29, 32
教宗庇護十一世　Pope Pius XI　26
曼紐爾・魯伊茲・羅培茲　Manuel Ruiz López　27
理查・伍德　Richard Wood　60, 93, 329
理查・伯頓　Richard Burton　77
凱倫・勞森　Karen Lawson　329
喬希亞斯・萊斯里・波特　Josias Leslie Porter　73
惠勒・塔克斯頓　Wheeler Thackston　34
斯巴達利　Spartali　69
舒馬雅阿凡提　Shum`aya Efendi　287
萊昂－菲力浦・貝克拉德　Léon-Philippe Béclard　236, 242-243
雅庫布・伊斯蘭布利　Ya`qub al-Islambuli.　100-101

十三至十六畫

塞謬爾・克萊門斯　Samuel Clemens　72
奧特雷　M. Outrey　69
奧斯蒙特　Osmont　250
愛德華・安托萬・圖弗內爾　Edouard Antoine Thouvenel　222
詹姆斯・布坎南　James Buchanan　66
詹姆斯・布蘭特　James Brant　49, 99, 211
詹姆斯・威廉斯　James Williams　50, 65, 69, 73, 228
路克・格雷戈里神父　Father Luke Gregory　30
路易・拿破崙　Louis Napoleon　125
路易斯・卡斯　Lewis Cass　66
摩西・蒙蒂菲奧里爵士　Sir Moses Montefiore　75
歐仁・德拉克羅瓦　Eugène Delacroix　38
歐仁妮皇后　Empress Eugénie　322
魯法伊爾・馬薩布基　Rufa'il Massabki　27
穆伊・阿丁・伊本・阿拉比謝赫　Shaykh Muhyi al-Din ibn

`Arabi　213
穆希伊・阿爾丁　Muhyi al-Din　123-124, 323
穆罕默德・艾明・阿里帕夏　Mehmed Emin Ali Pasha　193, 203, 210
穆罕默德・阿布・薩烏德・哈西比　Muhammad Abu al-Sa`ud al-Hasibi　44, 117, 145, 154, 158-159, 163, 175-176, 190-191, 198-203, 218-219, 237-239, 261, 278, 320, 324
穆罕默德・阿里帕夏　Mehmed Ali Pasha　39, 54-55, 57, 91, 316
穆罕默德・福艾德帕夏　Mehmed Fuad Pasha　192
穆罕默德・魯西迪帕夏　Mehmed Rushdi Pasha　284, 293
穆罕默德・穆哈利拉蒂　Muhammad al-Mukhallilati　232
穆罕默德・賽義德・烏斯圖瓦尼謝赫　Shaykh Muhammad Sa`id al-Ustuwani　44, 98, 111, 151, 177, 219, 232, 284
穆罕默德・薩烏塔里　Muhammad al-Sawtari　165, 186, 225, 230, 262
穆其耶・麥貼比　Mülkiye Mektebi　304
穆阿瑪帕夏　Mu`ammar Pasha　180-181, 190, 210
穆斯塔法・雷希德帕夏　Mustafa Reshid Pasha　107, 192
穆斯塔法貝伊・哈瓦斯利　Mustafa Bey al-Hawasli　101, 155, 161, 165, 201-202

十七畫

優蘇福阿凡提・安巴爾　Yusuf Efendi `Anbar　300-301
謝里夫阿薩德　Sharif As`ad　185
薩伊德・艾邁德・哈西比　al-Sayyid Ahmad al-Hasibi　118, 175, 237, 278
薩伊德・薩伊達　Sa`id al-Sayyida　198
薩伊德貝伊・瓊布拉特　Sa`id Bey Jumblatt　142, 144
薩伊德阿迦・努里　Sa`id Agha al-Nuri　186
薩米・穆巴耶德　Sami Moubayed　47, 329, 331
薩利姆阿凡提・阿塔爾謝赫　Shaykh Salim Efendi al-`Attar　185
薩利姆阿迦・馬哈尼　Salim Agha al-Mahayni　186
薩利赫・塔爾　Salih al-Tall　301-303, 334
薩依德帕夏　Said Pasha　114-115, 116
薩拉丁　Saladin　125, 134
薩爾瑪　Salma　161, 226, 326
薩德丁・謝哈布王公　Amir Sa`d al-Din Shihab　54, 56, 141-144, 153
羅馬的掃羅　Roman Saul　72
譚尤斯・沙欣　Tanyus Shahin　136-137, 139, 145-146
蘇萊曼一世　Sultan Suleyman I　37-38
蘇克・瓦迪・巴拉達　Suq Wadi Barada　101-103, 157, 161, 202
蘇魯爾阿迦　Surur Agha　103-105
露西・葛拉罕　Lucy Graham　66

地點、地名

三至五畫

土魯斯 Toulouse 328, 331
士麥那 Smyrna 18, 50
大馬士革 Damascus 1-3, 8-9, 11, 14-18, 25-37, 40-47, 49-53, 55-95, 97-103, 105-106, 108, 111-121, 124, 126, 130-131, 133-134, 139, 141-151, 153-156, 158-159, 162-172, 174-176, 178-197, 199-215, 217-221, 223, 225-251, 253-279, 281-301, 303-309, 311-315, 317-330, 332-334
太陽之門 Bab Sharqi 43, 75, 154, 166, 189, 270, 276, 334
巴姆杜恩 Bhamdun 64
巴拉尼 al-Barrani 231
巴拉達河 Barada River 71-72, 178, 181, 197, 295, 332
扎赫勒 Zahleh 63-64, 67, 135, 140, 145-147, 149, 235, 274, 333
代爾卡馬爾 Dayr al-Qamar 55, 129, 131, 140-141, 143, 147-148, 155, 172, 179, 234-235
加利利 Galilee 54
卡伊馬里亞區 al-Qaymariyya 219
卡松山 Jabal Qasiyun 81, 170, 213
卡納瓦區 al-Qanawat 80, 118, 158-159, 218-219, 231
卡普欽修會 Capuchin 75
卡爾布河 Nahr al-Kalb 249
外約旦 Transjordan 33, 83, 278, 288, 291-292
尼什、維丁和錫利斯特里亞 Nish, Vidin, and Silistria 283
尼什省 Nish 281-282
布爾戈斯 Burgos 27
布爾薩 Bursa 125, 134
布魯丹 Bludan 102-103
瓦倫西亞 Valencia 27-28

六畫

伊茲密爾 Izmir 18, 38, 50, 286
伊斯坦納 al-Istana 18
伊斯坦堡 Istanbul 18, 38, 43, 50, 62-63, 65-66, 81, 95, 107, 109, 111, 115-116, 125-126, 137, 176, 178, 180, 194, 203, 210, 228, 242-243, 250, 255-256, 274, 281, 289, 292, 297, 304, 307, 320-321, 322, 328
伊斯蘭國 Islamic State 30, 46, 317
伊斯蘭堡 Islambul 18
伊爾比德 Irbid 301, 304
伊德利卜 Idlib 30
伍麥亞大清真寺 Umayyad Mosque 44, 76, 78-80, 84-85, 98, 103, 111-114, 117-118, 134, 151, 156, 163, 168, 170, 177, 190, 197, 219, 294, 324, 332
伍麥亞王朝 Umayyad empire 78
伍麥亞哈里發王朝 Umayyad caliphate 72
吉達 Jidda 91

多馬之門　Bab Tuma　25, 29, 43, 75, 154, 160-161, 166, 189, 219, 273, 276
多瑙河省　Tuna Vilayeti　283, 286, 293
安納托利亞　Anatolia　115, 209
朱拉區　al-Jura　219
米特里・沙爾胡布　Mitri al-Shalhub　287
米塔維拉　Mitawila　37
艾尼宮殿　Qasr al-`Ayni　58
西頓　Sidon　51, 127, 234-235, 284, 286, 292

七畫至八畫

伯羅奔尼撒半島　Peloponnesian Peninsula　38
克里特島　Crete　38, 55, 277, 309, 311
君士坦丁堡　Constantinople　18, 50
希伯崙　Hebron　114
沙姆　al-Sham　11, 18, 30
谷塔地區　Ghouta　71
貝卡谷地　Bekaa Valley　64, 139, 141, 145-146, 316
貝利克　Beylik　118, 158
貝拉特　berat　60-61, 63
貝魯特　Beirut　17-18, 36, 43-44, 49-50, 51, 62-68, 89, 92, 95, 104-105, 114, 123, 126-127, 131, 136-137, 141, 147, 176, 181, 190, 194-195, 208, 210, 213, 215, 217-221, 223-226, 229, 232, 234-237, 239-245, 247, 249, 251, 255-256, 262, 266-267, 269, 274-275, 276, 284-286, 288-292, 295, 305, 307, 312, 320, 326, 329, 334
里什馬亞　Rishmayya　51
亞歷山卓港　Alexandria　50
帕拉米尼　Palaminy　328
拉沙亞　Rashayya　142, 144-145, 154-155, 164, 172, 179, 213, 231, 269, 333
拉塔基亞　Latakia ; Latakiya　51, 292
拉賈　Laja’　116, 248
東阿拉伯半島　Arab East　88
東黎巴嫩山脈　Anti-Lebanon Mountains　71
法馬古斯塔　Famagusta　239
波士尼亞與赫塞哥維納　Bosnia and Herzegovina　154, 168
波斯薩法維帝國　Persian Safavid Empire　37
的黎波里　Tripoli　51, 114, 127, 288, 292, 324
直街　Street Called Straight　159, 270, 294, 334
阿卡　Acre　55, 98, 103, 288, 292
阿札里亞學校　Azariyya School　297
阿克薩清真寺　al-Aqsa　78
阿拉伯斯坦　Arabistan　98, 154
阿馬拉區　al-`Amara　76, 164, 198
阿勒坡　Aleppo　8, 18, 30, 40, 77, 176, 292
阿傑隆　Ajlun　263-264, 304

九至十畫

哈伊・蘇萊曼尼亞 Hayy al-Sulaymaniyya 324
哈米德市集 Suq Hamidiyya 294
哈拉布 Halab 18
哈馬 Hama 9, 30, 176. 260, 263, 288, 291-292, 304
哈斯巴亞 Hasbayya 54, 58, 141-145, 148, 153-155, 163, 172, 179, 213, 231, 269, 333
恰克馬基亞魯什迪耶 Çakmakiyya Rüshdiye 299
拜特・巴塔吉亞 Bayt al-Baltajiyya 199, 238-239
拜魯特 Bayrut 18
查塔努加 Chattanooga 65
科尼亞 Konia 115
科孚島 Corfu 309
科爾多瓦 Córdoba 28
胡瓦拉 Huwara 132
胡姆斯 Hums 149
迪米特里・卡拉酒店 Hotel Dimitri Karah 295
夏顧爾區 al-Shaghur 75, 162, 273
庫爾迪花園 al-Kurdi Garden 198
泰姆乾河谷 Wadi al-Taym 139, 141-142, 144, 146, 154
海法 Haifa 51
真主之門 Bawabat Allah 84
納布盧斯 Nablus 112, 333
馬木路克帝國 Mamluk Empire 37
馬安 Ma`an 304
馬利克・扎希爾公民魯什迪耶 Malik al-Zahir Civil Rüshdiye 299
馬里蘭州學院市 College Park, Maryland 44, 328
馬斯卡拉鎮 Mascara 123
馬爾賈區 Marja district 80-81, 199, 203, 293, 295

十一畫以上

敘利亞省 Suriye Vilayeti 33, 98, 153, 279, 284, 286, 288, 295, 301, 305, 311, 320
荷姆斯 Homs 30, 56, 117, 176, 260, 263, 291-292
麥加 Mecca 54, 77-78, 82-84, 90-91, 97, 115, 123-124, 154, 228, 231, 233, 285, 293, 321, 332
麥地那 Medina 54, 77-78, 84, 293
凱斯萊旺 Kisrawan 132, 135-139, 146
提基亞・蘇萊曼尼亞清真寺 Takiyya al-Sulaymaniyya mosque 197, 332-333
提爾 Tyre 114, 127
舒夫 al-Shuf 138-141, 143
雅法 Jaffa 67, 114, 292
塔貝特 Tabet 50, 63-64, 67
塔里希亞 al-Talihiyya 82
奧倫塞 Ourense 28
奧蘭 Oran 124

聖地修道院　Terra Santa monastery　25-26
聖誕教堂　Church of the Nativity　109
賈辛　Jazzin　141, 143, 145
賈菲特圖書館　Jafet Library　43, 329
達米埃塔　Damietta　52
漢志　Hejaz‥Hijaz　54, 83, 91, 305
豪蘭山　Jabal Hawran　130, 139, 143
豪蘭區　Hawran　143, 224, 235, 263
撒爾特　al-Salt　292
黎凡特　Levant　27, 66, 74, 224, 240, 242, 248, 333
穆爾西亞　Murcia　28
穆赫塔拉　Mukhtara　235, 243
諾克斯維爾　Knoxville　65
賽普勒斯　Cyprus　98, 103-104, 209, 239
邁丹區　al-Maydan　82, 84-85, 98, 103, 162, 185, 262
薩利希亞區　al-Salihiyya　81, 112
薩爾茲堡　Salzburg　27
蘇伊士　Suez　91, 223, 322
蘇蓋拉比亞　Suqaylabiyya　31

其它

三至六畫

三日瘧　quartan fever　56
土耳其里拉　Turkish lira (£T)　17
土耳其風格　Alla Turca　16
土耳其毯帽‥菲斯帽　tarbush‥fez　302
切爾克斯人　Circassians　82
巴魯迪家族　Barudi Family　288
方濟會　Franciscan　25-27, 29-30, 32
加尼沙里軍團（禁衛軍）　janissary corps　76
卡努姆　Khanum　57, 161
卡迪里耶蘇菲教派　Qadiriyya Sufi order　123
卡提卜　khatib　79, 112
卡爾瓦提蘇菲教派　Khalwati Sufi order　98
卡魯尼　Kanuni　38
古瓦特利家族　Quwwatli family　288
尼扎姆部隊　Nizami troops　211
弗蘭克　Frank　75
瓦利　wali　80, 98, 282
皮亞斯特　piastre (Pt.)　17, 85, 100, 115, 154, 161, 173, 185, 197, 202, 226-227, 228-229, 232-233, 256-257, 260, 262-264, 266-268, 273, 275, 286-287, 301, 322
伊斯蘭之家　al-Islambuli House　332
伊斯蘭布利家族　Islambuli family　287
伊斯蘭法學原理　usul al-fiqh　112
伊斯蘭教法　Sharia law　31, 80, 112, 114, 116-117, 183, 195, 208, 324
伊斯蘭教法法庭　Sharia Court　114

伊斯蘭教法學 fiqh 112
伊達底 idadî 300-301
伊瑪目 imam 79, 284
血腥誹謗 blood libel 75, 120
西莫克拉尼起義 Si Mokrani Revolt 323

七至十畫

利茲布納家族 Lizbuna family 287
努賽爾派 Nusayris 163
希吉拉曆（陰曆） Hijri calendar 83
沙姆解放組織 Hay'at Tahrir al-Shams 11, 30
沙斐儀學派 Shafi`i school 208, 237-239
貝都因人 Bedouin 82, 146, 163, 183, 285, 302
亞美尼亞人 Armenians 41, 111, 274
亞述人 Assyrians 41
受英國保護者的地位 British protégé status 60
坦志麥特 Tanzimat 39, 106-109, 111, 114, 116-118, 135-136, 145, 192-193, 205, 233, 237, 271, 281-282, 297, 304, 314-317
居爾哈內改革詔書 Gülhane Reform Decree 107
拉迪諾語 Ladino 75
拉菲達派 Rafidis 163
拉賈卜月 Rajab 116
東正教教會 Orthodox Church 109, 128
治外法權 capitulatory privileges 61, 92-93, 101, 265
法曼（詔書；法令） firman 63, 68, 110, 116
法提瑪王朝 Fatimid caliphate 126
芬芳的大馬士革 Dimishq al-Fayha' 71
阿拉伯民族主義 Arab nationalism 8, 32
阿拉維派 Alawites 8-9, 11, 31
阿拔斯王朝 Abbasid dynasty 78
阿迦 agha 79, 81, 98, 101, 103-105, 163, 175, 186, 196, 202, 210, 212-213
阿迦瓦特 aghawat 79, 81, 98, 101, 103, 163, 175
哈乃斐學派 Hanafi madhhab 208
哈爾瓦 halwa 200
宣禮員 muezzin 79
宣禮塔 minaret 79, 170, 269
省議會 Meclis-i Umumi 237, 288-291, 292
埃米爾 amir 44-45, 52-56, 58, 124-130, 132, 134-135, 141-144, 148-151, 164-165, 168-169, 171-172, 173, 179, 186, 194, 246-247, 261, 321-323
宰牲節 Eid al-Adha 149
格里曆 Gregorian calendar（陽曆） 17
烏拉瑪 ulama 79, 81, 84, 112, 204, 237-240, 278
納瓦里諾戰役 Battle of Navarino 55
納粹浩劫 Shoah 182
納赫達：啟蒙運動 Nahda 312

索吉　sergi　268-269, 272, 274-275
閃瓦魯月　Shawwal　83
馬木路克人　Mamluks　249
馬里會計年度　Mali fiscal calendar　17
馬格里布斯　Maghribis　261
馬茲巴塔　mazbata　268-269
馬龍派的卡欽家族謝赫　Maronite Khazin shaykhs　135
馬龍派基督徒　Maronite Christians　53, 126, 128

十一畫以上

密特瓦派　Mitwalis　163
敘利亞的號角　Nafir Suriyya　312
梅吉迪勳章　Mecidiyye　246
復興社會黨　Baathist　28, 46
復興黨　Ba`th Party　32
朝覲　Hajj　82-83, 84, 90-91, 115, 149, 233, 332
雅茲迪派　Yazidis　163, 183
塔霍號　Tage　123
塞法迪猶太人　Sephardi　75
會禮節日　Eid　149
聖地之爭　Holy Places Dispute　109
聖地監護團　Custody of the Holy Land　29, 32
聖訓　Hadith　80, 112, 134
聖體聖事　Eucharist　26
賈里亞　jariya　227
達布縲與康寧漢　Dabrey and Cunningham　50
蓋達組織　al-Qa`ida　30
遣使會　Lazarist　300
齊米人　Zimmi　206-207
德魯茲的阿布・拉瑪家族　Druze Abu'l-Lama family　128
德魯茲的曼恩家族　Druze Ma`n family　127
德魯茲教徒　Druzes　53, 109, 126-127
魯什迪耶學校　rüshdiye schools　297-299, 304
歐瑪爾哈里發　Caliph `Umar　84
穆夫提　mufti　113, 204, 237-239, 259, 268
穆民的領袖　Amir al-Mu'minin　124
穆希爾　Mushir　81, 98, 212
穆塔薩里法　mutasarrif　282
穆塔薩里法雅　Mutasarrifiyya　251
霍布斯式的自然狀態　Hobbesian state of nature　179
謝哈布家族　Shihabi Family　52-54, 58, 129, 131, 142
謝赫・沙巴布　shaykh shabab　135, 139
齋戒月　Ramadan　83, 273-274
薩拉菲伊斯蘭教派　Salafi Islamist　28
薩瑞　Saray　80-81, 168, 180, 334
瓊布拉特家族　Jumblatts　128, 142

文獻

《土地法》 Land Law 314
《大馬士革四萬名基督徒慘遭屠殺的悲痛》 'The Sorrowful Lamentation on the 40,000 Christians Massacreed in Damascus' 221
《中東經濟史，一八〇〇年－一九一四年》 *The Economic History of the Middle East, 1800–1914* 18
《公共教育條例》 Regulation of Public Education 298
《巴黎和約》 the Peace of Paris 110
《古蘭經》 Qur'an 110-112, 123, 134. 169, 208, 297
《伊斯坦堡與鄂圖曼帝國的文明》 *Istanbul and the Civilization of the Ottoman Empire* 19
《先知書》 the books of the Prophets 72
《名人錄》（《十九世紀東方名人錄》） *Who's Who* 97, 308
《每日新聞》 *Daily News* 221
《防止及懲治危害種族罪公約》 Convention on the Prevention and Punishment of the Crime of Genocide 182
《阿拉伯人五百年史》 *The Arabs: A History* 45
《省級改革法》 the Provincial Reform Law 282-283, 288, 293, 296, 314, 319
《泰晤士報》 *The Times* 86, 88
《紐約時報》 *New Yorks Times* 123
《創世紀》 Genesis 72
《意象世界》 *Imago Mundi* 18
《新約聖經》 New Testament 159
《聖訓》 Hadith 134
《對摯愛親友建議的回應》 *A / The Response to the Suggestion of the Loved Ones* 34, 308
《閱讀時鐘，土耳其風格：晚期鄂圖曼帝國的時間與社會》 *Reading Clocks, Alla Turca: Time and Society in the Late Ottoman Empire* 17
《憲法》 the Constitution 33
《憲政日報》 *Constitutionnel* 222
《獨立宣言》 the Declaration of Independence 33
《謀殺、暴亂、掠奪和搶劫》 *Murder, Mayhem, Pillage, and Plunder* 34
《權利法案》 the Bill of Rights 33

聖城大馬士革的滅絕與重生：1860年敘利亞大屠殺與現代中東的建立

作　　者　尤金・羅根
譯　　者　廖德明
選書責編　張瑞芳
協力編輯　曾時君
校　　對　童霈文
版面構成　張靜怡
封面設計　陳文德
版權專員　陳柏全
行銷專員　袁響
數位發展副總編輯　李季鴻
行銷總監兼副總編輯　張瑞芳
總 編 輯　謝宜英
出 版 者　貓頭鷹出版 OWL PUBLISHING HOUSE

事業群總經理　謝至平
發 行 人　何飛鵬
發　　行　英屬蓋曼群島商家庭傳媒股份有限公司城邦分公司
115 台北市南港區昆陽街 16 號 8 樓
劃撥帳號：19863813；戶名：書虫股份有限公司
城邦讀書花園：www.cite.com.tw ／購書服務信箱：service@readingclub.com.tw
購書服務專線：02-2500-7718~9 ／ 24 小時傳真專線：02-2500-1990~1
香港發行所　城邦（香港）出版集團有限公司／電話：852-2508-6231 ／ hkcite@biznetvigator.com
馬新發行所　城邦（馬新）出版集團／電話：603-9056-3833 ／傳真：603-9057-6622
印 製 廠　中原造像股份有限公司
初　　版　2025 年 7 月
定　　價　新台幣 640 元／港幣 213 元（紙本書）
新台幣 448 元（電子書）
總 字 數　17 萬字
I S B N　978-986-262-765-5（紙本平裝）／ 978-986-262-763-1（電子書 EPUB）

讀者意見信箱　owl@cph.com.tw
投稿信箱　owl.book@gmail.com
貓頭鷹臉書　facebook.com/owlpublishing

【大量採購，請洽專線】(02) 2500-1919

城邦讀書花園
www.cite.com.tw

國家圖書館出版品預行編目資料

聖城大馬士革的滅絕與重生：1860 年敘利亞大屠殺與現代中東的建立／尤金・羅根（Eugene Rogan）著；廖德明譯 . -- 初版 . -- 臺北市：貓頭鷹出版：英屬蓋曼群島商家庭傳媒股份有限公司城邦分公司發行 , 2025.07
面；　公分 .
譯自：The Damascus events: the 1860 massacre and the making of the Modern Middle East.
ISBN 978-986-262-765-5（平裝）

1. CST：敘利亞史　2. CST：地緣政治　3. CST：暴動　4. CST：基督徒　5. CST：中東

735.471　　114006299

本書採用品質穩定的紙張與無毒環保油墨印刷，以利讀者閱讀與典藏。